县域文化和
旅游深度融合发展研究

崔凤军 董雪旺 徐宁宁 等 著

创于1897 商务印书馆
The Commercial Press

序

　　习近平总书记历来高度重视文化和旅游工作。在浙江工作期间，习近平同志强调要加强文化遗产保护，传承优秀传统文化；真正把旅游作为国民经济的重要支柱产业来培育，作为发展服务业的突破重点来抓，努力把旅游经济发展提高到一个新的水平。党的十八大以来，习近平总书记就文化和旅游工作特别是文化和旅游深度融合发表了一系列重要论述，指出人文资源是发展旅游的基础，发展旅游经济要以优秀人文资源为主干，用文化提升旅游品位，精心打造出更多体现文化内涵、人文精神的特色旅游精品。在党的二十大报告中，习近平总书记要求"坚持以文塑旅、以旅彰文，推进文化和旅游深度融合发展"。

　　文化和旅游密不可分。早在 1981 年，著名经济学家于光远就出过一本影响深远的小册子《旅游与文化》，他提出，"旅游产业是具有很高文化性的经济事业，也是具有很高经济性的文化事业"，"旅游不仅是一种经济生活，而且也是一种文化生活"。2007 年，原文化部指出："旅游和文化有着天然的联系。旅游是文化的形和体，文化是旅游的根和魂……可以说，文化是旅游者的出发点和归结点，是旅游的生命力所在，是旅游景观吸引力的渊薮。文化和旅游是互为因果、相互依存、相互促进的。"2011 年，原国家旅游局这样阐述文化和旅游两大产业的互补性："文化是旅游的灵魂，旅游是文化的重要载体；没有文化的旅游就没有魅力，而没有旅游的文化则缺少活力。旅游的优势体现在市场，文化的优势体现在内涵。站在旅游的角度看，抓住了文化就抓住了核心价值；站在文化的角度看，抓住了旅游，就抓住了一个巨大市场。旅游产业和文化产业相互融合、相得益彰、共同繁荣。"2018 年新一轮党和国家机构改革组建文化和旅游部，实现了行政机构的融合，开启了文化和旅游从市场自发融合到行政推动融合发展的新阶段。

实践表明，文旅融合符合人民群众对"诗与远方"的期待。用文化提升旅游品位，用旅游体现文化内涵，契合了两大市场的内在需求，让人们在领略景观之美中感悟文化之美、陶冶心灵之美，实现了精神生活需求的极大满足，生活水平全面提升。同时，管理体制和组织体制的变革，对文化和旅游领域治理体系的融合和现代化治理能力的提升具有极大的促进作用，有助于更大力度改革过去存在的文化产业市场规模不大、旅游领域治理困境难以破解等深层次问题。二十大报告对文旅融合提出了新的要求。从"以文促旅"到"以文塑旅"，虽然一字之差，但却表明了文化在其中的主导作用。浙江提出要坚持文化为魂，将宋韵文化、上山文化、和合文化、阳明文化、吴越文化等优秀传统文化、历史传承注入景区景点旅游路线，用文化讲好浙江故事、文旅故事，让游客循着故事来、带着故事走。从"文旅融合"到"文旅深度融合"，标志着文旅融合已经度过初创期，进入了深度融合发展的新阶段，要在现有基础上往更深处发展，推动文化和旅游在更广范围、更深层次、更高水平上实现融合发展，进一步形成适合融合发展的顶层设计、政策支撑、产业布局、市场体系、重点项目、人才培养等。浙江省人民政府2022年出台的《关于推进文化和旅游产业深度融合高质量发展的实施意见》中明确提出，浙江要打响"诗画江南、活力浙江"品牌，建设成为国内外知名的文化旅游目的地；要围绕"微改造、精提升"行动，从小切口谋划大文章，加快量大面广的文旅项目实现深度融合发展。

郡县治则天下安。县（市、区）是文旅深度融合发展的"最后一公里"。相比于设区市及以上层级区域，县域文化和旅游发展承载着文旅产品供给、重大项目建设、服务设施改善、环境治理优化、文旅企业服务、市场宣传营销等具体任务，是文化和旅游深度融合发展的前沿阵地，直接决定着中央大政方针的贯彻成效。可以说，没有县域文旅融合的高质量推进，就没有全国文旅产业的大发展。从这个意义上讲，科学评估从2018年机构改革以来县域文旅融合体制机制的运行质量，从生动的实践中提炼成功的做法和经验，发现存在的困难和问题，提出改进的意见和建议，对于深度推进文旅融合、传播"中国经验"、构建中国特色的学术话语体系，具有重要的现实意义和理论价值。

我与绍兴文理学院党委书记崔凤军教授相识于2000年，曾在杭州市、浙江省发展改革委共事多年，因而对他了解颇深。他早年博士毕业于北京大学城市与环境学院，是中国科学院地理科学与资源研究所博士后，浙江大学管理学博士、教授，经历了严谨的学术训练,在多所高校和科研机构担任硕士和博士生导师,学术成果颇丰,专长于旅游规划与管理、管理心理学研究和教学工作。崔凤军还具有丰富的领导管理经验,曾先后担任泰安市旅游局副局长、杭州市旅游委员会副主任、杭州市下城区常务副区长、浙江省发展改革委副主任、湖州市副市长、湖州市委常委等职,是典型的专家型领导干部。2017年底他回归学术,先后到台州学院、绍兴文理学院担任主要领导,在高校除了带领学校快速发展以外,还在学术上孜孜不倦,组建了学术平台和团队,承担了多项国家级和省级项目,是省内外知名的文化旅游专家和浙江省文旅厅导师工作室领衔人。

崔凤军教授及其团队承担了2021年国家社会科学基金艺术学项目"县域文化和旅游融合体制机制运行质量研究",并在结题成果基础上修改完善成书,由商务印书馆正式出版,在此表示热烈祝贺。本书的出版对于推动文化繁荣、建设文化强国、建设中华民族现代文明,构建文化旅游学科体系、学术体系和话语体系具有一定的现实意义。衷心希望这本著作的出版,为推动新时代县域文化和旅游深度融合发展、助力中国式现代化建设做出积极贡献!

是为序。

孙景淼 ①

2024 年 1 月 10 日

① 孙景淼,浙江省人民政府咨询委副主任,浙商研究中心主任;浙江省原副省长,浙江省政协原副主席、党组副书记。

目　录

第一篇　理论篇

第二篇 实证篇

第三篇　实践篇

第一篇

理论篇

第一章

绪论

第一节　文化和旅游深度融合发展的时代背景和研究意义

一、文化和旅游深度融合发展的时代背景

中国旅游业的发展历程无时无刻不与文化相融通。地大物博的中国富集了众多的文化资源，而中国旅游的起步也来源于文化资源，故宫、长城、兵马俑、西湖等至今依然是世界旅游的典范。改革开放之初，原国家旅游局以赚取外汇为基本目标，以拓展和吸引海外游客为着力点，推动旅游资源开放的主要发力点也是文化旅游资源。可见，在中国旅游业的发展进程中，文化和旅游始终是相伴而生的存在。1999年第一个黄金周开启了大众旅游时代，自然景观资源、休闲度假资源、主题公园等旅游业态开始勃发，但文化始终是旅游资源开发的主题要素之一，增加文化内涵就是提升旅游吸引力。旅游没有文化就是"灵魂出窍"，文化没有旅游就是"魂不附体"[1]。实践表明，文化和旅游的关联性日益紧密，渗透性越来越高，两者属性功能高度契合，产业形态相融相通。旅游一旦装上文化的"芯片"，就有了丰富的内涵和灵魂；文化一旦插上旅游的"翅膀"，就有了可靠依托和空间[2]。因此，旅游既是经济，也是文化，更是生活[3]。

推动文化与旅游融合发展是顺应时代进步的大趋势，是经济社会发展到一定阶段的客观要求，是深化供给侧结构性改革，统筹推进文化事业、文化产业和旅游业创

① 魏小安.关于文化和旅游产业的民生领域随想［J/OL］.中国网，2018-03-29. http://travel.china.com.cn/txt/2018-03/29/content_50767919.htm.

② 朱国贤.着力建设与浙江"三个地"相适应的"四个高地"［J］.党建，2020（1）：38.

③ 作为国家宏观管理机构的国家计委在1988年就成立了文化旅游处。1998年国家发改委成立了社会事业司生活质量处，将旅游业发展纳入提升人民生活质量的重要内容。

新发展的必然选择。进入新时代，文化和旅游融合发展迎来了新的机遇。一是社会主要矛盾的转化。十九大提出，我国社会主要矛盾已经转化为人民日益增长的美好生活需要和不平衡不充分的发展之间的矛盾。中国社会主要矛盾的变化预示着中国特色社会主义取得了重大历史成就、进入了新时代。旅游是"美好生活"的创造者和重要组成部分、解决发展不平衡不充分的重要方案之一、五大"幸福产业"之首，在旅游体验中获得文化体验、在文化活动中增进旅游享受，已成为人们美好生活需要的重要方面，文旅融合进入国家战略势在必行。作为"世界文化遗产"景观，西湖景区历年黄金周在全国众多的景区中之所以能拔得头筹，背后是文化与旅游的深度融合。二是文化强国建设。文化是一个国家、一个民族的灵魂。没有高度的文化自信和文化的繁荣兴盛，就没有中华民族的伟大复兴。党的十八大以来，习近平总书记以马克思主义政治家思想家的胸怀，就文化建设多次提出新理念、新观点、新论断。十九届五中全会明确提出了到2035年建成文化强国的远景目标。旅游是文化的重要支撑和组成部分，文旅融合发展势在必行。三是消费升级。随着我国中等收入群体的快速增长，人民群众对文化旅游消费的要求越来越高，传统的观光旅游、休闲旅游已经不能满足消费升级需求，而文化和旅游融合延伸产业链、价值链，进一步拓展了旅游消费空间。科技、文化、体育、艺术、乡村等传统文化要素与旅游交织融合产生的新业态、新场景，为人民群众美好生活提供了多元化选择。尤其是三年新冠疫情的冲击之后，群众消费不畅，更需要通过文旅体等要素融合提升消费质量和规模。2023年全国各地举办的大型音乐会、艺术节吸引了众多观众，融入了地方旅游元素，为疫情之后文化和旅游市场的恢复树立了榜样。

党的十九大以来，以习近平同志为核心的党中央高度重视文化和旅游事业发展，做出了一系列促进文化和旅游融合发展的重大决策部署，尤其是着眼于完善党和国家的领导体制、组织体系，做出了改革文化和旅游治理体制的重要决策，实现了文化和旅游治理体系和治理能力现代化建设的开创性进展。2018年开启的新一轮党和国家机构改革，构建了文化和旅游工作新的组织体系、管理体制和工作格局，标志着文旅融合发展迈出了重要步伐。2018年4月8日，文化和旅游部正式挂牌，文化和旅游部的成立意味着旅游行业从"文旅体用二分"转向"文旅体用一致"的新阶段发展①。之后，各省和省以下文旅机构改革相继完成，拉开了机构改革促进文旅融合的序幕。五年来的实践表明，文化事业、文化产业与旅游业融合发展的态势已经形成，效果已充

---

① 傅才武，申念衢.新时代文化和旅游融合的内涵建构与模式创新——以甘肃河西走廊为中心的考察［J］.福建论坛（人文社会科学版），2019（08）：28-39.

分显现。

党的二十大报告提出，"坚持以文促旅、以旅彰文，推进文化和旅游深度融合发展"。所谓"深度"融合，就是在文旅机构改革全面完成、体制机制融合顺利度过初创期之后，主动顺应文化与旅游融合发展新趋势，在"深度融合"上下功夫，向深里走、向基层走、向产业走、向市场走，在更广范围、更深层次、更高水平上实现融合。一是理念更加深入。文旅融合转化为全社会、全行业、全业态的具体行动，要进一步破除体制机制障碍，消除制约因素，在实现深度融合发展上实现新突破。二是方式更加多样。文旅融合是广义上的"文化"同广域上的"旅游"的深度融合①，是文化、旅游业及相关要素相互渗透、交叉、叠加，最终融合为一体，形成文旅新业态的动态过程②，文化和旅游通过产品融合、业态生成、要素集聚，在共同市场中实现价值耦合③。三是融合生态更加完善。立足新发展阶段，贯彻新发展理念，通过体制和机制的有效对接，科学配置文化与旅游资源，以新发展模式、新商业模式构建融合型生态系统和创新体系④。四是维度更加广阔。文化与旅游在发展目标、内在逻辑、实现路径与效应功能等多个维度上的深度融合，涉及产业、主体以及功能等方面的融合⑤。五是路径更加多元。除了"宜融则融，能融尽融"等原则性要求，以及理念融合、职能融合等融合路径，文旅融合高质量发展的路径还可从资源⑥、产品、渠道、体制⑦、产业、市场⑧、科技⑨等方面进一步拓展。六是文化作用更加彰显。从"文化促旅"到"文化塑旅"，虽一字之差，但内涵丰富，树立了"以文化引领旅游发展"的总基调。七是基层工作更加扎实。县域是国家体制机制改革的"最后一公里"，也是体现文旅融合成效的关键环节。没有县域的产业融合，就没有国家层面的融合。从这一点讲，县域是下一步推进文旅深度融合的关键所在。

① 马波，张越.文旅融合四象限模型及其应用［J］.旅游学刊，2020，35（05）：15-21.

② 刘英基，邹秉坤，韩元军等.数字经济赋能文旅融合高质量发展——机理、渠道与经验证据［J］.旅游学刊，2023，38（05）：28-41.

③ 王秀伟.从交互到共生：文旅融合的结构维度、演进逻辑和发展趋势［J］.西南民族大学学报（人文社会科学版），2021，42（05）：29-36.

④ 冯学钢，梁茹.文旅融合市场主体建设：概念体系与逻辑分析框架［J］.华东师范大学学报（哲学社会科学版），2022，54（02）：130-141+177.

⑤ 龙井然，杜姗姗，张景秋.文旅融合导向下的乡村振兴发展机制与模式［J］.经济地理，2021，41（07）：222-230.

⑥ 黄永林.文旅融合发展的文化阐释与旅游实践［J］.人民论坛·学术前沿，2019，171（11）：16-23.

⑦ 厉新建，宋昌耀，殷婷婷.高质量文旅融合发展的学术再思考：难点和路径［J］.旅游学刊，2022，37（02）：5-6.

⑧ 刘治彦.文旅融合发展：理论、实践与未来方向［J］.人民论坛·学术前沿，2019（16）：92-97.

⑨ 范周.文旅融合的理论与实践［J］.人民论坛·学术前沿，2019（11）：43-49.

二、开展县域文化和旅游深度融合发展研究的目的和意义

文旅融合是目前学术界的热门话题，但尽管政府工作层面有大量的实践案例出现，也有众多政策举措、工作机制等方面的成功经验，学术界对文旅深度融合发展的内在机制、情境塑造、模式分析，尤其是体制机制改革对于推进文旅融合的内在机理，却研究不透，文旅融合的学理内涵不足，缺乏具有逻辑自洽性的分析框架。这种局面不利于构建文旅融合研究的中国学派，不利于传播中国声音。文旅融合是一个复杂系统与动态过程，因此，需要运用多学科理论，对文化和旅游的本质属性、内在特征、发展机理、产业载体、功能效果等进行全方位的系统辨析①。

从现实需求导向来看，当前的文旅融合研究不能是一般意义的泛泛而谈，而是要助力文旅初级融合向高质量、高层次、宽领域深度融合发展，当务之急是对文旅融合的现状进行定量评估，总结经验、发现问题、提供建议，为制订更加合理、更加有效、更加完善的融合政策提供理论依据和现实方案。

从构建中国特色文旅融合理论体系看，开展县域文化和旅游深度融合发展研究要弥补当前文旅融合研究中学理性不足的短板，运用多学科理论的交叉研究，往文旅融合的深处进发，从不同视角、不同领域、不同框架中寻找系统思路、逻辑框架。以此为指引，对测度文旅高质量融合发展效应展开全面的实证研究，为构建文旅高质量融合发展路径提供系统性理论指导。

从现实意义看，开展县域文化和旅游深度融合发展研究以浙江省五年来的文旅融合实践案例为研究对象，总结提炼成功经验和典型做法，一方面为全国县域文旅深度融合提供"浙江样板""浙江经验"，以典型引路使其他县域少走弯路，服务全国文旅高质量融合发展；另一方面，扎根浙江大地、深耕浙江省情、贴近浙江实践，发现现实存在的问题，剖析形成的原因，为新时代"文化浙江""诗画浙江"建设提供对策建议，为浙江成为"新时代全面展示中国特色社会主义制度优越性的重要窗口"提供学者的智慧。

第二节　文化和旅游融合发展的发展现状和存在问题

毋庸置疑，尽管地方党委政府在 20 世纪 80 年代（如山西平遥县）、21 世纪初

---

① 宋瑞.文化和旅游：多视角的透视［J］.旅游学刊，2019，34（04）：1-3.

（如深圳市）自发地进行过一些改革尝试，但本轮文化和旅游行政体制调整是一次从上到下的"革命性"改革，是一次机构、职责、利益、权力、资源等诸方面的大调整，牵一发而动全身，需要更多时间来检验成效，更需要大力度推进改革创新。

本课题组就此进行了广泛而深入的调研。研究结果显示，经过五年的努力，地方行政管理体制改革的运行开始进入常态，融合成效已经开始显现，也取得了不少的成就和经验：一是文化和旅游实现了"双向赋能"；二是文旅治理结构转型为"钻石模式"，治理效能不断提升；三是文旅体制运行产生了"催化反应"；四是资源链、产品链、服务链"三链"叠加放大了"融合效应"；五是文旅项目共谋共划拓展了"成长空间"（详见本书第二十三章《浙江县级文旅机构改革以来取得的成效、存在的问题与对策建议》）。一大批文旅融合新案例、新举措、新机制构建了县域文旅融合发展新格局，呈现出蓬勃发展的新局面。

但总体来看，县域机构运行成效与省级机构相比并不乐观，最主要表现在部分县级文旅部门的运行还处在磨合期，加上三年多的新冠疫情分散了精力，旅游类职能相对弱化，文化事业投入跟不上。2021年我们对全国部分县市文旅部门工作人员的抽样调查表明，原旅游部门的工作人员心理落差比较大，对被边缘化感受明显，满意度远远低于原文化部门工作人员[①]。但也有部分县市来自文化部门的工作人员感觉到县领导的注意力资源分配更多地倾向于旅游工作。

一、县域文旅机构运行中的主要问题

根据我们的调查，当前，机构改革后部分县市区文旅机构运转中存在着一些普遍性问题。

（一）从旅游角度看

第一，旅游工作领导力量弱化。原来的县级旅游局作为一个独立的政府组成部门，虽然行政地位相对弱势、编制不多，但组织架构齐全，职责明晰，有规划、政策、资金保障，工作抓手、工作力量相对完整。改革前是一个局长统领，若干个副局长分头抓旅游工作，现在是若干个局长中只有1~2个副局长抓旅游；况且，局长多是由文化部门领导转任，工作理念差异明显（文化部门的社会化思维与旅游部门的市场化思维之间的差距难以在短时间内弥补），且主要领导调动频繁，对旅游业发展规律的把握缺乏时间积累，领导作用很难短时间内发挥出来。随着文旅部门合并，职责范

---

① 崔凤军，陈国栋，董雪旺，徐宁宁，赵丽丽.机构改革背景下县级文旅机构组织绩效研究——基于组织文化认同的视角［J］.旅游学刊，2022，37（03）：16-27.

围大大扩展，县里也开始更加重视文旅事业，但由此产生的参会要求大大提高。有一个县文旅局班子成员从合并前的9个人变成了4个人，每天忙于参加县里的各种会议，有时分管线上的会议只好让科长代劳，局长感觉分身无术，精力难以保障。

第二，工作重心偏移。过去，发展旅游是旅游主管部门全部的职责，合并后则是大部门下的分支工作，地位下降。原旅游局科室大大缩小（有的缩减成为一个资源科），其他职能归并到文化科室，合力下降。随着县级执法大队、文物局级别升格、地位提高，旅游职能开始变得无足轻重。

第三，工作力量下降。过去旅游主管部门不管编制多少，全部是在干旅游工作，合并后变为哪里需要强化力量，人员就到哪里去。文化事业是上级党委、政府有明确要求的、必须要干的工作，显然地位更重要，人员力量必然会被引导到文化领域，上级要求迫使县级文旅局把工作重心放在文化工作上，管理旅游工作的精力必然会下降。过去，旅游系统还保留一些重要景区、度假区的专门机构（管委会），级别多是正科级，本轮县级机构改革后，因为科级机构数量限制，这些专门机构的正科级多被取消或者降为副科级，工作力量和地位弱化。

第四，旅游工作边缘化。这主要是指旅游部门在市委市政府决策层面上的地位下降。过去，旅游部门作为一个独立机构，在参与政府决策时承担着一定的参谋和落实责任，但合并后如果县委县政府主要领导不亲自关心，来自旅游部门的声音就会相对弱化，难以进入党委和政府决策。旅游工作是典型的政府主导型，没有了党委政府的重视，很难实现新的突破。从乡镇看，这一情况更加突出。乡镇是旅游发展的重要力量，分管领导的能力水平是关键，从我们调查的情况看，因为旅游工作归口宣传部门，分管旅游的工作自然就落到了乡镇党委委员、宣传部长身上，新的负责人与过去常务副镇长或副镇长相比，抓实、抓总的能力短缺，资源调控能力不足，在调动力量、谋划政策、争取上级支持和与投资商谈判中明显处于弱势，严重制约了旅游高质量发展。

第五，服务企业的动力下降。作为旅游行业主体的旅游企业，是发展旅游业的主力军。在政府主导战略之下，地方政府的作用至关重要。改革前，旅游部门的全部精力放在提升旅游行业的地位上，扶持、指导旅游企业发展是他们义不容辞的责任，政企关系也比较密切，一大批长期从事旅游管理的公务人员本身就是专家，指导有方。但合并后，这批人马抽调到其他领域，旅游企业成了无人管的"野孩子"，很难得到政府的全力支持。

（二）从文化角度看

过去县级文化部门是个小部门，接受宣传部门的直接领导。按照一位原县级文化局局长的说法就是：上级是县委宣传部，文化部门接受其直接管理，工作题目由宣传部出，工作由文化局承担，"脏活累活"由文化局干，成绩由宣传部总结，文化局就是一个给宣传部"打工"的部门，存在感不强。挂着文化局的牌子，文化产业的职能却由宣传部负责，文化局插不上手，没有建议权、决策权。

文化和旅游合并之后，文旅局的地位得到了一定的提升，但有关文化的工作依然是在宣传部的领导下开展工作，自主感不强。部门中层干部的任命需要宣传部批准（或备案），局党委（党组）的主体责任受到限制。局主要领导在协调处理县委常委分管、政府领导联系、宣传部门归口、政府负责等关系的问题上多难以把握。当前的局面给人的感觉依然是文旅局"为宣传部打工"，文化工作体制没有出现大的飞跃，仍然停留在"小文化"上[①]。事实上，文化产业与旅游业的结合最为现实，但文旅局工作职责无法覆盖，这在相当程度上制约了文旅融合工作的开展，也是县域文旅融合工作进展普遍相对缓慢的重要原因之一。

（三）从文旅机构整体运行看

第一，磨合时间过长。旅游有旅游的逻辑（主要是市场逻辑和产业逻辑），文化有文化的逻辑（主要是事业逻辑、公益逻辑）。由于文化事业、旅游产业之间的界限明显，两部门很难在短时间内在理念上达成一致意见，在决策上短时间内必然难以达成共识。

第二，整合资源的能力没有提升。鉴于旅游资源的综合属性，文旅资源分属多个部门管辖，包括建设（风景区、园林）、水利（水利风景区）、农业（乡村、农家乐）、民宗（宗教）和林业（森林公园、湿地和植物园等）部门等。新成立的文旅局并没有实现对这些资源的管辖和指导，导致这些旅游接待服务设施长期游离于旅游部门之外，文旅部门整合资源的能力并没有得到更多的提高。

第三，依法行政出现新矛盾。随着社会经济发展，渔家乐、乡村旅游、民宿、玻璃滑道、玻璃桥等各种新业态层出不穷，旅游边界越来越模糊。而目前地方政府实行网格化社会管理，每件事项要求主管部门认领，特别是安全责任。除A级景区、旅行社、星级饭店明确了安全责任外，其他都存在边界不清、职责不清问题。特别是涉及安全的，相关部门互相推诿，旅游部门也没有相应的技术能力、足够的人员承担日常的管理和安全检查。相应的法律法规也缺位，无法依法实施管理和处罚。机构改革后这一尴尬局面没有得到很好的解决。

---

① 文化部门承担的文化工作主要是文化设施（图书馆、文化馆、非遗馆、博物馆、剧院、电影院）、遗产保护、文艺精品创作、群众文化活动、娱乐业的管理上，属于"小文化"范畴，文化产业发展等职能在宣传部。

第四，考核检查过多，严重影响部门工作绩效。上级部门对县级文旅机构的各类考核、检查名目繁多，新冠疫情期间经济恢复增长的要求过于急功近利，考核内容、指标多达几十项，每月排名，导致文旅机构"压力山大"，各类汇报材料、数据统计难以应付。况且这些指标需要到县级各部门收集，需要乡镇积极配合，盖章有效，可见其中的协调难度之大。这是文旅局作为一个小部门所无法承受的任务，被机关工作人员称为"内卷"。

（四）部分县市区机构改革不到位

可以从一个典型案例看机构内部的整合状况。2019 年 8 月，浙江省玉环市（县级市）在机构改革中撤销了旅游局，更名为"玉环市旅游事业发展中心"（以下简称"中心"），为正科级事业单位。2020 年 3 月，中心印发了《主要职责、内设机构和人员编制规定》（以下简称"三定方案"）。针对三年多的运行情况，该中心主任总结了玉环文旅机构改革的"八大怪"。

第一怪：同级部门归口。玉环市旅游事业发展中心是全省唯一一个保留正科级的旅游管理机构，但在"三定方案"中却归属于同为正科级单位的玉环市文化和广电旅游体育局管理。在实际运行中，中心负责推进全市旅游事业发展工作，市文广旅体局负责推进全市文化事业发展工作。

第二怪：兼职难以履职。机构改革后，中心主任兼任玉环市文化和广电旅游体育局党组副书记，对内不承担行政分工，但要参加党组会议，参与人事任免等相关议题的讨论。中心的人事关系独立，但提拔中层干部却要在玉环市文化和广电旅游体育局备案，取得同意后方可以任命，增加了许多不必要的环节。中心和局的两位主要领导对对方单位的人员情况均不了解，人事管理流于形式。

第三怪：分管条线不一。中心由副市长分管、宣传部长联系，市文广旅体局是由市委常委、宣传部分分管，副市长联系，但所有的工作均需向两位领导请示汇报。一旦处理不好就造成领导之间的隔阂，如履薄冰。

第四怪：职责本末倒置。根据机构改革要求，中心原有的旅游行政审批、行政执法的职能划归给了玉环市文化和广电旅游体育局，并且划转了一定的执法编制。在"三定方案"中，中心承担旅游经营活动管理和旅游行业安全生产监督管理的行政辅助工作。但实际上，玉环的旅游安全专业委员会设在中心，日常旅游安全监管均由中心负责，节假日旅游安全工作和专项整治行动均由中心牵头，市文广旅体局配合。

第五怪：上下联络不畅。中心共设 3 个科室，分别是综合科、资源开发科、产业发展和市场管理科，内设机构名称与上级文旅部门个别对应，机构职责不完全对应。如旅游驿站、示范性旅游厕所、"旅游+"产业融合基地创建等工作，都是由中心的资源开发科来负责，上级部门应该是由公共服务处和产业发展处负责，但因为信息不对称，工作开展非常被动。中心没有办法直接从公文交换接收到省文旅厅的文件，需要玉环市文广旅体局转发。工作反馈也是一样。在"浙政钉"通讯录中因为级别限制，无法与市局和省厅的相关业务处室联系。

第六怪：小马偏拉大车。市对县文化旅游相关考核细则有 150 分基本分，其中旅游部分占比达 100 分。但中心仅 16 人（正式在编人员 10 人、借用人员 2 人、临聘人员 4 人）负责具体的旅游业务工作，人员配备和工作量完全不成比例，完全处在应付状态，工作推进效率不高。

第七怪：文旅内外不融。文旅局与旅游中心机构分离，导致内部工作融合度也相对不高。少有的几项相关融合成果，是在两个部门的主要领导协调推进下、花了巨大的精力搞出来的，但融合度还是不够高。如《玉环市"十四五"文化和旅游发展规划》，虽说文化和旅游规划编制在同一文本之中，但规划内容的融合度不高。例如空间布局上，文化提出拓展"一城两翼多节点"的文化产业新空间与"一核一带四组团"全域旅游发展空间存在较大的空间分异，而这势必会带来文化和旅游工作布局上的隔阂。

第八怪：工作衔接不清。这主要体现在安全监管上。比如上级文旅部门到县里开展旅游安全检查，市文广旅体局只负责文化场所安全，不管旅游场所安全，容易造成相关工作的不衔接，留给上级检查组的印象就很差，认为玉环旅游安全在部门的配合上存在问题。

对于以上问题，课题组研究后认为，玉环市文旅机构改革不彻底，与上级要求不一，应尽快改变。具体建议是：

方案 1：文旅局与旅游发展中心合并，保留发展中心的编制数和领导职数（正科级），工作人员合署办公。这样做的好处是：一是领导职数有保证，干部级别保留；二是对上一个口子，对内一种声音，有助于工作统一部署、统一安排；三是工作人员数量有保障。

方案 2：旅游行政管理职能划归文旅局，旅游事业发展中心设为副科级单位，独立办公，划归文旅局直接管理（而不是归口管理），但对其职责做出调整，专司旅游项目、旅游推广两项职能。

综合多方面考虑，课题组推荐第一方案。2024 年 2 月玉环市委做出决定，将旅游事业发展中心降为股级单位，编制从 13 人减为 7 人，保留事业参公单位性质，纳入市文旅局管理。

（五）综上所述，县级文旅机构改革之后需要高度关注以下三个方面的问题。

第一，旅游发展职能存在被弱化的风险问题。在机构改革中，会出现部门偏差的马太效应，旅游资源越丰富的地方，旅游职能越强势，人员、资金等配备越充足，但是旅游资源贫乏或开发不足的地区，旅游职能进一步被削减和边缘化，出现了机构合并后往往就只有一个旅游科的局面，造成旅游工作缺乏政府的宏观调控和全局统领，没有足够的资金和人员对产业进行科学、系统规划的现象，这对于旅游发展十分不利，更遑论后续文旅形象构建、品牌打造、产业深度融合、长久有序发展等。

第二，机关干部的思维差异造成队伍融合难问题。从发展诉求、发展内容、发展方式和发展动力等角度来分析，文化和旅游存在差异。如文化首先强调保护，文化资源没被人为破坏就是最大成绩，但这在一定程度上有碍文化资源的合理有效利用；旅游强调开发，发展的动力很强，这就意味着旅游发展需要通过经济利益调动各方面积极性。文化和旅游的天然属性也影响了从业者的思维差异和行事风格，文化干部保守，旅游干部外放，加上复合型专业人才的缺乏，文旅工作在融合队伍方面还需要较长时间。

第三，机构改革后仍然存在多头管理、交叉管理的问题。旅游管理、文化事业、文化产业等涉及多个主管部门，在浙江省就存在文旅部门归党委宣传部领导或由党委宣传部和政府共同领导，同时还要受到上级部门的业务指导的情况，多层级汇报、多部门管理影响工作决策效率。同时，由于不同部门之间在管理体制、职能权限以及职责范围等方面各有侧重，各部门往往围绕本部门的绩效考核工作重点开展工作，聚焦本部门的利益和得失。如党委宣传部门在文旅融合方向更重视意识形态领域，在统筹协调各部门的行动面临不小的挑战，从而使文化旅游产业的全方面规划、利用和开发存在壁垒，这都给推动文旅深度融合带来困难。

二、原因分析

对两个人来说，没有前期的长时间磨合，"婚后"也会带来诸多的烦恼；对涉及无数人的两个部门的合并，缺乏前期的深度合作和相互了解，虽然上级一声指令"包办婚姻"，下级立即执行"先结婚后恋爱"，但形式合并容易，做到实质性融合却是需要经历一个较长时间的痛苦过程。这个过程大概率伴随着试探、交往、不解、吵架、融入等情境。对中央和省级部门而言，大家政治素质、文化素质、业务素质高，这个过程会相对平和，但对县市区而言，绝非"花前月下"的浪漫故事。

县级文旅机构改革确实需要正视不平衡、不对等、不协调的问题。过去几年的实践表明，文旅部门的融合存在诸多困难，从全国范围看市县层面，文、旅两个部门长期以来因为部门隔离造成隔阂、割裂的现象表现突出，具体表现在：

（一）部门地位不对等

从战略地位对比来看，文化和旅游在政治上、经济上、行政上的不对等是多年来的现实。文旅融合是承认差异、尊重行业主体特质基础上的"有限融合"①。

文化具有经济属性、社会属性和意识形态属性。国家向来高度重视文化的发展。文化是"四个自信"的重要来源。"文化自信是更基本、更深沉、更持久的力量，坚定中国特色社会主义道路自信、理论自信、制度自信，说到底是坚定文化自信。"② 文化事关社会主义核心价值观建设，一直以来就是意识形态的核心组成部分。核心价值观是一个国家重要的稳定器，一个民族、一个国家如果没有共同的核心价值观，就会魂无定所、行无依归。十八大以来，党中央高度重视社会主义核心价值体系建设，将其称为当代中国文化的"魂"，而国民教育体系、公共文化服务体系、文化产业体系和各种形式的文化产品，是承载文化精神价值的"体"。文化是国家软实力的重要内容。文化软实力集中体现了一个国家基于文化而具有的凝聚力和生命力。提高国家文化软实力，关系我国在世界文化格局中的定位，关系我国国际地位和国际影响力，关系"两个一百年"奋斗目标和中华民族伟大复兴中国梦的实现。文化事业和文化产业是满足人民精神生活的"民生"事业。文化具有"公益性、基本性、均等性、便利性"特征，必须坚持政府主导，让群众广泛享有免费或优惠的基本公共文化服务。过去多年来，文化作为公益性事业，由国家承担发展的主导责任。文化部作为归口宣传部门管理的机构，一直代表中央政府承担着国家战略。

相比而言，旅游的经济属性更加明显，旅游业在国民经济中的地位逐步提升。1978 年前中国旅游的主要任务是国家外事接待业务，不能算是独立的产业。改革开放初期，旅游业以创汇为基本目标，以发展经济、满足群众基本旅游需求为补充目标。直到 1986 年，国务院将旅游业纳入国民经济"七五"规划，才正式确立了旅游业在国民经济中的地位。1992 年，中央明确提出旅游业是第三产业的重点产业，"九五"规划将旅游业列为第三产业的第一位。1998 年，中央经济工作会议将旅游业列为国民经济新的增长点。1999 年，第一个旅游黄金周催生了"国内游"，国内旅游出现拐点，大众旅游开始萌发。2009 年，国务院发布《关于加快旅游业发展的意见》，提出要把旅游业建设成为"国民经济的战略性支柱产业和人民群众更加满意的现代服务业"。2015 年，人均出游率达到 3 次，达到发达国家国民旅游权利普及的门槛水平，旅游开

---

① 傅才武.论文化和旅游融合的内在逻辑［J］.武汉大学学报（哲学社会科学版），2020，73（02）：89-100.
② 习近平.在哲学社会科学工作座谈会上的讲话［EB/OL］.央广网，2016-05-19［2024-05-28］.https://news.cnr.cn/native/gd/20160519/t20160519_522178374.shtml.

始成为老百姓的日常生活。2016 年，国务院政府工作报告提出"迎接一个大众旅游的新时代"，标志着大众旅游时代到来。受市场因素的拉动，各地发展旅游业的积极性明显提升。

以上分析表明，文化是国家战略，旅游是地方战略。通过机构改革将旅游工作纳入到了国家战略，可以有效提升旅游业的政治地位。十九届五中全会决定和国家"十四五"规划有大量篇幅提到旅游，就是一个很好的开端，必将极大地推进旅游业高质量发展。

（二）工作理念有分歧

原文化部门与旅游部门的工作理念分歧集中表现于如何对待文化遗产上。事实上，这也是一个世界性的难题。迪可罗和麦克彻就曾尖锐地指出，文化遗产管理部门与旅游部门之间存在着以下严重分歧：是由公共部门主导还是由私营部门主导？追求的目标是社会价值还是商业价值？对资产的经济态度是存在价值还是使用价值，是保护其内在价值还是消费其外在价值？主要的服务对象是当地居民还是非当地居民？文化资产的效应是通过遗产展示而产生对社区的价值，还是作为目的地品牌而对旅游者的价值？[①] 这些矛盾往往不可调和。过去两家主管部门相处最好的情况是：两个部门各自独立运作、相互尊重，互不干扰。双方有交集，但并不想建立更加密切的关系，因此多是工作关系而非"全面伙伴关系"。

在现实中则往往采取折中的方式：文化价值因旅游用途而做出让步，或者旅游价值为遗产保护而做出妥协。因为游客的存在，可能会威胁到生态系统脆弱的建筑以及文化艺术品的完整性，或者威胁到地方精神的完整性——地方精神通常是文化资产及其重要的一个元素。评估一个遗产有无价值，在文化价值、物质价值、旅游价值和体验价值四个维度上有无价值及价值排序，往往是文化专家和旅游业专家的"分水岭"，也是两个部门之间存在分歧的主要原因之一。

文旅融合之后，尤其是伴随现代网络技术的发展，一种基于技术的新的开发模式"沉浸式虚拟环境"（IVEs）为解决这个分歧创造了部分条件：采取能够让遗址复活的数字技术，将采集到的考古现场的数据，与沉浸式、互动式显示系统整合为一体，在博物馆、游客中心、活动区域运用，让游客能以一种新颖的方式体验遗产资产与文化空间（culture space）。

（三）服务对象不同带来职能定位差异

在社会中，人民是公共权力的唯一合法拥有者，政府是公共权力的受托者，代表

---

① 迪可罗，麦克彻.文化旅游［M］.朱路平，译.北京：商务印书馆，2017：22.

人民行使权力。构建人民满意的政府是现代政府施政的价值理念。这种价值理念包括：人民性、普惠性、正义性。

对地方政府而言，在践行上述价值理念时，权力的委托主体、管理服务对象并非全体人民，而是辖区公民。按照地方政府所担负的属地管理与服务这一根本要求，本地市民才是检验他们施政正当性、满意度的来源，至于外地游客服务，那是完全是出于经济属性要求。所以，原文化部门的主要服务对象是市民，部分职能主要是提供文化公共服务设施，包括建设、管理和运营，属于"闭环"管理，开放性不足。旅游部门的服务对象是外地游客，主要是实施对旅游业的管理和服务职能，属于开放式、社会化管理模式。

文旅融合大背景下，文化和旅游机构的服务对象必然会发生变化，为本地市民和外来游客的服务都将成为部门职责，这也必将促进主客体共享时代的来临。

（四）投入机制不同带来的工作手段的差异

无论服务对象怎么变，现代政府的责任政府、高效政府、服务型政府的定位不变。鉴于两大事业的定位差异，原文化部门主要采取的是直接管理（政事合一）手段，原旅游部门则主要是间接管理和行业管理（政企分开）。从投入来讲，文化事业主要是政府投资，旅游产业（全域旅游基础设施和公共服务除外）主要是社会投资。

相比而言，县市区文化局是一个老部门，旅游局是一个新部门，但两个部门都是"小部门"，长期以来在行政机构中处于边缘化地位：原文化部门作为政府组成部门，隶属宣传系统，中层干部调整权限在宣传部门，自身主体地位不突出，干部成长空间小；管理对象是以文化馆、博物馆等为主的"小文化"。地方旅游部门最初作为政府企业存在（旅游公司），代行行政管理和事业发展职责，后来成为事业单位，更名为旅游事业管理局（或旅游局）；近二十年随着旅游业地位的提升和行政体制改革的进行，旅游部门开始作为政府组成部门（国家旅游局作为副部级单位由国务院直属），但总体来看长期也游离于行政边缘。部门合并，从两个"小部门"变身一个"大部门"，投入机制没有多大变化，但工作手段可以实现互通。

（五）部门之间的长期疏离

文化和旅游两个部门的干部队伍，长期以来因为理念不同，会出现互不认同、互相"防备"，甚至相互"诋毁"的现象。例如博物馆、非遗等文旅资源，完全可以建设成为雅俗共赏、主客共享的文旅产品，却因为部门的价值观差异导致中国的博物馆多数"异化"为不可亲、不可近、不好看的"死作"，仅仅作为一个公益性文化设施来规划建设，既不对外进行具有震撼力的展示，也缺乏必要的商业服务设施，难以推向旅游市场，无法被游客所接受。还有大量散落在民间的"非遗"文化，没有旅游市场、旅游部门的拉动、整合，难以点石成金，甚至传承都难以为继。如浙江省临海市的灵湖文化创意街区，由原文化部门负责策划建设，没有注入旅游功能，缺乏旅游六要素匹配，仅仅是生硬的文化设施集聚，作用难以发挥，进入旅游市场难度不小。部门合并之后，工作理念和人才资源实现互补，有效地解决了这些问题。

（六）文旅资源基础条件决定了"我的地盘我做主"

从理论上看，区域旅游资源主体如果是文化景观，机构合署的必要性更强，但文化"吃掉"旅游又是必然；如果区域旅游的主体是自然生态景观，两个部门之间不分伯仲，主要看谁的实力更强。例如西安市是我国著名的文物旅游城市，两大部门合并，可能带来的问题是文旅局的大部分精力放在了管理辖区内的文物景点上，对行业管理投入的精力就可能弱化，也很难做到超脱，下属的文物景点与社会景点之间的关系就难以平衡。20世纪90年代，山东省泰安市将旅游局与泰山风景区管理机构合并，旅游局的功能就完全弱化，虽然还保留着泰安市旅游局的牌子，但运行的结果就是变成了泰山风景名胜区管委会下属的一个科室，最后泰安市委市政府不得不在1998年重新组建了旅游局。

第三节　文化和旅游深度融合发展的研究进展

文化旅游被广泛地视为一个增长型市场，提供了许多工作和收入的来源，很多国家和地区将文化旅游作为经济发展的工具[1]。一方面，传统旅游商品品种单调，产品雷同，文化含量低，艺术品位不高，在品种、特色、数量等方面远不能满足旅游者的需要[2]，通过在传统旅游产品中注入文化因素可以吸引游客和注入消费。另一方面，文化产业的发展嵌入文化旅游研究中，为其经济效应的研究提供了大量新的佐证[3]。文化与旅游融合发展，是一个以文化带旅游、以旅游促文化的过程，对促进文化产业与旅游

---

[1] RICHARDS G. Cultural tourism: A review of recent research and trend[J]. *Journal of Hospitality and Tourism Management*, 2018(36): 12-21.

[2] 姚战琪，张玉静.文化旅游产业融合发展的进程、战略目标及重点领域探讨［J］.学习与探索，2016（07）：123-126.

[3] 张建，吴文智.文化产业驱动旅游经济的模式与国际经验［J］.旅游学刊，2015，30（08）：4-6.

产业协同发展具有重要意义[①]，文化和旅游之间存在着"双向赋能"的密切联系[②]，能够互利优化、协同进化。

一、文旅融合理论机理

文化和旅游作为重要的幸福产业，其立足点和最终目标是实现人的幸福[③]。因此，回归人的幸福是文化和旅游融合机制的核心因素。文旅融合并不是简单的相加，而是有机的融合，须由外部推动力和内部驱动力共同作用，才能促成旅游与文化产业的融合发展[④]。

消费需求、市场需求等是文旅融合的外部推动力[⑤]，技术进步与企业发展需求是文旅融合的内部驱动力[⑥]。文化旅游，一方面是为了学习及体验有关文化[⑦]，另一方面与满意度和收益度有关[⑧]。人们消费需求的增加带动市场需求，从而促进文旅产业融合发展。技术进步激活传统文化和旅游资源[⑨]，叠加催化产业新功能，加速文旅产业融合发展[⑩]。为了扩宽与加深产业链，提升融合价值，文旅产业链上下游企业寻求内部经济效应[⑪]，利用文化产业与旅游产业特性[⑫]，追求区域文化旅游融合发展，实现协同共生[⑬]。

文旅融合也可以通过软实力和硬实力的多方面融合来实现[⑭]。在软实力融合方面，旅游目的地的形象定位与其拥有的文化资源具有紧密联系，大力开发利用非物质文化

① 黄永林.文旅融合发展的文化阐释与旅游实践［J］.人民论坛·学术前沿，2019，171（11）：16-23.
② 熊海峰，祁吟墨.基于共生理论的文化和旅游融合发展策略研究——以大运河文化带建设为例［J］.同济大学学报（社会科学版），2020，31（01）：40-48.
③ 徐金海.文化和旅游关系刍论：幸福的视角［J］.旅游学刊，2019，34（04）：3-5.
④ 翁钢民，李凌雁.中国旅游与文化产业融合发展的耦合协调度及空间相关分析［J］.经济地理，2016，36（01）：178-185.
⑤ NELSON V. Place reputation: Representing Houston, Texas as a creative destination through culinary culture[J]. *Tourism Geographies*, 2015, 17(2): 192-207.
⑥ 冯健."文旅融合"该从何处着手［J］.人民论坛，2018（32）：86-87.
⑦ GALÍ-ESPELT N. Identifying cultural tourism: A theoretical methodological proposal[J]. *Journal of Heritage Tourism*, 2012, 7(01): 45-58.
⑧ OZEL Ç H, KOZAK N. Motive based segmentation of the cultural tourism market: A study of Turkish domestic tourists[J]. *Journal of Quality Assurance in Hospitality & Tourism*, 2012, 13(3): 165.
⑨ 戴斌.数字时代文旅融合新格局的塑造与建构［J］.人民论坛，2020（Z1）：152-155.
⑩ 周春波.文化产业与旅游产业融合动力：理论与实证［J］.企业经济，2018，37（08）：146-151.
⑪ 柴焰.关于文旅融合内在价值的审视与思考［J］.人民论坛·学术前沿，2019（11）：112-119.
⑫ 张洪，石婷婷，余梦雪.基于知识图谱法的文化与旅游产业融合研究分析［J］.合肥工业大学学报（社会科学版），2019，33（06）：10-17.
⑬ 张广海，孙春兰.文化旅游产业融合及产业链构建［J］.经济研究导刊，2012（12）：152-154.
⑭ 范文静，唐承财.地质遗产区旅游产业融合路径探析——以黄河石林国家地质公园为例［J］.资源科学，2013，35（12）：2376-2383.

遗产[①]，可以开辟旅游文化发展新路径。在硬实力融合方面，资源[②]、资金投入、人力、基础设施和配套设施建设[③]、技术创新[④]等均有利于文化与旅游融合发展。通过软实力和硬实力的多方面协调和整合，旅游和文化产业融合可以实现最终目标：建立管理部门、企业组织、社区居民、从业人员"四位一体"的全方位融合发展机制，实现政治、经济、文化、社会、环境"五大综合效益"，促进旅游与文化产业的跨越式发展。

文旅融合是一个多层次多阶段的复杂系统。有少数学者就此展开探讨。张朝枝和朱敏敏从文化意义的身份认同角度指出，文旅融合需要通过调整角色、培育文化自信增进相互理解和合作，在此基础上，两位学者指出文旅融合有三个层次：文化转化为旅游资源（资源）、文化可参观性生产（产品）、面向游客的文化展示产业化（产业）[⑤]。宋瑞和冯珺构建了文旅融合的多维度多层面图，包括本源、机理、管理、发展、载体、支撑、效果[⑥]。

二、文旅融合效应的测度

文旅融合效应是文旅融合的重要研究内容。对其效应的测度有助于帮助各类旅游相关主体了解融合现状、融合程度等。

现有文献对文旅融合效应的测度大多基于定量分析。通过运用灰色关联度模型[⑦]、投入产出模型[⑧⑨]、耦合协调度模型[⑩]、系统动力学模型[⑪]、复合系统有序度模型[⑫]、共生

① 杨红.非遗与旅游融合的五大类型［J］.原生态民族文化学刊，2020，12（01）：146-149.
② 崔凤军，陈旭峰.机构改革背景下的文旅融合何以可能——基于五个维度的理论与现实分析［J］.浙江学刊，2020（1）：48-54.
③ 刘治彦.文旅融合发展：理论、实践与未来方向［J］.人民论坛·学术前沿，2019（16）：92-97.
④ 刘洋，杨兰.技术融合·功能融合·市场融合：文化旅游产业链优化策略——基于"多彩贵州"的典型经验［J］.企业经济，2019（08）：125-131.
⑤ 张朝枝，朱敏敏.文化和旅游融合：多层次关系内涵、挑战与践行路径［J］.旅游学刊，2020，35（03）：62-71.
⑥ 宋瑞，冯珺.文化和旅游融合发展：基于国民经济行业分类体系的测度与展望［J］.财经智库，2019，04（3）：82-94.
⑦ 张二妮，王长寿.陕西省文化产业与旅游产业融合的关联分析［J］.西安工业大学学报，2014，34（01）：53-56.
⑧ 张广海，孙春兰.文化旅游产业融合及产业链构建［J］.经济研究导刊，2012（12）：152-154.
⑨ 古冰.基于投入产出法及 ANN 模型的文化产业和旅游产业融合分析［J］.商业经济研究，2017（18）：170-173.
⑩ 侯兵，周晓倩.长三角地区文化产业与旅游产业融合态势测度与评价［J］.经济地理，2015，35（11）：211-217.
⑪ 张春香，刘志学.基于系统动力学的河南省文化旅游产业分析［J］.管理世界，2007（05）：152-154.
⑫ 黄蕊，侯丹.东北三省文化与旅游产业融合的动力机制与发展路径［J］.当代经济研究，2017（10）：81-89.

模型②等对文化与旅游产业融合度的深度测评。构建耦合度模型测量文旅融合度水平是国内学者普遍采用的研究方法，不同学者基于不同研究视角，选取的指标也各不相同。总体而言，目前对文旅融合测度方面尚未形成统一的指标体系与方法①，不能解释一个国家或地区产业融合的全景，而且相关测度方法主要针对一国范围内的产业间融合，很少涉及或延伸到国家间产业融合程度的测度与分析。因此，上述研究不足是未来研究亟待解决的问题。

三、文旅融合路径构建

现有文旅融合路径的探讨基本是从现实层面展开。文化和旅游部原部长雒树刚在2019 年全国文化和旅游厅局长会议上就文化和旅游融合提出了具体的要求，其融合路径是"理念融合、职能融合、产业融合、市场融合、服务融合、交流融合"。许春晓等从资源、资料、劳动力、技术四个方面构探讨文旅融合路径②。文化产业与旅游业处在关联不深的现实困境，因此需要分阶段、以条块视域实现前端技术融合、中端功能融合和末端市场融合③。也应该从功能维度、资源维度、市场维度、行政维度、人才维度实现文旅融合在精神和价值方面的内在统一④。文旅融合是承认差异、尊重行业主体特质基础上的"有限融合"⑤。因此，不同区域的文旅融合路径也存在差异性。黄蕊和侯丹认为辽宁省应该选择文化资源驱动的技术融合型产业发展路径，吉林省应该选择旅游资源驱动的技术融合型产业发展路径，黑龙江省则应该选择旅游资源驱动的市场融合型产业发展路径⑥。除上述融合路径外，国外学者还强调扩大文化与旅游融合范畴。雷纳尔和安德烈亚斯指出，二者以文化遗产旅游或工业文化旅游的方式相融合，使得新诞生的文化旅游产品更具吸引力⑦。影视作品融入主题公园建设的文化旅游产业

① 汪芳，潘毛毛.产业融合、绩效提升与制造业成长——基于1998—2011年面板数据的实证［J］.科学学研究，2015，33（04）：530-538+548.

② 许春晓，胡婷.文化旅游资源分类赋权价值评估模型与实测［J］.旅游科学，2017，31（01）：44-56+95.

③ 刘洋，杨兰.技术融合·功能融合·市场融合：文化旅游产业链优化策略——基于"多彩贵州"的典型经验［J］.企业经济，2019（08）：125-131.

④ 崔凤军，陈旭峰.机构改革背景下的文旅融合何以可能——基于五个维度的理论与现实分析［J］.浙江学刊，2020（1）：48-54.

⑤ 傅才武.论文化和旅游融合的内在逻辑［J］.武汉大学学报（哲学社会科学版），2020，73（02）：89-100.

⑥ 黄蕊，侯丹.东北三省文化与旅游产业融合的动力机制与发展路径［J］.当代经济研究，2017（10）：81-89.

⑦ REINHARD B, ANDREAS H Z. Cultural tourism in rural communities: The Residents' Perspective[J]. *Journal of Business Research*, 1999, 44(3): 199-200.

融合模式，将自然、科技、教育等元素渗入旅游产品中[①]，以引领消费者获得更佳的产品体验。由上可知，尽管在现实层面对文旅融合的路径构建进行了一定探索，但关于其如何实现高质量融合发展的路径研究还很缺乏。更重要的是，文旅融合是一个多主体、多层次、多阶段的复杂系统与动态过程，文旅融合路径设计应该充分结合这些特性才有可能达到预期目标。因此，需要从平台视角、生态系统视角、多主体共生等视角分析文旅融合的路径，促使其实现高质量发展。

四、文献评述

综上所述，当前文旅融合研究对融合的理论机理、效应测度及其路径构建等重要问题的探讨尚处于初级阶段，大多数是政策角度的政府工作讨论，学理内涵明显不足，缺乏具有逻辑自洽性的分析框架。更为紧迫的是，从现实问题导向来看，当前文旅融合研究的主要目的不是一般意义的泛泛而谈，而是助力于文旅初级融合发展转向高质量融合发展。原因在于，早在 2009 年，当时的国家旅游局和文化部就联合下发了《关于促进文化与旅游结合发展的指导意见》，要求积极采取措施加强旅游与文化的结合，促进文化和旅游产业融合。2018 年文旅部成立之时，文旅融合在我国已经获得一定程度的发展，但距离高质量融合发展，满足人民群众日益增长的美好生活需要方面，尚有相当差距。因此，文旅高质量融合发展研究，不仅可以在理论层面为确立文旅融合的逻辑框架提供系统支持，而且能够紧密结合国家战略与高质量发展的时代要求，为政府制定促进文旅初级融合发展转向高质量融合发展的政策提供建议，为文旅企业实现高质量融合发展提供管理策略。

另外，目前对文旅融合测度方面尚未形成统一的指标体系与方法；更重要的是，这些指标体系更多地描述文化产业和旅游产业各自的发展现状、总量指标以及整体趋势的耦合程度，而未能深入产业链内部，评估文化产业和旅游产业在结构上相互渗透、相互赋能的深度融合程度，更缺乏表征文旅融合高质量发展的指标。因此，上述研究不足是未来研究亟待解决的问题。

总的来说，现有文旅融合理论机理研究大多比较碎片化，缺乏系统的逻辑框架，与文旅融合本身所具备的系统性特点不一致，这很不利于文旅融合在学理层面的深化研究。

[①] CSAPO J. *Strategies for Tourism Industry — Micro and Macro Perspectives*[M]. London: InTech Open Access Publisher, 2012.

第四节 县域文化和旅游深度融合发展研究

一、县域是中国社会的基石

县域，就是县和县级市，不含市辖区。县作为一种地方行政区域，随着隋朝在全国推进郡县制而正式形成。在我国行政组织体系中，县一直是稳定的存在，无论县行政区域的名称还是空间范围，即使是在改革开放四十多年来，其变化总体上也是相对和缓的。

截至 2021 年底，中国内地共有县（及县级市）域 1866 个，占全国国土面积的 90% 左右，占全国人口和 GDP 比重分别为 52.5% 和 38.3%。市辖区 977 个，包括省级城市、副省级城市和地市级城市（设区市）下辖区，属于城市建成区的一部分，也就是我们常说的市区。本项研究以县市区为对象，也就是县级行政区，主要是县、县级市和乡村面积较大的市辖区。之所以将部分市辖区列入其中，是因为我国的城市正在成长壮大之中，部分市辖区撤县改区不彻底，财政体制维持原有格局没有变化，城市化不彻底，乡村面积较大（例如杭州市余杭区），实质上还维持着原县域体制和空间格局。

"基础不牢，地动山摇。"从基层政权看，县是中国基层政权的重要组成部分。自秦汉确立郡县制以来的 2000 多年治理中，县域就是社会稳定和经济承载的基石，尤其是古代农业社会，"县官"作为"朝廷命官"，是老百姓的"父母官"，更是皇权的人格化象征，直接受制于中央政权。在现代中国，在中央、省、市、县、乡五级政权体系中，县级政府作为地方政府的重要组成部分，负责在本行政区域内实施党和国家的各项政策、法律和法规。

"县域是执行中央大政方针的最后一公里。"从政策落地看，县级政府执行政策既要自上而下，又要自下而上；既要保持政策的原则性和刚性，又要保持灵活性和柔性；既要防止乱作为，更要避免不作为，这是作为中国这个"单一制"大国对县域治理的特殊要求。因此，县级政府对国家政策的落实和执行起着至关重要的作用。由于县级政府直接面向基层，负责与广大农村和城镇居民的日常事务，它能够根据中央政策和地方实际情况，制订具体的实施方案，确保政策有效实施。

"县域是资源配置的主体力量。"县级政府在资源配置方面起着关键作用。县级政府负责本行政区域内各项财政、土地、人力等资源的分配和管理，而合法合规、合理高效的资源配置对于地方经济的发展和社会稳定具有极其重要的意义。加快从"要素配置"向"创新驱动"转变，从"传统制造"向"智能制造"转变，从"资源型"向"创新性"转变，都需要县域提升资源配置能力，提升资源利用、转化和配置的效率与公平。

"县域强则国家强。"县域经济发展已经成为改革开放以来中国经济的独特现象。县级政府在促进地方经济发展方面的突出作用已经显而易见。实践证明，县级政府通过完善本地区的基础设施建设、产业布局和财政政策等手段，推动地方经济持续健康发展的成效是巨大的，以县域制造业集群为代表的工业化和以都市周边区域逐步形成的城镇化，作为我国的两大引擎和发动机，成为社会发展和就业保障的稳定器。

"郡县治，则天下安。"县域治理是国家治理现代化的重要基石。无论在历史上，还是在迈向中国式现代化的进程中，县（县级行政区划）域治理都处在承上启下的关键环节，是发展经济、保障民生、促进国家长治久安的重要基础，对于整个国家的政治、经济和社会发展都具有特殊的、不可替代的价值。从微观层面的社会管理看，县级政府在维护社会稳定和民生保障方面起着重要作用。县级政府负责本行政区域内的公共安全、治安、卫生、教育、社会福利等方面的工作，确保人民群众的基本权益得到保障。

"乡村是中华文化之根。"从文化传承看，县级行政区往往有其独特的地方文化和历史传统。通过县级党委政府的文化教育、地方优秀传统文化保护与传承工作，文化之根得以继承，文化多样性得以保存，文化自信得以实现。

党的十八大以来，以习近平总书记为核心的党中央高度重视县域经济和社会发展，强调要"以县域作为城乡融合发展的重要切入点，推进空间布局、产业发展、基础设施等县域统筹，把城乡关系摆布好处理好，一体设计、一并推进"①。总而言之，中国的县级行政区对于国家的政治、经济和社会发展具有特殊的重要性。县级政府在政策落地、资源配置、经济发展、社会管理等方面发挥着关键作用，对于维护国家的稳定和促进全面发展具有举足轻重的地位。

二、县域旅游是中国经济新的增长点

简单讲，县域旅游是与城市旅游相对应的概念。目前，对于何为县域旅游并没有一个公认的定义，也没有形成完整的理论框架。

---

① 习近平.坚持把解决好"三农"问题作为全党工作重中之重，举全党会社会之力推动乡村振兴［EB/OL］.中华人民共和国中央人民政府，2022-03-31［2024-05-28］. https://www.gov.cn/xinwen/2022-03-31/content_5682705. htm?equid=a86d9a0d000701d4000000066471d7c0.

一般而言，县域旅游应该符合以下几个特征。

一是县域旅游是发生于一个县域内的旅游活动的统称。例如，陈建城就认为，县域旅游是在县一级的地域级别内有别于城市或其他地域的各种旅游相关元素组成的一种以吸引游客为目的的旅游活动[①]。

二是县域旅游属于区域旅游的范畴，以县级行政体所在区域为基本单元。例如，李瑞就认为，县域旅游发展是一个复杂微观尺度上的区域旅游动态事项，具有涉及范围广泛、内容复杂的特点[②]。

三是县域旅游是一个完整的地理单元，具有多项功能。例如，王丹阳认为，县域旅游依托的县级行政区域作为一个相对完善的整体，能够满足旅游者度假、休闲、购物、养生、会议等全方位的需求[③]。

四是将旅游产品和完善的产业要素作为县域旅游的核心，将旅游价值链上的参与者的合作与协调作为关键。例如，程金龙就认为，县域旅游是以县级行政区为地域空间，由县级政府和相关部门参与，以地方旅游资源为依托，以市场需求为导向，以旅游产品为核心，以向旅游者提供高质量、完整的旅游体验为目的，以特色旅游休闲生活体验为吸引，集吃、住、行、游、购、娱等要素为一体的经济系统和区域发展形态[④]。

随着乡村旅游的蓬勃发展，县域旅游的地位越来越高。例如浙江省2021年旅游总收入中，县和县级市的旅游收入为4803.4亿元，超过市辖区的3987.4亿元[⑤]。作为全国重要的旅游市场有机组成部分，县域旅游承担着旅游产品的供给、旅游产业体系的完善、旅游强国建设的重要历史使命。早在2005年，当时的国家旅游主管部门国家旅游局就出台了《创建旅游强县工作指导意见》，推出一批县域经济示范县，总结推广发展模式。2019年、2020年，在创建全域旅游示范区中，国家文化和旅游部推出了两批共计168家，其中县域103家，充分展示了县域旅游在全国旅游板块中的重要地位。

理论和实践都证明，县域旅游对于促进地方经济发展、提高居民生活水平、实现区域协调发展以及塑造旅游品牌形象具有重要意义，进入城市化、工业化后期，以乡村旅游为主要特色的县域旅游对于推进经济强县建设、乡村振兴战略的落地、共同

① 陈建城.县域旅游品牌的创新与发展——以福建省仙游县为例[J].台湾农业探索，2009，（6）.
② 李瑞，吴殿廷，郭谦等.20世纪90年代中期以来中国县域旅游研究进展与展望[J].地理与地理信息科学，2012，（1）：94-99.
③ 王丹阳.我国县域旅游研究综述[J].现代经济信息，2016，（22）：449-451.
④ 程金龙，王淑曼.县域旅游理论与实践[M].北京：社会科学文献出版社，2022.
⑤ 北京华夏佰强旅游咨询中心.中国县域（市辖区）旅游高质量发展研究报告2022[R].北京：中国社会科学出版社，2022.

富裕战略实施、旅游强国建设更具有重要价值。县域旅游兴，则国家旅游兴。毋庸置疑，随着我们乡村振兴和共同富裕战略的全面实施，县域旅游在我国旅游板块中的重要意义也来越凸显[①]。

三、县域是文旅融合发展战略落地生根的关键区域

县域，是国家治理的基本单元，是联结城乡关系的纽带，是乡村振兴战略的有力支撑，更是推动国民经济发展的重要组成部分。如何通过发挥文旅产业的带动和辐射作用，赋能县域经济发展，以"文旅+"融合发展模式，激活县域发展活力，形成所在地资源的优化和整合效应，是业内持续关注、不断探索的命题。县域是我国区域旅游发展的基本单元和重要组成部分。文旅融合既可发生在城市，更可发生在县域——尽管城市的文化赋存、文化公共服务远较县域突出。以县域为对象研究文旅融合实施状况，对于发现和解决实施过程中的问题、总结提炼发展成就和模式具有典型意义。

县域文旅融合，是县域内的文化资源与旅游资源、文化市场与旅游市场、文化产品与旅游产品、文化服务与旅游服务等的结合，借以实现主客共享、市场共享、传播资源等的共享。其意义在于：通过资源优化利用和整合开发，充分挖掘和利用当地的文化和旅游资源，实现资源的优化配置和价值最大化，提高旅游业的核心竞争力和可持续发展能力；通过旅游产品创新，融合文化和旅游元素，可以开发出具有地方特色和独特魅力的文化旅游产品，满足游客对个性化、高品质旅游体验的需求；通过文旅融合，带动县域经济和文化旅游相关产业链的发展，创造更多的就业机会，提高地区的经济收入；通过文旅融合，弘扬和传承当地的优秀文化传统，提升地区文化品质，增强民族自豪感和认同感；通过文旅融合，发展具有地方特色的文化旅游项目，塑造独特的地区品牌形象，提高县域在国内外旅游市场的知名度和美誉度；通过文旅融合，促进文化交流和民族融合，提升人们的文明素养和道德品质，营造和谐稳定的社会环境；通过文旅融合，提高人们的环保意识，倡导绿色、低碳的旅游方式，保护生态环境，实现人与自然的和谐共生。总之，县域文旅融合具有丰富旅游产品、促进经济发展、传承文化、提升地区形象等多重意义。通过文旅融合，可以推动县域旅游业的可持续发展，为地区带来更多的经济效益和社会效益。

---

① 也有学者研究认为，旅游发展不同程度上存在着"资源诅咒效应""投资挤出效应""福利漏损效应"以及"反向排斥效应"，可能对地方经济发展带来负面影响。但总体来看，其积极效应大于负面效应，对于地域空间广阔、旅游资源富集、地理位置相对偏远的县域而言尤其如此。2001 年由 Shan 和 Wilson 首次提出的旅游发展促进经济增长假说，得到了现实和理论研究的支持。见赵磊.国外旅游发展促进经济增长假说（TLGH）研究综述［J］.旅游科学，2012，（4）：77–95.

县域文旅融合有其底层逻辑。从需求侧看，旅游者的旅行线路既可能是跨县域、跨地区的，又可在一个县域完成，县域旅游是相对完整的旅游目的地，可满足游客"吃住行游购娱"多要素需求。从资源赋存看，县域是旅游资源的重要承载地，我国主要的资源和人文资源分布于县域。从旅游供给看，县域可以提供相对完整的旅游产业配置体系，形成高品质旅游产品、高标准基础设施和服务体系、高质量旅游目的地。从文旅融合战略实施看，相比于市及以上层级，县域层面承担着产品供给、改善环境等具体任务，是贯彻中央政策的"最后一公里"、改革发展的前沿阵地，直接决定着中央大政方针的落地成效。着眼于县域，对机构改革以来县域文化和旅游体制机制运行质量做出系统性分析，梳理地方改革实践，分析文化和旅游融合体制机制创新的行政逻辑，发现融合过程中可能面临的困难和问题，提出机构整合推动产业层面上的深度融合的发展路径，从县域丰富、生动的实践中总结发展成就，提炼县级层面文旅融合体制机制的"中国模式"，对于构建中国特色的学术话语体系、检视县级文旅机构改革促进文化和旅游融合发展的初心使命，促进文旅治理体系和治理能力现代化具有积极意义。

总体来看，自2019年县级文旅机构改革以来，在文化和旅游部全面部署下，全国县级文旅系统按照"宜融则融、能融尽融、以文促旅、以旅彰文"的原则，遵循理念融合、职能融合、产业融合、市场融合、服务融合、交流融合等六大融合思路，使文旅融合实践已经从市场和企业层面上的自发融合进入了以行政管理促进融合发展的新阶段，全国各地也涌现出了众多典型示范。可以说，县域是文旅融合战略实施的最佳实践地，没有县域的文旅融合，全国层面上的文旅融合发展就不完整。

也因为资金不足，实力不够，不适合大资金投入，县域文旅融合发展必须找好发力点，善于花小钱办大事，把钱用在刀刃上，用较少的硬投入撬动软环境的提升，以人为本，从消费者出发，在烟火气中经营文旅品牌，真正把精力花在改善营商环境、提高人文素质等久久为功、利在长远的事情上。文旅融合不是一阵风，五年来全国各地众多县域的文旅融合实践充分证明了文旅融合"长期主义"的有效性。

第五节　本书的研究框架、过程和方法

一、研究框架

本书共分为四部分。第一部分是理论篇，包括第一、二、三章，系统梳理了县域文旅融合的概念内涵、理论框架和价值体系，构建了文旅机构改革的政治逻辑、传导机制和实现路径，为接下来的实证研究奠定了理论基础。

第二部分是实证篇，包括第四、五、六、七、八章。首先依据《文化及相关产业分类（2018）》及《国家旅游及相关产业统计分类（2018）》中的分类标准，基于《2017 年浙江省投入产出表》，评价文化产业和旅游产业的发展状况，测度文旅融合的产业波及效应，评估文旅产业的经济联系和融合度，客观评估 2018 年机构改革之前省域文旅融合发展的现状、背景和基底；然后是三个宏观评价，从产业和政策的宏观尺度，分别评价县域文化和旅游的融合水平、县级文旅机构改革的组织绩效以及机构改革对文旅融合的推进效果；最后是三个微观主体研究，从需求侧（游客）、供给侧（产品）和管理侧（政府）三个市场主体的视角，分别研究文旅融合的产品设计、文旅消费需求和游客满意度，以及县级文旅局长的人格特质。

第三部分是实践篇，是研究团队近年来在文旅融合领域所做的调查研究、实地考察、咨询报告、政策建议、规划设计等案例成果。这些案例成果从博物馆旅游、乡村博物馆建设、文化遗产活化利用、历史文化古城（古街区、古村落）复兴、文旅 IP 打造、文化生态保护区建设、线性文化遗产（浙东唐诗之路）开发、名人文化利用、夜间文旅经济、历史经典产业、乡村文旅融合、文旅数字赋能、县际文旅合作（和合文化世界级旅游景区建设）、景城文旅融合（雁荡山案例）等多角度、多方面，展示县域文旅融合的成果，并总结经验教训，提炼理论模式。

第四部分是建议篇，收录了近年来研究团队撰写的文旅融合领域的各类咨询报告、资政建议、领导批示和学术奖励，全面展示了团队在文旅融合领域的研究成果及社会经济效益。

二、研究过程

为获取充分的浙江省县域文旅融合发展数据，课题研究团队多次深入浙江省杭州市、温州市、湖州市、台州市各县（市/区）及云南省，开展县域文旅融合发展考察调研工作，获取了大量一手资料，为总结县域文旅融合发展存在的问题提供了充足、可靠的数据来源。此外，为了"取人所长、补己所短"，研究组成员还利用外出参加会议、学习等机会，前往部分县（市/区），采用沉浸式体验等方式，充分理解县域文旅融合发展的具体做法，总结县域文旅融合发展的具体模式，以为县域文旅融合发展提供借鉴。课题组调研的区域及主要内容如表 1-1。

表 1-1 课题组调研区域及主要内容

时间	区域	主要考察内容	备注
2021 年 9 月	台州温岭市	考察温岭市文旅融合情况	时任温岭市市长林强陪同调研座谈
2021 年 10 月	台州市文广旅体局	考察台州市文旅局文旅融合运行情况	与文旅局局长、副局长以及办公室主任等领导交流文旅融合运行问题
2021 年 11 月	台州温岭市坞根镇	考察台州温岭市坞根镇文旅融合产业发展情况	与坞根镇党委书记以及各村书记座谈交流
2021 年 11 月	台州市政协	课题组参加台州市政协组织的"天台山—神仙居—台州府城一体化创建世界级旅游景区"的"请你来协商"活动	与台州市政协副主席林虹、台州市文旅局领导、临海市、仙居县以及天台县（市/区）文旅局局长座谈交流
2022 年 2 月	温州市	考察温州市文旅融合产业发展以及体制机制运行情况	乐清市委书记徐建兵、宣传部部长陈微燕等陪同考察调研交流
2022 年 3 月	云南大学	考察云南文旅融合产业发展以及体制机制运行情况	与云南大学田卫民教授等交流文旅产业发展以及体制机制运行情况
2022 年 5 月	台州市	调研台州文旅数字化改革情况	台州市政府副秘书长、市府办主任林贤杰，市政府办公室副主任陈友增陪同调研
2022 年 5 月	台州市	课题组策划首期"士性论坛"，邀请全国各地学者和业内专家来校交流座谈	台州市文化和旅游研究院兼职研究员、旅游项目负责人、乡村旅游名镇代表等围绕"乡村旅游与乡村振兴"主题做报告
2022 年 7 月	天台县	在天台县塔后书院举办第二期"士性论坛"，讨论县域文旅融合体制机制运行问题	台州市文化和广电旅游体育局、临海市文化和广电旅游体育局、天台县文化和广电旅游体育局、台州市文化和旅游研究院兼职研究员等围绕"县级文旅机构改革运行质量"专题做报告
2022 年 8 月	浙江省文旅厅	考察浙江省文旅文旅融合体制机制运行情况	2022 年 8 月，文旅部政策法规司一级巡视员周久财，改革指导处处长汪建根，时任浙江省文旅厅厅长褚子育，浙江省文旅厅副厅长、党组副书记芮宏等听取课题组汇报
2022 年 9 月	湖州市	考察湖州市文旅融合体制机制运行情况	与湖州市文旅局相关领导讨论湖州市文旅融合体制机制案例及存在问题

三、研究方法

1. 文献资料分析法。通过网络数据库和专业期刊，收集、整理和分析文旅融合研究的相关专著、论文和研究报告，奠定本课题的理论基础。

2. 访谈调研法。为充分把握县域文旅融合过程中的体制机制运行问题与成效，本课题开展了大量调研工作。在调研过程中，一方面通过沉浸式体验、观察等方式，充分理解各县域文旅融合过程中体制机制运行现状及存在的问题；另一方面，通过与调研区域的相关部门及游客进行访谈，获取一手资料，使研究更加深入，更有针对性。

3. 典型案例分析法。通过分析浙江省相关文旅融合示范区的实践经验，总结县域体制机制运行中存在的典型做法，为浙江省乃至全国县域文旅融合体制机制运行提供借鉴。

4. 扎根理论分析法。借助扎根理论分析法，确定县域文化和旅游体质机制融合的理论构架与维度构成。

5. 层次分析法。借助层次分析法，结合专家咨询法，确定县域文化和旅游体制机制融合各维度的权重。

6. 定量研究法。采用投入产出分析、结构方程模型等计量方法，定量研究县域文旅融合的现状、基础、问题及政策效应。

第二章
文化和旅游融合发展的理论思考

第一节　文旅融合的概念与内涵

一、文化与旅游的关系

　　文化与旅游的关系是一个"老话题"。20世纪80年代中国旅游学研究一萌发，即有从历史、文化、地理等学科转行旅游研究的学者，从旅游资源、旅游活动、旅游产品、旅游服务等多个方面研究文化与旅游的共生关系①。文旅产业融合又是一个"新话题"。进入21世纪，旅游业的兼容性特征已经充分显现，对其他产业的依赖也使得旅游业发展进入了一个新的发展阶段，共生共荣的理念开始建立。2008年金融危机之后，旅游业被国务院定位为"国民经济的战略性支柱产业和人民群众更加满意的现代服务业"，在当时的国家旅游局的主导下，旅游部门开始与农业、林业、国土、文化、水利、体育等部门开展合作，旅游业的综合产业特征和带动作用日益显现。

　　文旅深度融合则是一个新课题。过去，文化和旅游行政管理部门之间虽然有着密切的联系，但长期以来又有着非常严重的隔阂。2018年文化和旅游部的组建彻底消除了原有的界河之累，是过去从未尝试过的机构大调整，由此"文旅融合"从过去多年来的学理性探索开始迈入实践性操作。"文旅融合"随之成为2019年度研究领域的热词，各类研究层出不穷。2019年的中国旅游日的主题就是"文旅融合、美好生活"。所以业界将2019年称为"文旅融合元年"一点也不为过。经过五年融合实践之后的2022年，二十大报告明确提出了"文化和旅游深度融合"的概念，就是要求将文旅融合向深里走、往实处做。

---

① 周盼，李明德.旅游文化是旅游理论研究的重要课题——旅游文化座谈会纪要［J］.旅游学刊，1991，（1）：55-56.

文化的身份意义和游客追求身份认同的动机使文化具有旅游吸引力属性，也因此使文化变成一种旅游资源，文化和旅游的关系因此而产生①。文化和旅游融合可以为经济转型、旅游发展、文化繁荣、服务人民提供绵绵不绝的动力②。

二、文旅融合的概念与内涵

文化和旅游融合（简称文旅融合），是指文化事业、文化产业与旅游业之间在结构、功能、要素等方面相互渗透、交叉，甚至重组，通过突破产业边界、要素归属、结构固化，彼此交融而形成一个新型共同体的现象，是文化与旅游两大行业之间的相互交融、渗透和协同发展的过程。文旅融合突破了传统文化和旅游业务的界限，实现了产业间的资源共享和优势互补，发挥文化和旅游产业在资源、产品、服务、市场等方面的优势，促进产业链的延伸和拓展，共同推动产业发展和提升市场竞争力。

文旅融合主要包含以下六个方面的内容。一是资源整合：通过对文化和旅游资源的整合，发现并挖掘新的旅游业态，为游客提供更丰富的文化体验和旅游产品。二是产品创新：在文化和旅游产品设计上，实现传统文化元素与现代旅游概念的有机结合，创造出具有独特魅力的新型旅游产品。三是服务优化：提升文化旅游服务水平，例如提供个性化、智能化的旅游服务，以满足游客日益多样化、个性化的需求。四是市场拓展：拓宽文化旅游市场，通过线上线下融合、跨界合作等方式，拓展新的客源市场。五是技术创新：运用现代科技手段（如大数据、云计算、VR/AR 等）促进文化旅游产业的创新发展，为游客提供更丰富的互动体验。六是产业协同：推动文化、旅游与其他产业（如科技、教育、体育、医疗等）的跨界融合，形成新的产业生态和商业模式。除此以外，文旅融合高质量发展的路径还可从资源③、产品、渠道、体制④、产业、市场⑤、科技⑥等方面进一步拓展。

从融合主体看，马波认为，文旅融合是广义上的"文化"同广域上的"旅游"的深度融合⑦。从过程看，刘英基等认为，文旅融合是文化、旅游业及相关要素相互渗

---

① 张朝枝，朱敏敏.文化和旅游融合：多层次关系内涵、挑战与践行路径［J］.旅游学刊，2020，（3）：62-71.

② 燕连福.新时代文旅融合发展：一个新的增长极［J］.人民论坛·学术前沿，2019，（11）：71-79.

③ 黄永林.文旅融合发展的文化阐释与旅游实践［J］.人民论坛·学术前沿，2019，171（11）：16-23.

④ 厉新建，宋昌耀，殷婷婷.高质量文旅融合发展的学术再思考：难点和路径［J］.旅游学刊，2022，（2）：35-42.

⑤ 刘治彦.文旅融合发展：理论、实践与未来方向［J］.人民论坛·学术前沿，2019，（16）：92-97.

⑥ 范周.文旅融合的理论与实践［J］.人民论坛·学术前沿，2019，（11）：43-49.

⑦ 马波，张越.文旅融合四象限模型及其应用［J］.旅游学刊，2020，（5）：15-21.

透、交叉、叠加，最终融合为一体，形成文旅新业态的动态过程[①]。从路径看，王秀伟认为，文旅融合是文化和旅游通过产品融合、业态生成、要素集聚，在共同市场中实现价值耦合[②]。从动力看，文旅融合的动力一是来自市场自身的拉动力，文化产业与旅游业引力叠加形成新的竞争力；二是来自行政推动力。冯学钢等提出文旅融合是立足新发展阶段，贯彻新发展理念，通过体制和机制的有效对接，科学配置文化与旅游资源，以新发展模式、新商业模式构建融合型生态系统和创新体系[③]。

综上所述，文旅融合是一种充满活力和创新的产业发展方式，以市场需求为导向，整合各方优势资源，实现文化和旅游产业的共赢发展。随着经济社会的不断发展，文旅融合成为新时代文化旅游产业发展的重要趋势和推动力。

三、文旅融合的内在逻辑

从产业发展的内在规律看，文旅深度融合不仅是推动文旅产业提质增效、培育新的增长点、提升发展软实力和产业竞争力的重大举措，也是加快建设文化和旅游强国、促进经济结构调整和发展方式转变的内在要求，更是深化供给侧改革、满足群众消费需求、提高人民生活质量的重要途径。

文旅融合的底层逻辑是市场。两大产业的融合，本质上是内在的互相需求，也即市场逻辑。从产业属性看，文化和旅游业都具有开放性。这就决定了两者之间具有的产业互补属性、产业互动属性、产业指向属性。

文旅融合的行政逻辑是改革。文旅深度融合仅凭市场自发行为是远远不够的。在政治上高度统一的社会主义国家，政府行为至关重要。体制顺，符合市场行为规律，则一通百通；体制不顺，则市场行为严重受阻。从 2009 年国家确定旅游业为"国民经济的战略性支柱产业和人民群众更加满意的现代服务业"之后，在当时国家旅游局的主动推动下，旅游部门开始与农业、林业、体育、文化等多个部门开展合作（当时称为"结合"不是"融合"，"结合"只是个体之间，而融合应当是全方位、各层面、多角度的），取得了很好的成果，积累了不少的经验，为 2018 年文化和旅游两大机构重组、打破"楚河汉界"、实现从行政管理视角推动融合奠定了基础。文化和旅游部

[①] 刘英基，邹秉坤，韩元军等.数字经济赋能文旅融合高质量发展——机理、渠道与经验证据［J］.旅游学刊，2023，（5）：28-41.

[②] 王秀伟.从交互到共生：文旅融合的结构维度、演进逻辑和发展趋势［J］.西南民族大学学报（人文社会科学版），2021，（5）.

[③] 冯学钢，梁茹.文旅融合市场主体建设：概念体系与逻辑分析框架［J］.华东师范大学学报（哲学社会科学版），2022，（2）.

的成立意味着旅游行业从"文旅体用二分"转向"文旅体用一致"的新阶段发展 ①。

文旅融合的政治逻辑是满足人民群众对美好生活的向往。文化和旅游工作就是要立足于新发展阶段，满足人民群众精神生活要求，实施文旅供给侧结构性改革，为市民和游客提供更多优质旅游产品和优秀文化作品。当前，人民群众对文化和旅游的需求矛盾已经从"有没有，缺不缺"到了"好不好，精不精"的发展阶段。这就要求文旅项目从数量追求转到质量和品质的提升上，把质量作为文化和旅游的生命线，坚持以人民为中心，从文旅融合入手，推出更多人民群众喜爱的优秀文化产品和优质旅游产品。

第二节　机构改革促进文旅融合的学理思考

仔细梳理近几年来学者的巨量研究成果，发现虽有许多突破，但尚有三方面不足。一是概念界定不统一。由于文化具有多元性、多层次性，缺乏精确的边界，学者对"何为文化"这一元概念的理解充满歧义，内涵与外延不统一，导致文化概念极易泛化。从学理层面看，文化的概念、内涵、范畴十分宽泛，可以涵盖人类活动成果的所有内容；从实践层面看，文化行政管理部门理解的文化往往局限于文化设施、文化活动等具体管理服务内容。旅游行政管理部门希望让旅游插上文化的翅膀，从某种意义上讲，这是原先的文化行政管理部门所力不能及的。二是旅游学者多而文化学者相对较少，带来了研究视角单一的问题。多数学者是从旅游的功能与产品出发，集中论述旅游资源、旅游产品、旅游服务、旅游设施、旅游活动与文化的关系。这反映出一个重要规律：从资源来看，文化资源往往是旅游资源的上游，"上游不关注下游而下游密切关注上游"是一种独特的"资源占有"的传统思维。三是缺乏文旅行政管理机构整合之后带来的影响研究。一旦文化与旅游之间的界限打破了，其外溢效应将日益凸显，但现有文献缺乏文旅行政管理机构的整合对促进文旅产业发展的影响方面的研究。

本节内容从功能、资源、市场、行政、人才五个维度分析文旅融合在理论和现实层面的可能性，以期对在机构改革背景下更好实现文旅融合提供帮助 ②。

---

① 傅才武，申念衢.新时代文化和旅游融合的内涵建构与模式创新——以甘肃河西走廊为中心的考察 [J].福建论坛（人文社会科学版），2019，（8）.

② 本节主要内容刊发于《浙江学刊》2020年第1期，作者崔凤军、陈旭峰。崔凤军，陈旭峰.机构改革背景下的文旅融合何以可能——基于五个维度的理论与现实分析 [J].浙江学刊，2020（1）：48-54.

一、功能维度：文旅融合是价值和精神的契合

文旅融合在价值和精神层面的契合主要体现在文化和旅游在功能和价值的一致性上。文化是人类的价值创造，是一个民族的精神和灵魂，是国家发展和民族振兴的强大动力，天然具有吸引物属性。旅游是人类追求精神享受、满足对于外部世界好奇心的重要方式，其价值既表现在旅游者追求的精神享受和文化熏陶上，也表现在旅游的文明传播功能、文化交流功能和友谊增进功能中。文化和旅游统一于人的全面和自由发展，两者在功能和价值上是相统一的。

"何为文化"是一个不太明确的概念。或者说，要想给文化下一个准确或精确的定义，确实是一件非常困难的事情。在西方，关于文化一词的概念，学者们一直持有多种非常不同的观点，例如，英美学者将文化理解为既定事实的各种形态的总和，即将文化视为人类创造的物质和精神成果的总和，常常将 civilization 指代为文化；德国学者则将文化理解为一种以生命或生活为本位的活的东西，或者说是生活的样态，常用 culture 指代文化[①]。国内关于文化概念的界定也是处于一种"百花齐放、百家争鸣"的状态，哲学、社会学、人类学、历史学和语言学等学科都试图从各自学科的角度来界定文化的概念，但各个学科之间并没有在文化概念上达成一种共识。同时，文化又是一个很容易被泛化的概念。人的身份不同，出身不同，职业不同，对文化的理解也不同。不管"文化"有多少定义，有一点还是很明确的，即文化概念的核心是人。文化既包括"由内而外"的"以人化文"的过程，这反映出了人创造文化、改造文化的特性；也包括"由外而内"的"以文化人"的过程，这反映出了人享受文化、受制于文化的特性。文化概念以人为核心的特征决定了文化的最终目标是追求人的全面和自由发展。

"何为旅游"则是一个相对明确的概念。究其本质，当前大家普遍认可的观点是"体验"。根据发生学原理，旅游起源于人们对全面发展的追求，促进人在认知、能力、社会关系等方面实现自由和全面发展。旅游促进人的全面发展有着坚定的进化论基础，是一个科学的命题。人类史的演进过程，可以看作一个不断从物质束缚中解放出来，逐步实现人的自由的过程。社会发展的终极目标是人的全面发展，这是马克思唯物主义历史观的基本观点，人类旅游活动的发展也是如此。在生产力低下、人与人之间是一种依附关系的时代，人们为了政治和生产的目的迁移、奔走，如战国时苏秦、张仪游走列国合纵连横，严格来讲是不能称为旅行或者旅游活动的。随着生产力

[①]　张岱年，程宜山. 中国文化与文化论争［M］. 北京：中国人民大学出版社，1990：1.

的发展，人的社会关系从人身依附走向人对物的依附，人们有了一定的闲暇，有了一定外出活动的自由时，真正的旅游活动才开始发生。北宋张择端的《清明上河图》就是当时节日旅游盛况的一个缩影。但是，这一时期人们的旅游活动是有局限的，没有形成较大规模的旅游产业。究其原因，一是因为生产消费能力普遍不足；二是因为农耕经济背景下社会的分工分化程度较低，人的能力处于低水平但较全面的状态，旅游的内驱动力不强。直到生产力高度发达，进入了社会高度分化的时代，人的社会关系脱离了对土地的依附，这时真正的旅游产业才开始形成。

当代旅游业的发展，与社会分工的发展有着本质的联系。旅游作为一种当代文化现象，随着消费社会的崛起而日益大众化，其背后存在着一种基于人为了逃离技术理性规训的生命冲动。研究表明，旅游起源于人类进步的手段所造成的片面化和人的全面发展的本质力量之间的矛盾[①]。马斯洛需求理论告诉我们，只有当人的生理需要、安全需要、交往需要得到满足以后，才会产生审美、自我实现的需要。旅游的功能，正是帮助人们实现开阔视野、感受自然社会风情之美、愉悦身心的目的。因此，旅游的需要属于审美、自我实现层面的需要，它必然建立在一定的生产力和生产关系的基础上。社会的分工越片面，从事的工作越单一，休闲的需求就越强烈，旅游业发展潜力就越大。可见，旅游活动本质上是一种对自身全面发展的追求。

如果说人的全面发展包括个人能力发展、社会关系发展和个性发展等若干方面，文化既是人类自身的创造成果，又反过来影响人类的自身成长。而旅游在满足人的好奇心这个天性、丰富个性、提升主体性、寻找栖息地、增进归属感、改善和增强人际交往关系等方面，具有十分重要的价值，就如同《马尼拉世界旅游宣言》中指出的："旅游是人类实现自我精神解放的重要途径。旅游的本质就是要让人们通过观光、休闲、度假等开阔视野、增长见识、陶冶情操，实现精神愉悦[②]。"由此可见，文化与旅游在价值层面尤其是精神层面具有"同一性"，这就是人的追求自由的本性，实现人的全面发展。

二、资源维度：文旅融合是内容和形式的结合

文旅资源维度的融合主要体现在文化对旅游的贡献上。文化让旅游的内涵更加丰富、更富魅力。从资源和产品角度分析，文化和旅游似乎从来就没有分开过。历史上无论是皇帝"巡游"还是官僚"宦游"，抑或是文人雅士"游学"，以及僧侣的

① 曹国新，宋修建.旅游的发生、发展及其本质——一种基于发生学的考察 [J].华东师范大学学报（哲学社会科学版），2004，（3）：116-120.
② 于文兰编译.国际旅游机构指南 [M].北京：旅游教育出版社，1996.

"游方"，文化和旅游就是一对孪生兄弟，你中有我、我中有你，两者有强大的融合力、天然的亲和力。传统的文化资源并不天然是旅游资源，但文化遗产天然具有吸引物属性。文化是一个包含多层次、多方面内容的统一体系，诸如哲学、宗教、政治、科学、文学、历史、艺术、风俗等。这些内容并不天然具有吸引物特性，也不见得对普通旅游者有吸引力。与旅游资源直接发生关联的是作为文化的"物"。一个具有独特文化特征并可识别的文化区域，或者更大尺度的文化泛区，因为存在大量的不同于游客惯常生活环境的文化细节即文化特质，从而具有了某种吸引力，进而随着旅游业的诞生而成为旅游目的地。例如，博物馆是典型的文化资源，但英国把博物馆变成了非常重要的旅游观光产品。作为世界博物馆的发源地，英国博物馆业十分发达。反观中国，多数博物馆因为博物馆的可看性、趣味性比较差，展陈方式陈旧，互动性严重不足，难以进入旅游市场。博物馆停留在"文化事业"身份上，长期以来收入维持以财政拨款为主、服务对象以当地居民为主。但可以预期的是，随着我国地方政府财政实力的增强，尤其是文旅融合对于传统文化系统理念的冲击，以及展示技术的提高，将会出现更多的可圈可点的博物馆旅游产品。2019 年春节，在北京和上海的带动下，博物馆旅游就成为热门旅游景点，"博物馆里过大年"正在成为一个"新年俗"。

赋予风景资源以文化内涵，使得自然旅游资源与其他同类型资源区分开来，增强显示度、区分度，才能在激烈的市场竞争中杀出重围。同样是山岳型风景区，泰山、黄山、庐山、武夷山等，风景虽有不同，但文化是标签，是吸引顾客、宣传营销的卖点。位于美国和加拿大交界的尼亚加拉大瀑布，是世界上最壮观的瀑布美景之一，但不可思议的是，在旅游市场上尼亚加拉却意味着"蜜月之都"[①]。原来，在尼亚加拉出名之前，法国皇帝拿破仑的兄弟吉罗姆，带着自己的新娘，不远万里从新奥尔良搭乘马车来到尼亚加拉瀑布度蜜月后，就兴起了在尼亚加拉瀑布度蜜月的狂潮，欧洲人希望在这里度过婚后的甜蜜时光。蜜月产业至今依然兴旺，美丽风光加上蜜月文化，成为尼亚加拉大瀑布的核心竞争力。文化创意在某种程度上可以成为旅游 IP，文艺是一种复杂的精神劳动，艺术家个人的创造精神一旦与旅游市场相结合，便会迸发出惊人的力量。例如，宋城集团推出的"宋城千古情"系列演出，成为这个民营旅游企业的核心竞争力；故宫推出乾隆系列微信表情包，让故宫成为"网红"；哈尔滨常年举办哈尔滨国际冰雪节，将"冰天雪地"打造成金山银山。

旅游服务环节同样需要文化的积淀。例如，饭店行业是典型的服务领域，不仅需

---

① 厄里，拉森.游客的凝视（第三版）[M].黄宛瑜译.上海：格致出版社/上海人民出版社，2016：77.

要技术和态度,还需要文化这个最高标准。魏小安 20 年前曾经总结过旅游星级饭店的基本要求:一星级要求是卫生、二星级要求是亲切、三星级要求是舒适、四星级要求是豪华、五星级要求则是文化①。文化是旅游服务的最高境界。总台、大堂副理、餐饮服务、客房服务等各个环节岗位都需要有文化、有技能、有情操。再例如餐饮服务,消费者对于色、香、味、形的要求也是文化,所谓"食不厌精、脍不厌细"。海底捞开一家火一家、经久不衰,拼的就是舒心、全面的服务,海底捞已经形成了独具魅力的餐饮火锅店文化。

从文旅高质量发展的角度分析,现在人民群众对文化和旅游的需求已经从"有没有、缺不缺"的发展阶段到了"好不好、精不精"的发展阶段,为适应文化和旅游供给主要矛盾的变化,必须从追求数量转到质量和品质的提升上来②。当前,中国虽然是旅游大国,但还远算不上旅游强国,一个显而易见的问题在于旅游产品的质量不高、游客体验质量不佳。在全国的景区中,一方面,很多景区面临严重的"同质化"现象,运营非常困难,处于亏损状态;另一方面,景区的中高端产品又严重供给不足。例如,最具中国特色的古镇,无论是商业化开发比较久的丽江、凤凰等古镇,还是新崛起的旅游特色小镇,街区业态大同小异,充斥着一样的非洲手鼓、酒吧、银饰店,还有来自义乌的雷同的旅游纪念品。走过一家就等于全走过了,游客体验感不佳、重游率低在情理之中。

如果就此认为"文化是旅游的灵魂",似乎也简单粗暴了点。张朝枝等人针对"文化是旅游的灵魂"做了反思,他们认为:文化元素在旅游活动中非常重要,但只有经过充分解说与合理展示、让文化不断"活化"、能够让游客真正感受到的文化,才能发挥"灵魂"的作用③。其实,文化内涵并不是旅游景区提升吸引力的必然途径。很多旅游景区文化厚重却门可罗雀,不来后悔,来了更后悔,走了绝不会再回头。对于休闲型游客而言,景区的文化越厚重,带来的压力就越大,越不符合游客的旅游心理需求。可以说,文化只是解决了一个"想来看"的卖点问题,如果内容形式表达不到位,好看、耐看、回头看的后续问题没有解决,可欣赏、可享受、可回味的问题没有解决,"文化是旅游的灵魂"也就是一句空话,自然风光型景区的重游率远远高于纯文化景区就是明证。

---

① 魏小安.目击中国旅游 [M].石家庄:河北教育出版社,2001.

② 雒树刚.文化和旅游融合发展让文化更富活力旅游更富魅力 [J].社会治理,2019,(4):10-11.

③ 张朝枝,孙晓静,卢玉平."文化是旅游的灵魂":误解与反思——武夷山案例研究 [J].旅游科学,2010,(1):61-68.

三、市场维度：文旅融合是产业和行业的共生

文旅市场维度的融合主要体现在旅游对文化的贡献上。旅游让文化插上了市场的翅膀，使文化飞得更高，看得更远，影响更深，活力更强。旅游是文化传播、传承、交流的载体和平台，更是推向市场、展现经济和社会效益的检验台。文化要实现更大价值，必须借助更多渠道。从文化的核心价值出发，文旅融合发展可以成为推进社会主义文化建设和文化强国建设的重要路径。

文旅产业融合的作用主要体现在三个方面。一是文旅产业融合可以更好地推动文化产业上规模、上层次，构建现代文化产业体系。旅游业是全球最大的产业，市场需求巨大，对文化的带动作用绝对不可轻视。文化一旦经过新的开发和包装进入旅游市场，随即从对于本地居民的内在意义（tacit meaning）转换成了对于游客的外在意义（explicit meaning），其市场价值开始显现。尤其是全域旅游理念深入人心，各地区将全要素、全过程、全方位推出活着的文化旅游产品，势必促进文化产业规模的快速扩大。当然，旅游市场上容易出现的一个常见现象是：一旦文化全部或者绝大多数展现给游客，文化的内容便开始异化，往往从真实文化（authenic culture）变为表演型文化或者"假的真文化"，将游客与当地文化、当地居民隔离开来。

二是文旅产业融合可以更好地推动传统文化的保护和传承创新。一旦进入旅游市场，文化就必须从虚拟化、抽象化、书本化走出来，走向实体化、景观化、具象化；从冷冰冰的物态，走向可亲、可近、可互动的"活态"；从传统的文化事业"静态"消费走向新的"动态"消费。实现这种转化的重要途径就是文化创意。英国是世界上第一个提出"创意产业"概念的国家，也是第一个提出以创意产业政策推动创意产业发展的国家，首先在促进创意产业与旅游产业的融合中尝到了甜头：依托园艺文化推出园艺旅游，依托遗产文化推出工业遗产旅游，依托乡村文化推出田园乡村旅游。在这方面，中国也进行了很多的实践和探索，例如，依托民宿文化发展民宿旅游，让更多的民间工艺、民俗节庆增强生命力；依托乡村文化发展乡村旅游、乡村度假，进一步激发乡风乡愁乡情；依托革命文化发展红色旅游，进一步弘扬爱国热情；依托丰富的民族文化，推出各具特色的民族风情旅游；依托中华传统文化发展研学旅游，促进优秀传统文化的挖掘、整理、普及和传播；依托文化遗产资源，发展遗产旅游，让更多的物质文化遗产、非物质文化遗产，诸如国家文保单位、考古遗址公园、工业遗产地、历史文化名城名村等通过旅游市场进入寻常百姓视野。文化和旅游的界河一旦打通，就打通了文旅产业的内在脉络。

三是文旅产业融合可以真正实现"文化搭台、旅游唱戏"，并可通过旅游交流平

台，促进文化的交流交融，互鉴互学。20世纪90年代，"文化搭台、旅游唱戏"是一种非常好的文旅融合经验，全国各地开展了一系列如火如荼的实践探索。但后来，众多专家学者批评"文化搭台、旅游唱戏"是"挂羊头卖狗肉"，加上文化和旅游部门之间的"界河效应"，使得文旅产业融合的尝试胎死腹中。现在我们又看到了新的机会：文化是一个地区的特色竞争力，文化搭台，不但旅游可以唱戏，经贸也可以唱戏，甚至教育、工业、招商引资都可以借机登上舞台。电影《魔戒》在全球引起巨大反响，新西兰抓住机会推介旅游，《魔戒摄影场景旅游指南》游客人手一份，新西兰旅游趁机唱了一出好戏。

中国是东方文明古国，文化就是最普遍的旅游资源，而旅游必将成为最广泛的文化市场。所谓"以旅彰文"，就是旅游作为文化传承、传播、交流的载体和平台，使传统文化具备了市场吸引力，提升了文化的受众面，从传统的市民扩展到了游客。文旅融合的核心目标是促进两大产业的共生共荣。从行业角度分析，文化产业与旅游产业具有天然交融的基因、互为因果的需求。文化促进旅游特色化、品质化，旅游提升文化的市场竞争力和影响力。可以预见的是，随着机构改革的持续推进、新组建的文旅部门的持续发力，文化产业和旅游产业两大产业体系最终会形成一个全新的文旅产业体系。

四、行政维度：文旅融合是保护和利用的共赢

鉴于旅游业的综合性和兼容性特征，地方旅游部门与不同部门多有交集。近年来，地方旅游管理体制的改革实践一直没有停止过。根据旅游资源的突出特征，各地旅游部门与林业、农业、文化、风景园林、文物、商贸、外事、会展等部门都有过合署办公的尝试，但整体效果不佳。现代旅游产业诞生之始，就与文化联系紧密，但是长期以来，旅游与文化"只恋爱不结婚"，甚至为了一种理念而多年互相"仇视"、互不来往的现象一直存在，其原因就在于部门分割、利益分割、体系分割。文化和旅游部门之争主要集中在专家层面，文化专家和旅游专家在风景区索道该不该建、资源如何利用、文化和历史遗产如何开发等问题上争论不止。旅游部门专家反对文化部门在文物文化保护中采取的极端保护主张，认为不能过于强调简单化、教条化的保护，其结果是文化变成了玻璃罩中的标本，让人无法充分亲近和感受，没有充分发挥其应有的社会价值，因而是一种"文化原教旨主义"；而文化部门专家反对旅游部门打着开发的名义不断破坏真文物、制造假文物。这种争论在一段时间内甚至势不两立，影响了部门之间的感情，妨碍了部门之间的关系。现在回想起来，双方都有理由但缺乏理性，问题的关键不是理念问题而是能力和技术问题，当时限于条件并没有多

少技术能在不破坏文物价值的情况下实现保护与开发的协调发展。随着文化和旅游两大部门的合并、保护利用技术的提高，"相逢一笑"的局面在文旅机构融合之后得以实现。

在国家层面，旅游部门以一种特殊的方式实现了从副部级升格为正部级的多年梦想，对于旅游业的行业管理权威和部门协调能力会极大增强。在省级层面，文化和旅游部门整合是强强联手，可以发挥"1+1＞2"的效应。在市县层面，文化和旅游部门融合之后的行政叠加效应，让原文化部门发现了旅游这个新战场，行政积极性大大增强。文化和旅游部门的整合可以带来很多的积极效应，主要包括：可以实现文化发展政策与旅游发展政策的叠加，让老百姓有更多的获得感，提升其作为幸福产业的覆盖面；各地政府的旅游发展资金、文化发展基金可以在一个部门内实现整合，更好地服务文旅产品的打造；文化用地政策与旅游用地政策叠加，可以更好地保障文旅项目用地；文旅招商、政府营销等市场推广，可以实现文化和旅游资源整合，形成新的合力；将原有的文化市场执法与旅游市场监管整合组建文化市场综合执法队伍，统一行使文化、文物、出版、广播电视、电影、旅游市场行政执法职责，对于形成良性互动的旅游文化市场是个大利好。

但是，如果认为文化和旅游部门合并就万事大吉，文旅产业自然就融合了，同样是天真的、有害的。如前所述，文化并不是一个范畴十分明确的概念，文化与文化行政管理部门之间是存在很大差异的：原来的文化行政管理部门统筹管理包括图书馆、文化馆、艺术馆、博物馆等文化事业，而属于哲学、政治、制度、精神、价值观等领域的文化，分属于宣传、统战、发改、城乡建设、农业农村、民族宗教、广电体育等多个部门，需要党委政府进一步统筹协调。与此同时，我们也要充分认识到，文化和旅游部门的合并在带来正面效应的同时，也会产生一些负面效应。在机构改革之前，虽然保护和利用的矛盾主要表现在文化部门与旅游部门之间，但是文化部门对保护工作和旅游部门对利用工作都是高度重视的，只是部门之间表现出了工作侧重点的不一致，这是由部门工作职责的不同造成的。而在机构改革之后，保护和利用工作进入了同一个政府行政部门，原来的"门外打架"演变成了"门内打架"，矛盾的张力和冲突变得内部化。

五、人才维度：文旅融合是供给和需求的匹配

人才是第一资源，培养造就一支高素质的文化旅游人才队伍是旅游与文化融合发展、文旅产业可持续高质量发展面临的首要任务。当前，旅游行业人才匮乏的局面依然十分严峻，主要表现在两点：一是旅游管理专业毕业生大面积流失，旅游行业留不

住人已经成为业内共识；二是新的旅游产业类型快速兴起，比如民宿、特色小镇、乡村旅游等，对旅游经营管理人才需求大幅增加。根据中国旅游发展的历史进程分析，产生这种现象的主要原因在于两个方面的尴尬。一方面是旅游职业地位的尴尬。改革开放以来，中国旅游业的发展经过了三个阶段。第一阶段，改革开放初期，中国旅游业的主要任务是"创造更多的外汇"；第二阶段，旅游业的定位从"外事接待"逐步过渡到"国民经济新的增长点"；第三阶段，大众旅游正式进入视野，旅游产业规模不断攀升。但尴尬的是，随着旅游行业规模的不断扩大，旅游业地位不断上升但职业地位急剧下降，旅游从业者的职业吸引力不断下降。据最近的职业市场调查，旅游业在所有行业中平均收入排在倒数第二位。另一方面是旅游学科定位的尴尬。20世纪80年代旅游业快速发展，对人才需求十分强烈，各地各高校迅速响应，建院建系，兴办了大批旅游专业，但旅游专业的学科人才非常匮乏，不得不从相关学科转入教师。这致使旅游学术研究长期停留在"嫁接"和"交叉"上，杂乱无章、东拼西凑的问题较为突出，旅游学科自身的学术体系、知识体系、人才培养体系一直处于非体系化、非学科化的状态。旅游学科想"顶天"，却没有理论，无法指导学术探索；旅游学科想"立地"，却没有技术，无法让旅游专业毕业生掌握核心技能。对职业的信心严重不足，导致旅游专业毕业生普遍缺乏归属感。

文化人才的培养同样不乐观，很少有高校设置文化产业、文化创意等文化类专业，其原因在于三个方面。一是国务院学科目录中没有设置文化学科。有的学校把文化产业、文化创意等专业放在文艺学，有的放在管理学，致使文化的学科地位非常尴尬。二是对教师队伍要求很高。没有哪个二级学科能依靠自身力量解决包括艺术设计、文化鉴赏、产业经济等跨学科的专业教师队伍。三是学生就业指向不清晰。文化专业毕业生虽然知识面广，但是专业性不足，人才适应性不强，从而导致就业困难。

随着国家对文化产业的投入不断增加，产业规模、人才需求不断增强，人才供需脱节的问题可望通过文旅结合方式来解决。如果文创专业与旅游管理专业融合，形成一个文旅学科，这将是中国特色学术研究的原创性贡献。可以预计的是，文旅融合将为新型人才的培养带来革命性变化。文旅专业招生将为行业培养既懂文化又懂旅游的专业化人才队伍，解决人才培养与市场需求脱节的结构性失衡问题，一个新兴的文旅学科专业建设将进入快车道。中国文旅专业人才培养体系问题有望在文旅部门和高等院校、文旅企业的共同努力之下得到破解，将有越来越多的优秀文旅人才脱颖而出。

第三节　文旅融合背景下关于重构旅游价值的思考[①]

进入生态文明时代，"旅游"似有被"污名化"倾向。自然保护区、国家公园、国家文化公园、研学旅游等领域对旅游开发越来越排斥，似乎旅游就是为了赚钱，就会破坏环境。这促使我们思考：旅游单纯是一门产业吗？

毋庸置疑，旅游是综合性产业，具有鲜明的经济属性，是拉动经济发展的重要动力，在促进共同富裕、消除地区差异、收入差异、城乡差异等方面起着重要的促进作用。但是，站在文化强国建设高度看，旅游绝不仅仅是一个产业那么简单，推动文旅融合也绝不仅仅是促进文旅产业发展那么功利。党的十九届五中全会确立了到2035年建成"文化强国"的远景目标，为文化和旅游发展擘画了新的蓝图。2018年党和国家新一轮机构改革，推动文化和旅游机构的重组，就是文化强国建设的实践探索。

文化发展繁荣是伟大复兴的重要力量。在考察曲阜孔子研究院时，习近平总书记做出了"中华文化的发展繁荣是中华民族伟大复兴的条件"这一重要判断，并强调指出，"中国特色社会主义是全面发展、全面进步的伟大事业，没有社会主义文化繁荣发展，就没有社会主义现代化。"这些重要论述，深刻阐明了大国竞争中文化是最为核心的要素。文化的复兴必然会带动文化旅游业的振兴。文化是旅游的灵魂，是旅游的"硬核"，文化的繁荣必将增强旅游业的核心竞争力。中华民族深厚的历史文化滋养了旅游业，在旅游活动中可以寻求中华文化的魅力，找到奋斗不止的精神基因。

要从文化强国建设的使命中把握文旅融合的深刻内涵。旅游与文化天然相通，旅游是文化传播的载体。"文化产业和旅游产业密不可分，要坚持以文塑旅、以旅彰文，推动文化和旅游融合发展，让人们在领略自然之美中感悟文化之美、陶冶心灵之美。"[②]要在高质量发展中把握文化旅游业的本质要求。高质量发展是"十四五"发展主基调。建立速度、效益、质量相统一，品质、结构、规模相协调，保护、利用和开发相协同的现代文旅产业体系，是高质量发展的题中之意。"原生态是旅游的资本，发展旅游不能牺牲生态环境，不能搞过度商业化开发。"[③]生态环境既包括自然环

① 本文核心内容刊发于《中国旅游评论》2022年第12期，作者是：崔凤军、赵建芳、唐继亮、董立达。崔凤军、赵建芳，唐继亮，董立达.旅游价值论——进化心理学视角［J］.中国旅游评论，2022（12）：101-110.

② 习近平.在教育文化卫生体育领域专家代表座谈会上的讲话［EB/OL］.中华人民共和国中央人民政府，2020-09-22［2024-05-29］.https://www.gov.cn/xinwen/2020/09/22/content_5546157.htm.

③ 陈锐海.每日一习话：让湿地公园成为人民群众共享的绿色空间［EB/OL］.央广网，2023-08-14［2024-06-03］.http://news.cnr.cn/dj/sz/20230814/t20230814_526378242.shtml.

境，也包括人文社会环境，尤其是历史文脉的保护。必须像爱惜生命一样保护好文化遗产，无比珍惜自然环境和中华优秀历史文化。

一、关于旅游属性、功能与价值的概念辨析

属性、功能与价值是紧密联系又容易混淆的三个基本概念，加上旅游外显概念"不言自明"，科学定义反而很难统一，所谓"有多少人从事旅游研究，便会有多少个旅游概念"[1]。因此，重构旅游价值论，有必要先厘清旅游的属性、功能与价值三者的联系与差异。根据麦尔斯功能价值论，将三者的逻辑关系做出如下判断（图2-1）：

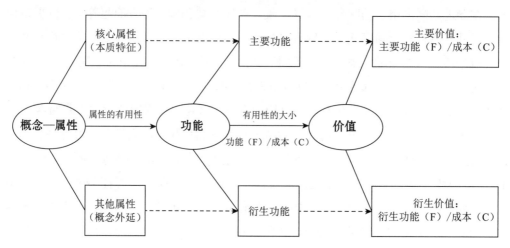

图2-1 麦尔斯功能价值论视角下"属性—功能—价值"的逻辑关系

（一）旅游属性：超越物质属性之外的精神属性

旅游的属性是对"旅游"的本质认识的外延。现代旅游概念多指人们因消遣性原因或目的而离家外出旅行的活动，其基本属性是短期性、异地性和消遣性。中国古人对旅游本质的认识，是一种离家到外地进行的游乐活动："旅者，客处也"（《辞源》）、"游，乐也"（《吕氏春秋》）。《庄子》说："游，不系也。"这意味着旅游所需要的境界是心理世界的自由自在、无拘无束、快乐愉悦。从目的论视角看，旅游是一种以消遣审美为主的愉悦体验活动，属于到异地的非谋利行为或非职业（工作）行为[2]。旅游的本质属性是体验，既包含"旅"（人的流动），更体现"游"（带有愉悦性质的游）。在新时代，旅游已不止于愉悦，更强调满足旅游者的精神需求和情感需要。衡量文化产业发展质量和水平，最重要的不是看经济效益，而是看能不能既能满足人民文化需

---

① COHEN E. WHO IS A TOURIST?: A CONCEPTUAL CLARIFICATION[J]. *Sociological Review*, 1974, (4).

② 曹诗图. 旅游哲学引论［M］. 天津：南开大学出版社，2008.

求，又能增强人民精神力量。这表明，旅游作为一种文化现象，更应超越经济形态，满足群众的旅游需求，还原其公益属性。

（二）旅游功能：新时代旅游功能的重新定位

功能指事物能够满足人们某种需要的属性，即事物的有用性[1]；也可以是一种行为模式，通过此行为，实现了某物的目的[2]。从功能的概念衍生出的旅游的功能，是指旅游这一事物能够满足人们某种需要的属性，即旅游的有用性；或者通过旅游行为，人们实现了某种休闲、消遣、审美、求知、探索、文化教育、人际交往等目的。由于旅游活动涉及多种经济关系和社会关系，因旅游活动而产生的经济功能、社会功能也越来越突出[3]。

旅游作为一种以消遣审美为主的愉悦体验活动，行为的多样化带来功能的多维度。有学者将旅游的功能分为审美功能、社交功能、生理功能、社会功能和现代旅游互动新功能（综合性、大众性、持续性）[4]；也有研究者把旅游的功能分为文化功能、休闲功能、社会功能、社交功能、审美功能和经济功能[5]。曹诗图系统总结出了旅游的文化功能、美育功能、认知功能、德育功能、康体功能、成人成才功能、再生产功能、经济功能、社会功能九大功能[6]，是集大成者。

旅游的功能定位会随着社会发展和经济水平的变化而变化。在经济发展水平较低的社会，更加强调旅游的经济功能；而在经济发展水平较高的社会，比较强调旅游的文化功能、认知功能和审美功能等。进入新时代，更加强调旅游在促进文化自信、文化交流与文化传播、满足人们的精神需要、促进人的认知和审美、提高居民幸福感与获得感、促进人的全面发展等方面的功能，说明旅游的功能已经上升到了意识形态和文化强国建设的高度，凸显了中国特色社会主义文化的时代特征。充分发挥现代旅游的作用和效能，对于重构旅游价值、重新认识旅游与人的全面发展及和谐社会的构建都具有重要的意义。

（三）旅游价值："人"的全面发展的价值实现

当代社会，现代旅游业作为一项战略性新兴产业，其经济价值不可低估；旅游资源作为一种可开发利用的吸引物产品，包含着创富价值、科考价值、历史文化价值、观赏价值、教育价值等；旅游休闲活动对人有放松功能，能够帮助人们增广视野、愉

---

① 贾焕文.价值工程创始人麦尔斯论"价值"[J].价值工程，1986，（4）：21-22.
② 皮尔素.新牛津英语词典（精）[M].上海：上海外语教育出版社，2003.
③ 王宏甲，刘建.中国旅游读本：休息的革命[M].北京：中国旅游出版社，2009.
④ 雷晓琴，谢红梅.旅游学导论[M].北京：北京理工大学出版社，2018.
⑤ 龚鹏.旅游学概论[M].北京：北京理工大学出版社，2016.
⑥ 曹诗图，李锐锋.旅游功能新论[J].武汉科技大学学报（社会科学版），2011，（1）：47-52.

悦身心、感受自然社会风情之美，具有注意力修复价值等。这里所讨论的旅游价值，是指旅游活动本身基于人的价值。

根据麦尔斯在1986年提出的功能价值论^①，旅游的价值是指人们通过付出一定的成本（包括金钱、时间、体力等的消耗）从事旅游活动，最终实现人们所期待的旅游的功能。旅游功能实现的程度高，旅游价值就大，反之旅游价值就小。功能价值论从本质上看就是效用价值论，把客体对主体的有用性作为价值的本质，通过强调主体的需要及其被满足的程度，使得价值和主体性需要之间有了内在的一致性，凸显价值关系的主体性。在旅游活动中旅游者是主体，在文旅融合、主客共享大背景中，当地居民和游客都是主体。

在旅游"属性—功能—价值"三者的互动过程中，文化性或许是旅游活动后期社会化衍生出来的精神属性。根据前述分析可以推断：旅游活动对于旅游者个体而言，不仅有外在的价值，还具有深层次的个体内在价值。对于人类社会而言，马克思把实现人的自由和全面发展作为人类发展的最终目标，人类社会的总体自由是由不同性质的专项自由构成，旅游活动扩大了人们的活动范围，是实现各类专项自由的有效途径，进而有助于最终实现人的总体自由和全面发展。当今社会，旅游不仅有娱乐性、康体性、社交性等基本属性，更逐渐凸显出其满足人类高级精神需要和成长的属性，而融入了文化元素的旅游承载着精神育人的使命，体现了旅游的文化属性。这种文化属性越来越能够推动旅游的可持续发展并获得极大的精神和物质价值，其实践过程既体现出旅游的衍生功能又将成为旅游的主要功能。作为促成旅游最大价值实现的关键内核，文化属性直接关系到旅游活动的主体——"人"的全面发展的价值实现。

二、旅游价值论重构：促进人的全面发展

党的十九届五中全会公报指出，到2035年，"人的全面发展、全体人民共同富裕取得更为明显的实质性进展。"提出人的全面发展，充分体现了我们党"以人民为中心"的战略思想。人的全面发展包括个人能力发展、社会关系发展和个性发展等方面。旅游活动起源于人对自我发展的追求，能够促进人在认知、能力、社会关系等方面的发展。这种促进关系的形成不是偶然的，而是历史的、科学的，具有坚定的进化论基础，是一个科学的命题。从进化心理学视角看，除了经济价值之外，旅游促进人的全面发展的价值表现为如下七个层次。

---

① 贾焕文.价值工程创始人麦尔斯论"价值"［J］.价值工程，1986，（4）：21-22.

（一）衡量价值：人民生活水平和幸福感的重要指标

旅游是衡量人民生活水平和幸福感的一个重要指标。满足人民群众旅游权利，是党和政府的重要责任。

旅游业的兴起，是经济发展、社会进步和人民生活质量提高的重要标志。劳动和休闲是贯穿人一生的两个基本需求。劳动时间越长，休闲需求越旺盛，但休闲时间要素的约束力也越强。闲暇时间、经济收入和休闲欲望（或旅游动机）是影响现代旅游业发展的三个基本要素。从农业社会到工业社会，再到信息社会，人们自由支配的闲暇时间和经济收入逐步增加，旅游必然会成为一种生活方式、一种成长方式，成为现代人类生活质量提高的重要标志。从旅游的内在驱动力看，逃避惯常环境、寻求陌生场景带来的愉悦感，是工业化社会和城市化进程的必然结果。工业化和城市化进程越快，逃避日常生活和寻求新奇体验便日益成为常态化的生活方式。此外，随着社会发展和时代进步，我国人民群众的内在需要也发生了质的变化。从一开始的专注于物质生活的追求转变为精神生活追求，这也就决定了旅游从辅助产品、弹性需求转变为生活必需品和刚性需求。随着后小康时代的到来，人民在物质生活水平上已经拥有了实现人的现代化的物质前提，而旅游业所具有精神文化产业的基本特征，决定了中国式现代化进程中休闲旅游业的不可替代性。进入新发展阶段，人民群众对精神生活的要求更加强烈，对优秀文化产品和优质旅游产品的需求更加迫切，文化和旅游融合发展的时代已经来临。

（二）认知价值：认知世界的重要途径

旅游是修身养性之道，中华民族自古就把旅游和读书结合在一起，崇尚"读万卷书，行万里路"。旅游和读书一样，都是认知世界的重要途径，这反映了旅游的学习功能和教育价值。

探知世界是人类终生的使命。人类进化到今天，仍需要以高度专门化的方式去认识自然界。一方面，人类已经演化出了一种复杂的直觉，将生物自觉地归类；另一方面，人类演化出一种我们称之为好奇心的本能，它引导我们去主动认识、探究未知事物，发展自己的直接经验。这就产生了认识生物世界的需要。现代旅游快捷而便利的特点能够满足人类的好奇心，并构成了一种主要的美学价值和旅行动机。同时，在新场景中接触到新鲜事物甚至事故，锻炼和提升了人的生存本领。例如，人类在长期演化过程中形成了"新食物恐惧症"（防止因误食而中毒），这一症状并没有因为人类进入现代文明社会而消失。但在旅游的过程中，人的探索欲望得到加强，可以发现各种不同的生物，了解它们的习性，利用直觉对它们进行分类，并通过各种方式进一步了解它们，使自身的认识精确化，在一定程度上消除了这种恐惧。旅行促使人类学会辨识新的食物与危险，提升寻找新的食物来源、保存生命的生存能力。

（三）感知价值：满足人类对感知能力发展的强烈愿望

习近平总书记指出，自然是生命之母，人与自然是生命共同体，人类必须敬畏自然、尊重自然、顺应自然、保护自然。在人类社会早期，人们面对恶劣的环境，危险几乎无时、无处不在。特别是森林时期，猛兽毒虫更是不可胜数，防不胜防。只有那些最灵活的、最有感知能力的生物才能在这样的环境中存活下来。因此人类的基因里早已积淀了对感知能力发展的强烈愿望。在现代社会，随着知识量的激增，人们学习的内容主体已经不再是感性经验，而是理性知识。对理性的过度追求事实上已经成为制约人感觉能力提高的障碍。在追求知识的同时，人们对感知觉的追求越来越迫切。近几年，蹦极、大峡谷玻璃天桥等项目风靡，与人类追求极致体验这一市场需求紧密契合。蹦极、飙车等"危险行为"看起来就是一种"自虐"行为，却使人有一种经历痛苦后的带有刺激性的反应，带给人的不仅是极限体验，还有"痛苦体验"之后的快感。按照博克的说法就是，"恐怖是敬畏所能产生的快感的源泉。"[①]

旅游活动能增强人的应变能力。对人类社会而言，不管环境多么适宜居住，都存在一定的危险——地震、海啸、干旱、洪涝、严寒、酷热无一不威胁着人类的生存。面对威胁，人类"最简单的策略是以迁徙为上策"[②]。从古至今，长期居住在一个区域必然带来资源枯竭——曾经辉煌一时的楼兰古国，至今已沦为荒漠；曾经绿草成茵、鸟语花香的陇上，早已成了光秃秃的黄土高原。只有那些适应了迁徙的族群才有更多的生存机会。即使在当今社会，由于求学、工作、战争等因素的影响，人们始终走在迁徙的路上。人类的迁徙行为，早已被内化成为身体的记忆，通过基因被一代代传承。

迁徙和旅行拥有共同的外部特征——空间转移，迁徙是人类适应自然的"被动行为"，而旅行则是人类社会进化到一定阶段具有明确主观动机和探索异地的"自主行为"。因此，经常地、主动地开展旅游活动可以使人在突然遭遇灾害时能拥有更强大的应变能力，更有利于人类保存自己。

（四）审美价值：达成对现实世界的审美愉悦

追求真善美是文艺的永恒价值。艺术的最高境界就是让人动心，让人们的灵魂经受洗礼，在旅游活动中可以让人们发现自然之美、生活之美、心灵之美。事实上，自

[①] 博克.论崇高与美［A］.见：朱光潜.西方美学史［M］.北京：人民文学出版社，1979.原文是"恐怖是崇高所能产生的快感的源泉"，为保持思想的连贯性，作者改成了"恐怖是敬畏所能产生的快感的源泉"，与博克的论述是一致的。

[②] FAGAN B. *World Prehistory*[M]. New York: Harper Collins College Publishers, 1993.

然的审美与旅游活动紧密交织，传统美学本身正在从艺术审美走向自然审美①，在旅游过程中达成的对现实世界的旅游审美愉悦，无论是自然美还是人文美，无论是优美还是壮美，无论是主动还是被动，无论是严肃还是随意，虽然不同于艺术审美体验，却在旅游世界中使人通过视听感官产生心理享受，这也即旅游的观赏功能和审美价值。

从进化论的角度看，人类的审美机制是自然选择的结果。托比和科斯米德斯认为，一切物种的认知特点无一不是适应、进化或遗传的结果②。审美也不例外。米勒提出的"炫耀假设"指出，"艺术作为一种文化夸耀行为是一种自然发生的现象，它源于采取不同择偶策略的大量个体在繁殖活动中的竞争行为"。在他看来，炫耀自己的审美能力和炫耀自己的财富并无不同，都是为了吸引更多或更好的伴侣，使自己的基因得以遗传下去③。

现代美学理论认为，审美能力的发展需要经历审美观察、审美知识、审美体验和审美评价等四个阶段。无论在哪一个阶段，人们的审美都需要突破原有的框架，要有新素材、新知识、新环境的滋养。熟悉的环境无风景。一般来说，这些资源在原住地是很难获得的。通过旅途中的观察、艺术品的欣赏、他人的讲解、自己的体悟，以及与他人的交流，旅行者可以拥有更宽阔的审美视野、更多的审美知识和更高的审美品位。这种"炫耀功能"客观上也有利于提升旅游者在自身生活群体中的社会地位。

旅游审美活动的一个潜意识是寻找栖息之所。自然界形式美或者如画性（picturesque）其实蕴含着人类的"集体无意识"。奥利恩斯在1986年提出了关于人类居住偏好的"热带大草原假说"。该假说认为，人们总是择善而居，视野开阔的区域更有利于游弋觅食，树木可以让人免受暴晒之苦，同时又可以躲避危险。可见，选择一个良好的居所能带来巨大利益。奥利恩斯假说已经得到了不少证据的支持。这一假说很好的解读了人类对风景的偏好——人总是选择对自己生存最有利的环境居住。奥利恩斯等研究者在一项研究中，让来自不同国家和种族的被试对一组树木的图片进行评价。实验结果表明，所有人都对那些树叶稠密程度适中、树干分为两个树枝，分权位置接近地面的树（非洲草原型的树）更为偏好，大家都不喜欢那些过于稀疏或浓密的树④。这项研究说明人类对风景的偏好与人种、文化无关，而与人的居住环境偏好有关，不同的风景会对我们的心理和生理产生不同的影响。人们喜欢溪流，是因为

---

① 特赖布. 旅游哲学：从现象到本质［M］. 北京：商务印书馆，2016.

② TOOBY J, COSMIDES L. Does Beauty Build Adapted Minds? Toward an Evolutionary Theory of Aesthetics, Fiction and the Arts[J]. *Substance*, 2001, (1/2).

③ MILLER G F, TODD A P M. Mate choice turns cognitive[J]. *Trends in Cognitive Sciences*, 1998, (5).

④ ORIANS G H, HEERWAGEN J H. Evolved responses to landscapes[A]. In: *The adapted mind: Evolutionary psychology and the generation of culture*[C]. Oxford: Oxford University Press, 1992: 555-579.

可以随时找到水源；人们喜欢山地，是因为可以寻找到更多的资源；人类喜欢花和新芽，是因为这是丰收的预兆；人们喜欢选择平原居住，是因为逃生更加方便。这些内容从意识上并不一定能认识到，但这种存在于人们的潜意识里的东西并不会因为环境和文明的变化而消失。这说明在旅游活动中，人们表面上展现了对风景的偏好，在潜意识层面则是对居住环境的内在评估。这种评估有利于人在紧急状况下做出更好的选择，提高人的安全感和舒适感。

（五）人际交往价值：增强人们亲近感的最好方式

旅游是增强人们亲近感的最好方式。人类作为社会性动物有着强烈的交往需求。人类的交往需求可以追溯到原始社会的狩猎时期：当时面对大型猛兽或大群野兽，单凭个人的力量往往难以取得成功，而大型的狩猎活动通常需要狩猎者之间的交流与合作，由此产生了人类早期的交往行为、语言行为和互惠式的利他行为，这些交往有力地推动了人类的进化，并进一步促进了工具制造、语言符号交流和社会分工的发展。

《当代旅游学》把"一定时间"和"非惯常环境"作为当代旅游活动的时空规定性，在一定程度上解答了旅游活动的本质动机：到"异地"寻求"幸福"、"刺激"以及"愉悦感"[①]。如果用马斯洛需求层次论解读旅游活动的动机，可以覆盖到从归属与爱的需要、尊重的需要、认识需要、审美需要和自我实现的需要。从进化心理学原理分析，核心主要集中于两点：与他人包括家庭成员建立良好的沟通关系的社交需求[②]，与未知世界对话、体验和获取知识积累的精神需求。

旅游可以增进游客之间的相互交流。旅游目的地陌生的场所、陌生的人群，更类似于远古时人们一起狩猎的场景，更加有助于人际交往的发生。即便是家庭旅游，由于面对新的场景、新的困难和新的人际环境，人们往往更加需要相互依赖，十分有利于增进亲密关系。一个值得注意的现象是"旅途与爱情"高度关联。人在游览过程中，似乎男女相爱自然而然，其原因可以用哈特菲尔德（1988）提出的"激情之爱（passionate love）"理论来解读[③]：一旦在某种环境中唤起情绪的某种状态，例如恐慌、奔跑、听幽默或者令人厌恶的对话等，并把这种唤起的部分原因与另一个合意的人联系起来的时候，便会感受到激情的推动。当情侣一起在波涛汹涌的海面上航行的时候，肾上腺素的增加会使两颗心贴得更近。现实中，我们可以这样理解：旅行过程中，鉴于可能出现的不可知、不可控因素，男女之间更容易互相关照；在旅行过程中的陌生环境下，男女人际交往更加随意，意识化被无意识替代，防御心理降低。

---

① 国家旅游局.当代旅游学［M］.北京：商务印书馆，2018.
② 彭建，王剑.旅游研究中的三种社会心理学视角之比较［J］.旅游科学，2012，（2）：1-9+28.
③ 迈尔斯.心理学［M］.黄希庭等译.北京：人民邮电出版社，2006.

从发生学角度分析[1]，现代人从原始人进化而来，尽管生活生产方式发生了翻天覆地的变化，但人类身上依然保留着原始人的一些心理机制：去野外集体"打猎"（男人）和"采果"（女人）。这种集体活动（生存机制）在现实生活中几乎不存在，但在人们的心理机制中却非常顽固地保存下来了。旅游活动的安排为人们"再现"了这种场景，人们见面时相互问候，在旅游过程中相互帮助、大块吃肉、大口饮酒，实现了精神上交际与安全的需要。

（六）文化交流价值：推动兼收并蓄的文明交流

旅游是传播文明、交流文化、增进友谊的桥梁。文明因交流而多彩，文明因互鉴而丰富。旅游具有非常广泛的跨文化交流价值。只有那些最善于学习的个体，才能在生存中占据有利位置。在自然界，许多动物会通过"窃取"等方式学习同类的生存经验。人类的基因库里天然地保存着"窥探"、学习其他文化的基因。而"模仿"是人类赖以存在和发展的基本原则，并形成了一种"集体无意识"：一旦一些个体或群体发明了一个物品或一种制度来完成特定的任务，其他个体或群体就得迅速学习，否则有可能在生存竞争中被淘汰。

"旅游者追求的是异地的不寻常和真实性，追求的是异域文化的符号。"[2]旅游者的"求异"心理，决定了旅游具有天然的跨文化交流属性，文化交流成为旅游体验的基本内容。对欧洲、美国、日本等国出境旅游者的调查显示，旅游者无一例外把"与当地人交往，了解当地文化和生活方式"当作出境旅游的三大动机之一[3]。通常来说，旅游者对异域文化更感兴趣，文化差异越大，其探究兴趣也会更浓。除了少数"旅游泡泡"（也叫"旅游罩"），旅游者在旅行过程中能触及目的地社会的方方面面，因此在跨文化旅游中，文化群体之间的交流和互动具有全面性、广泛性特征——不仅包括风土人情，也包括了语言、宗教、艺术、技术等诸多方面。尽管旅游者与东道主之间在价值观、社会规范和思维方式上存在着一些差异，但大众旅游的兴起，为人类交流提供了一条频繁而直接的途径，对于"突破文化群体的彼此孤立，使每一种文化群体都意识到彼此的存在"[4]具有重要意义。

（七）身心修复价值：文明其精神，野蛮其体魄

世界卫生组织认为，健康就是既没有身体上的疾病和缺陷，又有完整的生理、心

---

[1]　胡传东.旅游：一种进化心理学的解释［J］.旅游学刊，2013，（9）：102-108.
[2]　CULLER J. Semiotics of Tourism[J]. *The American Journal of Semiotics*, 1981, (1).
[3]　张国洪.中国文化旅游——理论战略实践［M］.天津：南开大学出版社，2001.
[4]　赖辛格，托纳.旅游跨文化行为研究［M］.朱路平译.天津：南开大学出版社，2004.

理状态和社会适应能力。旅游是一种回应人类休闲本性的生存方式[①]，可以说，旅游与体育锻炼一样，都是促进人的身心健康的重要途径。对个体而言，人性的发展是一种进化过程，"发展自我"乃是进化的动力[②]，根据精神分析理论所做的推理，外出旅游就是对不完美的人性的一种恰当的补偿方式；对人类群体而言，旅游可部分解决人类心理进化与文明进化失调的矛盾。人类心理的进化远远滞后于人类文明的进化。从森林走向田野用了 100 万年，从氏族社会进入奴隶社会用了 10 万年，从奴隶社会进入封建社会用了 5000 年，从封建社会至今用了 2000 年。而今几乎每 50 年社会就会发生翻天覆地的变化，当代人的生活节奏之快，是以前的人根本无法想象的[③]。但是，人类基因中存储的信息还停留在慢节奏的时代，这也是现代人心理疾病大爆发的根本原因之一。显而易见，通过旅游回归自然，让心灵找回自己最熟悉、最舒服的节奏，是人类的一种内在需要，是人类在社会压力下寻找到内心平和感的重要途径。

不可忽视的一个负面影响是旅游过程往往出现过量饮食，其背后是人类与生俱来的心理机制。卢梭认为，一切自然的事物都是美好的，而一经了人的手，就变坏了[④]。这一观点虽然有失偏颇，但却揭示了人的社会性对自然性的禁锢和压制。以女性身材为例，在自然状态下，适当的肌肉和脂肪是人类保存自己、繁衍后代的重要的保证，但在"以瘦为美"的时代，自然的健硕反被视为不合时宜，甚至成了丑陋的代名词。在旅行中，人们仿佛回归到了自然状态，被压抑的身体需要逐渐被唤醒，肌肉和脂肪状态开始向一种"自然的平衡状态"移动，身体健康状态得到了提升。另外的一个解释视角是，人类从远古时代遗存下来的"饥饿恐惧症"会在旅游过程充分暴露。因为存在旅行中的未知因素（下次进食可能不及时），游客通过过量进食获得多余能量，以备不时之需。可见，过量进食实际上是一种面对野外或者是未知环境下的自我保护措施。这也可以解释为什么常常会出现"旅行求苦吃，归来胖三斤"这一现象。

三、结语：旅游业应寓教于游，不负人民对于美好生活的向往

马克思主义关于人的全面发展理论本质上是一种教育理论。站在新时代文化强国高度，需要重新审视旅游的核心价值。旅游业要实现高质量发展，就不能把旅游仅仅

---

① 谢彦君.旅游体验研究——一种现象学的视角［M］.北京：中国旅游出版社，2017.
② 荷妮.自我的挣扎［M］.北京：中国民间文艺出版社，1986.
③ 巴斯.进化心理学［M］.上海：华东师范大学出版社，2007.
④ 卢梭.爱弥儿［M］.武汉：武汉大学出版社，2014.

视为消费行为或者社会再生产过程中的一个产业，而应秉持历史责任感，以"百年树人"的精神做好旅游事业，超越经济产业的小视野，在中华民族伟大复兴的大视野中重新审视自己、变革自己、发展自己。要坚持以人为本，从满足人的全面发展需求的角度提高旅游服务的质量，从人的全面发展的高度开展旅游活动。要坚持发展导向，开发旅游的教育功能，提高全民的身心素质和文化修养。要把人民群众满意作为旅游业发展的根本目的，通过旅游促进人的全面发展，使旅游业真正成为提升人民群众生活品质的幸福产业。

第三章

县域文旅体制改革的政治逻辑与现实图景 ①

进入 21 世纪以来，中国的文旅融合发展经历了三个阶段。十九大之后文旅治理体制从组织框架和领导体制上实现了新的重大变化，开启了从"市场自发"到"部门协同"，再到"政党主导"集中统一领导和多元治理的新阶段。文化和旅游融合治理体制的新架构虽然形式上也借鉴了国际上一些国家通常的做法，但"执政党治国"的政治框架、迥然不同于西方资本主义国家的产业发展逻辑，为文化和旅游融合高质量发展奠定了坚实的制度基础。这一现实图景的中间传导机制来自以政党为中心的中国特色社会主义的治理体系，来自包括政治设计、政策制定、政策执行在内的党政共治科学实践，来自文化和旅游"无边界性"的产业特征，内藏着极富科学性的政治逻辑、制度逻辑和行政逻辑。

第一节 初心与使命

党的十九届三中全会，着眼于完善党和国家的领导体制、组织体系，做出了改革文化和旅游治理体制的重大决定，构建了文化和旅游工作新的组织体系、管理体制和工作格局，开启了文化和旅游治理体系和治理能力现代化的新实践，文旅融合发展从"市场自发"迈向了"党政主导"的新阶段。

---

① 本章主要内容刊发于《中国名城》2022 年第 1 期，作者崔凤军、董雪旺。崔凤军，董雪旺.文化和旅游管理体制改革的行政逻辑与现实路径［J］.中国名城，2022（1）：32-39.

一、文旅融合"三个阶段"

文旅融合在我国有扎实的实践基础。2003 年开始，各地开展了文化体制改革，在一定程度上激发了市场活力，推动了文化产业的繁荣发展，与此同时，也产生了积极的"溢出效应"，推动了旅游经济的发展①。借改革的东风，2009 年原文化部和原国家旅游局联合发布了《关于促进文化与旅游结合发展的指导意见》，吹响了部门联动、融合发展的行动号角，树立了文旅融合发展的风向标。这是文化和旅游市场从产品自发接轨到政府部门推动融合的首次系统尝试，打破了传统的楚河汉界的分割局面，文化和旅游市场制度得到一定程度的松绑，文化资源与旅游市场实现了有效对接，市场主体的创新活力得到进一步激发。

2011 年，党的十七届六中全会着眼于充分发挥市场在文化资源配置中的积极作用、激发全社会文化创造活力，通过了《中共中央关于深化文化体制改革推动社会主义文化大发展大繁荣若干重大问题的决定》，文化与旅游产业融合发展进入第二个阶段，一大批旅游企业进入文化市场，释放了市场的活力；高品质旅游演艺产品、非物质文化遗产、特色节庆活动层出不穷，实现了旅游产业与文化产业双赢的局面②。正是有了现实基础，十九大之后中央做出了将文化和旅游行政机构进行重组的重大决定，从此文旅融合发展进入第三个阶段。

随着 2018 年 4 月 8 日国家文化和旅游部挂牌，各省和省级以下新的文旅机构相继挂牌成立，全国多数地区在 2019 年完成了形式上的改革。具体办法是：在中央和省级层面成立文化和旅游机构③，将原文化部门和旅游部门的职能合并、机构合并、人员合并。在内设机构设置上，打破传统的做法，从内设机构入手，实现职能上的完全统一。在设区市及县（市、区）层面，各地做法有所不同，多数地区将文化、广电、体育、旅游四个部门的职能合并。但在实际操作中，因为广电的部分职能移交宣传部门，体育事业的职能继续由下属机构（体育发展中心）承担，事实上体育管理的政府职能保留不多，真正得到彻底融合的是文化和旅游两大职能。

机构改革拉开文化和旅游深度融合的大幕之后，全国文旅系统按照文化和旅游部提出的"宜融则融、能融尽融，以文促旅、以旅彰文"的原则，以及"理念融合、职

---

① 郑世林，葛珺沂.文化体制改革与文化产业全要素生产率增长［J］.中国软科学，2012（10）：48-58.

② 刘瑞明，毛宇，亢延锟.制度松绑、市场活力激发与旅游经济发展——来自中国文化体制改革的证据［J］.经济研究，2020，55（01）：115-131.

③ 多数省的省级文旅机构改革后的名称为文化和旅游厅。海南则是旅游在前，文化在后，即海南省旅游和文化广电体育厅，西藏在省级层面上文化和旅游机构分设，地区和县级机构层面则合署。

能融合、产业融合、市场融合、服务融合、交流融合"等六大融合思路，文旅融合从市场和企业层面上的自发式融合，形成了"党政主导、市场主体"融合发展的新格局。

二、初心与使命

认真研读国务院机构改革通知精神，我们可以发现，2018 年实施的文化和旅游管理体制改革，其初心和使命是一致的，即促进文化事业、文化产业与旅游业融合发展。这次改革，遵循积极的建构主义原则，着眼于转变政府职能、坚决破除制约，让市场在资源配置中起决定作用、更好地发挥政府作用，围绕推动高质量发展，建设现代经济体系，加强和完善政府"经济调节、市场监管、社会管理、公共服务和生态环境保护"职能（简称五大职能），推进政府职能的优化和调整。新的文化和旅游管理体制立足新发展阶段，坚持新发展理念，以高质量发展为主题，以改革创新为动力，加快构建现代旅游业体系。

2018 年机构改革的目标，是建立文旅部门大部制和产业融合体制机制，形成"四个大"的新格局。一是大产业。有效推进文化事业、体育事业、文化产业、广播电视业、旅游业的高质量发展；打破行业壁垒，放大产业的"溢出效应"。二是大监管。统辖文化和旅游、广电、体育等管理执法职能和机构，实现"大监管"；完善旅游业治理体制，其中明确旅游业的治理内涵包括：（1）旅游市场促进，（2）旅游行业监管，（3）旅游经济运行监测和宏观调控（例如降低景区门票价格的政策）。三是大服务。协调推进文化旅游公共服务体系，实现游客与市民共享服务，推进更高水平和更多层面的公共服务。四是大保护。推进文物等遗产资源、非物质遗产、自然和人文旅游资源、历史文脉等的大保护。

三、改革的立足点

首先，从产业发展的内在规律看，文化产业和旅游产业的深度融合是两个产业的天然属性。2009 年，原文化部和原国家旅游局就指出，"文化是旅游的灵魂，旅游是文化的载体"，加强文化和旅游的深度结合，有助于加快文化产业发展，促进旅游产业转型升级，满足人民群众的消费需求。

其次，旅游业的综合性和包容性特征决定了文化和旅游业发展模式的开放性。从2009 年国家将旅游业确定为"国民经济的战略性支柱产业和人民群众更加满意的现代服务业"之后，旅游部门就积极推进旅游与文化、体育、农业、工业、林业、商业、水利、地质、海洋、环保、气象等相关产业和行业的融合发展，取得了很好的成果，积累了许多经验。

最后，从文化和旅游所承担的事业属性看，仅凭市场自发行为是远远不够的。在政治上高度统一的"单一制"社会主义国家，政府行为至关重要。体制顺，符合市场行为规律，则一通百通；体制不顺，则市场行为严重受阻。无论是 20 世纪地方文化与旅游部门合并的实践探索，还是 2009 年原文化部和原国家旅游局开展的"文旅结合"效应，政府顶层设计和行政推动可以在市场经济背景下更好地发挥政府作用。

党中央高瞻远瞩，将文旅机构改革作为实现文旅融合的突破口，展现了高超的领导艺术和魄力，必须从讲政治的高度理解中央决策，从讲担当的高度执行中央决策，从以人民为中心的角度贯彻中央战略布局。

第二节　改革的政治逻辑

深刻理解当前文化旅游机构的改革实践，必须善于从中国式现代化、治理体系和治理能力现代化等政治视角入手。

一、党和国家机构改革的时代背景和基本遵循

构建"系统完备、科学规范、运行高效的党和国家机构职能体系"是机构改革的首要任务[①]。机构改革的关键是转变政府职能，核心指导思想是党政关系，有什么样的党政关系理论做指导，就有什么样的机构改革方案。党政关系是政治体制改革的核心内容。

自取得执政权以来，中国共产党的领导地位就没有动摇过，党的中央委员会一直担负着国家管理的领导中枢重任。但在历史进程中也有过一些探索。改革开放之后，针对实际运行中出现的"党政不分、以党代政"现象，政治体制改革的重点就是调整党政关系，实现党政关系的制度化。十一届三中全会之后，中央第二代领导集体将解决党政不分、以党代政的问题作为改革党的领导体制的突破口[②]，以党和政府职能分开、各司其职作为着力点。

党的十九届三中全会做出了深化党和国家机构改革的决定，对建构"新型党政关系"有了更深层次的思考。"党政关系既是重大理论问题，也是重大实践问题。改革

---

① 中共中央．中共中央关于深化党和国家机构改革的决定［S］．北京：人民出版社，2018.
② 邓小平．邓小平文选（第三卷）［M］．北京：人民出版社，1993：177.

开放以后，我们曾经讨论过党政分开问题，目的是解决效率不高、机构臃肿、人浮于事、作风拖拉等问题。应该说，在这个问题上，当时我们的理论认识和实践经验都不够，对如何解决好我们面临的国家治理体系和治理能力问题是探索性的。"习近平总书记指出[①]，"处理好党政关系，首先要坚持党的领导，在这个大前提下才是各有分工，而且无论怎么分工，出发点和落脚点都是坚持和完善党的领导"，"中国共产党是执政党，党的领导地位和执政地位是紧密联系在一起的。党的集中统一领导权力是不可分割的。不能简单讲党政分开或者党政合一"。这些论述发展了新型党政关系理论，从党政关系的制度化走向了党政关系现代化，实现了中国共产党在执政过程中领导和执政的有机衔接，推动形成中国特色的现代政治，成为现代政治设计的核心指导思想。

综上所述，2018年党和国家机构改革，是在国家治理体系和治理能力现代化的大背景下，以构建新型党政关系、加强和优化党的领导方式，在党中央的统一领导下开展的，这成为这次机构改革的基本逻辑。"这次深化党和国家机构改革，对如何在新时代加强党的全面领导、统筹设置党政机构、提高党和政府效能进行了深入思考，着力点就是要对加强党对一切工作的领导做出制度设计和安排，对一些领域设置过细、职能交叉重叠的党政机构进行整合……打破所谓的党政界限……增强党的领导力，提高政府执行力，理顺党政机构关系"。这充分体现了中国共产党作为"使命型政党"的责任与担当。从中外现代政党的主要类型看，竞争型政党是"选票本位"，使命型政党是"人民本位"。作为马克思主义政党的中国共产党是典型的使命型政党，走出了一条完全不同于西方国家的、以"良心＋良制＋良治"为复合目标、由政党主导的中国式现代化发展新路，开创了人类文明新形态。与现代西方国家政党理论强调政党的"工具性"功能、政党担负起"国家与社会的连接中介"，起到"代表机构""表达工具"作用所不同的是，马克思主义政党更加注重主体作用，强调的是"价值性"作用，体现在政党对"理论、道路、制度、文化的自我选择、自我塑造、自我建构、自我实现的能动力"上[②]，实现了工具理性、价值理性和主体理性的结合。

---

① 习近平.在中共十九届三中全会第二次全体会议上的讲话［A］.见：习近平谈治国理政（第三卷）［M］.北京：外文出版社，2020：165-176.

② 唐亚林.使命型政党：新型政党理论分析范式创新与发展之道［J］.政治学研究，2021（4）：38-49+155-156.

二、中国式文化和旅游治理体系改革体现了以人民为中心的根本价值属性

坚持以人民为中心的发展思想，这是马克思主义政治经济学的根本立场，既是对马克思主义群众历史观和发展理论的坚守和创新，也是对全心全意为人民服务的根本宗旨的坚持和深化[①]。坚持以人民为中心的发展思想，既体现在政治、经济、社会、环境的方方面面，又体现在具体的行动之中。习近平总书记指出，"以人民为中心的发展思想，不是一个抽象的、玄奥的概念，不能只停留在口头上、止步于思想环节"[②]，而是要体现在实实在在的实践中。新一轮党和国家机构改革的突出特点就是彰显了人民意愿、呼应了人民期待[③]。

旅游是人的基本权利。联合国世界旅游组织马尼拉宣言中这样写道："旅游是人的基本权利和长期的生活方式。"习近平总书记在 2013 年俄罗斯中国旅游年开幕式致辞中指出："旅游……是人民生活水平提高的一个重要指标，出国旅游更为广大民众所向往。"随着我国社会主要矛盾的转移和消费主体需求的升级，文化和旅游消费越来越成为人民对于美好生活的追求。十八大之后我国进入大众旅游的新时代，文旅消费全面进入国民大众消费领域，旅游和文化活动更趋日常化、休闲化、品质化[④]。新冠疫情的暴发，限制了外出远距离旅行，旅游消费的本地化倾向十分突出，"在地化"成为旅游市场的新特征，也验证了"旅游是人的基本权利"这一基本判断。

回应人民的新期待。旅游与文化密不可分。文化消费是人的本质需求，文化民生是新时代的新特征，都是为了满足人民对新时代美好生活的客观需要。组建文化和旅游部，满足了人民群众对"诗与远方""读万卷书""行万里路"有机融合的新期待。有"一部陶瓷史，半部文明史"美誉的千年瓷都景德镇，因为一个"陶慈川"文化创意产业园区的带动，从一个破烂不堪的城市一跃而起成为世界陶瓷艺术的超级展示平台，这足以表明文化的力量。温饱时代人们渴望观光，小康时代人们迷恋休闲。先富起来的，向往着度假；富而思进的，则陶醉于体验[⑤]。在这个文旅大健康时代，文化带给人们的是极致的文化体验。可以说，文旅融合体制机制改革，就是顺应民意的重大

---

①　习近平.不断开拓当代中国马克思主义政治经济学新境界（2015年11月23日在中央政治局第28次集体学习会上的讲话）[A].中共中央党史和文献研究院.十八大以来重要文献选编（下）[C].北京：中央文献出版社，2011：1-7.

②　习近平.习近平谈治国理政（第2卷）[M].北京：外文出版社，2017：213-214.

③　王光森，石琳琳.党和国家机构改革的三重逻辑——基于人民为中心发展思想的视角[J].理论与评论，2020（1）：68-76.

④　戴斌.以人民为中心，开创文化和旅游融合发展新时代[EB/OL].搜狐新闻，2018-04-04[2024-05-09].https://www.sohu.com/a/227301955_124717.

⑤　王志纲.大国大民：王志纲话说中国人[M].北京：国际文化出版公司，2020：180.

改革举措，就是坚持了以人民为中心的理念，推动党政机构形成发展合力，着力解决人民群众对美好生活的追求与文化旅游发展不平衡、不充分的矛盾，满足人民日益增长的文化需求，不断增加全体人民的获得感和幸福感，改善文化民生、提升人民幸福指数，让人民享有健康丰富的精神文化生活。同时，也是增强全民族文化自信，为推动文化走出去提供重要保障。

三、推动文化和旅游领域治理现代化的实践创新

从治理层面看本轮文旅机构改革，实现了从"政党引领、政府主导"向"政党主导、政府推动"的转化，形成了多元治理格局。在 2018 年机构改革之前，鉴于文化的意识形态属性，文化部门执行的是"政府主导、宣传部门归口管理"的事业发展逻辑，旅游部门执行的是"政府主导、市场主体"的产业发展逻辑。改革之后，新的文旅机构采取的是"政党主导、党委机构归口管理、政府推动、企业主体、社会参与"[①]的发展逻辑，构建起了"执政党—国家—市场—社会"的多元一体的治理结构，是对西方公共管理理论"一元（政府）""二元（政府、市场）""三元（政府、市场和社会）"的超越，能够调动全社会方方面面的积极性，形成发展的大合力、大格局，发挥整体效能。

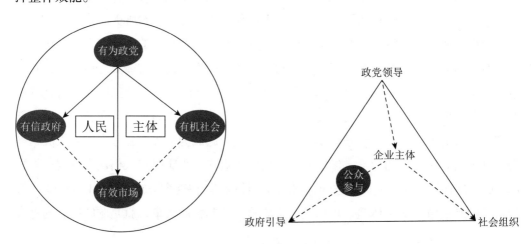

图 3-1　文化和旅游治理结构"钻石模型"

实施"归口"协调管理，推动了组织结构变革。在党中央层面设置跨部门的决策议事协调机构，是为加强党对一切工作的领导，实施党的领导贯彻机构履职全过程、

---

① 这里的社会，既包括行业组织、文旅从业人员、社区居民、基层组织等直接利益相关者，也包括诸如专家学者、法律工作者、媒体从业者等非直接利益相关者。

覆盖各项事业、涵盖各个领域。十九届三中全会根据发展需要，将过去的协调工作领导小组改设为党的工作委员会，实现了党对重大工作领导的常态化和制度化，一些党中央决策议事协调机构的办事机构就设在了政府部门，完善了党的工作机关使用政府机构牌子或履行行政职能的相关制度，有利于形成工作合力。采取党的工作机关对职能相近的行政机构实行统一协调归口管理，是中国特色社会主义党政体制的一个重要特色。党的机构作为党组织中开展各项工作的实体结构，一直实行的是受本级党委领导的单一领导体制，其政治性要求被置于专业性之上，加上党的工作部门的主要负责人多兼任同级党委常委，是党委核心决策层的一员，沟通更加顺畅，机构的政治权威性、协调议事能力、议题设置能力等更加突出。文化和旅游部门归属党委"宣传口"领导，将文化、旅游工作纳入了党委体系，为加强党对文化和旅游工作的领导提供了组织和制度保障，也大大提升了文旅部门的战略地位，强化了其权威性和影响力。原旅游部门多年来试图从党和政府工作的"边缘"走向"中心"、从小部门变迁为大部门的愿望得以实现[①]。

第三节　改革的政策逻辑

一、顶层设计：旅游业从经济产业进入意识形态领域

经过四十多年的探索，中国共产党已经建立起了具有独特价值的治国理政方针，有着独到的优势和特色：中国共产党作为长期的执政党，中共中央委员会是全党的核心，其政策制定起着风向标、指挥棒的作用；全国人大是最高权力机关，其通过的政策具有权威性和法定性；国务院是最高行政机关，执行党和国家通过法定程序制定的相关政策。中共中央在其全会做出决议之后，通过全国人民代表大会将党的主张转化为人民意志，国务院执行党的决议和人民代表大会的决定，形成了一个完美的"闭环"，实现了"党的领导、人民当家作主、依法治国"三者的有机统一。

以"国民经济和社会发展五年规划"为例。编制和实施国民经济和社会发展五年规划，是我们党治国理政的重要方式，也是最具中国特色的国家治理的有效方式，被称为中国之治的重要"密码"。与西方国家政府经济发展规划只考虑执政党执政期间

---

① 崔凤军，陈旭峰.机构改革背景下的文旅融合何以可能——基于五个维度的理论与现实分析［J］.浙江学刊，2020（1）：48-54。

的政绩相比，中国的"五年规划"是在长期执政的中国共产党带领下开展的，具有战略性、前瞻性和长期性，是凝聚国家意志的顶层设计。"五年规划"的重要性不言而喻：它是国家总体的发展规划，各级政府、部门开展工作的重要遵循，动员和部署全社会的资源、规划重大项目、谋划出台重大决策、提出重大改革举措、配置资源、约束市场主体行为的"第二准则"[①]。分析从 2001 年开始的"十五"规划到"十四五"规划，发现对于旅游的描述不但重点不同，而且字数相差比较大（"十五"151 字，"十一五"133 字，"十二五"338 字，"十三五"362 字，见表 3-1）。

表 3-1　进入 21 世纪以来"五年规划"中关于旅游的文字描述

内容	五年规划中关于旅游发展的表述文字	字数	核心目标
"十五"规划（2001—2005）	加大旅游市场促销和新产品开发力度，加强旅游基础设施和配套设施建设，改善服务质量，促进旅游业成为新的经济增长点；发展有特色的农牧业、绿色食品、旅游、中草药及生物制药等；在旅游经济区等方面取得突破；有步骤地开放银行、旅游等服务领域；大力发展国际旅游、国际运输等领域的服务贸易出口；中西部地区的旅游资源开发	151	促进旅游业成为新的经济增长点
"十一五"规划（2006—2010）	开展百城万店无假货、共铸诚信、文明风景旅游区、做人民满意公务员等活动；促进文化产业与教育、科技、信息、体育、旅游、休闲等产业的联动发展；拓展教育培训、健身、旅游、休闲等与文化相结合的服务性消费；把文化"走出去"工作与外交、外贸、援外、科技、旅游、体育等工作结合起来	133	大力拓展旅游产业链，提升旅游产业在扩大消费中的作用
"十二五"规划（2011—2015）	利用农业景观资源发展观光、休闲、旅游等农村服务业；积极发展海洋油气、海洋运输、海洋渔业、滨海旅游等产业；积极发展旅游业；全面发展国内旅游，积极发展入境旅游，有序发展出境旅游。坚持旅游资源保护和开发并重，加强旅游基础设施建设，推进重点旅游区、旅游线路建设。推动旅游业特色化发展和旅游产品多样化发展，全面推动生态旅游，深度开发文化旅游，大力发展红色旅游。完善旅游服务体系，加强行业自律和诚信建设，提高旅游服务质量；发展特色农业、旅游等优势产业；大力发展金融、物流、旅游以及软件和服务外包等服务业；建设海南国际旅游岛；在稳定和拓展旅游、运输、劳务等传统服务出口同时，继续支持香港发展金融、航运、物流、旅游、专业服务、资讯以及其他高增值服务业；努力加强两岸文化、教育、旅游等领域交流	338	在遭受金融危机之后发挥旅游业的拉动作用，培育旅游业作为国民经济重要支柱产业

①　赵琳.五年规划：独特治理经验和显著制度优势——访中国社会科学院现代经济史研究中心主任赵学军［N］.中国纪检监察报，2020-10-29（007）.

续表

内容	五年规划中关于旅游发展的表述文字	字数	核心目标
"十三五"规划（2016—2020）	以重要旅游目的地城市为依托，优化免税店布局，培育发展国际消费中心；拓展农业多种功能，推进农业与旅游休闲、教育文化、健康养生等深度融合，发展观光农业、体验农业、创意农业等新业态；大力发展旅游业，深入实施旅游业提质增效工程，加快海南国际旅游岛建设，支持发展生态旅游、文化旅游、休闲旅游、山地旅游等；发展旅游地产、养老地产、文化地产等新业态；大力发展绿色农产品加工、文化旅游等特色优势产业；加快建设国际黄金旅游带；大力发展红色旅游；适度开发公众休闲、旅游观光、生态康养服务和产品；联合开发特色旅游产品，提高旅游便利化；支持澳门建设世界旅游休闲中心；促进文化与科技、信息、旅游、体育、金融等产业融合发展。建设一批红色旅游精品线路；实施少数民族特色村镇保护与发展工程，重点建设一批少数民族特色村寨和民族风情小镇；实施乡村旅游扶贫工程	362	建设现代旅游产业体系
"十四五"规划（2021—2025）	加快发展健康、养老、托育、文化、旅游、体育、物业等服务业，加强公益性、基础性服务业供给，扩大覆盖全生命期的各类服务供给；推动购物消费、居家生活、旅游休闲、交通出行等各类场景数字化；加强对食品药品、特种设备和网络交易、旅游、广告、中介、物业等的监管；壮大休闲农业、乡村旅游、民宿经济等特色产业；实施黄河文化遗产系统保护工程，打造具有国际影响力的黄河文化旅游带；大力发展寒地冰雪、生态旅游等特色产业，打造具有国际影响力的冰雪旅游带，形成新的均衡发展产业结构和竞争优势；推进海水淡化和海洋能规模化利用，提高海洋文化旅游开发水平；开展"感知中国""走读中国""视听中国"活动，办好中国文化年（节）、旅游年（节）；推动文化和旅游融合发展。坚持以文塑旅、以旅彰文，打造独具魅力的中华文化旅游体验。深入发展大众旅游、智慧旅游，创新旅游产品体系，改善旅游消费体验。加强区域旅游品牌和服务整合，建设一批富有文化底蕴的世界级旅游景区和度假区，打造一批文化特色鲜明的国家级旅游休闲城市和街区。推进红色旅游、文化遗产旅游、旅游演艺等创新发展，提升度假休闲、乡村旅游等服务品质，完善邮轮游艇、低空旅游等发展政策。健全旅游基础设施和集散体系，推进旅游厕所革命，强化智慧景区建设。建立旅游服务质量评价体系，规范在线旅游经营服务；严格市场监管、质量监管、安全监管，加强对食品药品、特种设备和网络交易、旅游等的监管；支持澳门丰富世界旅游休闲中心内涵；打造海南国际旅游消费中心、粤港澳大湾区世界级旅游目的地、长江国际黄金旅游带、黄河文化旅游带、杭黄自然生态和文化旅游廊道、巴蜀文化旅游走廊、桂林国际旅游胜地，健全游客服务、停车及充电、交通、流量监测管理等设施	714	推动文化和旅游融合发展

　　"十四五"是新时代文旅机构改革实施出成效的关键节点，在惜字如金的"五年规划"里用714个字来阐述旅游发展，在随后出台的《国民经济和社会发展计划主要

任务》中也有大量的具体工作任务的描述，足以证明在"文旅融合"和"双循环"大背景下，旅游业登上了国家战略的高地，得以从"文化特质鲜明的经济性产业"转化为满足人民群众精神文化需求的"综合性幸福产业"，进入国家意识形态领域，成功将一个服务业从小门类"蜕变"为大文化产业。这显然与党的宣传系统强大的影响力有密切关系。这是过去国家旅游局作为副部级机构所无能为力的，更是旅游行业多年来的梦想，必将改变以往对旅游的片面理解、"歧视"甚至污名化倾向。

二、政策协同：从主管部门主导到多部门同向发力

政策是助力文旅融合发展的重要保障。高宏存等对 2020 年度我国文旅产业政策进行了梳理[①]，在文化和旅游部、国家发改委、财政部、农业农村部、交通运输部、工业和信息化部、国家体育总局等 26 个部级机构出台的 69 项全国性的有关文旅产业的政策中，联合发文的数量达到了 16 项。这说明，文旅产业发展工作开始走出部门范畴，政策制定主体分布越来越广泛。每个部门根据职责制定相应的政策，发挥了政策制定主体的作用。这也从另一个角度反映了文旅产业发展的综合性、渗透性和包容性特征。没有跨部门的协同，文旅产业融合发展就会停留在口头上、停留在企业自主层面，无法落实在党政同向发力的行动中。

三、监管体系：构建和实施文旅大市场监管格局

社会主义市场经济要在发挥市场在资源配置中起着决定性作用的同时，更好地发挥政府作用。文化和旅游业高质量发展，需要党政多元协同治理。而市场治理的首要之处就是行业和市场监管，良好的监管体制可以有效降低交易成本，为文旅发展提供更为强大的驱动力。

改革开放以来中国旅游业经过四十多年的高速发展，已经壮大成为国民经济的重要支柱产业和人民群众满意的幸福产业。但与此同时，因为旅游业涉及的地域广泛、人员复杂、行业多样，各种乱象层出不穷，宰客现象在一些地区还十分突出，加上互联网时代的来临，自媒体的迅速崛起，十分容易引发舆论风波，旅游市场监管问题日益严峻。而旅游主管部门因为监管力量、手段极其有限，往往感到无能为力、应对乏力，各地政府不得不将旅游市场集中整顿作为治理旅游业的方式，但"春风吹又生"，集中整顿结束后各类乱象死灰复燃。与此同时，我国的文化市场监管情况也并

---

① 高宏存，张景淇.文旅产业政策的重点场域与未来趋势——基于2020年度文旅产业政策的整体性分析［J］.治理现代化研究，2021（4）：58-69.

不乐观。过去，文化市场行政执法权力分布在文化、广电、出版、文物、新闻等多个部门，行政执法权力横向配置过于分散，多头执法问题严重，执法队伍过多过滥，文化市场监管职能交叉、多层执法现象长期存在。

执法能力建设的前提是改革现有的行业和市场监管体制机制。2018 年机构改革之后，多数市、县两级将文化、广电、文物、新闻出版和旅游职能纳入一个机构，为文化旅游市场实施"大监管"奠定了组织基础，最终形成了文化、出版、广播电视、电影、文物、旅游等六大领域的行政执法权、以及"扫黄打非"和安全生产等执法事项全部由文化市场综合执法机构行使的新格局，实现了对过去"碎片化"行政执法体制的整体性重构①，这样既可以防止文旅市场出现多头多层重复执法，也可有效避免执法漏洞。

新的文旅机构成立之后，借助于党委宣传口的优势，通过其所掌握的正规化媒体资源，在舆论导向上有了新的抓手和渠道，对于抑制负面舆论的破坏力将起到积极的作用。同时，把旅游纳入文化市场综合管理平台，实现数字化管理，建立文化市场综合管理信息服务平台，集文化市场、旅游市场、行政审批、执法监督、监管、服务"五位一体"，覆盖文化旅游管理部门和行业协会、文化旅游经营场所、社会公众和外来游客，有利于实现市场监管智能化、行政审批公开化、文旅执法规范化、公众服务多元化和诚信管理标准化。文旅部出台的、于 2022 年 1 月 1 日开始实施的《文化和旅游市场信用监管规定》，对于加快构建以信用为基础的新型监管机制，保护各类市场主体、从业人员和消费者合法权益将起着十分积极的作用。

第四节　改革的行政逻辑

政治上高度统一的单一制社会主义国家的制度优势，必须在强大的执行力中展现其发展和治理优势。中国政治体系之所以可以取得文旅融合政策上的有效执行，关键在于将党的领导制度嵌入政府治理体系，塑造了党政复合、集中统一、兼具功能理性和共同意识形态的党政治理结构，确保了统一治理目标和高效执行效率并保持了一定的治理弹性②。"全能政府"理论研究表明，政府责任在此类行政框架下倾向于"无限大"；在信息过载社会中，会给有限理性政府带来信息处理的失漏。因此，政府注意

---

① 祁述裕，徐春晓.深化文化市场综合执法改革：演进、挑战与建议［J］.山东社会科学，2021（2）：52-59.
② 吕普生.制度优势转化为减贫效能——中国解决绝对贫困问题的制度逻辑［J］.政治学研究，2021（3）：54-64+161.

力成为稀缺资源。根据注意力分配理论，发挥有为政府的作用，就需要优化政府的注意力资源的分配模式。而注意力分配的本质，是意识以迅速而清晰的方式，在多种的可能性中抽取一些想法的过程。2018年的机构改革，构建了党政共同治理框架下的文化和旅游运行体制，有效促进了地方党委政府的注意力转向。

一、文化和旅游行政管理体制沿革

虽然文化行政管理机构自中华人民共和国成立以来就几乎没有改变过（这里指中央政府，而地方政府有过一些试点），改革开放前也是由政府主办、主管文化，在改革开放之后，受制于意识形态的约束，文化管理体制的改革也一直滞后于经济改革。与传统的行政管理体制相对应，中国的文化管理体制延续了严格的等级管理体制，文化产业以公有制单位为主体，内部分配存在严重的"平均主义"弊端，缺乏正常的人员流动和淘汰机制，冗员化、行政化、机关化等问题十分突出，文化产品种类贫乏，难以满足人民群众对于文化产业的需要。针对这个长期存在的弊端，十六大之后，党中央继续深化文化体制改革，明确区分了文化的事业属性和产业属性，明确了公益性文化产业和经营性文化事业的关系与区别。2003年开始在地方进行了两轮改革试点，2006年之后在全国推开。这一时期中国文化体制改革的逻辑是：转变政府职能、建立市场体系、区分产业事业、培育企业主体。十九大之后，文化和旅游部门实现了重组，将旅游产业纳入大文化产业，也必将通过行政推动，进一步促进两大产业的深度融合发展。

在计划经济向市场经济转型的大背景下，中国旅游业行政管理体制的变迁逻辑主线是："权力下放、企业激活和市场强化"，从计划经济时代的"政府主管主办"到商品经济时期的"政府主导"，再到市场经济时代的"政府主导与市场主体"双轮驱动。行政管理机构也从改革开放前的"寄生部门"（隶属外交部门，承担外事接待功能），转变为改革开放初期的"系统主管部门"，再发展为"行业主管部门"，体现了社会大旅游的发展格局演变。在这个过程中，旅游部门试图从党和政府工作的"边缘"走向"中心"（事实上这一尝试在一些市、县得到了体现，国家层面上则从十八大后文化和旅游部门合并之后开始得到实现），从"小部门"变迁为"大部门"（十九大之前各地纷纷设立"旅游发展委员会"就是一个尝试）。十九大之后，旅游机构的改革主导思想已经从改革开放前四十年的"该放的放下去，该管的管起来"、发挥市场的决定性作用，转变为"更好发挥政府"的作用，也就是要整合原文化部门和原旅游部门职能，构建大部门制，发挥政府权力的叠加作用。

改革开放四十年，地方文化和旅游管理部门改革也在进行不断的探索。例如山西省平遥县在 20 世纪 90 年代成立了文化旅游局；深圳作为改革探路先锋，借助文化体制改革大潮，在 2009 年将文化和旅游部门合并，成立了文化旅游和体育局，取得了一些成功的经验。

二、2018 年文旅体制改革的行政逻辑

制度是社会经济发展最重要的要素之一。历史经验表明，完善的制度是改革开放以来中国文化事业、文化产业和旅游业快速发展的根本保障和重要动力。对于政府而言，积极的建构主义是基于"有限理性"而开展的产业制度体系构建。

在从计划经济向市场经济转变的过程中，中国的行政体制共计进行了八轮改革。围绕调整政府与社会、政府与市场、中央与地方的关系，改革一直遵循"两条线"进行：一是下放权力、制度松绑，释放市场、社会和地方政府的活力，构建市场机制和市场体系，发挥市场的决定性作用；二是整合权力配置资源，实行大部门制，更好地发挥政府的作用。改革开放前四十年的行政体制改革以经济领域的"转变政府职能、简政放权改革"为主线，十九大之后开始的新一轮中央和国家机关机构改革，则重点突出"理顺部门关系、优化职能配置"，着眼于转变政府职能，使市场在资源配置中起决定作用，更好地发挥政府作用，围绕推动高质量发展，建设现代经济体系，加强和完善政府"经济调节、市场监管、社会管理、公共服务和生态环境保护"职能（简称五大职能），推进政府职能的优化和调整[①]。

按照这一逻辑和指导思想，文化和旅游部门合并，建立大部制和产业融合体制机制，有助于形成"四个大"的新格局。一是发展大产业。有效推进文化事业、（体育事业）、文化产业、广播电视业、旅游业的高质量发展；打破行业壁垒，放大产业的"溢出效应"。二是实施大监管。统辖文化和旅游、广电、体育等管理执法职能和机构，实现市场统一监管。三是开展大服务。协调推进文化旅游公共服务体系，实现游客与市民共享，推进更高水平和更多层面的公共服务。四是立足大保护。推进文物等遗产资源、非物质遗产、自然和人文旅游资源、历史文脉等的全链条、全方位、全过程保护。对旅游行业而言，新一轮机构改革通过旅游市场促进、旅游行业监管和旅游经济运行监测和宏观调控等治理改革，有助于实现旅游业治理体系和治理能力现代化。对文化行业而言，新一轮机构改革在文化产业改革的基础上，可以借助旅游市场更好地发挥企业主体的作用，有效叠加产业扶持政策，促进对新兴产业的理解和相关行业、领域的深度融合。

---

① 周光辉. 构建人民满意的政府：40 年中国行政改革的方向［J］. 社会科学战线，2018（6）：10-21，2.

三、文旅机构改革的新特点

（一）上下同构的党政治理结构

"我们的国家性质和地方的职责特点决定了省市县各级主要机构设置必须同中央保持基本对应，不能搞得五花八门。"[①]根据中央关于深化机构改革的决定，中央层面设置文化和旅游部，省级层面也多组建了文化和旅游厅（西藏等地除外），市和县级层面大多也将文化、旅游、体育、广电等部门职责、机构、人员合并（各地略有不同）。在内设机构上也打破传统的做法，将原部门的多种职能合并设置，实现了职能同构。在领导体制上，实行党委宣传部门"归口"协调与政府管理相结合，党委常委、宣传部长作为分管领导，政府副职作为协助分管领导，架构起一个新型组织框架体系。这样一个上下同构的党政治理结构，可以保证中央和地方各级政令统一、运行畅通、执行高效、充满活力。

（二）部门协同的政策执行结构

文化和旅游发展的基础在城市和县域。任何发展政策的执行从根本上看都需要在城市（建城区）和县域落地才能见成效。新的文旅融合体制通过党的领导嵌入政府治理之中，在行政性基础上加入了政治性，形成双重动员功能，可以有效破解传统科层制组织的弊端，打破僵化的部门壁垒，推动跨部门协同与联动。各个部门围绕自己的职能，为当地的文旅发展提供助力，减少了部门间的扯皮、推诿，提升了治理效率。与此同时，借助国家"全面乡村振兴"和文旅融合国家战略，通过专项补贴、减免税费等各种经济手段以及政治动员等行政手段，充分调动乡镇、行政村基层党组织发展文旅事业的积极性和主动性，统一思想，减少居民、社区的阻力，推动共同富裕。

（三）动员全社会力量的聚合结构

毋庸置疑，作为执政党的中国共产党在长期的执政过程中已经形成了广泛的社会动员能力，"两弹一星""消除绝对贫困"等重大目标任务的快速成功，充分展现了社会主义中国"新型举国体制"的制度优势。党中央有号召，社会各界有行动。面对新时代新形势下文旅融合发展的重要部署，各级党委政府通过广泛的政策动员，可以集聚起更多社会力量壮大文旅事业。除了政府资金等资源的配置倾斜外，还可以调动社会组织、基层自治组织、人民团体、民主党派、企事业单位，以及市场主体、经济组织、乡贤等社会力量资源引入文化旅游领域，这大大突破了传统的依靠政府部门招商

---

① 习近平.在中共十九届三中全会第二次全体会议上的讲话［A］.见：习近平谈治国理政（第三卷）［M］.北京：外文出版社，2020：174.

引资、仅仅发挥市场机制作用来发展文化旅游的局面，充分展示出了党的领导"号令八方、纷至沓来"的政治号召力和影响力。比如，浙江省在乡村振兴战略实施中"两进两回"的部署①，就是一个典型的成功案例。

第五节 机构融合促进文化和旅游产业深度融合的传导机制与实现路径②

除因为制度松绑、降低进入门槛而吸纳社会资本、释放市场活力这一制度变迁形态外，以资源整合、更好地发挥政府作用为主要目标的机构改革并不能自动产生生产力。相反，机构改革后，需要进一步整合资源、政策、渠道等，发挥市场的放大效应。新的文化和旅游机构成立之后，可以在组织变迁的基础上，调整新的组织行为，通过政府的有效作为，进而实现市场、企业、资源和政府的有效对接，发挥叠加效应，促进文化和旅游在产品、市场层面上的深度融合，有效提升文化和旅游产业效能。这一逻辑线的核心是通过机构改革提升政府在推进文化和旅游深度融合过程中的作用力。政府主要在以下三个方面发力：一是推进供给侧（资源、产品）融合；二是推进需求侧（市场）融合；三是推进政策和管理监管融合。

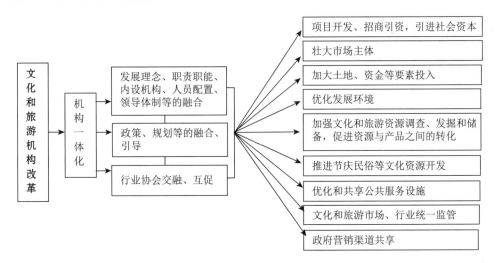

图 3-2 机构改革与文旅融合：政府作用、逻辑关系、传导机制

---

① 浙江省2019年发布《关于实施"两进两回"行动的意见》，推动科技进乡村、资金进乡村、青年回农村、乡贤回农村，提出到2022年吸引20万名新时代乡贤返乡回乡投资兴业。

② 崔凤军，董雪旺.文化和旅游管理体制改革的行政逻辑与现实路径［J］.中国名城，2022，（1）：32-39.

政府可利用的行政手段包括：

1. 有效扩大文化和旅游资源储备库

文化资源是旅游产业发展的基础。机构改革后，可以通过全面调查、梳理辖区内文化资源状况，通过文化解码，提炼优秀传统文化、革命文化、社会主义先进文化蕴含的核心思想理念，构建文化基因库，为成果转化利用奠定基础。

聚焦可利用、可转化、可提升的资源，对辖区内旅游资源（包括传统资源和新兴资源）进行新一轮普查，发现新的增长要素，拓展旅游资源的范围，构建全域旅游资源数据库和资源保护利用体系。

2. 实施文化旅游资源转化工程

新的文旅机构可将传统文化资源转化为旅游产品，并以此作为发力点。例如，将农村文化礼堂添加乡村旅游服务、咨询、展示等功能；将非遗基地、考古遗址公园、传统民俗活动等增加旅游要素和功能，纳入旅游线路；将博物馆、美术馆、图书馆等传统文化场馆景区化，建设成为具有旅游接待功能的 A 级景区；将文化创意产品转化为游客喜闻乐见的旅游商品等。

还可提升传统旅游景区文化内涵。例如，通过文化润景、润物、润场，在旅游景区、度假区中植入地域文化，把民间传说、节日习俗、历史名人、地方戏剧、诗歌等文化元素，通过专业化设计、策划，有机融入景区规划。条件具备的，可以采取实景演出、小剧场等演艺方式提升吸引力。

3. 大力引进和开发文化旅游项目

机构改革后，职能、人员、领导力量等得到强化，在招商引资领域可以调控的资源有所增强。在解码文化基因、梳理文脉地脉基础上，全力引进、谋划、实施一批具有牵引力的重大文旅项目，并纳入重点项目，形成新的市场卖点。

4. 丰富文化和旅游产品供给

将文化、体育比赛、康养、群众休闲、娱乐、教育等元素纳入旅游产品供给体系。深入挖掘特色美食、文化主题民宿、骑行绿道、马拉松等体育项目，奠定全域旅游发展新业态。与教育部门深度合作，推出让中小学欢迎的研学产品，推动研学旅行市场化改革。与科技部门无缝对接，推动科技旅游发展创新，推出科技含量高、视觉和体验质量高的科技旅游新产品。推动与健康部门的深度合作，打造高品质的中医药养生、温泉度假、绿色氧吧等康养旅游产品等。

5. 壮大市场主体

企业是市场发展的主体，是市场竞争力的核心载体和主要来源。政府推动企业发展就是推动产业发展。在壮大主体方面，发挥政府主导、市场主体机制的活力，大力发挥政府作用：推动有品质的文化和旅游企业上市融资；打破传统的条条框框，鼓励文化和旅游企业跨界运营，共享发展平台和载体；有计划引进大型文旅企业和平台企业；推动国有企业进入文旅行业等。

6. 有效扩大文旅消费市场规模

可借助国家文化和旅游消费试点城市政策，制定扩大文旅消费的有关政策，推出夜间文化和旅游消费集聚区，提升消费的质量和规模；将文化节庆与旅游节庆全面对接，创设民俗活动、节庆论坛、文艺演出、直播带货等载体，改善游客和市民共享的消费生态，提高节庆活动的影响力和美誉度，延长居住时间和逗留天数。

7. 融合市场渠道提升文旅传播品牌

宣传系统拥有广播电视报刊等传统媒体，负责管理网站等新媒体业务，文化系统还拥有一些诸如文化博览会、动漫节等重要展会；旅游系统拥有自己的旅游宣传渠道和旅游交易会等展会平台，还有若干海内外推广机构、国际友城等。这些传播渠道一经整合，相互促进，就会产生 1+1＞2 的效果。文化系统拥有一大批文化文艺人才，以文化旅游资源为创作源泉，在政府引导下，会产生一批名曲、名歌、名作，大大提升文化旅游传播成效。

8. 共建共享文化和旅游公共服务

文旅融合、主客共享时代，公共服务设施共享的边际效应会大大增加。除了公共交通，文化和旅游系统在城市和乡村、景区等服务场景中，可以实现在信息服务、安全服务、行政服务、法律服务、监管服务等各领域的全面对接。景区城、景区镇、景区村、农村文化礼堂不仅是居民的生活空间，也可成为游客的访问之地，构成旅游目的地系统的重要组成部分。乡村博物馆、文旅驿站等既是文化项目，也是旅游的公共服务内容。

9. 整合文化和旅游发展政策

政策是文化和旅游融合发展的重要保障。原文化部门和原旅游部门的发展政策各有侧重，机构合并后，除继续在原文化和旅游项目上予以支持外，也可在文旅融合发展规划、支持举措、平台建设上出台新的扶持政策。例如，鼓励各地设立融合发展专项资金，开展融合示范单位认定；推出人才、项目、平台、标准、数字管理等领域的改革计划并逐步实施。

第六节　结论与讨论

上述关于 21 世纪以来中国的文旅融合发展经历的三个阶段的梳理，以及对十九大之后文旅治理体制从组织框架和领导体制上的重大变化的分析表明，当前我国文化和旅游融合发展已经从"市场自发""部门协同"进入"政党主导"集中统一领导和多元治理的新阶段。"执政党治国"的政治框架颠覆了西方资本主义国家单纯的产业发展逻辑，为文化和旅游事业的高质量发展奠定了坚实的制度基础，内藏着极富科学性的政治逻辑、制度逻辑和行政逻辑。将制度优势转化为治理优势的内在逻辑至少包括以下环节：一是基于市场和群众需求形成的历史实践和社会共识，二是强有力的政治动员汇聚了各方资源和力量，三是党政共治、上下一致形成的强大执行力。

对现实图景的调研也表明，中高层（中央和省级）机构改革成效显著，融合力度"大而实"；但市及市级以下的状况并非"小而美"，不平衡、不充分现象比较明显。 原文化部门和原旅游部门由于承担的任务不同，存在着工作理念、习惯和作风不相一致，在资源保护、利用、开发等具体问题上分歧较多，对公共权力和市场能力的认识水平不同[①]、身份认同不一[②]、复合型人才短缺[③]、归口领导和政府管理的关系处理复杂等问题，两大部门真正形成一致行动还需要假以时日。为此，需要借助大国体制优势，以县市为突破口，克服惯性思维，防止画地为牢；克服虚无主义思想，防止简单叠加；克服狭隘的本位主义思想，防止党政分工上的无所作为或相互"诋毁"；努力夯实发展之基，为建设文化强国和旅游强国贡献中国智慧，展示中国力量。

体制机制是中国特色社会主义政治体制下促进文旅融合的重要推动力。 新的文旅机构打破了原先文化和旅游行业的行政鸿沟，突破了过去改革模式，从学理上分析，其正向作用大于负面影响。但从实践来看，文化和旅游管理体制的改革本身并不直接产生生产力，对市场体系的影响才是推动产业发展的内在原因，也即传导机制。作为中间环节，市场、服务、资源、主体的融合至关重要。如果这个中间环节出现问题，原先的顶层设计就会在这些地方失效。从市、县层级的新体制运行以来的效果看，创

---

① 周勇，胡立．治理角度下的文化和旅游融合研究——兼论西藏文化和旅游机构设置模式［J］．西藏研究，2020（3）：45-53.

② 张朝枝．文化和旅游何以融合：基于身份认同的视角［J］．南京社会科学，2018（12）：162-166.

③ 崔凤军，张英杰．机构改革促进文旅融合效果评估及提升路径——以浙江省为例［J］．地域研究与开发，2021（5）：101-106.

新的成效与新时代要求、社会期待相差还比较大。市、县（市）统筹文旅发展经验、能力不足，文旅景区景点分属政府各个部门的现状没有得到改观，沟通协调机制还没有建立起来；政府与社会之间合力尚未形成，政府指导作用抓手不多，市场主体的创新发展、主动发展、自主发展主动性不够。

顶层设计对于文旅融合至关重要，但出现的具体问题需要逐步解决。 对实行"单一制"、政治上高度统一的社会主义国家而言，高层政府的顶层设计和推动作用对于两大产业之间的真正融合至关重要。两大部门之间原有的"张力"，可以在上级党委政府的外在控制下形成"合力"，但真正成为内生动力，则需要假以时日。一般认为，这一过程至少需要4~5年。不能指望短时间内发挥巨大作用，期望值也不可过高。在短时间内，两大体系之间信息不通、沟通不够，两大传统上的"弱势"部门合并后能否形成一个"强势"部门，在党委宣传部归口领导和政府负责的体制下，结果存疑。作为宣传系统所属单位，文旅机构由宣传部归口管理，主管领导是常委、宣传部长，但文旅机构又属于政府组成部门，由分管副市、县（市）长分管，且经费来源、项目建设、行业管理、事项审批等行政工作属于政府职能，到底谁来协调、谁来签字、谁来负责、向谁汇报等具体问题就摆在部门主要领导前面，这需要高超的领导艺术。

产业间的共生关系不能忽视。 产业间的共生关系是底层逻辑。如果两个产业间缺乏深度融合的内在关系，或者仅仅是上下游关系，但产业链之间的衔接不紧密，即使是部门行政关系合并，对产业间的融合发展也不利。例如，浙江义乌市旅游与会展机构合并三年因为运行不畅最终解散的事实表明，两大产业如果是并联的上下游关系（如会展业和旅游业），机构合并并不能必然促进产业融合，因为仅凭一个产业的"溢出效应"是靠不住的。而文化、旅游既是上下游"并联"关系，又是"你中有我、我中有你"的"串联"关系，大概率是可以实现要素的融入的。

人才短板问题往往会成为新体制运行的关键制约因素。 文化和旅游两大系统长期隔离、自主发展的结果，就是政府管理人才中严重缺乏文旅兼通的人才。文化有文化的知识体系、人才培养体系、管理体系，旅游有旅游的知识体系、人才培养体系、管理体系。从人才成长的规律看，大学没有文旅复合型人才的培养体系，工作后两个部门没有交集，这样的环境下很难出现文旅兼通型的人才。加上因为地理区位等原因，市县旅游、文化部门原本就缺乏专业人才，一旦两大体系归为一体，人才短板就立即凸显出来：不但高端人才尤其是文化创意人才、文艺精品创编人才、旅游策划运营人才、行业管理人才等还很缺乏，而且懂技术的能工巧匠型人才也供不应求。值得欣慰的是，文旅管理体制改革以来，一些大专院校和科研机构开始调整人才培养方案，为文化旅游复合型人才的培养带来新机遇。

第二篇
实证篇

第四章
浙江省文旅融合发展的背景和基底研究

在开展县域尺度的文旅融合研究之前，我们需要明确研究的背景基底和逻辑起点：在更大的空间尺度上，省域的文化产业和旅游产业在数量和质量上处于什么状态？是否符合高质量融合发展的时代要求？在时间起点上，机构改革之前的文化产业和旅游产业融合得够不够、深不深、好不好？本章围绕上述问题进行分析和研究。

本研究首先依据《国民经济行业分类（GB/T 4754—2017）》《文化及相关产业分类（2018）》及《国家旅游及相关产业统计分类（2018）》中的分类标准，参考《旅游抽样调查资料》和浙江省经济普查的数据，核算文化产业和旅游产业的经济规模；然后基于《2017年浙江省投入产出表》，编制包含文化产业和旅游产业的《浙江省10部门投入产出表》；接着，通过直接劳动报酬系数、固定资产折旧系数、最终消费系数、出口系数、直接营业盈余系数、增加值率等，来评价文化产业和旅游产业的高质量发展状况；最后，采用影响力系数、感应度系数、乘数效应、生产诱发系数、消耗系数和分配系数等，测度文旅融合的产业波及效应，评估文旅产业的经济联系和融合度，客观评估文旅融合发展的现状、背景和基底。

第一节　研究内容和目标

一、研究目标

（一）科学测度浙江省文化产业和旅游产业的高质量发展水平

文化产业与旅游产业都是松散的产业联合体，与投入产出表的产业部门分类口径不一致，需要将不同的分类口径相对接，合理界定产业边界，准确核算浙江省文化产业和旅游产业的经济规模。然后，通过直接劳动报酬系数、固定资产折旧系数、最终消费系数、直接营业盈余系数等评估浙江省文旅融合发展的质量和效率，采用影响力系数、感应度系数和溢出效应来分析文旅融合的产业波及效应。

（二）定量评估浙江省文化产业和旅游产业的融合度

根据投入产出表的数据，利用消耗系数、分配系数等指标，评估浙江省文化产业和旅游产业的融合度，为构建浙江省文旅高质量融合发展路径提供科学依据。

二、研究内容

（一）编制浙江省文化产业和旅游产业投入产出表

本项目以国家统计局发布的《文化及相关产业分类（2018）》和《国家旅游及相关产业统计分类（2018）》为基础，与《浙江省 2017 年 142 部门投入产出表》投入产出表的口径和细分数据相对接，界定文化产业和旅游产业的相关部门。然后，将剥离系数代入全口径投入产出表的第一、二、三象限中，对数据进行行分解和列分解，再将相应的行和列进行合并，最后得到文化产业和旅游产业投入产出表。

（二）核算文化产业和旅游产业的经济规模

文化产业和旅游产业的经济产出规模及其对国民经济的贡献，是文旅融合过程中首先要明确的问题。由于产业性质的松散性特征，常规的统计口径只能核算旅游总收入，不能统计旅游增加值，造成了人们对文化产业和旅游产业经济规模和贡献的模糊认识。2015 年，据国家统计局公布，2014 年全国旅游及相关产业增加值为 2.7524 万亿元，占 GDP 的比重为 4.33%；原国家旅游局发布的《2014 年中国旅游统计公报》中，2014 年旅游业总收入为 3.73 万亿元人民币；全年旅游业对 GDP 的综合贡献率为 6.61 万亿元，占 GDP 总量的 10.39%。两组数字差异极大。因此，如何科学、合理地展现旅游业对国民经济的贡献就显得非常必要，从国民经济行业分类体系角度出发，基于部门细分，对文化和旅游融合的内在构成以及所形成的产出规模进行准确测度，是一项极为关键的工作。本项目以《旅游抽样调查资料（2018）》、第四次经济普查数据为依据，计算各细分行业的剥离系数，通过数据的拆分、合并和加总，确定文化产业和旅游产业的增加值，并以此衡量文化产业和旅游产业的经济贡献。

（三）文化产业和旅游产业的融合度评估

根据投入产出矩阵，对消耗系数、分配系数进行计算；通过旅游产业和文化产业之间的直接消耗系数和完全消耗系数，测量两个产业的相互需求关系，并评估其投入作用；使用直接分配系数和完全分配系数，测量产业之间的供给关系，并分析其推动作用。

（四）文化产业和旅游产业的高质量融合发展评价

以投入产出表数据为基础，通过文化产业和旅游产业的直接劳动报酬系数、固定资产折旧系数、最终消费系数、出口系数和直接营业盈余系数分别反映旅游业对劳动力、固定资产、最终消费、出口的依赖状况及其经济效益。同时，采用影响力系数、感应度系数来分析文旅融合的产业波及效应和溢出效应。

第二节　文化产业和旅游产业范围界定

一、文化产业和旅游产业的范围界定

（一）数据来源

本章主要数据来自《浙江省 2017 年 142 部门投入产出表》，同时参考浙江省第四次经济普查数据、浙江统计年鉴以及浙江旅游统计调查资料等相关数据。

（二）研究范围界定

文化产业和旅游产业都并非国民经济行业分类中标准的独立产业，而是分散在各个产业中，很难界定；文化产业和旅游产业的融合，又给这一问题带来更大的难度。以《国民经济行业分类（GB/T4754-2017）》《文化及相关产业分类（2018）》《国家旅游及相关产业统计分类（2018）》《浙江省 2017 年 142 部门投入产出表》等为依据，通过匹配，将国民经济行业分类四位码作为识别文化和旅游的标准，可得到新口径下若干代码重叠的行业，涉及零售业、航空运输业、互联网和相关服务业、租赁业、商务服务业、生态保护和环境治理业、公共设施管理业、居民服务业、文化艺术业、娱乐业等；同时，在研究中重视新产业、新业态、新商业模式的行业分类与统计核算，对互联网文化娱乐平台、旅游电子平台服务等涉及文化和旅游融合发展的新兴行业给予重点关注（表 4-1、表 4-2）。

表 4-1　旅游产业的范围界定

浙江省 2017 年 142 部门投入产出表	国民经济分类代码		
	两位代码（大类）	三位代码（中类）	四位代码（小类）
农产品	01 农业	014* 农业观光休闲旅游	
		015 农业观光休闲旅游	

续表

浙江省2017年142部门投入产出表	国民经济分类代码		
	两位代码（大类）	三位代码（中类）	四位代码（小类）
渔产品	04 渔业	041 水产养殖	0412* 渔业观光休闲旅游
零售	52 综合零售	521* 旅游商品购物	
		526* 旅游出行工具及燃料购物	
铁路运输	53 铁路运输	531 铁路旅客运输	
		533 铁路运输辅助活动	5331 客运火车站
			5333 游客铁路出行辅助服务
			5339 其他游客铁路出行辅助服务
道路运输	54 道路运输业	541* 城市旅游公共交通服务	
		542 公路旅客运输	
		544 游客道路出行辅助服务	
水上运输	55 水上运输业	551 水上旅客运输	
		553 水上运输辅助活动	5531 客运港口
			5539 游客水上出行辅助服务
航空运输	56 航空运输业	561 航空客货运输	5611 航空旅客运输
		562 通用航空服务	5622 观光游览航空服务
		563 航空运输辅助活动	5631 机场
			5632 空中交通管理
其他运输、装卸搬运和仓储	58 多式联运和运输代理业	582 运输代理业	5822 旅客票务代理
	59 装卸搬运和仓储业	591 装卸搬运	5910 旅游搬运服务
邮政	60 邮政业		
住宿	61 住宿业	611 旅游饭店	6110 旅游饭店
		612 一般旅馆	
		613 民宿服务	6130* 民宿服务
		614 露营地服务	6140* 露营地服务
		619 其他住宿业	6190* 其他住宿业

浙江省2017年142部门投入产出表	国民经济分类代码		
	两位代码（大类）	三位代码（中类）	四位代码（小类）
餐饮	62 餐饮业	621 正餐服务	6210* 旅游正餐服务
		622 快餐服务	6220* 旅游快餐服务
		623 饮料及冷饮服务	623* 旅游饮料服务
		629 其他餐饮业	6291* 旅游小吃服务
互联网和相关服务	64 互联网和相关服务	643 互联网平台	643* 旅游电子平台服务
		644 互联网安全服务	644* 旅游电子平台服务
		645 互联网数据服务	645* 旅游电子平台服务
货币金融和其他金融服务	66 货币金融服务	662* 旅游相关银行服务	662* 旅游相关银行服务
		663* 旅游相关银行服务	663* 旅游相关银行服务
保险	68 保险业	68* 旅游人身保险服务	
		68* 旅游财产保险服务	
		69* 其他旅游金融服务	
租赁	71 租赁业	711 机械设备经营租赁	7111* 汽车租赁
			7115* 医疗设备经营租赁
			7119* 其他机械与设备经营租赁
		712 旅游娱乐体育设备出租	
		713 旅游日用品出租	
商务服务	72 商务服务业	721 组织管理服务	721* 旅游企业管理服务
		722 综合管理服务	722* 旅游企业管理服务
		725 广告业	7252* 旅游广告服务
		727 安全保护服务	727* 安全旅游安保服务
		728 会议、展览及相关服务	7282 旅游会展服务
		729 其他商务服务业	7291 旅行社及相关服务
			7294 翻译服务（其中旅游翻译服务）
			7297 商务代理代办服务（旅游部分）
			7298 票务代理服务（旅游票务）
生态保护和环境治理	77 生态保护和环境治理业	771 生态保护	771* 生态旅游游览
公共设施及土地管理	78 公共设施管理业	785 城市公园管理	7850 城市公园管理
		786 游览景区管理	

续表

浙江省2017年142部门投入产出表	国民经济分类代码		
	两位代码（大类）	三位代码（中类）	四位代码（小类）
居民服务	80 居民服务业	805 洗浴和保健养生服务	8051* 洗浴服务（旅游部分）
			8052* 足浴服务（旅游）
			8053* 养生保健服务（旅游）
		806 摄影扩印服务	8060* 旅游摄影扩印服务
教育	83 教育	833 中等教育	833* 旅游中等教育
		834 高等教育	834* 旅游高等教育
		839 技能培训、教育辅助及其他教育	839* 旅游培训
卫生	84 卫生	841 医院	841* 保健旅游服务
文化艺术	88 文化艺术业	881 文艺创作与表演	881* 文艺表演旅游服务
		884 文物及非物质文化遗产保护	8840 文物及非物质文化遗产保护
		885 博物馆	8850 博物馆
		886 烈士陵园、纪念馆	8860 烈士陵园、纪念馆
体育	89 体育	892 体育场地设施管理	892* 体育场馆旅游服务
		893 健身休闲活动	8930* 旅游健身服务
娱乐	90 娱乐业	901 室内娱乐活动	901* 旅游室内娱乐服务
		902 游乐园	9020 游乐园
		903 休闲观光活动	9030 其他旅游休闲娱乐服务
		909 其他娱乐业	9090* 其他旅游休闲娱乐服务

注：在国民经济行业分类中仅部分活动属于旅游及相关产业的，行业代码用"*"做标记。

表4-2 文化产业的界定

2017年浙江省投入产出表142部门	国民经济分类代码		
	两位代码（大类）	三位代码（中类）	四位代码（小类）
造纸和纸制品	22 造纸和纸制品业	222 造纸	2221* 机制纸及纸板制造
			2222 手工纸制造
印刷和记录媒介复制品	23 印刷和记录媒介复制业	231 印刷	
		232 装订及印刷相关服务	2320 装订及印刷相关服务
		233 记录媒介复制	2330 记录媒介复制

续表

2017 年浙江省投入产出表 142 部门	国民经济分类代码		
	两位代码（大类）	三位代码（中类）	四位代码（小类）
工艺美术品	24 文教、工美、体育和娱乐用品制造业	241 文教办公用品制造	2411 文具制造
			2412 笔的制造
			2414 墨水、墨汁制造
		242 乐器制造	
		245 玩具制造	
		246 游艺器材及娱乐用品制造	
涂料、油墨、颜料及类似产品	26 化学原料和化学制品制造业	264 涂料、油墨、颜料及类似产品制造	2642 油墨及类似产品制造
			2644 工艺美术颜料制造
专用化学产品和炸药、火工、焰火产品		266 专用化学产品制造	2664 文化用信息化学品制造
		267 炸药、火工及焰火产品制造	2672 节庆用品制造焰火、鞭炮产品制造
陶瓷制品	30 非金属矿物制品业	307 陶瓷制品制造	3075 陈设艺术陶瓷制造
			3076 园艺陶瓷制造
文化、办公用机械	34 通用设备制造业	347 文化、办公用机械制造	3471 电影机械制造
			3472 幻灯及投影设备制造
			3473 照相机及器材制造
			3474 复印和胶印设备制造
其他专用设备	35 专用设备制造业	354 印刷、制药、日化及日用品生产专用设备制造	3542 印刷专用设备制造
其他电气机械和器材	38 电气机械和器材制造业	387 照明器具制造	3873 舞台及场地用灯制造
广播电视设备和雷达及配套设备	39 计算机、通信和其他电子设备制造业	393 广播电视电影设备制造及销售	
视听设备	39 计算机、通信和其他电子设备制造业	395 非专业视听设备制造	3951 电视机制造
			3952 音响设备制造
			3953 影视录放设备制造
其他电子设备	39 计算机、通信和其他电子设备制造业	396 智能消费设备制造	3961* 可穿戴智能设备制造
			3963* 娱乐用智能无人飞行器制造
			3969* 其他智能消费设备制造

续表

2017 年浙江省投入产出表 142 部门	国民经济分类代码		
	两位代码（大类）	三位代码（中类）	四位代码（小类）
批发	51 批发业	514 文化、体育用品及器材批发	5141 文具用品批发
			5143 图书批发
			5144 报刊批发
			5145 音像制品、电子和数字出版物批发
			5146 首饰、工艺品及收藏品批发
			5147 乐器批发
			5149 其他文化用品批发
		517 机械设备、五金产品及电子产品批发	5175* 舞台照明设备批发
		518 贸易经纪与代理	5181* 文化贸易代理服务
			5183 艺术品、收藏品拍卖
			5184 艺术品代理
零售	52 零售业	524 文化、体育用品及器材专门零售	5241 文具用品零售
			5243 图书、报刊零售
			5244 音像制品、电子和数字出版物零售
			5245 珠宝首饰零售
			5246 工艺美术品及收藏品零售
			5247 乐器零售
			5248 照相器材零售
		527 家用电器及电子产品专门零售	5271 家用视听设备零售
航空运输	56 航空运输业	562 通用航空服务	5622 观光游览航空服务
电信	63 电信、广播电视和卫星传输服务	631 电信	6331 广播电视卫星传输服务
			6319 其他电信服务（增值电信文化服务）
		632 广播电视传输服务	
互联网和相关服务	64 互联网和相关服务	642 互联网信息服务	6421 互联网搜索服务
			6429 互联网其他信息服务
			6422 互联网游戏服务
		643 互联网平台	6432* 互联网生活服务平台

2017 年浙江省投入产出表 142 部门	国民经济分类代码		
	两位代码（大类）	三位代码（中类）	四位代码（小类）
软件服务	65 软件和信息技术服务业	651 软件开发	6513 应用软件开发
		657 数字内容服务	6572 动漫、游戏数字内容服务
			6579 其他数字内容服务
租赁	71 租赁业	712 文体设备和用品出租	7121 休闲娱乐用品设备出租
			7123 文化用品设备出租
			7124 图书出租
			7125 音像制品出租
商务服务	72 商务服务业	721 组织管理服务	7211 文化企业总部管理 *
			7212 文化投资与资产管理 *
		722 综合管理服务	7221 文化产业园区管理服务 *
		725 广告业	
		728 会议、展览及相关服务	
		729 其他商务服务业	7298 票务代理服务
研究和试验发展	73 研究和试验发展	735 社会人文科学研究	7350 社会人文科学研究
生态保护和环境治理	77 生态保护和环境治理业	771 生态保护	7712 自然遗迹保护管理
			7715 动物园、水族馆管理服务
			7716 植物园管理服务
公共设施及土地管理	78 公共设施管理业	785 城市公园管理	
		786 游览景区管理	
居民服务	80 居民服务业	806 摄影扩印服务	8060 摄影扩印服务
		807 婚姻服务	8070* 婚庆典礼服务
教育	83 教育	839 技能培训、教育辅助及其他教育	8393 文化艺术培训
			8399* 文化艺术辅导
新闻和出版	86 新闻和出版业		
广播、电视、电影和影视录音制作	87 广播、电视、电影和录音制作业		
文化艺术	88 文化艺术业		

续表

2017 年浙江省投入产出表 142 部门	国民经济分类代码		
	两位代码（大类）	三位代码（中类）	四位代码（小类）
娱乐	90 娱乐业	901 室内娱乐活动	
		902 游乐园	9020 游乐园
		903 休闲观光活动	9030 休闲观光活动
		905 文化体育娱乐活动与经纪代	9051 文化活动服务
			9053 文化娱乐经纪人
			9059 其他文化艺术经纪代理
公共管理和社会组织	95 群众团体、社会团体和其他成员组织	952 社会团体	9521* 学术理论社会（文化）团体

注：在国民经济行业分类中仅部分活动属于文化及相关产业的，行业代码用 "*" 做标记。

二、剥离系数的计算

上述文化产业和旅游产业所覆盖的产品部门并不能直接应用于计算分析，因为在各个细分部门中，文化旅游消费部分与非文化旅游消费部分的边界较为模糊，很难剥离开来。根据文化产业和旅游产业的定义和投入产出部门的属性，只有部分部门与文化产业和旅游产业完全匹配，其余部门的投入产出值都部分属于文化产业和旅游产业。因此，对于这些部分属于文化产业和旅游产业的部门，要对其进行投入产出分析的前提是将其从原投入产出表的数值中剥离出来，所以，如何从全口径投入产出表中剥出真正属于文化产业和旅游产业的投入产出值的问题就尤其重要，对此要明确每个细分部门的剥离系数。本项目主要整合第四次全国经济普查资料，浙江省历年经济普查资料、旅游抽样调查资料和《浙江省旅游卫星账户》的数据，并参照其他学者的研究，根据经验数据计算比例，得出每个部门对旅游产业和文化产业的剥离系数；然后剥离出该细分部门的旅游或文化产值（表 4-3、表 4-4）。

表 4-3　旅游产业的剥离系数及剥离值

被剥离产业	被剥离产业产值（万元）	剥离系数	来源或依据	旅游产值（万元）
01 农业	16404808	0.0181	《旅游抽样调查资料》	296927.02
04 渔业	11105922			201017.19
52 综合零售	43610205	0.076	《2013 旅游抽样调查资料》	3314375.58

续表

被剥离产业	被剥离产业产值（万元）	剥离系数	来源或依据	旅游产值（万元）
53 铁路运输	2093511	0.975	《浙江省旅游卫星账户ZJTSA》	2041173.23
54 道路运输业	32883956	0.7364		24215745.20
55 水上运输业	7766597	0.8676		6738299.56
56 航空运输业	2522048	0.5712		1440593.82
58 多式联运和运输代理业、59 装卸搬运和仓储业	20051708	0.2321		4654001.43
60 邮政业	5878506	0.0441		259242.11
61 住宿业	6928559	0.9741		6749109.32
62 餐饮业	29383744	0.5236		15385328.36
64 互联网和相关服务	9491914	0.0053	丁玉平，2018；《旅游抽样调查资料》	50307.14
66 货币金融服务	29230611	0.018	《浙江省旅游卫星账户ZJTSA》	526151.00
68 保险业	20851483	0.1013		2112255.23
7111 汽车租赁	2067735	0.3543		732598.51
7115 医疗设备经营租赁、7119 其他机械与设备经营租赁、712 旅游娱乐体育设备出租、713 旅游日用品出租	2067735	0.0053	《旅游抽样调查资料》	10959.00
7291 旅行社及相关服务	64605166	0.067	《中国经济普查年鉴》	4328546.12
721 旅游企业管理服务、722 旅游综合管理服务、7252 旅游广告服务	64605166	0.0053	《旅游抽样调查资料》	342407.38
727 安全旅游安保服务、7282 旅游会展服务、7294 翻译服务、7297 商务代理代办服务、7298 票务代理服务	64605166	0.0181		1169353.50
77 生态保护和环境治理业	845285	0.0181	《旅游抽样调查资料》	15299.66
78 公共设施管理业	5474182	0.2747	《中国经济普查年鉴》	1503757.80
80 居民服务业	6109593	0.2616	《浙江省旅游卫星账户ZJTSA》	1598269.53
83 教育、84 卫生	11034868+28318827	0.0053	《旅游抽样调查资料》	208574.58
88 文化艺术业	1167056	0.8215	《浙江省旅游卫星账户ZJTSA》	958736.50
89 体育、90 娱乐业	1295986+3845253	0.8541		4391132.23
合计（万元）	83244161			

表 4-4　文化产业的剥离系数及剥离值

被剥离产业	被剥离产业产值 （万元）	剥离系数	来源或依据	文化产值 （万元）
221* 机制纸及纸板制造	16561576	0.5401	《中国造纸年鉴 2016》	8944907.198
2222 手工纸制造	16561576	0.0076		125867.9776
231 印刷	8934248	0.0583		520866.6584
2320 装订及印刷	8934248	0.0291		259986.6168
2330 记录媒介复制	8934248	0.0583		520866.6584
2411 文具制造	10888714	0.0424	《2018 年中国文教、工美、体育和娱乐用品制造市场分析报告 - 行业深度调研与投资前景研究》	461681.4736
2412 笔	10888714	0.0138		150264.2532
2414 墨水、墨汁制造	10888714	0.0021		22866.2994
242 乐器制造	10888714	0.0211		229751.8654
245 玩具制造	10888714	0.1210		1317534.394
246 游艺器材及娱乐用品制造	10888714	0.0300		326661.42
2642 油墨及类似产品制造	4885325	0.0150	《中国经济普查年鉴 2013》	73279.875
2644 工艺美术颜料制造	4885325	0.0150		73279.875
2664 文化用信息化学品制造	9134863	0.0673		614776.2799
2672 节庆用品制造焰火、鞭炮产品制造	9134863	0.0529		483234.2527
3075 陈设艺术陶瓷制造	979252	0.0006		587.5512
3076 园艺陶瓷制造	979252	0.0039		3819.0828
3471 电影机械制造	772599	0.0031		2395.0569
3472 幻灯及投影设备制造	772599	0.0119		9193.9281
3473 照相机及器材制造	772599	0.2350		181560.765
3474 复印和胶印设备制造	772599	0.2039		157532.9361
3542 印刷专用设备制造	12713838	0.0287		364887.1506
3873 舞台及场地用灯制造	7948733	0.0272		216205.5376
393 广播电视电影设备制造及销售	1163231	0.0403		46878.2093
3951 电视机制造	3037076	0.0131		39785.6956
3952 音响设备制造	3037076	0.0329		99919.8004
3953 影视录放设备制造	3037076	0.0131		39785.6956
3961* 可穿戴智能设备制造	1451194	0.0151		21913.0294
3963* 娱乐用智能无人飞行器制造	1451194	0.0227		32942.1038
3969* 其他智能消费设备制造	1451194	0.0151		21913.0294
5141 文具用品批发	62267466	0.0003		18680.2398

被剥离产业	被剥离产业产值（万元）	剥离系数	来源或依据	文化产值（万元）
5143 图书批发	62267466	0.0002	《中国经济普查年鉴2013》	12453.4932
5144 报刊批发	62267466	0.0001		6226.7466
5145 音像制品、电子和数字出版物批发	62267466	0.0001		6226.7466
5146 首饰、工艺品及收藏品批发	62267466	0.0055		342471.063
5147 乐器批发	62267466	0.0001		6226.7466
5149 其他文化用品批发	62267466	0.0043		267750.1038
5175* 舞台照明设备批发	62267466	0.006		373604.796
5181* 文化贸易代理服务	62267466	0.0001		6226.7466
5183 艺术品、收藏品拍卖	62267466	0.0001		6226.7466
5184 艺术品代理	62267466	0.0001		6226.7466
5241 文具用品零售	43610205	0.0001		4361.0205
5243 图书、报刊零售	43610205	0.0009		39249.1845
5244 音像制品、电子和数字出版物零售	43610205	0.0011		47971.2255
5245 珠宝首饰零售	43610205	0.0038		165718.779
5246 工艺美术品及收藏品零售	43610205	0.0469		2045318.615
5247 乐器零售	43610205	0.0031		135191.6355
5248 照相器材零售	43610205	0.0246		1072811.043
5271 家用视听设备零售	43610205	0.0821		3580397.831
5622 观光游览航空服务	2522048	0.0013	《浙江经济普查年鉴2018》	3278.6624
6331 广播电视卫星传输服务	9517895	0.0097		92323.5815
6319 其他电信服务（增值电信文化服务）	9517895	0.0129		122780.8455
632 广播电视传输服务	9517895	0.1227		1167845.717
6421 互联网搜索服务	9491914	0.0148		140480.3272
6422 互联网游戏服务	9491914	0.0059		56002.2926
6429 互联网其他信息服务	9491914	0.2037		1933502.882
6432 互联网生活服务平台	9491914	0.2925		2776384.845
6513 应用软件开发	15306964	0.1987		3041493.747
6572 动漫、游戏数字内容服务	15306964	0.0594		909233.6616
6579 其他数字内容服务	15306964	0.0795		1216903.638

续表

被剥离产业	被剥离产业产值（万元）	剥离系数	来源或依据	文化产值（万元）
7121 休闲娱乐用品设备出租	2067735	0.0556		114966.066
7123 文化用品设备出租	2067735	0.0073		15094.4655
7124 图书出租	2067735	0.0278		57483.033
7125 音像制品出租	2067735	0.0314		64926.879
7211 文化企业总部管理	64605166	0.1092		7054884.127
7212 文化投资与资产管理	64605166	0.1045		6751239.847
7221 文化产业园区管理	64605166	0.1154		7455436.156
725 广告业	64605166	0.1041		6725397.781
728 会议、展览及相关服务	64605166	0.0154		994919.5564
7298 票务代理服务	64605166	0.1812		11706456.08
7350 社会人文科学研究	4219016	0.0036		15188.4576
7712 自然遗迹保护管理	845285	0.0218		18427.213
7715 动物园、水族馆管理服务	845285	0.0244		20624.954
7716 植物园管理服务	845285	0.0167		14116.2595
785 城市公园管理	5474182	0.0872		477348.6704
786 游览景区管理	5474182	0.1307	《浙江经济普查年鉴2018》	715475.5874
8060 摄影扩印服务	6109593	0.1031		629899.0383
8070 婚庆典礼服务	6109593	0.0453		276764.5629
8393 文化艺术培训	14080500	0.0019		26752.95
8399 文化艺术辅导	14080500	0.0175		246408.75
86 新闻和出版业	978188	0.0613		59962.9244
87 广播电视电影和录音制造业	2233901	0.0403		90026.2103
88 文化艺术业	1167056	0.1785		208319.496
89 体育	1295986	0.1459		189084.3574
901 室内娱乐活动	3845253	0.0035		13458.3855
9020 游乐园	3845253	0.0094		36145.3782
9030 休闲观光活动	3845253	0.3086		1186645.076
9051 文化活动服务	3845253	0.1179		453355.3287
9053 文化娱乐经纪人	3845253	0.0211		81134.8383
9059 其他文化艺术经纪代理	3845253	0.0746		286855.8738
952 社会团体	29874336	0.0035		104560.176
合计（万元）	81060072.5			

由上述可知，2017 年浙江省旅游产业和文化产业的总产出分别为 83244161 万元和 81060072.5 万元。

三、编制文化产业和旅游产业投入产出表

以《浙江省 2017 年 142 部门投入产出表》为基础，结合剥离系数，将文化产业和旅游产业从各部门中剥离出来，重新编制 2017 年浙江省 10 部门投入产出表。需要说明的是，由于有些部门同时属于旅游产业和文化产业，需要进行拆分。

1. 娱乐业的文旅比例系数相加（0.8541+0.5351）大于 1，所以旅游产业的剥离系数取值为 1−0.5351，文化仍为 0.5351。

2. 新闻和出版、广播电视电影和影视录音制作、文化艺术、体育这几个部门不需要剥离，全部归为文化产业。

因此，10 部门投入产出表中旅游产业和文化产业的总产出，与上文的数据稍有差异，但差别很小，不影响分析。

第三节 浙江省文化产业和旅游产业经济规模分析

一、直接经济贡献

由上述分析可知，2017 年浙江省旅游产业和文化产业的总产出分别为 83244161 万元和 81060072.5 万元。据浙江省统计局发布的数据，2017 年，全省旅游产业、文化及相关特色产业总产出均超万亿，分别为 10023 亿元和 12137 亿元。与官方统计数据相比，本研究的计算结果偏小，主要原因一是采用投入产出表数据，一般比通过游客消费统计的旅游总收入偏小；二是采用十几年前的剥离系数，低估了旅游产业和文化产业的经济贡献。

然而，要测算旅游业和文化产业对 GDP 的贡献，更好的衡量指标是增加值。以往多数文献中测算旅游业对 GDP 的贡献大都采用旅游业的收入数据，利用旅游业的收入除以当年的 GDP 数值，得出旅游业收入占 GDP 的比重，从而揭示旅游业对 GDP 的贡献，然而这种算法是不太合理的。旅游业收入是一个收入数值，而 GDP 指的是在一定时期内一个国家所生产的全部最终产品和劳务的价值，显然这两个指标并不是同一类指标，若采用这种方法进行计算，结果往往是不准确的。

因此，本文运用增加值测算旅游业和文化产业对 GDP 的贡献。经核算，2017 年

浙江省旅游产业和文化产业的增加值分别为 36912352 万元和 37628517 万元，分别占同年浙江省 GDP 比重的 7.04% 和 7.18%。据浙江省统计局发布的数据，2017 年，全省旅游产业、文化及相关特色产业增加值分别达 3991 亿元和 3745 亿元，分别占同年浙江省 GDP 比重的 7.7% 和 7.2%。可见，两组数据相当接近，说明本研究中，旅游产业和文化产业的总产出虽然与官方数据有差距，但增加值却相差不大。

二、间接经济贡献

旅游产业和文化产业的间接贡献，就是这两个产业对经济增长的拉动作用，指的是为文化产业和旅游产业相关经济活动提供产品和服务的各部门，为了开展其各自经济活动必须购买其他部门所生产的产品和服务，这些构成了文化和旅游产业的间接经济贡献，采用乘数效应、最终需求的生产诱发关系等来衡量。

（一）乘数效应

从乘数效益角度评估文化产业和旅游产业对 GDP 的影响。

（1）建模准备

①建模思路：通过对投入产出表的分析，建立乘数效应模型，得到社会总产出乘数和 GDP 乘数，进而定量评估浙江省文化产业和旅游产业对 GDP 的影响。

②直接消耗系数：直接消耗系数又称为投入系数或技术系数，一般用 a_{ij} 表示，消耗系数矩阵为 A。其定义是：每生产单位 j 产品需要消耗 i 产品的数量。直接消耗系数的计算公式是 $a_{ij} = \dfrac{X_{ij}}{X_j}$ $(i, j = 1, 2, ..., n, 0 \leqslant a_{ij} < 1)$。其中，$X_{ij}$ 具有双重意义：从投入产出表横向的方向反映产出部门的产品或者服务提供给各投入部门作为中间使用的数量；从纵列的方向反映投入部门在生产过程中消耗各产出部门的产品或服务的数量。X_j 为各部门的总投入。

③里昂惕夫逆矩阵：文化产业和旅游产业在生产环节的拉动作用为首次拉动作用，引起各产业的生产产值增加。中间消耗部门的产出乘数 β（里昂惕夫逆矩阵）表示第 j 部门提供一个单位最终使用时，对第 i 部门产品或服务的完全需求，其公式为 $B = (I-A)^{-1} = (b_{ij})_{n \times n}$。

（2）模型的建立与求解

①生产环节拉动乘数：构造一个 n 维列向量 Y，其元素为与文化产业或旅游产业直接相关的产业各自占文化产业和旅游产业投资的比重，文化产业和旅游产业对各产业产出的拉动乘数为 $(I-A)^{-1}Y$，得到文化产业和旅游产业对其他产业的拉动乘数（表 4-5）。

表 4-5　文化产业和旅游产业生产环节拉动乘数

产业	拉动乘数	
	旅游产业	文化产业
农业	0.044485	0.016336
制造业	0.083514	0.089187
基础设施制造业	0.007164	0.006978
运输业	0.001392	0.000272
信息产业	0.000055	0.000467
批发零售业	0.000987	0.001920
住宿餐饮业	0.000009	0.000027
旅游产业	0.004315	0.003377
文化产业	0.000534	0.001882
其他服务业	0.015374	0.013419

　　$(I-A)^{-1}Y$ 中旅游产业所在列的各元素之和为 0.1578，其经济意义是：在不计算收入增加引发的产出拉动效应的情况下，旅游业投资 1 个单位，除了可以增加 1 个单位的旅游业产出外，还可以拉动其他产业增加产出 0.1578 个单位，即 2017 年旅游业投资的社会总产出乘数为 1.1578。同样，$(I-A)^{-1}Y$ 中文化产业所在列的的各元素之和为 0.1339，说明文化产业投资一个单位可以增加文化产业产出 1 个单位，同时可以拉动其他产业增加产出 0.1339 个单位，即 2017 年文化产业投资的社会总产出乘数为 1.1339。

　　②消费环节拉动乘数：文化产业和旅游产业投资对生产环节的拉动使得居民、政府和企业的收入增加，从而引起消费支出增加，再次拉动经济增长。

　　旅游业综合性强、关联度高、拉动作用突出。旅游消费不仅直接拉动了民航、铁路、公路、商业、食宿等传统产业的发展，也对国际金融、仓储物流、信息咨询、文化创意、影视娱乐、会展博览等新型和现代服务业发挥着重要促进作用。据统计，与旅游相关的行业、部门已超过 110 个，旅游的外延在不断扩展，旅游消费对住宿业的贡献率超过 90%，对民航和铁路客运业贡献率超过 80%，对文化娱乐业的贡献率超过 50%，对餐饮业和商品零售业的贡献率超过 40%。文化产业是知识经济时代的朝阳产业，在推动经济发展、产业结构调整升级与社会精神文明建设中发挥着越来越重要的作用，是新的经济增长点和支撑点。在"文化+"时代，"+"的后缀内涵丰富，"文化+旅游"仅是其中一方面，还可以是"文化+科技""文化+互联网""文化+创意"等，通过文化与各个产业的融合发展、联动发展，不断拓展新型文化产品和服务，既能扩大文化产业的覆盖面与内涵深度，又可增加产业附加值。国家意识到文化产业竞争力对于提升国家综合国力的重要性后，文化产业在国民经济和社会文化发展中的重要地位日益凸显，已经上升为国家战略性支柱产业。

投资乘数的运行机制，使得每增加 1 个单位文化产业和旅游产业的投资，会增加大于 1 个单位的国内生产总值。根据投资乘数原理，其计算公式为 $K_i = \dfrac{1}{1-c}$。其中，c 为边际消费倾向。每 1 个单位文化产业和旅游产业投资引起 GDP 增加 K_i 单位。2014 年浙江省居民边际旅游休闲消费倾向为 29.54%[①]，得到 $K_i = 1.42$，即每增加 1 单位投资，GDP 增加 1.42 单位。

③**社会总产出乘数和 GDP 乘数**：综合生产环节和消费环节，浙江省旅游业的最终社会总产出乘数为 2.5778，GDP 乘数为 1.42。由《浙江省 2017 年 142 部门投入产出表》得知，2017 年旅游业总投资为 408348 单位，其乘上社会总产出乘数和 GDP 乘数，得到社会生产总值和 GDP 各增加 1052639.47 单位和 579854.16 单位。

（二）最终需求的生产诱发关系

生产诱发额是指当社会经济系统中的最终需求额增长时，通过产业间的波及效应所激发的各产业的全部生产额，人们可以通过生产诱发额认识经济系统内各最终需求项目对诱发各产业生产的作用力大小。计算方法是用某产业最终需求栏的数据乘以里昂惕夫逆矩阵中该产业的列向量。

生产诱发系数则是诱发生产额与相应的最终需求额合计之比，利用生产诱发额还可对某一产业最终需求的各项目进行最终需求依赖度的分析，通过生产诱发系数可看出刺激消费、投资、出口或区外需求将对产业结构产生怎样的影响。下面为利用完全需求系数矩阵计算得到的生产诱发系数（表 4-6）。

表 4-6　生产诱发系数表

行业名称	消费	资本形成	出口	所有最终使用
农业	0.0867	0.0027	0.0050	0.0360
制造业	0.8384	1.5171	2.8593	1.6392
基础原料设施业	0.1500	1.1508	0.0045	0.4326
运输业	0.0195	0.0016	0.0258	0.0338
信息产业	0.0705	0.2510	0.1114	0.1965
批发零售业	0.0554	0.0133	0.1193	0.0893

---

① 顾怡敏，朱皆笑.浙江省居民边际旅游休闲消费倾向与旅游休闲消费需求收入弹性分析——基于旅游休闲消费的分析［J］.现代营销（下旬刊），2015（07）：38-40.

行业名称	消费	资本形成	出口	所有最终使用
住宿餐饮业	0.0504	0.0000	0.0000	0.0217
旅游产业	0.1667	0.0032	0.0505	0.0944
文化产业	0.1166	0.0844	0.0419	0.1482
其他服务业	1.0953	0.1951	0.0048	0.3229

因为生产诱发系数反映各最终需求项目诱发的各产业生产作用大小，从计算结果可以看出，1 单位最终使用对制造业的生产诱发作用最大（1.6392），其次是基础原料设施业（0.4326）、其他服务业（0.3229）。其中，消费对其他服务业的生产诱发作用最大（1.0953），资本形成对制造业的生产诱发作用较大（1.5171），出口对制造业的生产诱发作用最大（2.8593）。各项最终使用部分对文化产业和旅游产业的生产诱发作用相对较小，这可能与文化产业和旅游产业的最终使用率不高有关，文化产业的中间需求率为 56.1%，最终使用率为 55.1%，旅游业的中间需求率为 133.4%，而最终使用率只有 55.5%，因此最终使用对旅游业的生产诱发作用并不高。对于浙江省文化产业和旅游产业来说，消费这一最终需求增加 1 个单位时，对旅游和文化的生产波及效果最大，消费每增加 1 个单位可以诱发旅游产业和文化产业各增加 0.1667 和 0.1166 的生产额。

第四节　文化产业和旅游产业高质量融合发展评价

首先，选择直接劳动报酬系数、固定资产折旧系数、最终消费系数、出口系数、直接营业盈余系数、增加值率 6 个指标来揭示浙江省文化产业和旅游产业的产业特征与经济效益，其次，采用影响力系数和感应度系数来反映浙江省文化产业和旅游产业的产业波及效应。

一、产业特征与经济效益

通过直接劳动报酬系数、固定资产折旧系数、最终消费系数、出口系数和直接营业盈余系数分别反映文化产业和旅游产业对劳动力、固定资产、最终消费、出口的依赖状况及其经济效益，具体含义解释如下：直接劳动报酬系数是衡量一个产业的劳动密集程度的指标，即用该产业部门的劳动投入占总投入的比重大小来反映该产业对劳动力需求的多寡。固定资产折旧系数用于反映各产业部门对固定资产的依赖程度，依赖程度越高，则该系数值越大。而最终消费系数与出口系数主要用于判断产业的市场结构、衡量其消费效应与出口效应，借此指导产业发展和企业运营。其中，最终消费系数越大，表明总产品用于消费的部分越多；出口系数越大，则说明总产品用于出口的部分越多。直接营业盈余系数能够反映出产业实际经营状况的变化，通过产业内资本的收益状况反映出该产业的经济效益；该指标越高，则说明经营效果越好，投资回报也更高，据此还可评价该产业对潜在投资的吸引力。运用表 4-7 中公式（1）至（5），计算结果见表 4-8 和表 4-9。

表 4-7   系数指标计算公式及符号说明

序号	指标名称	计算公式	符号说明
1	直接劳动报酬系数 α_{vj}	$\alpha_{vj}=\dfrac{V_j}{X_j}$，$j=1,...,n$	V_j 表示第 j 部门的劳动者报酬，X_j 表示生产第 j 部门产品的各部门的总投入
2	固定资产折旧系数 α_{Dj}	$\alpha_{Dj}=\dfrac{D_j}{X_j}$，$j=1,...,n$	D_j 表示第 j 部门的固定资产折旧额，X_j 同上
3	最终消费系数 c_i	$c_i=\dfrac{C_i}{Y_i}$，$i=1,...,n$	c_i 表示第 i 部门提供的产品和服务用于消费的部分，Y_i 表示第 i 部门的总产品
4	出口系数 e_i	$e_i=\dfrac{E_i}{Y_i}$，$i=1,...,n$	E_i 表示第 i 部门提供的产品和服务的出口部分，Y_i 同上
5	直接盈余系数 α_{Mj}	$\alpha_{Mj}=\dfrac{M_j}{X_j}$，$j=1,...,n$	M_j 表示第 j 部门的营业盈余，X_j 同上

表 4-8   浙江省文化产业和旅游产业关联部门产业特征

行业名称	直接劳动报酬系数	固定资产折旧系数	最终消费系数	出口系数
农业	0.5814	0.0582	0.3034	0.0152
制造业	0.0873	0.0313	0.0845	0.2481
基础原料设施业	0.1288	0.0327	0.0559	0.0014
运输业	0.2168	0.0710	0.0568	0.0645
信息产业	0.1307	0.0527	0.1040	0.1414
批发零售业	0.2543	0.0225	0.0778	0.1441
住宿餐饮业	0.2629	0.0356	0.3444	0.0000
旅游产业	0.2482	0.0743	0.1979	0.0516
文化产业	0.2262	0.0516	0.1364	0.0422
其他服务业	0.2989	0.0543	0.6025	0.0023

表 4-9　浙江省文化产业和旅游产业关联部门经济效益

位次	行业	直接盈余系数
1	批发零售业	0.1869
2	其他服务业	0.1310
3	信息产业	0.1239
4	文化产业	0.1204
5	住宿餐饮业	0.1114
6	旅游产业	0.0951
7	制造业	0.0820
8	运输业	0.0621
9	基础原料设施业	0.0418
10	农业	0.0000

从表 4-8 和表 4-9 可以看出，浙江省旅游产业和文化产业的劳动密集特征与农业相比并不强，与其他第三产业对劳动力的需求程度大致相同，而对固定资产的依赖相对较深，说明文化产业和旅游产业已经摆脱"劳动密集型"的发展阶段，转型升级为"资金、资源密集型"产业。文化产业和旅游产业的劳动者报酬系数在各产业部门中排名居中，略低于第三产业中的其他产业部门，这是文化产业和旅游产业难以吸引高端人才的重要原因。虽然文化产业和旅游产业没有很好地带动自身就业，但间接促进了相关产业就业。旅游业带动了大量相关经济活动的发展，推动了关联产业的转型，对促进消费、扩大投资，对保护生态、传承文化，对改善生活品质、促进人的全面发展都产生了积极作用。从缓解就业压力的角度来说，政府应该继续扶持浙江省文化产业和旅游产业的发展。

浙江省旅游产业和文化产业的最终消费系数分别为 0.1979 和 0.1364，出口系数分别为 0.0516 和 0.0422。与制造业、信息产业、批发零售业等相比，旅游产业和文化产业对国内消费市场的依赖程度较大，对入境市场的依赖较低。这说明文化和旅游产业的国际化程度较低，还有很大潜力可挖掘。2017 年，浙江省旅游经济继续保持平稳发展，共接待游客 6.41 亿人次，同比增长 9.63%，实现旅游总收入 9322.67 亿元，同比增长 15.14%。其中入境游也摆脱了多年的低迷局面，实现正增长，接待入境游客 1211.7 万人次，同比增长 8.3%，实现国际旅游（外汇）收入 82.76 亿美元，同比增长 10.54%。

同时，作为衡量经济效益的指标，文化产业和旅游产业的直接盈余系数均处于国民经济部门的中段，这说明浙江省文化产业和旅游产业的发展空间仍很大，经营情况和产业收益以及对潜在投资的吸引力都有待进一步提高。

增加值率是指增加值占总投入的比例，衡量的是单位总投入中包含的新创造价值的大小，它从总体上度量了一个经济体的投入产出效益，同时也反映了经济体增长的质量。将增加值率指标应用到产业部门同样可以衡量产业的投入产出效益和增长质量。

根据国民经济收入核算方法，增加值＝劳动者报酬＋生产税净额＋固定资产折旧＋营业盈余。设 Z 为增加值系数向量，Z_i 为各产业增加值之和，由 10 部门投入产出表相关数据计算出各产业的 GDP 增加值系数向量 $Z_i(i=1, 2, ..., 10)$，得到各部门增加值系数，如表 4-10 所示。

表 4-10　各部门增加值系数

排名	产业	增加值系数
1	批发零售业	0.6329
2	农业	0.6170
3	其他服务业	0.5239
4	文化产业	0.4488
5	旅游产业	0.4452
6	住宿餐饮业	0.4244
7	运输业	0.3700
8	信息产业	0.3386
9	制造业	0.2482
10	基础原料设施业	0.2394

文化产业和旅游产业的增加值系数有 44% 左右，在各个产业里排名处于中上游，表明文化产业和旅游产业的单位总投入中包含 44% 左右的新创造价值，对 GDP 的有一定的贡献作用，且较往年有所上升，是一种较高附加值率的产业。近年来，浙江省人民政府"加快把旅游业培育成为省战略性支柱产业和万亿大产业"一系列政策的推出和实施，使文化旅游、购物旅游、红色旅游、商务会展、旅游电商等新型旅游业态得到了积极的发展，为传统文化产业和旅游产业的发展注入源源不断的新活力，极大促进了旅游业的发展。另外，挖掘文物古迹资源、非物质文化遗产资源和公共文化服务资源，支持文物古迹保护、红色旅游、非物质文化遗产保护、国家文化和自然遗产地保护等项目，推动文化历史经典产业、文化创意产业与旅游产业的融合，形成联动效应，积极打造文化品牌，也是文化产业和旅游产业得以促进经济发展的关键。

二、产业波及效应

国民经济产业体系中，产业部门的变化会按照不同的产业关联方式引起与其直接相关的产业部门的变化，然后导致与后者直接和间接相关的其他产业部门的变化，依次传递，直至影响力逐渐消减，这一过程即为产业波及。产业波及对国民经济产业体系的影响，就是产业波及效应。产业波及效应主要通过影响力和影响力系数、感应度和感应度系数等指标定量分析。

（一）影响力及影响力系数

影响力反映某一产业最终产品的变动对整个国民经济总产出变动的影响能力，表现为该产业对国民经济发展的推动能力。影响力的相对水平用影响力系数表示，即某产业的影响力与国民经济各产业影响力的平均水平之比，影响力系数大于或小于1，说明该产业的影响力在全部产业中居平均水平以上或以下。一个产业的影响力和影响力系数越高，该产业对国民经济发展的推动力就越大。影响力系数的计算公式如下：

$$T_j = \frac{1/n \sum_{i=1}^{n} A_{ij}}{1/n^2 \sum_{i=1}^{n} \sum_{j=1}^{n} A_{ij}} \ (i, j = 1, 2, \dots, n)$$

式中：A_{ij} 为里昂惕夫逆矩阵 $(I-A)^{-1}$ 中的元素；$\sum_{i=1}^{n} A_{ij}$ 即为影响力。

该公式用文字表述为：某产业的影响力系数＝该产业纵列逆矩阵系数的平均值／全部产业纵列逆矩阵系数的平均值的平均。

各产业部门的影响力及影响力系数排序如表4-11所示。根据表4-11的数据可知，文化产业和旅游产业的影响力分别为2.542242和2.532860，分别排第六位和第七位，这表明文化产业或旅游产业每生产1个单位最终产品，会带动国民经济总产出增加2.5个单位。文化产业和旅游产业的影响力系数分别为0.963675和0.960118，均小于1，排在十部门中的第六、七位，表明文化产业的最终需求对浙江省经济各部门的影响不大，略低于全社会平均水平，文化产业和旅游产业对区域经济的绝对推动作用和相对推动作用都有待提高。而基础原料设施业、制造业、信息产业、运输业这些部门的影响力系数较大，都大于1，表明这些产业的最终需求对浙江省经济各部门的影响较大，高于全社会平均水平。

表 4-11　浙江省各产业的影响力系数及排序

排名	产业	影响力	影响力系数
1	基础原料设施业	3.402123	1.289625
2	制造业	3.375342	1.279474
3	信息产业	2.976645	1.128342
4	运输业	2.695683	1.021839
5	住宿餐饮业	2.573250	0.975429
6	文化产业	2.542242	0.963675
7	旅游产业	2.532860	0.960118
8	其他服务业	2.308479	0.875063
9	农业	2.101968	0.796782
10	批发零售业	1.872112	0.709652

（二）感应度与感应度系数

感应度是反映某一产业受其他产业影响程度的指标，表现为该产业对国民经济发展的供给拉动能力。感应度的相对水平用感应度系数表示，即某产业感应度与国民经济各产业感应度之比。感应度系数大于 1，说明该产业部门的感应程度高于全社会平均感应水平；反之，则低于全社会平均感应水平。感应度和感应度系数越高的产业，国民经济发展对该产业的拉动作用就越大。感应度系数用公式表示如下：

$$S_i = \frac{1/n \sum_{j=1}^{n} A_{ij}}{1/n^2 \sum_{i=1}^{n} \sum_{j=1}^{n} A_{ij}} \ (i, j = 1, 2, \ldots, n)$$

式中：A_{ij} 为里昂惕夫逆矩阵 $(I-A)^{-1}$ 中的元素；$\sum_{j=1}^{n} A_{ij}$ 即为感应度。

该公式用文字表述为：某产业的感应度系数＝该产业纵行逆矩阵系数的平均值/全部产业纵行逆矩阵系数的平均值的平均。

各产业的感应度和感应度系数见表 4-12。从表 4-12 可知，旅游业的感应度为 2.3，位列第四。这意味着国民经济各产业部门增长 1 单位会带动旅游部门的生产增加 2.3 单位的最终产品（增加值）。不过，旅游业的感应度系数小于 1（为 0.8723），说明它对国民经济变动的感应程度低于国民经济各部门的平均水平。文化产业的感应度和感应度系数均较小，排在 10 部门的第 7 位，受国民经济发展的拉动作用相对于浙江省国民经济其他部门较低。综合来看，旅游和文化的产品和服务的边际需求都低于经济增长后对社会平均产品的边际需求。这表明目前浙江省旅游和文化的产品和服务的创新程度不高，尚未进入随经济增长而发生很大变动的转折阶段。

表 4-12　浙江省各产业的感应度系数及排序

排名	产业	感应度	感应度系数
1	制造业	8.716828	3.304243
2	基础原料设施业	2.889642	1.095362
3	其他服务业	2.865494	1.086208
4	旅游产业	2.301219	0.872311
5	批发零售业	1.922748	0.728846
6	农业	1.701111	0.644831
7	文化产业	1.682755	0.637873
8	信息产业	1.672705	0.634064
9	运输业	1.550332	0.587676
10	住宿餐饮业	1.077873	0.408584

从影响力系数和感应度系数综合考虑，浙江省文旅产业对国民经济的推动作用大于国民经济发展对其的拉动作用，但浙江省文化产业和旅游产业的影响力系数和感应度系数均不足 1，说明这两个部门对社会发展不管从前向拉动还是后向推动来说，对浙江国民经济其他部门的作用都还不够大，产业的前后向联系和波及效应没有得到充分发挥。

（三）影响力系数和感应度系数的分解

为了能够更加确切地分析说明浙江省文化产业与旅游产业之间的波及效应具体对彼此产业部门的波及效应有多大，笔者将浙江省文化产业与旅游产业之间的感应度系数和影响力系数进行分解。具体步骤如下：首先利用《浙江省 2017 年 142 部门投入产出表》求出文化产业和旅游产业的感应度系数和影响力系数，然后再将感应度系数和影响力系数计算公式中的分子分解成文化产业和旅游产业，计算结果如表 4-13 和表 4-14 所示。

由表 4-13、表 4-14 中的数据可以得出如下结论：

从系数的分解可知，浙江省文化产业受自身力量的影响程度占全部感应度系数的 65.8%，受旅游产业的影响程度仅占全部感应度系数的 3.2%；浙江省文化产业受自身力量的影响程度占全部影响力系数的 43.6%，受旅游产业的影响程度仅占全部影响力系数的 4.8%；浙江省旅游产业受自身力量的影响程度占全部感应度系数的 50.0%，受文化产业的影响程度仅占全部感应度系数的 5.3%；浙江省旅游产业受自身力量的影响程度占全部影响力系数的 45.5%，受文化产业的影响程度仅占全部影响力系数的 2.1%。说明浙江省文化产业和旅游产业对其自身产业感应度系数和影响力系数的影响远大于对彼此产业的影响，它们受自身部门的带动作用都很强，对彼此产业的前向拉动作用和后向推动作用却仍然较弱，产业的内部关联、"自产自销"特征非常明显，加强产业内部企业之间的分工协作尤为重要。

表 4-13　浙江省文化产业的感应度系数和影响力系数及其分解

项目		文化产业
感应度系数		0.637873
分解一	来自文化产业	0.420028
分解二	来自旅游产业	0.020524
影响力系数		0.963675
分解一	来自文化产业	0.420048
分解二	来自旅游产业	0.046087

表 4-14　浙江省旅游产业的感应度系数和影响力系数及其分解

项目		旅游产业
感应度系数		0.872311
分解一	来自文化产业	0.046087
分解二	来自旅游产业	0.436496
影响力系数		0.960118
分解一	来自文化产业	0.020524
分解二	来自旅游产业	0.436496

浙江省文化产业和旅游产业的感应度系数和影响力系数始终没有超过 1，根据浙江省相关政策的基本要求，出台一些能够产生实际影响的政策措施，是以后浙江省文化产业和旅游产业发展的最基本路径之一。

第五节　文化产业和旅游产业融合度评价

基于《浙江省 2017 年 142 部门投入产出表》（10 部门），根据表 4-15 中的计算公式 1、计算公式 2、计算公式 3、计算公式 4 分别计算旅游业和文化产业的消耗系数和分配系数，具体计算结果如表 4-16 所示。

一、文旅产业之间的消耗系数

直接消耗系数反映两个产业部门间直接经济联系的密切程度，而完全消耗系数则是在其基础上派生演化而来，反映两个产业部门间完全经济联系，包括直接消耗系数和间接消耗系数。两者都反映生产部门间的供求关系，数值越大，则产业部门间的经济联系越密切。

表 4-15　消耗系数和分配系数计算公式

序号	指标名称	计算公式	指标说明
1	直接消耗系数 a_{ij}	$a_{ij}=x_{ij}/X_j$	x_{ij} 表示第 j 部门对第 i 部门产品的消耗量，X_j 表示生产第 j 部门产品的各部门总投入
2	完全消耗系数 b_{ij}	$b_{ij}=(I-A)^{-1}-I$	A 表示直接消耗系数矩阵，I 表示单位矩阵
3	直接分配系数 h_{ij}	$h_{ij}=x_{ij}/X_i$	x_{ij} 同上，X_i 表示 i 部门的总产出
4	完全分配系数 w_{ij}	$w_{ij}=(I-H)^{-1}-I$	H 表示直接分配系数矩阵，I 表示单位矩阵

表 4-16　浙江省旅游业与文化产业的关联效应系数

关联效应系数		2017 年
旅游业对文化产业的相关系数	直接消耗系数	0.01904770
	完全消耗系数	0.054144381
	直接分配系数	0.018836181
	完全分配系数	0.053543115
文化产业对旅游业的相关系数	直接消耗系数	0.05663072
	完全消耗系数	0.121580449
	直接分配系数	0.057266661
	完全分配系数	0.122945744
旅游业对旅游业的相关系数	直接消耗系数	0.07236446
	完全消耗系数	0.151507139
	直接分配系数	0.072364456
	完全分配系数	0.151507139
文化产业对文化产业的相关系数	直接消耗系数	0.06720691
	完全消耗系数	0.108115726
	直接分配系数	0.067206908
	完全分配系数	0.108115726

从表 4-16 可以看出，2017 年浙江省旅游业对文化产业的直接消耗系数为0.01904770，浙江省文化产业对旅游业的直接消耗系数为 0.05663072，浙江省旅游业对文化产业的完全消耗系数为 0.054144381，浙江省文化产业对旅游业的完全消耗系数为 0.121580449，对比分析浙江省旅游业和文化产业的直接消耗系数以及完全消耗系数，浙江省旅游业与文化产业的直接经济联系的密切联系程度偏低，即浙江省旅游业和文化产业相互之间中间产品的直接消耗，基本上没有对彼此部门起到需求拉动作用。而浙江省旅游业与文化产业之间的间接经济联系较为密切，尤其是文化产业对旅游产业的间接依赖性较强，因为完全消耗系数已经高于 0.1，所以浙江省旅游业和文化产业以间接经济联系为主，对相互产业的发展起到间接带动作用。

2017 年浙江省旅游业对旅游业自身的直接消耗系数为 0.07236446，旅游业对旅游业自身的完全消耗系数为 0.151507139，远远高于旅游业对文化产业的消耗系数，说明浙江省旅游业对文化产业有直接后向关联影响，浙江省旅游业的发展能够促进浙江省文化产业的发展，但是相比较而言，文化产业的发展带动更多的是旅游业自身的发展。

二、文旅产业之间的分配系数

分配系数是指某产业产品或服务分配给另一产业作为生产要素的价值量占该部门产品或服务总价值量的比例，用以分析两个部门间相互依赖的程度。同样分配系数分为直接分配系数以及完全分配系数，其中完全分配系数中包含直接分配系数以及间接分配系数。

从表 4-16 可得，2017 年浙江省旅游业对文化产业的直接分配系数为0.018836181，浙江省旅游业对文化产业的完全分配系数为 0.053543115，浙江省文化产业对旅游业的直接分配系数为 0.057266661，浙江省文化产业对旅游业的完全分配系数为 0.122945744。从直接分配系数和完全分配系数可知，浙江省旅游产业和文化产业之间的直接供给推动作用相对有限，两者之间的间接推动作用则更为显著，尤其是文化产业对旅游产业的间接推动作用，其完全分配系数已经高于 0.1。

第六节　研究结论

研究发现，2017 年浙江省旅游产业和文化产业的总产出分别为 83244161 万元和81060072.5 万元，增加值分别为 36912352 万元和 37628517 万元，分别占同年浙江省

GDP 比重的 7.04% 和 7.18%，旅游产业和文化产业的总产出规模比官方统计数据偏小，但增加值基本吻合。旅游产业和文化产业的投资乘数分别为 1.1578 和 1.1339，说明旅游产业和文化产业每投资 1 个单位，分别增加社会总产出 1.1578 和 1.1339 个单位；居民消费增加 1 个单位可以诱发旅游产业和文化产业各增加 0.1667 和 0.1166 的生产额。浙江省旅游产业和文化产业的直接劳动报酬系数分别为 0.2482 和 0.2262，略低于第三产业中的其他产业部门；固定资产折旧系数分别为 0.0743 和 0.0516。这说明旅游产业和文化产业已经摆脱"劳动密集型"的发展阶段，转型升级为"资金、资源密集型"产业。浙江省旅游产业和文化产业的最终消费系数分别为 0.1979 和 0.1364，出口系数分别为　0.0516 和 0.0422。这说明浙江省文化产业和旅游产业的国际化程度低，在国际市场的吸引力和知名度不高，入境文化和旅游市场还有很大潜力可挖掘。文化产业和旅游产业的直接盈余系数分别为 0.1204 和 0.0951，均处于国民经济部门的中段，说明浙江省文化产业和旅游产业投资回报率并不突出，不是"赚快钱""赚热钱"的行业，但发展空间很大。旅游产业和文化产业的增加值率均在 45% 左右，在各个产业里排名处于中上游，表明旅游产业和文化产业的单位总投入中包含 45% 左右的新创造价值，对 GDP 的有较大的贡献作用，是一种高附加值的产业。旅游产业和文化产业的影响力分别为 2.532860 和 2.542242，影响力系数均小于 1（分别为 0.960118 和 0.963675），分别排在 10 部门中的第 7 位和第 6 位；感应度分别为 2.301219 和 1.682755，感应度系数分别为 0.872311 和 0.637873，分别排在 10 部门中的第 4 位和第 7 位。浙江省文旅产业的影响力系数和感应度系数均不足 1，说明这两个部门对社会发展不管从前向拉动还是后向推动来说，对浙江国民经济其他部门的作用都还不够大，产业的前后向联系和波及效应没有得到充分发挥。2017 年浙江省旅游产业对文化产业的直接消耗系数和完全消耗系数分别为 0.01904770 和 0.054144381，文化产业对旅游产业的直接消耗系数和完全消耗系数分别为 0.05663072 和 0.121580449，说明浙江省旅游产业与文化产业的直接经济联系的密切联系程度偏低，即浙江省旅游业和文化产业相互之间中间产品的直接消耗，基本上没有对彼此部门起到需求拉动作用；浙江省旅游产业与文化产业之间的间接经济联系较为密切，尤其是文化产业对旅游产业的间接依赖性较强，所以浙江省旅游产业和文化产业之间的关系以间接经济联系为主，对相互产业的发展起到间接带动作用。2017 年浙江省旅游产业对文化产业的直接分配系数和完全分配系数分别为 0.018836181 和 0.053543115，文化产业对旅游产业的直接分配系数和完全分配系数分别为 0.057266661 和 0.122945744，可知浙江省旅游产业对文化产业的供给推动作用较弱，但文化产业对旅游产业的推动作用较强。

第五章

县域文化和旅游融合度评价 ^①

自 2019 年初完成机构改革以来，各地开展了大量卓有成效的工作，取得了较为明显的成效。科学评价县域文化和旅游融合体制改革以来的运行成效，对于全面了解和评价文旅融合发展质量至关重要。如何通过质性和量化的方式反映这种成效，揭示出现的问题，一直备受各级政府和学界的关注。构建科学、有效的高质量发展评价体系，对不同县域的文化和旅游融合发展质量进行监测、评价和对比，对推动提升县域文化和旅游治理能力和治理效率，具有非常重要的现实意义和理论价值。构建文旅融合发展评价指数是评价工作的前提。本章通过事前的文旅机构改革达成度评价、事中的文旅融合过程评价、事后的文旅融合结果评价三个维度，构建了完整的县域文化和旅游融合发展评价指标体系，并以浙江省台州市 9 个县（市、区）的数据为例对指标体系进行了实证运用。研究结果表明：该指标体系能够对县域文化和旅游融合发展状况进行很好的比较和评价。

第一节　研究回顾

当前学术界关于文旅融合发展效果评价的研究从多学科视角、多方法运用、多维度展开，主要包括以下两个方面。

一是对文化资源与旅游产业的融合发展进行评价。这类研究注重刻画文化和旅游两个系统之间的作用关系，如洪学婷等从长三角地区的物质文化、非物质文化和生态

① 本章主要内容刊发于《治理研究》2022 年第 5 期，作者崔凤军、徐宁宁、陈旭峰。崔凤军，徐宁宁，陈旭峰．县域文化和旅游融合发展评价指数的实证研究［J］.治理研究，2022（5）：93-101+127.

文化层面对文化资源和旅游业的耦合协调度进行了测度①，孙剑锋从文化资源丰富度和优质程度等文化资源禀赋方面对山东省文化资源和旅游产业发展协调性进行评价②，翁钢民等从资源情况、机构数量、从业人员、经营情况、资源情况等对中国旅游与文化产业融合发展的耦合协调度进行了评价③。

二是从多维层面对文旅产业耦合度进行评价。这类研究通常选取文化产业发展相关指标和旅游产业发展相关指标，通过耦合度模型计算两者的耦合程度。文旅融合需要以资源融合为基础，以人才融合为支撑，以机构融合为保障，以市场融合为手段，已有的关于文旅融合发展评价的研究也围绕资源要素、人才要素、机构要素、市场要素等从部分或者全部层面进行测度。由于文化和旅游产业的构成复合性，较少研究使用单层面要素进行评价。二维层面主要从要素水平和绩效水平两个层面测度文化和旅游产业发展指标④⑤。三维层面将人才要素从要素水平中列出，主要围绕产业要素、产业就业（人才要素）和产业经营（市场要素）等方面来对文旅融合协调度及其时间发展进行评价⑥。四维层面则更加全面，涉及以上四类要素，从总量情况（资源要素）、机构数量（机构要素）、从业人员（人才要素）、经营情况（市场要素）等对文化和旅游产业的耦合程度进行评价⑦。

综上所述，当前文旅融合发展效果评价的研究已形成一个多学科、多维度的研究体系，但是还有很大的研究空间。具体表现在：**第一，文旅融合内涵的清晰界定问题**。文化和旅游产业均具有"无边界性"特征⑧，其产业链长和联动性强的特点突出其天然的产业融合属性，也决定了其产业融合发展之路。文化和旅游融合涉及产业经济学、消费学、文化学等多个学科，学者从不同的角度定义文旅融合，并且根

---

① 洪学婷，黄震方，于逢荷，沈伟丽.长三角城市文化资源与旅游产业耦合协调及补偿机制［J］.经济地理，2020，（9）：222-232.

② 孙剑锋，李世泰，纪晓萌，秦伟山，王富喜.山东省文化资源与旅游产业协调发展评价与优化［J］.经济地理，2019，（8）：207-215.

③ 翁钢民，李凌雁.中国旅游与文化产业融合发展的耦合协调度及空间相关分析［J］.经济地理，2016，（1）：178-185.

④ 侯兵，周晓倩.长三角地区文化产业与旅游产业融合态势测度与评价［J］.经济地理，2015，（11）：211-217.

⑤ 陈兵建，吕艳丽.文旅强省战略下甘肃省文化产业与旅游业融合水平测评研究［J］.兰州文理学院学报（社会科学版），2020，（5）：64-71.

⑥ 贺小荣，段超.基于文旅融合的旅游业经济绩效评价［J］.中南林业科技大学学报（社会科学版），2020，（3）：80-85.

⑦ 丘萍，张鹏.浙江省文化产业与旅游业耦合协调及融合评价［J］.浙江理工大学学报（社会科学版），2019，（6）：611-617.

⑧ 范建华，秦会朵.文化产业与旅游产业深度融合发展的理论诠释与实践探索［J］.山东大学学报（哲学社会科学版），2020，（4）：72-81.

据其内涵和表现特征对其融合绩效进行评价。**第二，文旅融合发展评价的内在机理和外部动力研究。**目前关于文旅融合的评价体系主要还是将文化产业和旅游产业相剥离，将文化和旅游视为两个系统计算其耦合度，但是文旅融合不是简单的 1+1＝2 的携手同行问题[①]，它涉及资源、人才、机构、市场等多要素，目前研究较少涉及服务融合、交流融合、理念融合等细节层面，也鲜有学者对文化和旅游融合过程中涉及的内在机理和外部动力进行系统梳理。**第三，不断完善文旅融合发展评价的研究方法。**当前的研究方法更多借助耦合度模型，测度两产业的耦合协调程度、空间分异以及时间变化。**第四，要加大县域层面文旅融合发展评价研究力度。**关于文旅融合的研究案例选取多为市域[②]、省域[③]、区域[④]及国家[⑤]等层面，较少对县域文旅融合发展情况进行评价，较少关注到地方政府工作人员本身的主观认知。县域文旅融合问题是文旅机构改革的"最后一公里"，其成败关系到文旅融合国家战略的全局，需要重点加以关注。

第二节　文旅融合发展评价的理论基础

一、系统维度的共生理论：文旅融合发展的机理

"共生（Symbiosis）"最初源自生物学研究领域，意指多生物体相互依存、协同进化。1998 年我国学者袁纯清将共生内涵拓展至社会科学领域，并提出共生单元、共生环境和共生介质的共生三要素以及共生界面，阐述组织维度的点共生、间歇共生、连续共生和一体化共生等四种共生模式，形成了社会科学领域的"共生理论"。[⑥]共生理论对文旅融合发展的机制是如何生成的具有很好的理论解释力和理论适用性，启迪学者们将其作为一种理论分析范式来解读文旅融合发展质量。

① 庄志民.复合生态系统理论视角下的文化与旅游融合实践探索——以上海为例［J］.旅游科学，2020，（4）：31-45.

② 郑奇洋，年福华.苏州市文化与旅游产业融合发展的测度与评价［J］.江苏建筑，2020，（4）：12-15.

③ 石燕，詹国辉.文旅融合高质量发展的指数建构、影响因素与提升策略——以江苏为例［J］.南京社会科学，2021，（7）：165-172.

④ 周锦.文化产业与旅游产业发展评价和耦合协调分析——以长三角地区为例［J］.阅江学刊，2021，（4）：114-123+125.

⑤ 吴丽，梁皓，虞华君，霍荣棉.中国文化和旅游融合发展空间分异及驱动因素［J］.经济地理，2021，（2）：214-221.

⑥ 袁纯清.共生理论——兼论小型经济［M］.北京：经济科学出版社，1998.

文化部门和旅游部门作为两个原来相互独立的组织形态，在机构改革后其融合质量受到共生单元、共生环境和共生介质的共生三要素影响。其中，共生单元是在机构改革后文化部门和旅游部门各自保留的单元属性，共生环境是机构改革后文旅部门共同所处的外在环境条件，共生介质是作为中间变量的一些影响因素。机构改革后也同样存在着点共生、间歇共生、连续共生和一体化共生等不同的文旅融合状态。这四种共生类型对应着文旅融合发展的不同阶段，其中，点共生是文旅融合的初级状态，一体化共生是文旅融合的最佳状态。同时，文旅融合发展评价指数的不同也能够很好对应于不同的共生类型，有效反映出文旅融合的质量和水平。

二、场域维度的资本理论：文旅融合发展的再生产

法国社会学家布迪厄是资本理论的代表人物，他在分析很多比较复杂的社会现象和问题时运用了资本概念，在布迪厄看来，"资本是积累的（以物质化的形式或'具体化的''肉身化的'形式）劳动，当这种劳动在私人性，即排他的基础上被行动者或行动者小团体占有时，这种劳动就使得他们能够以物化的或活的劳动的形式占有社会资源。"[①] 布迪厄在概念界定的基础上对资本进行了类型学分析，他根据属性的不同把资本分成三种相互之间边界清晰的类型——经济资本、社会资本和文化资本。其中，布迪厄的社会资本为文旅融合发展的再生产提供了非常好的理论支撑。布迪厄认为："社会资本是实际的或潜在的资源的集合体，那些资源是同对某种持久性的网络的占有密不可分的，这一网络是大家共同熟悉的、得到公认的，而且是一种体制化关系的网络。"[②]

文化部门和旅游部门在机构改革之前各自处于不同的场域中，各有各的社会资本，这其中既包括了外部场域中的社会资本，也包括了内部场域中的社会资本。由于场域的不同，在机构改革之前文化部门和旅游部门社会资本的边界在一定程度上是比较清晰的。机构改革之后，文化部门和旅游部门的社会资本走向了同一场域。在同一场域中，原来不同特质的社会资本起着不同的"化学反应"，这其中既伴随着不同社会资本融合的过程，也伴随着不同社会资本张力日益突出的过程。融合与张力的过程也是社会资本的再生产过程，社会资本再生产的方向决定了文旅融合是朝着正向度还是反向度发展。

①　布迪厄.华康德：实践与反思——反思社会学导引［M］.北京：中央编译出版社，1998：189.
②　包亚明.文化资本与社会炼金术［M］.上海：上海人民出版社，1997：202.

三、功能维度的冲突理论：文旅融合发展的辩证性

美国社会学家科塞的社会冲突理论是 20 世纪 60 年代西方社会学界影响较大的理论。科塞认为社会冲突指的是"对有关价值、对稀有地位的要求、权利和资源的斗争，在这种斗争中，对立双方是试图破坏及伤害对方。"[①] 在概念界定基础上，科塞认为冲突并不都是破坏性的，有的冲突发挥着"安全阀"作用。社会系统是一个有机整体，其各要素、各部门之间相互关联，彼此依赖。但是，在社会系统运行中，其内部也不可避免地发生各种紧张、摩擦及失调的冲突现象。科塞认为，冲突只要不直接涉及社会基本价值观或共同信念，其性质就不是破坏性的，而只能对社会有好处。

科塞的功能冲突论对我国当前的文旅融合发展评价具有很好的理论启发意义。很多时候解构的目的并不在解构本身，而是在于建构。这就像文旅融合往往并不是一开始就能实现的，而是一个渐进的过程，在这个过程中甚至会以问题和矛盾的形式出现，这些问题和矛盾并不必然是具有破坏性的。在机构改革后，原来的文化部门和旅游部门之间必然有一个磨合适应的过程，这个过程必然会表现出很多的矛盾和张力。我们要以长远的、辩证的视角来看待文旅融合过程中出现的问题，特别是在文旅融合发展评价指标体系的设计上，要更加科学地设置相应的反向指标，并进行动态监测，让解构的力量更好地成为建构的力量。

第三节　文旅融合发展评价指标体系的构建

一、指标构建的现实基础

一是体现目的性和指导性。鉴于机构改革之后文旅融合发展路径相对模糊但广泛的现实情况，在鼓励各地进行创造的同时，通过顶层设计，改变"瞎子摸象"局面，使文旅融合效果评价成为指引县域文旅融合示范区建设的重要参考依据。

二是体现客观性和现实性。评价指标体系的构建要准确反映客观现实，不能"搬来一座飞来峰"，否则会造成水土不服。要立足优势领域，发挥长板效应，也要避免短板效应，克服弱项不足。

三是体现多样性和全面性。我国县域范围广，文化、旅游资源差异大，经济、社

---

① 科塞.社会冲突的功能［M］.孙立平，译.北京：华夏出版社，1989：2.

会基础不同。因此，该指标体系的构建就必须相对全面、多样，让县域评价有所取舍和选择。不仅要包括机构的融合质量[①]，以及文化产业与旅游产业的融合，还应包括公共文化服务与旅游、非物质文化遗产保护与旅游、文艺创作与旅游，以及文化科技与旅游等多重维度的融合[②]。

四是体现科学性和操作性。维度框架体现对文旅融合的科学理解，具体指标既要可获得、可比较，但因为统计数据很难覆盖，因此又必须经过专业人员的访谈、调研、判断、认证来获得赋分。必要时，还要做针对市场游客和市民的质性访谈、问卷调研，在群众获得感、满意度上体现真实性。

二、指标构建的三大维度

评价机构改革对文旅融合的成效，指标体系至为关键。为做到科学描述和评价文旅融合发展质量，课题组在 2020—2021 年期间先后两次邀请县（市、区）文化和旅游局长参加座谈会，2021 年 10 月邀请五位学术专家进行座谈交流。根据头脑风暴和专家咨询的结果，结合工程质量管理理论，按照事物发展的基本规律，从事前、事中、事后构建三个维度构建评价指标变量。就文旅融合质量而言，要对事前的文旅机构改革达成度、事中的文旅融合过程评价以及事后的文旅融合结果评价等各方面进行全面把控。从文旅机构改革达成度评价（事前）、文旅融合过程评价（事中）、融合结果评价（事后）三个层次构建了 3 个一级指标，8 个二级指标，31 个三级指标。

维度一：机构改革达成度评价。该维度体现制度及队伍保障，是实现文化和旅游高质量融合发展的基本保障。机构改革达成度主要由机构融合质量判断，这是因为行政管理融合是文旅融合的保障[③]。首先，以理念融合为基础，只有理念融合了，思想解放了，机构改革的制度优势才能真正体现出来[④]。其次，要以人员融合为基本支撑[⑤]，以职能融合共建关系网络[⑥]，是文化和旅游高质量发展的新路径[⑦]。最后，政策支持是促进

① 崔凤军，陈旭峰.机构改革背景下的文旅融合何以可能——基于五个维度的理论与现实分析［J］.浙江学刊，2020，（1）：48-54.

② 熊海峰，祁吟墨.基于共生理论的文化和旅游融合发展策略研究——以大运河文化带建设为例［J］.同济大学学报（社会科学版），2020，（1）：40-48.

③ 刘治彦.文旅融合发展：理论、实践与未来方向［J］.人民论坛·学术前沿，2019，（16）：92-97.

④ 黄潇婷.融合空间和内容，带动文旅"大产业"发展［J］.人文天下，2019，（1）：9-11.

⑤ 李任.深度融合与协同发展：文旅融合的理论逻辑与实践路径［J］.理论月刊，2022，（1）：88-96.

⑥ 陆明明，石培华.文化和旅游的关系网络及其融合路径研究［J］.资源开发与市场，2021，（3）：340-348.

⑦ 崔凤军，张英杰.机构改革促进文旅融合效果评估及提升路径——以浙江省为例［J］.地域研究与开发，2021，（5）：101-106.

文旅高质量融合的外部驱动力[①]。因此，机构融合质量评价从职能融合、理念融合、人员融合和政策融合四方面展开。

维度二：融合过程评价。该维度体现文化和旅游融合的实践，是文化和旅游高质量融合发展的特色。文化和旅游融合的过程并不是一蹴而就，改革"始终在路上"。文旅融合运行过程（"事中"）质量是重要的考察变量。文旅融合是动态化的要素整合过程，包括资源、功能、服务等要素[②]，且文旅的可持续发展有赖于创新呈现方式、传播方式、服务方式、治理方式与人才方式[③]，因此，关于机构融合过程评价指标主要从市场融合、交流融合和服务融合等方面进行测量。其中市场融合质量二级指标主要包括产业推介、节庆活动、消费升级、市场监管。文化和旅游服务业的重要特征是实现海内外文化和旅游市场的交融。交流融合主要从海内外品牌传播、传播渠道、传播队伍等方面展开。文旅融合、主客共享，目标之一是实现公共服务的融合。服务融合主要从交通服务融合、生活服务融合、信息服务融合、安全服务供给以及法律服务融合等5个三级指标进行评价。

维度三：结果检验评价。该维度体现文化和旅游融合的绩效，是文化和旅游高质量融合的关键。从交互到共生是文旅深度融合的表征和走向，具体表现在产品融合、业态融合、要素融合、市场融合、价值融合等维度[④]，其中产品、业态、要素以及市场融合主要是在文化和旅游产业发展层面，因此，将其考虑在产业融合质量范围，而文化和旅游带来的经济价值、社会价值则由经济效益、社会效益来衡量。文化和旅游融合的高质量发展强调主客共享，并以适应人民美好生活追求为目标，因此需要将居民和游客的感知评价作为结果检验的评价。[⑤]由此，其中产业融合质量需要关注市场主体融合、业态融合、产业发展平台、产品融合4个三级指标。经济效益主要是从文化和旅游产业以及文旅融合发展的客观数据来考察，包括旅游业效益、文化产业效益以及文旅企业主体的经济效益等3个三级指标。社会效益主要从以下5个三级指标考察：第一，旅游景区的吸引力提升情况；第二，文化设施的旅游转化情况；第三，文化和

① 黄先开.新时代文化和旅游融合发展的动力、策略与路径［J］.北京工商大学学报（社会科学版），2021，（4）：1-8.
② 张祝平.以文旅融合理念推动乡村旅游高质量发展：形成逻辑与路径选择［J］.南京社会科学，2021，（7）：157-164.
③ 侯天琛，杨兰桥.新发展格局下文旅融合的内在逻辑、现实困境与推进策略［J］.中州学刊，2021，（12）：20-25.
④ 王秀伟.从交互到共生：文旅融合的结构维度、演进逻辑和发展趋势［J］.西南民族大学学报（人文社会科学版），2021，（5）：29-36.
⑤ 厉新建，宋昌耀.文化和旅游融合高质量发展：逻辑框架与战略重点［J］.华中师范大学学报（自然科学版），2022，（1）：35-42.

旅游业拉动就业情况；第四，推动非遗保护和传承情况；第五，文化资源保护利用情况。感知评价包含文化影响力、旅游竞争力和群众满意度 3 个三级指标。指标体系的逻辑框架如图 5-1 所示。

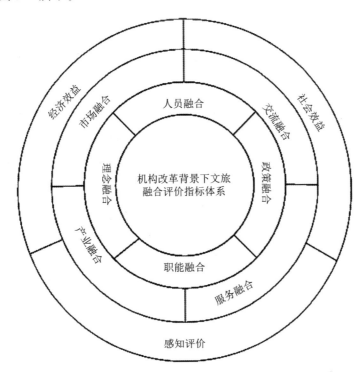

图 5-1 机构改革背景下县域文化和旅游融合发展指标体系图

第四节 文旅融合发展评价指标权重的计算

一、权重计算设计

考虑到指标体系具有很大模糊性、比较复杂且无法直接进行定量分析，故权重和指数测算采用德尔菲法（Delphi Method）。同时，根据三个维度的指标体系，先计算权重，再分别计算机构改革达成度指数、文旅机构运行指数和文旅产业融合程度指数。

具体实施过程如下[①]：

---

① 王春枝，斯琴.德尔菲法中的数据统计处理方法及其应用研究 [J].内蒙古财经学院学报（综合版），2011，（4）：92-96.

第一步：组成专家小组，明确研究目标。根据区域文旅融合评价的目的和特点以及考虑到专家意见表的回收率，聘请旅游行政机构、服务机构、科研机构等领域专家。

第二步：向所有专家提出所要征询的问题及有关要求，并附上有关这个问题的所有背景材料，同时请专家提出还需要什么材料，由专家做书面答复。

第三步：各个专家根据他们所收到的材料，结合自己的知识和经验，提出自己的意见，并说明依据和理由。

第四步：将各位专家第一次判断意见归纳整理，再分发给各位专家，让专家比较自己同他人的不同意见，修改自己的意见和判断。也可以把各位专家的意见加以整理，或请身份更高的其他专家加以评论，然后把这些意见再分送给各位专家，以便他们参考后修改自己的意见。

第五步：专家根据第一轮征询的结果及相关材料，调整、修改自己的意见，并给出修改意见的依据及理由。

第六步：按照以上步骤，逐轮收集意见并为专家反馈信息。收集意见和信息反馈一般要经过三、四轮。在向专家进行反馈的时候，只给出各种意见，但并不说明发表各种意见的专家的具体姓名。这一过程重复进行，直到每一个专家不再改变自己的意见为止。

本研究采用邮件的方式进行三轮德尔菲专家咨询。第一轮咨询向专家提供区域文旅融合研究的目的、研究背景及初步拟定的评价指标体系，请专家对每个三级指标的重要性按照5分制进行评判打分，提出修改意见，并请其对二级指标的专家权威程度进行自我评价。第一轮咨询表格回收后，汇总分析数据，根据统计结果和专家提出的意见，制定第二轮专家咨询表，表中包含了第一轮咨询的部分统计结果以供参考，请各位专家对指标再次进行评分。回收第二轮评议表后，再次进行数据统计分析，专家意见趋于一致且较为可靠，从而确立权重值。本研究采用层次分析法，计算一级、二级以及三级指标的指标权重，以表示该指标在指标体系中的相对重要性。

二、权重计算结果

文旅融合发展评价指标体系涉及 3 个一级指标，8 个二级指标，31 个三级指标，其权重计算结果如表 5-1 所示。

表 5-1 文旅融合发展评价体系权重计算结果

一级指标	权重	二级指标	权重	三级指标	权重
机构改革质量评价	0.24	机构融合质量	1	职能融合	0.23
				理念融合	0.37
				人员融合	0.14
				政策融合	0.26
机构运行质量评价	0.34	市场融合质量	0.34	产业推介	0.26
				节庆活动	0.24
				消费升级	0.33
				市场监管	0.17
		交流融合	0.31	海内外品牌传播	0.13
				传播渠道	0.54
				传播队伍	0.33
		服务融合	0.35	交通服务融合	0.21
				生活服务融合	0.25
				信息服务融合	0.34
				安全服务供给	0.13
				法律服务融合	0.07
结果检验评价	0.42	产业融合质量	0.17	市场主体融合	0.23
				业态融合	0.27
				产业发展平台	0.28
				产品融合	0.22
		经济效益	0.29	旅游业效益	0.33
				文化产业效益	0.33
				文旅企业主体效益	0.34
		社会效益	0.31	景区吸引力	0.24
				文化设施转化	0.29
				就业拉动	0.14
				非遗保护传承	0.13
				文化资源保护利用	0.20
		感知评价	0.23	文化影响力	0.34
				旅游竞争力	0.35
				群众满意度和获得感	0.31

第五节 文旅融合发展评价指数实证应用

一、指数计算方法

指数是指将因不同度量而不能直接汇总的多种事物在不同时间对比的综合相对数。[①] 由于各个指标量纲、经济意义、表现形式以及对总目标的作用趋向彼此不同，不具有可比性，因此必须对其进行无量纲处理，消除指标量纲影响。

在文旅融合发展评价指标体系的计算与合成过程中，首先采用极值法（功效系数法）对各个指标进行无量纲化处理，具体公式如下：

$$x_i^* = \frac{x_i - x_{min}}{x_{max} - x_{min}}$$

即每一变量值减去该变量最小值后除以该变量最大值与最小值的差值。其中，x_i^* 表示经过标准化后的变量结果，x_i 表示具体三级指标变量数值，x_{min} 表示该组变量的最小值，x_{max} 表示该组变量的最大值。极值法得到的无量纲化结果均分布于区间（0，1）内。

进而，在对三级指标进行标准化处理的基础上通过加权求和进行指数的合成，一级指标和二级指标的计算公式如下：

$$Q_i = \sum_{i=1}^{n} x_i^* \cdot w_i$$

其中：Q_i 表示具体某一级或二级指标的最终结果，x_i^* 为该一级或二级指标的三级指标标准化数值；w_i 为与 x_i^* 相对应的三级指标的权重；n 为该一级或二级指标所对应三级指标的项数。最终，文旅融合发展体系评价指标的最终合成公式为：

$$P = \sum_{i=1}^{n} Q_i \cdot w_i$$

二、指数结果分析

本研究以浙江省台州市为研究对象，前往台州市九县（市、区）进行实地调研，在收集相关资料和对各县（市、区）负责人员进行访谈的基础上，对机构改革背景下

[①] 涂葆林.论综合指数的同度量因素问题［J］.统计研究，1987，（3）：68-72.

县域文化和旅游融合发展水平进行评价，结果如表5-2所示。

表5-2 台州市各县（市、区）机构改革评价结果

县（市、区）	总体评价	机构改革质量评价	机构运行质量评价	结果检验评价
椒江	71	62.50	73.53	73.81
黄岩	74	79.17	73.53	71.43
路桥	76	75.00	79.41	73.81
临海	73	75.00	76.47	69.05
天台	83	87.50	81.18	78.57
仙居	80	83.33	82.35	76.19
温岭	75	75.00	76.47	73.81
玉环	82	83.33	79.41	66.67
三门	70	62.50	76.47	69.05

第一，文旅融合发展总指数分析。从总体评价来看，天台县、仙居县、玉环市的文旅融合综合评价较优，评价分值都在80分以上，处于第一梯队。仙居县和天台县以全国第22名和第26名的成绩入围"2021全国县域旅游综合实力百强县"。仙居县实施"微改造、精提升"工程，以环神仙居大花园"两区二十村"为改造核心，围绕"风景增色、游客增加、百姓增益"的"三增"目标，实行"模式三专、对应三标、提升三改"机制，建立"五微"体系，聚焦做好仙居旅游"微改造、精提升"的"绣花"功夫。天台县自成立文化和旅游局以来，不断优化职能结构，各部门有机融合，开展乡村旅游片区景区化组团发展模式，包括"党建联盟"推广、A级景区村庄创建、"农文旅体"四业融合，民宿开办一件事审批制度、文化旅游"标准地"改革工作机制等，全面推进文化和旅游高质量融合发展。玉环市文化发展指数连续五年居台州市前茅，公共文化服务体系综合考评在台州市位列第三，不断完善公共文化服务体系，强化优质文化供给，优化文旅产业融合路径。加强统筹领导和开发，探索成立全省首个市级乡村旅游产业联合会，实施"玉旅英才"培训计划，为全域旅游建设提供人才支撑，共同助力文化和旅游高质量融合发展。

第二，文旅融合发展三维度评价指数分析。首先，在机构改革质量评价方面。天台、仙居、玉环等县（市、区）的机构改革质量较优，评价分值都在80以上，处于第一梯队。椒江区和三门县等有待提升和优化。玉环市成立旅游事业发展中心，设综合科、资源开发科和产业发展和市场管理科，负责实施全市旅游发展战略，协同有关部门做好旅游资源普查、保护和开发利用工作，实施全市旅游品牌推广计划，承担旅

游经营活动管理，推进旅游行业数字化和标准化建设等工作。椒江区和三门县均未设资源开发科，文化和旅游的资源普查、设施、项目建设、旅游区域等专项规划等工作方面缺少针对性指导和统一协调。其次，在机构运行质量评价方面。天台县具有相对的领先优势，评价分值达到了87.5分，是9个县（市、区）中唯一一个分值在85分以上的县域。天台县文化和广电旅游体育局设对外交流科，指导、管理全县文化和旅游对外交流合作和宣传推广工作，策划组织大型文化和旅游对外交流活动，市场推介和品牌推广取得一定成就。最后，在结果检验评价方面。天台、仙居的评价分值相对较高，而临海、玉环、三门的评价分值相对较低，但是整体的分值差不是太大。

第六节　总结与讨论

本研究基于体制机制运行的事前、事中、事后三阶段构建了文旅融合评价指标体系和框架，包含3个维度（一级指标）、8个二级指标、31个三级指标，充分考虑了文化和旅游在价值和精神的契合、内容和形式的结合、产业和行业的共生、保护和利用的共赢、供给和需求的匹配五个功能，也体现了通过旅游者的消费行为连接起来的主客体关系的新模式，[①]反映了通过文化再生产过程，用文化内容、符号、媒介及空间的生产等促进文化资源和产品、旅游资源和产品之间的转化，推动旅游与文化产业在技术、产品、市场及空间上的融合。[②]总体来看，因为财政实力较弱，文旅机构行政级别低、资源调动能力差，相对于城市而言客源市场规模普遍较小、文化旅游人才缺乏等原因，台州各县域范围内的文化和旅游大项目建设存在较大困难，尤其是大中型文化主题公园、旅游演艺、博物馆旅游、大型文化主题酒店等引进十分困难，但在乡村旅游、夜间经济、文化主题民宿、旅游街区、旅游文创、非遗文化转化、旅游景区文化植入、文化康养旅游等成效相对较为突出。

文旅融合既是一个理论问题，更是一个实践问题。针对县域进行文旅融合实践的评价更有实质性意义。县域是实现全域旅游和文旅融合的基础，是"最后一公里"，从这个意义上讲，没有县域文旅融合丰富实践案例，就没有国家层面的文旅融合高质量发展。通过对县域的质量机构改革、机构运行、要素融合、结果变量等的评价，可以充分反映文旅部门的改革绩效，可以对县域进行全面体检，对于创建文旅融合示范

---

① 傅才武.论文化和旅游融合的内在逻辑［J］.武汉大学学报（哲学社会科学版），2020，73（02）：89-100.
② 黄剑锋，胡孟娇.供给侧改革背景下的旅游与文化产业融合机制——基于文化生产视角的新分析框架［J］.生产力研究，2017，（10）：1-5+12+161.

区和产业融合高质量发展具有重要的决策价值。可以肯定的是，随着机构改革的持续深入进行，文化和旅游的边界将越来越模糊，两大产业的融合程度将不断加深，文旅产品供给、消费、价值输出、融合环境等都将得到明显改善，对县域发展和共同富裕将产生积极的成效，这充分体现了以习近平总书记为核心的党中央做出文旅体制机制重大改革决策的前瞻性和科学性。

第六章

县级文旅机构改革的组织
绩效评价 ^①

2018 年党和国家机构改革，原文化部和国家旅游局合并组建文化和旅游部，构建了文化和旅游工作新的组织体系和管理体制，之后省、市、县三级文化和旅游管理体制改革逐步到位。当前，这次机构改革在组织架构重建、机构职能调整、人员配置已基本完成，但形式上的整合与发挥合力还有差距，原文化部门和原旅游部门各有各的职能、各有各的业务，文化和旅游两个部门的工作人员，长期以来因为理念不同，会出现互不认同、互相"防备"的现象，很难在短时间内在理念上达成一致意见，很难达成共识^②。机构合并、人员整合只是开始，要真正发挥机构改革后政府部门的运行效率，完成从"物理变化"到"化学反应"的转变，仍存在较大的问题和不确定性，大前提还是队伍建设和思想意识融合到位。思想是行动的先导，文旅部门工作人员的理念是决定文旅融合的内生动力。理念融合是全面融合的基础，但一个行业理念的形成往往需要较长的历史过程。毛泽东说：政治路线确定之后，干部就是决定的因素^③。因此，要把理念观念融合放在首要位置，从思想深处、从队伍建设上打牢文化和旅游融合发展的基础，推动文化和旅游深融合、真融合。

县（市、区）文旅机构是改革的"最后一公里"，其工作人员对文旅融合的理解、态度、认同等是理念融合的关键构成。从组织行为学的视角来看，组织文化是一种低成本、高效率的管理工具^④，是全体员工在长期发展过程中，所培育形成并共同遵守的

---

① 本章主要内容刊发于《旅游学刊》2022年第3期，作者崔凤军、陈国栋、董雪旺、徐宁宁、赵丽丽。崔凤军，陈国栋，董雪旺，徐宁宁，赵丽丽.机构改革背景下县级文旅机构组织绩效研究——基于组织文化认同的视角［J］.旅游学刊，2022，37（03）：16-27.

② 崔凤军，陈旭峰.机构改革背景下的文旅融合何以可能——基于五个维度的理论与现实分析［J］.浙江学刊，2020，57（01）：48-54.

③ 毛泽东.毛泽东选集（第2卷）.北京：人民出版社，1991：526.

④ PETTIGREW A M. On Studying Organizational Cultures[J]. *Administrative Science Quarterly*, 1979, 24(4): 570-581.

最高目标、价值观念、基本信念和行为规范[①]。但是，组织文化只有得到绝大多数员工的认同、遵守和信任，才能发挥应有的作用。组织文化认同是个人自觉投入并归属于组织的程度的反应[②]，是员工接受组织文化所认可的态度与行为，并且不断将组织的价值体系与行为规范内化至心灵的程度[③]，是对组织共同文化和价值观的确认[④]。研究证实，组织文化认同对组织绩效具有正向影响，可以帮助企业以较低的管理成本，获得较高的技术创新和工作效率；而且，这一关系在公共服务组织和人员中仍然成立[⑤]。

因此，剖析文化和旅游机构改革三年来的实践探索，寻找政府主导推动文旅融合发展的内在逻辑，对于指导基层文旅机构融合发展与转型具有重要意义。笔者在对县（市、区）文旅部门工作人员个体访谈和调查问卷基础上，利用回归分析方法，研究了职能融合、理念融合和组织绩效的关系以及个体特征的调节作用。结果显示：机构改革后，县（市、区）文旅部门在职能融合、理念融合建设上成绩显著，能够显著提升组织绩效；文旅工作人员理念融合的重要作用已经凸显，职能融合通过文旅部门工作人员的理念融合能够显著提升组织绩效；在文旅融合过程中，文旅工作人员的个人特征不容忽视，工龄会调节职能融合所引起的理念融合对组织绩效的影响；在文化、旅游和其他三类工作人员中，职能融合更容易促进文化工作人员的理念融合，也更容易通过文化工作人员的理念融合来提升组织绩效。

第一节　研究框架与研究假设

一、理论基础和研究框架

（一）理论基础

在学术界，如何提升员工绩效以实现组织绩效提升不仅是私营部门人力资源管理的重要议题，在以公共利益为宗旨的公共部门中，绩效管理也同样重要。这一思路

① 张德. 企业文化建设［M］. 北京：清华大学出版社，2003.

② OETTING E R, BEAUVAIS F. Orthogonal cultural identification theory: the cultural identification of minority adolescents[J]. *International Journal of the Addictions*, 1990-1991; 25(5A-6A): 655-85. DOI: 10.3109/10826089109077265. PMID: 2101397.

③ 陈致中，张德. 中国背景下的组织文化认同度模型建构［J］. 科学学与科学技术管理，2009，30（12）：64-69.

④ 崔新建. 文化认同及其根源［J］. 北京师范大学学报（社会科学版），2004（04）：102-104+107.

⑤ 黄爱华，陆娟. 组织文化认同度与组织绩效关系研究［J］. 商业时代，2012（01）：89-90.

来自新公共管理运动。新公共管理运动主张以市场化手段来提升公共部门的效率，倡导通过科学方法对公共服务部门进行绩效评估。新公共服务理论是对新公共管理学派忽视公共部门中立性的纠偏，同时强调"通过人来进行管理"的重要性，文旅部门工作人员不能只是职业官僚，也不能成为市场竞争的参与者，应当重视公共服务和公共利益；而要实现这一点，他们的理念、动机和价值观至关重要。因此，本章将新公共管理运动中对行政管理绩效的重视，与新公共服务理论中对行政管理者价值观的关注结合起来，使用刺激—有机体—反应（Stimulus-Organism-Response，SOR）模型[①] 建构职能融合、理念融合和治理效率的研究框架，来审视文旅部门职能融合之后的组织绩效。

（二）研究框架

刺激—有机体—反应理论模型认为外部环境的变化（刺激）经过有机体的感知和转化，最后形成行为的动力或行为本身的改变。环境的变化（刺激）导致个体信念的改变，进而使个体态度和行为发生变化；而个体行为的改变整合起来导致了组织行为的改变。如果把机构改革和文旅部门的职能融合看作一种刺激，文旅部门工作人员的理念融合就是有机体态度和行为的改变，这种改变会体现在文旅部门的治理能力和效率上（反应），最终表现为组织绩效的提升。据此，我们可以根据 SOR 理论，构建本文的研究框架（图 6-1）。

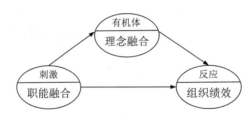

图 6-1　研究框架

二、研究假设

（一）文旅机构的职能融合与组织绩效的关系

组织机构是组织发挥自身职能的基础，直接影响着组织成员的行为，进而对组织绩效产生影响[②]，同时，组织机构的目标设定、机构分工以及运行法则等都会影响组织

---

①　MEHRABIAN A., RUSSELL J A. *An Approach to Environmental Psychology*[M]. Cambridge: MIT Press, Cambridge, 1974.

②　DALTON D R, TODOR W D., SPENDOLINI M J, et al. Organization structure and performance: a critical review[J]. *Academy of Management Review*, 1980, 5(1): 49-64.

绩效①。研究表明，在多个领域中，如采购②、财政③、财产税评估④等，政府组织机构都对其组织绩效存在影响，这些影响部分来自组织机构的管理跨度、组织规模和繁文缛节⑤。提升和维持组织绩效的动态能力也在一定程度上取决于组织机构⑥。机构的整合推动了职能融合⑦，部门之间的有效分工协作与互相监督的提升作用最为显著⑧，这主要表现在，组织的机构优化使得内部工作人员获得更多的工作支持，有助于实现对相关业务或者说同类资源的进一步整合⑨，在组织机构的职能融合中实现资源整合，对于提高经营管理效率和业务完成度也具有十分重要的作用。文旅机构的职能融合完善优化了其组织结构，从而有助于提升其组织绩效。由此提出如下假设：

H1：文旅部门的职能融合能显著提升组织绩效。

（二）文旅部门工作人员的理念融合与组织绩效的关系

文旅部门工作人员的理念融合最终表现为对组织的文化认同。组织文化是组织的重要组成部分之一，包括可见的行为模式以及无形的组织价值观和组织信念⑩。组织文化认同是组织成员对组织价值观和组织信念的认可和接受⑪，也是组织成员自发构建组织归属感的主观行为，因此组织文化认同的过程也是组织认同的过程⑫。文旅机构改革后，文旅部门工作人员的组织文化认同过程也是其理念融合的过程。当文旅部门工作

---

① 郭薇.基于组织理论的事业单位机构改革研究［J］.行政论坛，2016，23（01）：52-57.

② PARRUCCO A S, AGASISTI T, GLAS A H. Structuring public procurement in local governments: the effect of centralization, standardization and digitalization on performance[J]. *Public Performance & Management Review*, 2020, 44(3): 630-656.

③ WEI W. Municipal structure matters: evidence from government fiscal performance[J]. *Public Administration Review*, 2020, 1-14.

④ KIM S, CHUNG H, EOM T H. Institutional differences and local government performance: evidence from property tax assessment quality[J]. *Public Performance & Management Review*, 2020, 43(2): 388-413.

⑤ JUNG C S, KIM S E. Structure and perceived performance in public organizations[J]. *Public Management Review*, 2014, 16(5): 620-642.

⑥ WILDEN R, GUDERGAN S P, NIELSEN B B, et al. Dynamic capabilities and performance: strategy, structure and environment[J]. *Long Range Planning*, 2013, 46: 72-96.

⑦ 崔凤军，徐鹏，陈旭峰.文旅融合高质量发展研究——基于机构改革视角的分析［J］.治理研究，2020，36（06）：98-104.

⑧ 叶岚.政府结构因素对公务员工作绩效的影响——基于城市区级政府的实证研究［J］.中共浙江省委党校学报，2017，33（5）：24-33.

⑨ 穆娜娜，孔祥智，卢洋啸.新时代中国农业社会化服务模式创新研究——以江西绿能公司为例［J］.科学管理研究，2020，38（04）：98-105.

⑩ SHEIN E H. *Organizational Culture and Leadership (3rd ed.)*[M]. San Francisco, CA: Jossey-Bass, 2004.

⑪ ASHFORTH B E, MAEL F. Social identity theory and the organization[J]. *Academy of Management Review*, 1989, 14: 20-39.

⑫ RAVASI D, SCHULTZ M. Responding to organizational identity threats: exploring the role of organizational culture[J]. *Academy of Management Journal*, 2006,49(3): 433-458.

人员对机构改革的意图、理念等方面有了进一步的了解，就会产生组织文化认同，将自我与新机构相联系。组织文化认同作为文旅部门工作人员与新机构的内生性联系，是新机构重要的激励手段[1]，这是因为对新机构具有较高认同度的文旅部门工作人员更容易将自己视为组织的一员[2]，自主增加对工作的情感[3]、时间等方面的投入[4]，并且站在新机构的层面为组织考虑，对工作和新机构产生更高的责任感[5]、敬业度[6]，通过自主创新行为、知识分享行为、主动建言等方式为新机构的发展做出主动性贡献[7]，从而能够提高自身的工作效率[8]，共同提升组织绩效。塔恩从结论效度的视角证实，同质的组织文化能够激励团队协作，统一目标，提高组织绩效。[9] 由此提出如下假设：

H2：文旅部门工作人员的理念融合能显著提升组织绩效。

（三）理念融合在职能融合提升组织绩效上的中介作用

根据自我决定理论，组织成员的工作环境关系到三种基本的心理需求，即自主、胜任和关系，这三种心理需求能否得到满足，并施作用于其内在动机和外在动机，会影响其工作行为。[10] 当组织成员对组织的职能产生了一定的认知，就会对外部获取的信息进行处理，进而影响组织成员对组织的态度以及情感，从而对组织成员的工作行为有一定的促进或者是抑制作用。在组织成员感知到职能融合为工作和组织带来的益处，在提高自我效能感的同时会增加人与组织在价值观等各方面的契合度[11]，自然形成对组织的文化认同，对组织产生积极的情感认可，从而主动实施对组织的有利行为，

① 汪霏霏，王进.作为文化创意产业价值要素、组织要素的"认同"研究［J］.生态经济，2015，31（09）：97-100+127.

② 沈翔鹰，穆桂斌.家长式领导与员工建言行为：组织认同的中介作用［J］.心理与行为研究，2018，16（06）：841-846.

③ 杜鹏程，黄志强.差错管理文化对双元绩效的影响机理研究——基于组织认同的中介效应［J］.安徽大学学报（哲学社会科学版），2016，40（06）：148-156.

④ 朱永跃，覃正虹，欧阳晨慧.产业工人心理所有权对工作投入的影响——职业认同与员工导向组织文化的作用［J］.技术经济，2020，39（08）：143-151.

⑤ 李燕萍，刘宗华，林叶.员工知识分享的动力何在？——创新文化的跨层次作用机制［J］.经济管理，2016，38（05）：75-86.

⑥ 李超平，毛凯贤.变革型领导对新员工敬业度的影响：认同视角下的研究［J］.管理评论，2018，30（07）：136-147.

⑦ 丁越兰，骆娜.组织支持、组织文化认同和情绪工作作用机制研究［J］.统计与信息论坛，2013，28（02）：98-103.

⑧ 李朔，易凌峰，尹轶帅.创业型领导何以激发员工创新行为？——论创新自我效能感和组织认同的作用［J］.湖北社会科学，2020，33（11）：83-90.

⑨ TAN B S. In search of the link between organizational culture and performance: a review from the conclusion validity perspective[J]. *Leadership & Organization Development Journal*, 2019, 40(3): 356-368.

⑩ DECI E L, OLAFSEN A H, RYAN R M. Self-determination theory in work organizations: the state of a science[J]. *Annual Review of Organizational Psychology and Organizational Behavior*, 2017, 4: 19-43.

⑪ 陈致中，张德.组织文化认同之文献评述与模型建构［J］.现代管理科学，2011，14（03）：3-5+27.

实施组织方案和规范，主动与同事交流，反馈工作中有待优化以及可制度化的层面[①]，进而提高组织工作等方面的绩效。总之，组织职能融合有助于组织成员提升组织文化认同，认可自身的工作环境，有助于满足其自主、胜任和关系这三种心理需求，从而提高组织绩效。由此提出如下假设：

H3：文旅部门工作人员的理念融合在职能融合提升组织绩效上具有中介作用。

（四）文旅部门工作人员个体特征的调节作用

机构改革过程中，文旅部门工作人员的个体特征包括工龄、原隶属科室和现隶属科室三部分，原隶属科室是机构改革前所从事的工作，现隶属科室是机构改革后所从事的隶属科室。根据主要的职能内容，隶属科室分为三类：文化类、旅游类和其他类。

文化认同形成论认为，个体文化认同的形成过程是有差异的，个体特征和社会背景都影响着个体文化认同的形成，从而导致个体的组织文化认同度不同。[②] 组织成员由于个体的差异对职能融合的认识和感知各不相同，对机构改革所带来的深层次的影响以及改革后的组织文化的理解也存在差异，从而其组织文化认同的形成也有所不同。这些个体特征决定了组织成员对组织文化以及职能融合的熟悉度，也在不同程度上影响组织成员对组织的心理契约，亦即组织成员感知到的组织对自身责任各方面也会有所差异[③]，组织成员因此为之付出的努力以及组织承诺也会存在显著不同[④]。工龄越长，或者是对所隶属科室的职能任务越熟悉的组织成员，其对于职能融合引致的组织工作以及机构变化较为熟悉，感知到更高的心理契约，会有更高的组织承诺，也会因此对组织产生更高程度的认知、情感等层面的认同。由此提出如下假设：

H4：文旅部门工作人员的个体特征对职能融合和其理念融合的关系起调节作用。

H4a：文旅部门工作人员的工龄对职能融合和其理念融合的关系起调节作用。

H4b：文旅部门工作人员的原隶属科室对职能融合和其理念融合的关系起调节作用。

H4c：文旅部门工作人员的现隶属科室对职能融合和其理念融合的关系起调节作用。

---

① 冯章伟.基于组织学习的组织认同对组织绩效的影响研究［D］.江西财经大学，2010：22.

② PHINNEY J S. Ethnic identity in adolescents and adults: review of research[J]. *Psychological Bulletin*, 1990, Nov; 108(3): 499-514. DOI: 10.1037/0033-2909.108.3.499. PMID: 2270238.

③ 王贵军.员工个体特征与心理契约感知的关系研究［J］.技术经济与管理研究，2015，21（08）：62-66.

④ 王贵军.个体特征变量视角下企业知识员工组织承诺差异的比较研究［J］.广州大学学报（社会科学版），2015，14（05）：47-53.

（五）被调节的中介作用

社会学家通常认为，个体的工作行为是由其工作环境和个体差异共同影响的结果[①]。职能融合优化后的工作环境促进组织成员形成组织文化认同，从而提升组织绩效，个体差异则调节着组织文化认同的中介作用。因此在衡量组织文化认同的中介作用时，需要考虑组织成员的个体特征。组织成员感知组织文化的过程，是将自我与组织一致化的过程，也是对个体在组织中的行为加以解释的过程[②]，这个过程因不同的个体特征而具有差异。因此，不同个体特征表现出的对组织文化的感知也会有所差异。

经以上分析可知，个体特征对职能融合与组织绩效之间的中介作用也存在调节作用，即对于工龄长或者是从事与原隶属科室职能相关度高工作的组织成员，职能融合经由组织文化认同对组织绩效产生影响的中介效应相对增强；反之，对于工龄较短或者是从事与原隶属科室职能任务相关度较低工作的组织成员，职能融合经由组织文化认同对组织绩效产生影响的中介效应相对削弱。由此提出如下假设：

H5：文旅部门工作人员的个体特征能够调节其理念融合的中介作用。

H5a：文旅部门工作人员的工龄能够调节其理念融合的中介作用。

H5b：文旅部门工作人员的原隶属科室能够调节其理念融合的中介作用。

H5c：文旅部门工作人员的现隶属科室能够调节其理念融合的中介作用。

第二节　研究设计

一、量表与问卷设计

自变量是职能融合，中介变量是理念融合，因变量是组织绩效，调节变量是文旅部门工作人员的个体特征。文旅机构的职能融合作为一个"中国话题"，还未发现有专家开发测量量表，由此需要对该变量进行探索性研究。职能融合用文旅机构改革的三个可测量的变量来测量，分别是：文旅部门整体整合程度、内设办事机构的融合程度、文旅与农林体广电等部门的融合程度。

---

① HE H, WANGW, ZHU W, et al. Service workers' job performance: the roles of personality traits, organizational identification, and customer orientation[J]. *European Journal of Marketing*, 2015, 49(11/12): 1751-1776.

② 尚磊. 基于个体特征的调节的组织文化感知对情感承诺的影响研究［J］. 东方企业文化，2012（09）：24，+3.

理念融合用组织文化认同来测量。组织文化认同量表（Organizational Cultural Identification Scale，简称 OCIS）十分成熟，陈致中和张德提出组织文化认同是指个人基于团体中的知觉、思考、情感与行为，亦即组织成员对于组织文化所认可的程度。组织文化认同包含四个层面：认知层面、情感层面、行为层面与社会化层面，总共 20 个条目；并可从四大维度进行测量，认知层面的测量指标有：组织成员对于组织文化的内涵、价值观、典型人物与事迹、品牌和宣传词的了解程度；情感层面的测量指标有：组织成员对于组织的文化价值观、工作氛围和组织形象的喜爱程度；行为层面的测量指标有：组织成员对于组织文化建设、宣传、维护声誉的主动程度；社会化层面的测量指标有：组织成员对于组织的价值观、制度和规范的内化程度等。[1]

组织绩效方面，单纯地以财务指标作为业绩评价指标受到越来越多的批评，财务指标的短期性使组织成员的日常行动与企业的长期战略目标脱节，非财务指标的作用日益得到重视[2]。德斯和鲁滨逊认为非财务指标是很好的绩效评价指标[3]，王化成和刘俊勇指出随着高科技的迅猛发展，知识经济初见端倪，企业的竞争优势越来越取决于无形资产的开发和利用，人力资源的作用日益突出[4]。基于以上学者的研究，本研究选择了一个基于非财务指标的测量框架力求真实而全面地反映组织绩效，从组织的创新、成长以及竞争优势三个方面来衡量组织绩效。组织绩效的量表我们采用的是劳森[5]设计的量表，并对量表的描述进行了一定的修改，总共有 9 个指标。

作为调节变量的文旅部门工作人员个体特征包括文旅部门工作人员的工龄、原隶属科室和现隶属科室。依次把文化类、旅游类和其他类三类隶属科室的值设置为 1、2、3。根据以上测量指标，用利克特（Likert）五分法设计问卷。

二、抽样调查和数据采集

抽样调查从 2019 年 12 月开始，分为两个阶段：第一阶段是集中抽样调查，先选择浙江台州地区的五个县（市、区）分发问卷；第二阶段是全面抽样调查，在浙江其他地区的县（市、区）分发问卷。第一阶段完成初步的问卷信度与效度分析，在此过

①　陈致中，张德.组织文化认同之文献评述与模型构建［J］.现代管理科学，2011，14（3）：3-5；27.

②　KALD M, NILSSON F. Performance measurement at Nordic companies[J]. *European Management Journal*, 2000, 18 (1): 113-127.

③　DESS G G, ROBINSON R G. Measuring organizational performance in the absence of objective measures. The case of the privately held firm and conglomerate business unit[J]. *Strategic Management Journal*, 1984(5): 265-273.

④　王化成，刘俊勇.企业业绩评价模式研究——兼论中国企业业绩评价模式选择［J］.管理世界，2004，19（04）：82-91+116.

⑤　LAWSON, S. Examining the Relationship between Organization Culture and Knowledge Management[D]. Nova Southeastern University, 2003.

程中，摒弃了不合理的问卷变量或指标，最终形成以理念融合（组织文化认同）为核心的文旅机构组织绩效测量问卷。第二阶段使用完整的测量问卷，以"问卷星"平台为载体，针对县（市、区）文旅部门的公务员与事业编制工作人员进行问卷调查，总共收到有效问卷 336 份。

第三节 数据分析与结果

一、描述性统计与共同方法偏差检验

受访者中，机构改革前在文化与旅游部门的人数占到 85.7%，机构改革后在文化与旅游部门的人数占 84.9%，有 15 年以上工龄的占 29.2%，工龄在 5~15 年的占 32.1%。从学历结构看，本科学历占到 78.6%，研究生学历占到 8.3%。从受访者的人口统计学基本信息能看出，受访者对文旅融合能够有正确的认识，问卷调查结果具有统计意义。受访者的人口特征信息统计如表 6-1 所示。

表 6-1 受访者人口特征信息

受访者信息	比例	
隶属科室	机构改革前	机构改革后
文化类	71.1%	68.8%
旅游类	14.6%	16.1%
其他类	14.3%	15.1%
从事文化/广电/旅游/体育等的工龄（年）		
≥15	29.2%	
5-15	32.1%	
≤5	38.7%	
学历结构		
大专	13.1%	
本科	78.6%	
研究生	8.3%	

进行共同方法偏差检验，首先构建验证性因素分析模型 T1，其次建立包含共同因子模型 T2，比较 T1 和 T2 的主要拟合指数（表 6-2 所示），$\Delta Df = 0.032$，$\Delta CFI = 0.1$，$\Delta IFI = 0.1$，$\Delta NFI = 0.1$，$\Delta RMSEA = 0.04$，RMSEA 和 SRMR 变化不超过 0.05、CFI 和

TLI 变化不超过 0.1，以上表示本模型加入共同因子后并未明显改善，所以并无共同方法偏差。测量中不存在明显共同方法偏差（表 6-2）。

表 6-2 共同方法偏差的拟合指标

Df	CFI	IFI	NFI	RMSEA	TLI
0.46	0.773	0.774	0.754	0.161	0.756
0.428	0.88	0.881	0.860	0.121	0.861
0.032	−0.107	−0.107	−0.106	0.04	−0.105

二、假设检验

采用海斯（Hays）编制的 SPSS 宏中的 MODEL4，在控制工龄的情况下对理念融合在职能融合与组织绩效之间关系中的中介效应进行检验。结果表明：职能融合对组织绩效的预测作用显著（$\beta=0.503$，$t=14.513$，$p<0.001$），证明假设 H1 成立。说明职能整合对组织绩效提升具有显著正向作用。

职能融合对理念融合的正向预测作用显著（$\beta=0.457$，$t=14.816$，$p<0.001$），文化认同对组织绩效的正向作用仍显著（$\beta=0.841, t=19.620, p<0.001$），假设 H2 成立，说明理念融合对组织绩效提升具有显著正向作用（表 6-3）。

表 6-3 理念融合的中介模型检验

回归方程		拟合指标			系数显著性	
结果变量	预测变量	R	R²	F	B	t
组织绩效						
	职务				0.077	1.072
	学历				−0.007	−0.477
	原隶属科室				0.022	0.371
	现隶属科室				−0.044	−0.801
	工龄				0.000	−0.437
	职能融合				0.503	14.513
理念融合（文化认同）		0.672	0.452	41.302		
	职务				−0.004	−0.256
	学历				0.117	1.837
	原隶属科室				−0.012	−0.232

回归方程		拟合指标			系数显著性	
结果变量	预测变量	R	R²	F	B	t
	现隶属科室				−0.066	−1.343
	工龄				0.000	−0.709
	职能融合				0.457	14.816
组织绩效						
	职务				−0.022	−0.458
	学历				−0.004	−0.430
	原隶属科室				0.032	−0.082
	现隶属科室				0.011	0.311
	工龄				0.000	0.143
	职能融合				0.118	3.907
	理念融合（文化认同）				0.841	19.620

此外，职能融合对组织绩效的直接效应以及理念融合的中介效用的 Bootstrap95% 置信区间的上下限均不包括 0（见表 6-4），表明职能融合不仅能够直接预测组织绩效，而且能够通过理念融合的中介作用预测组织绩效，假设 H3 通过检验。且该直接效应（0.118）和中介效应（0.375）分别占总效应的 23.46% 和 76.54%，证明职能融合对组织绩效的影响主要来自理念融合的中介作用，文旅工作人员理念融合的重要作用已经凸显（表 6-4）。

表 6-4 总效应、直接效应及中介效应分解表

	效应值	标准误	下限	上限	相对效应值
总效应	0.503	0.035	0.435	0.571	100%
直接效应	0.118	0.030	0.059	0.178	23.46%
理念融合的中介效应	0.375	0.038	0.709	0.457	76.54%

采用海斯编制的 SPSS 宏中的 Model 7（有调节的中介效应模型，调节发生在前半段），在控制职务、学历、现隶属科室和原隶属科室的情况下对有调节的中介模型进行检验。正如表 6-5 所示，将工龄放入模型后，职能融合和工龄的乘积项对理念融合具有正向影响，但是其预测作用不显著（$\beta = 0.001$，$t = 1.713$），假设 H4a 没有通过检验。此外，根据研究结果（见表 6-6），在工龄的三个水平上，理念融合在职能融合与组织绩效行为关系中的中介效应呈现升高趋势，假设 H5a 通过检验即随着文旅工作人员工龄的增长，职能融合更容易通过他们的理念融合进而促进其组织绩效。

在控制现隶属科室和工龄的情况下对有调节的中介模型进行检验。表 6-5 的验证结果表明，原隶属科室和职能融合的交互项对理念融合具有负向显著影响，且调节作用显著（β＝−0.154，p＜0.01）。在原隶属科室水平值较低的被试中，职能融合对理念融合具有显著的正向作用。而对于原隶属科室水平值较高的被试中，职能融合虽然对理念融合具有显著的影响作用，但是其作用有所削弱，假设 H4b 通过检验。这说明，机构改革前在文化类科室的工作人员的理念融合程度最高，从事其他类的工作人员最低，而从事旅游类的工作人员居中。此外，根据研究结果（见表 6-6），在原隶属科室的三个水平上，理念融合在职能融合与组织绩效行为关系中的中介效应呈现降低趋势，即随着原隶属科室从其他类到旅游类再到文化类，职能融合更容易通过增加职工的理念融合进而促进其组织绩效。假设 H5b 通过检验。

在控制工龄和原隶属科室的情况下对有调节的中介模型进行检验。如表 6-5 所示，现隶属科室和职能融合的交互项对理念融合具有负向影响，且作用显著（β＝−0.124，p＜0.001）。在现隶属科室水平值较低的被试中，职能融合对理念融合具有显著的正向作用。而对于现隶属科室水平值较高的被试中，文旅机构融合虽然对理念融合具有显著的影响作用，但是其作用有所削弱，假设 H4c 通过检验。同样表明，机构改革后在文化类科室的工作人员的理念融合程度最高，从事其他类的工作人员最低，而从事旅游类的工作人员居中。此外，根据研究结果（见表 6-6），在现隶属科室的三个水平上，理念融合在职能融合与组织绩效行为关系中的中介效应呈现降低趋势，即随着现隶属科室从其他类到旅游类再到文化类，职能融合更容易通过增加职工的理念融合进而促进其组织绩效。假设 H5c 通过检验（表 6-5）。

表 6-5　有调节的中介效应模型检验

回归方程		拟合指标			系数显著性	
因变量	预测变量	R	R^2	F	B	t
理念融合（文化认同）		0.676	0.457	36.048		
	职务				0.110	1.720
	学历				−0.003	−0.244
	原隶属科室				−0.014	−0.275
	现隶属科室				−0.067	−1.366
	职能融合				0.453	14.676
	工龄				0.001	−0.658
	工龄 × 职能融合				0.001	1.713
理念融合（文化认同）		0.691	0.477	39.135		

续表

回归方程		拟合指标			系数显著性	
因变量	预测变量	R	R²	F	B	t
	职务				0.120	1.927
	学历				−0.004	−0.282
	工龄				0.000	−0.611
	现隶属科室				−0.069	−1.436
	职能融合				0.469	15.471***
	原隶属科室				−0.025	−0.485
	原隶属科室 × 职能融合				−0.154	−3.845*
理念融合（文化认同）		0.685	0.469	27.884		
	职务				0.107	1.708
	学历				−0.005	−0.362
	工龄				0.000	−0.644
	原隶属科室				−0.020	−0.385
	职能融合				0.459	15.1004***
	现隶属科室				−0.071	−1.462
	现隶属科室 × 职能融合				−0.124	−3.160**

表 6-6　在不同调节变量水平上的直接效应及中介效应

		原有工作	效应值	Boot 标准误	Boot CI 下限	Boot CI 上限
	理念融合的中介作用	M−1SD	0.369	0.039	0.296	0.448
		M	0.381	0.038	0.308	0.456
		M+1SD	0.420	0.039	0.341	0.493
原隶属科室	直接效应	M−1SD	0.532	0.036	0.461	0.603
		M	0.469	0.030	0.410	0.529
		M+1SD	0.360	0.039	0.283	0.438
	理念融合的中介作用	M−1SD	0.448	0.050	0.353	0.545
		M	0.395	0.039	0.318	0.469
		M+1SD	0.303	0.049	0.201	0.391
现隶属科室	直接效应	M−1SD	0.517	0.036	0.446	0.587
		M	0.459	0.030	0.399	0.519
		M+1SD	0.367	0.032	0.285	0.449
	理念融合的中介作用	M−1SD	0.434	0.049	0.340	0.527
		M	0.386	0.037	0.315	0.458
		M+1SD	0.308	0.054	0.204	0.415

第四节　研究结论

2018 年机构改革后，新组建的县（市、区）文旅机构按照文旅部"宜融则融、能融尽融"的工作要求，找准文化和旅游工作的最大公约数、最佳连接点，在理念融合和职能融合等方面开展了一系列工作，初步奠定了文旅发展的良好格局。研究显示，尽管新机构成立不久，但机构改革的成效已经显现。

首先，本研究检验了文旅部门机构改革背景下职能融合和理念融合对组织绩效的影响。结果表明，职能融合和理念融合均对组织绩效产生显著正向影响，说明县（市、区）文旅部门机构改革提升了组织绩效。具体而言，不同于国家和省级部门，县（市、区）文旅机构改革多为多个部门的合并而成（文化、广电、体育、旅游等），改革后的新机构完成形式上的组建，部门的职能与工作人员的理念成为机构正常运行的主要矛盾。之后的 2019 年，各级文旅部门明确中心任务，制定和落实"三定"规定、完善制度安排、安排人事、党的建设等非业务性工作，实现职能融合，规范统一认识，以确保新成立的机构能够顺利运行。三年多来，机构的职能融合完成质量较高，工作人员的理念融合感也逐渐形成，文旅融合在理念和市场主体层面上已经深入人心。

其次，本研究检验了文旅部门机构改革背景下理念融合对职能融合和组织绩效关系的中介作用。研究表明，职能融合对组织绩效的作用 76.54% 来自理念融合的中介作用，说明文旅部门工作人员理念融合的重要作用已经凸显。文旅部门在行政权威性、内设机构职能融合度、发展和监管职责强弱变化和机构运行顺畅程度上大多实现了正向效应，这有利于文旅部门工作人员形成统一思想，产生对组织文化的强烈认同，实现理念的融合，最终必然会大大提升现阶段文旅部门组织工作的溢出效应和叠加效应。理念融合是机构改革后实现"化学反应"、发挥"1+1＞2"效应、促进文化和旅游高质量发展的内在基础。

最后，研究探索了文旅部门工作人员个体特征对职能融合和理念融合关系，以及对理念融合中介效应的调节作用。结果显示：工龄的调节作用未得到证实，而隶属科室的调节作用显著。这说明，文化工作人员普遍比旅游工作人员具有更高的理念融合感，他们更容易形成统一的理念认识。结果还显示：文旅部门工作人员的工龄、隶属科室都会对理念融合的间接效应起到调节作用，亦即年龄和隶属科室等个人特征调节着理念融合的中介作用。其背后的原因主要是心理因素。2018 年文旅机构改革的主要方式是部门合并，虽然说是合并，但因为原文化和旅游部门的行政地位不平衡，加上新成立的机构主要负责人多数来自文化部门，机构改革后旅游的职能被分解甚至部分弱化，新成立的机构由宣传部门归口管理而不是由政府直接管理，行政层级增加造成效率降低，这些原因的存在导致原旅游部门人员认为是"被吃掉了"，这显然是一种"弱势思维"，会造成旅游工作人员在理念上对机构改革成效认知的降低。随着时间的延续，尤其是随着旅游搭上文化和意识形态国家战略的高地以及文化和旅游产业的振兴，这种心理上的落差会逐步消弭。

第五节　讨论与建议

一、可能的理论贡献

文旅机构改革是党中央做出的一项重大决策，而县（市、区）文旅机构作为"最后一公里"，关系到党和国家发展全局。评价县（市、区）文旅机构改革的成效指标，应该以组织绩效的提升为目标，从而达到文旅融合发展水平全面提高的终极目标。本研究的主要贡献有如下几点。

第一，从职能融合和理念融合上形成一套解释我国文旅机构改革的内在逻辑机制。文旅机构改革通过机构整合推动了文旅发展职能的有机整合，而文旅职能高质量融合的过程也是文旅部门工作人员对工作的重新认知与适应过程，在此过程中，文旅部门工作人员对新的工作职能经历认知到认同的过程，从而促进其愿意主动做出创新行为，以提高治理效率，助推文旅事业蓬勃发展。

第二，进一步验证和扩展了新公共服务理论中有关人的理念重要性的论断。相对于私营部门而言，在以公共利益为旨归的公共部门中，人力资源和人员绩效管理同样重要，具有高行政绩效的文旅部门工作人员是政府部门高效运行的前提条件。公共行政官员既不像传统公共行政理论所认为的那样只是需要保障和组织一种官僚职业的雇员，也不像新公共管理理论所主张的那样只是市场的参与者，公共服务的动机和价值至关重要。文中所验证的文旅部门工作人员理念融合的中介效应，是对新公共服务理论的有力证明。

本研究的边际贡献主要体现在：已有的文旅融合研究，基本上围绕着行业、市场、业态展开，而将政府部门视为"常数"或"背景板"。事实上，在中国这样的"有为政府"市场环境下，文旅部门的公共治理能力和组织绩效对文旅融合的深层次推进和高质量发展起着至关重要的作用。但是，政府是由人组成的，任何政策、战略都是靠人来推进的。本研究证实，政府部门工作人员的理念、价值观、认同以及知识结构、工作经历、工作职能等个人特征对于文旅部门的治理能力会产生重要影响，这是本研究的实践意义。

二、政策建议

为了更好发挥出文旅改革后的组织绩效，建议如下。

第一，在职能融合工作中要理顺职能框架，迅速形成合力。机构改革是个凤凰涅槃的过程，多部门合并可能带来职能交叉或者弱化等新的问题。为此，要遵循文化、广电、体育和旅游业发展的规律，明确部门内设机构的事权，划清职责边界，在核心业务板块上强化多方融合，包括：文化和旅游公共服务、产业发展、科技创新、市场监管、文化市场综合执法改革、对外交流与合作等，整合已有工作抓手，形成工作合力；整合已有扶持政策，积极推进平台、项目、工程、活动、资源等的融合；统筹推进公共文化服务和旅游公共服务，构建主客共享的旅游和文化新空间，实现资源共享、优势互补、协同并进。

第二，在理念融合工作中要树立"五个"意识，推动机构改革纵深发展。一是树立事业与产业兼容意识，原旅游机构工作人员要建立"事业"发展意识，加大政府投入力度，满足人民群众的"旅游权利"，原文化机构工作人员要树立"产业"和效益意识，扶持行业、企业积极对接市场，提升投入产出比，提升经济效益。二是树立主客共享意识，旅游行业要突破单一服务外地游客的思维限制，也要在服务本地市民上花工夫，文化行业要突破只服务本地市民的思维框架，也要在服务外地游客、开放文化场所上实现主客共享。三是要树立资源和品牌共享意识，在文化设施、文化和旅游品牌、旅游景区景点、文化和旅游活动、各类展会节会、传播媒介、扶持政策等方面实现相互借力、借势，实现文化和旅游资源品牌的共享。四是树立大监管意识，在文化、出版、文物、广播电视、电影、旅游等领域实现监管理念、思路、手段、方式方法、技巧、能力、绩效考评等旅游的融合，并实现信用共享。五是树立公共服务共享意识，在交通、绿道、厕所、信息服务、5G网络、安全服务等领域实现公共服务理念的融合。

第三，在职能设置上要进一步提升旅游部门的功能，设置独立的旅游管理部门。从研究结论来看，当前，亟须要解决的是原旅游部门工作人员的发展信心问题，可以通过一些机制上的措施来解决。例如，可以借鉴国际先进经验，在文化和旅游部之下，设立一个类似于国家文物局的副部级机构"国家旅游局"，专门负责文化和旅游的推广工作，并整合原有旅游系统，保持相对的独立性。

同时，本研究存在一定局限。文旅融合是一项复杂的系统工程，它既涉及职能融合、理念融合，还涉及服务一体化和市场一体化等。本研究在公共服务理论基础上，引入组织文化认同来解读职能融合、理念融合、文旅部门工作人员的个体特征和组织绩效之间的直接和间接关系，没有考虑机构改革后，文旅部门在服务一体化、市场一体化等方面所做出的贡献，因此，从职能一体化、理念一体化、服务一体化、市场一体化和产业一体化等方面全面透视文旅机构运行质量还需要进一步研究。同时，在提升组织绩效方面，职能融合、理念融合和工作人员个体特征之间是否存在复杂的组合关系，也是需要进一步开拓的研究空间。

第七章

机构改革推进文旅融合效果评估 ①

通过机构改革促进文旅融合，通过行政机构融合促进产业融合、市场融合，是党中央做出的重大决策部署，是文旅融合高质量发展的新路径。从行政管理上消除文化事业、文化产业和旅游业之间原有的界河之争，是过去从来就没有尝试过的大战略，是一次牵一发而动全身的大动作。这一改革的效果究竟如何，机构改革促进文旅融合的效果是否达到，迫切需要阶段性总结评估。目前关于"文化和旅游融合"的研究主要集中在理论领域，实证领域的研究成果较少，且关于机构改革对文旅融合发展的促进效果进行系统性研究与实证讨论更是匮乏。鉴于此，文章基于浙江省部分地区文旅产业发展的数据，深入探讨了机构改革对文旅融合发展的促进效果，基于机构改革的视角，采用模糊层次分析法，构建包括理念融合、职能融合、产业融合、市场融合、服务融合、交流融合等六大融合和 23 项具体指标的评估体系，建立模糊评价模型。以浙江省文旅产业发展为例，分别从省、市和县三个层级对浙江省、台州市、天台县进行案例研究，为实践层面的研究提供较为丰富的现实依据，同时对深化地方文旅机构改革、推进文旅领域治理体系和治理能力现代化提供理论依据。

第一节　研究方法与数据来源

一、研究方法

FAHP 模糊层次分析法（Fuzzy Analytic Hierarchy Process，FAHP）最初由美国著名运筹学家萨迪（T. L. Saaty）教授提出，是以传统的层次分析法（Analytic Hierarchy

① 本章主要内容刊发于《地域研究与开发》2021年第5期，作者崔凤军、张英杰。崔凤军，张英杰.机构改革促进文旅融合效果评估及提升途径——以浙江省为例［J］.地域研究与开发，2021（5）：101-106.

Process，AHP）为理论基础，将模糊数学和层次分析法相结合的一种多准则决策方法。这种方法避免了层次分析法的主观局限性，主要适用于解决受多种因素制约、决策方案较多且难以进行量化描述的问题，能够对模糊、非确定性问题做出定量化的综合评价，使评价结果更具可靠性，从而为专家（或决策者）选择最优解决方法提供决策据。[①]

机构改革促进文化和旅游融合发展是一个多属性决策问题，其评价过程中涉及大量的不确定性和模糊性因素，对此类问题若仅用定性研究则极易忽略这些不确定性和模糊性因素，导致研究结果缺乏科学性和准确性。鉴于此，本章的研究试图将多层模糊综合评价法应用于机构改革促进文化和旅游融合效果评价实践中，构建机构改革促进文化和旅游融合效果的科学、系统、有效的评级指标体系，最后结合多因素的权重分配，对机构改革促进文化和旅游融合效果做出综合评价，具有较强的科学性和应用性。

二、数据来源

数据来源于《浙江统计年鉴 2020》、2020 年以及 2021 年上半年浙江省文化和旅游厅的统计数据。台州市的实际数据来源于台州市人民政府门户网站（http://www.zjtz.gov.cn）2020 年及 2021 年上半年的统计数据。天台县部分数据来源于《天台县文化和广电旅游体育局 2020 年政府信息公开工作年度报告》以及 2021 年上半年内部工作报告。

第二节　指标体系构建

一、评价指标体系构建依据

文化和旅游的融合从本质上在于不断产生新的业态。中国的实践表明，因为过去行政领域的"楚河汉界"割裂了产业发展的逻辑，仅靠市场力量还难以实现文化和旅游产业的深度融合。因此，在文旅融合过程中，政府部门的整合会起到直接的推动作用。新一轮的文化和旅游机构改革方案获批后，文化和旅游部门成立，发布了"三定方案"（《文化和旅游部职能配置、内部机构和人员编制规定》），目标是紧扣公众在

---

① 黄云梅，唐敏，尹佳佳.基于模糊层次分析的工业企业经济效益评价［J］.重庆工商大学学报（自然科学版），2019（06）：29-34.

旅游文化上的需求，深化文化旅游供给侧改革，完善和破除一些不适合文化和旅游融合发展需要的政策和行业壁垒，落实中共中央关于统筹推进文化和旅游深度融合发展的决策部署，不断提升人民群众的文化和旅游获得感和满意度。

二、评价指标体系确定

如何制定更具科学性、客观性和层次性的评价指标体系是研究机构改革促进文化和旅游融合效果的重点。笔者通过大量阅读文化和旅游融合评价的相关文献，同时考虑指标数据的可获得性，并借鉴文化和旅游部原部长雒树刚在 2019 年全国文化和旅游厅局长会议上的工作报告，从政府机构设置的维度来选取评价指标，力求多维度客观地描述机构改革促进文化和旅游融合发展水平（表 7-1）。

表 7-1　文化和旅游部门机构改革促进文旅融合效果评价指标

目标层	准则层	指标层	指标内涵
文化和旅游部门机构改革促进文旅融合效果评价（A）	B_1 理念融合	C_1 以文促旅的理念	文化旅游化，文化是旅游的灵魂，是旅游提质升级的精神动力
		C_2 以旅彰文的理念	旅游文化化，旅游是文化的一种传播载体，是提升文化魅力的重要路径
		C_3 和合共生的理念	旅游与文化相生相伴、优势互补、协同共进，相得益彰
	B_2 职能融合	C_4 行政机构一体化	一种是内设处室完全打乱，重新设置；另一种是文化和旅游部门原有的职能，在处室设置时分立
		C_5 文旅规划一体化	打破文化和旅游行业边界，在顶层管理和统筹下，开展文旅融合发展规划编制工作
		C_6 执法机构一体化	整合文化和旅游两个部门的执法职能，探索文化和旅游综合执法机构整合组建
		C_7 政策法规标准一体化	加强文化和旅游领域政策、法规、规划、标准的清理、对接、修订等工作，确保相互兼容、不留空白、不余死角
		C_8 文旅政府营销（体制、机制、队伍）一体化	地方政府整合文旅社会资源、构建多元文旅产业市场化运作模式
	B_3 产业融合	C_9 业态整合	原有的文化、旅游产业是否提档升级；是否产生了新的旅游新业态
		C_{10} 产品融合	旅游资源是否提升了文化内涵；是否有更多的文化产品转变为旅游产品
		C_{11} 消费融合	文化消费和旅游消费是否开始融为一体
		C_{12} 文旅产业体系融合	原先的文化和旅游两大系统是否彻底整合为一个文旅系统
		C_{13} 产业链融合	文化资源作为旅游资源的上游是否进入实质性运行状态

续表

目标层	准则层	指标层	指标内涵
文化和旅游部门机构改革促进文旅融合效果评价（A）	B$_4$ 市场融合	C$_{14}$ 市场主体融合	文化和旅游企业开展合作，无缝连接
		C$_{15}$ 市场监管融合	文旅市场专项整治、举报投诉处理、证照管理、信用体系建设等
		C$_{16}$ 市场开发渠道融合	客源市场是否共享；为当地市民服务的文化市场与为外地游客服务的旅游市场是否开始融合一体
	B$_5$ 服务融合	C$_{17}$ 公共服务设施建设管理	探索建设、改造文化和旅游综合服务设施
		C$_{18}$ 公共服务机构功能设置	在旅游公共服务设施修建、改造中，增加文化内涵、彰显地方特色
		C$_{19}$ 公共服务资源共享性	推动公共服务进旅游景区、旅游度假区，构建文旅共享空间
		C$_{20}$ 文化传媒宣传当地旅游资源的主动性	本土媒体主动作为，利用自身平台优势、人才优势、技术优势，促进当地文化旅游繁荣兴盛
	B$_6$ 交流融合	C$_{21}$ 派驻海内外文化和旅游工作力量整合	整合海外文化和旅游工作机构，统筹安排交流项目和活动，同步推进文化传播和旅游推广
		C$_{22}$ 文旅品牌形象一体化	通过文化与旅游资源共享、市场共建、利益共赢、形象共树，形成合力，打造文旅新品牌、树立文旅新形象
		C$_{23}$ 本地媒体共享度	发挥文旅系统各自优势，共同讲好中国故事。

第三节　机构改革促进文化和旅游融合发展效果评价模型

　　由于影响机构改革促进文化和旅游融合发展的因素众多，本节根据实际需要，以理念融合、职能融合、产业融合、市场融合、服务融合、交流融合等为主要构面，构建机构改革促进文化和旅游融合发展的模糊评价模型。以机构改革为契机，通过计算理念融合、职能融合、产业融合、市场融合、服务融合、交流融合等不确定性因素的权重向量，探索解决机构改革中制约文化和旅游融合发展的主要因素，为优化我国文化、旅游机构改革，更好地发挥政府对于文化和旅游业的相应职能提供参考（图7-1）。

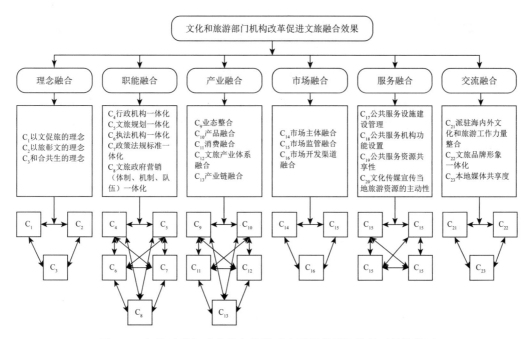

图 7-1　机构改革促进文化和旅游融合发展效果评价关系结构模型

一、确定评价因素集

依据前文的指标体系，模糊综合评价因素集是机构改革促进文化和旅游融合发展效果评价指标的集合。机构改革促进文旅融合发展效果评价指标分为 2 个层次：

$A = \{B_1, B_2, B_3, B_4, B_5, B_6\}$

$B_1 = \{C_1, C_2, C_3\}$

$B_2 = \{C_4, C_5, C_6, C_7, C_8\}$

$B_3 = \{C_9, C_{10}, C_{11}, C_{12}, C_{13}\}$

$B_4 = \{C_{14}, C_{15}, C_{16}\}$

$B_5 = \{C_{17}, C_{18}, C_{19}, C_{20}\}$

$B_6 = \{C_{21}, C_{22}, C_{23}\}$

二、权重确定

本研究首先将评价矩阵中的纵向评价因素做归一化处理，公式为 $\overline{a_{ij}} = \dfrac{a_{ij}}{\sum\limits_{i=1}^{n} a_{ij}}$，得到评价集各层次的权重值。同时运用"和积法"计算最大特征值，公式为

$\lambda_{\max} = \sum_{i=1}^{n} \frac{(AW)_i}{nW_i}$，最后通过计算判断矩阵的随机一致性比率（$CR = \frac{\lambda_{\max} - n}{n-1} / RI$），

进行一致性检验，以确保所求权重值的准确性与科学性。

本研究将权重依次从理念融合、职能融合、产业融合、市场融合、服务融合和交流融合向下级的评价因子层进行分配，计算文化和旅游部门机构改革的各指标对促进文旅融合效果的综合影响程度（见表7-2）。

$W_A = [0.09, 0.29, 0.10, 0.13, 0.15, 0.24]^T; \lambda_{\max} = 6.46; CR = 0.073$

$W_{b1} = [0.2, 0.2, 0.6]^T; \lambda_{\max} = 3; CR = 0$

$W_{b2} = [0.19, 0.11, 0.32, 0.14, 0.24]^T; \lambda_{\max} = 5.11; CR = 0.037$

$W_{b3} = [0.14, 0.19, 0.11, 0.32, 0.24]^T; \lambda_{\max} = 5.22; CR = 0.049$

$W_{b4} = [0.31, 0.49, 0.20]^T; \lambda_{\max} = 3.06; CR = 0.052$

$W_{b5} = [0.28, 0.20, 0.39, 0.14]^T; \lambda_{\max} = 4.15; CR = 0.056$

$W_{b6} = [0.49, 0.20, 0.31]^T; \lambda_{\max} = 3.06; CR = 0.052$

表7-2　文化和旅游部门机构改革促进文旅融合效果评价因子权重

目标层	准则层	指标层	权重	合成权重
文化和旅游部门机构改革促进文旅融合效果评价（A）	B₁ 理念融合	C₁ 以文促旅的理念	0.2	0.018
		C₂ 以旅彰文的理念	0.2	0.018
		C₃ 和合共生的理念	0.6	0.054
	B₂ 职能融合	C₄ 行政机构一体化	0.19	0.055
		C₅ 文旅规划一体化	0.11	0.032
		C₆ 执法机构一体化	0.32	0.093
		C₇ 政策法规标准一体化	0.14	0.041
		C₈ 文旅政府营销（体制、机制、队伍）一体化	0.24	0.070
	B₃ 产业融合	C₉ 业态整合	0.14	0.014
		C₁₀ 产品融合	0.19	0.019
		C₁₁ 消费融合	0.11	0.011
		C₁₂ 文旅产业体系融合	0.32	0.032
		C₁₃ 产业链融合	0.24	0.024
	B₄ 市场融合	C₁₄ 市场主体融合	0.31	0.040
		C₁₅ 市场监管融合	0.49	0.064
		C₁₆ 市场开发渠道融合	0.20	0.026

续表

目标层	准则层	指标层	权重	合成权重
文化和旅游部门机构改革促进文旅融合效果评价（A）	B₅ 服务融合	C₁₇ 公共服务设施建设管理	0.28	0.042
		C₁₈ 公共服务机构功能设置	0.20	0.03
		C₁₉ 公共服务资源共享性	0.39	0.059
		C₂₀ 文化传媒宣传当地旅游资源的主动性	0.14	0.021
	B₆ 交流融合	C₂₁ 派驻海内外文化和旅游工作力量整合	0.49	0.118
		C₂₂ 文旅品牌形象一体化	0.20	0.048
		C₂₃ 本地媒体共享度	0.31	0.074

由上述计算结果可知，所有指标的一致性比率（CR 值）均少于 0.1，表明本研究的评价体系各层次指标权赋是合理的，判断矩阵具有良好的一致性。

第四节　实证评价与分析

2019 年被称为我国文旅深度融合元年。鉴于我国刚刚完成中央到地方四级文化与旅游部门形式上的整合，为了更清晰而直观地了解当前我国文化和旅游部门机构改革对促进文旅融合效果的现状，本研究遵循数据可得性和代表性原则，选取浙江省地区文旅产业发展融合为研究对象，由于影响文旅部门机构改革对促进文旅融合的主客观因素很多，在对浙江省部分地级市县关于文旅部门机构改革促进文旅融合效果进行模糊评价时，研究采用五级评价，即"非常好（5 分）、较好（4 分）、一般（3 分）、较差（2 分）、很差（1 分）"，邀请文旅行业资深专家对所研究的指标因素 W_{ij} 进行评分，基于上述获得的各指标的权重，从理念融合、职能融合、产业融合、市场融合、服务融合、交流融合等的相关指标对文化和旅游部门机构改革促进文旅融合评价做出较准确的描述。

为综合考察浙江省文化和旅游机构改革对促进文旅融合发展的实际效果，本研究基于浙江省、台州市和天台县的评价结果，从省、市、县三个层面将浙江省实施文化和旅游部门机构改革对促进文旅融合的效果做综合评价。由表 7-3 最终评价结果可以看出，浙江省、台州市和天台县文旅部门机构改革对促进文旅融合效果的综合得分分别为 4.455、4.326、4.238。文化和旅游部门机构改革推进文旅融合效果的平均得分为 0.891、0.8652、0.8476，表明浙江省全省文旅部门机构改革对文旅融合的促进效果是相对显著的。研究认为，这主要是因为浙江文化旅游资源基础较好，文旅融合相对容易。很多传统文化和地域文化不但底蕴深厚、特色鲜明，而且本身就是旅游资源。例如，浙江省是我国革命红船文化的起航地，红色旅游资源丰富，嘉兴南湖中共一大旧址、台州大陈岛、一江山岛、湖州长兴新四军苏浙军区旧址等多处红色旅游纪念地（本身就是旅游地）。浙江拥有浙东唐诗之路、钱塘江诗路、大运河诗路、瓯江山水诗之路"四条诗路"，文旅部门在将文化旅游资源串珠成链方面发力比较容易，成效显现比较快；一大批过去文化部门管理的名人故居如周恩来祖居、鲁迅故里、秋瑾故居等，本身就是旅游资源，可以直接推向旅游市场。几年来，文旅部门已经开始在文旅融合中大显身手，尤其是浙江省委、省政府着眼于全省化旅游资源优势和发展基础，明确提出以"八八战略"为指引、把文化旅游产业打造成全省十大千亿级产业之一，各地各部门闻风而动，一大批文旅项目落地，文旅深度融合在基层得到强力实践。例如绍兴黄酒小镇、乌镇景区、宋城景区等，都在文旅融合的盛宴中焕发出新的生机和活力。而随着 2018 年 10 月 25 日浙江省文化和旅游厅的正式挂牌，文旅融合发展又有了双重行政力量的推动。

表 7-3　浙江省文化和旅游部门机构改革促进文旅融合效果综合评价

目标层	准则层	指标层	合成权重	浙江省		台州市		天台县	
				专家评价	综合值	专家评价	综合值	专家评价	综合值
文化和旅游部门机构改革促进文旅融合效果评价（A）	B₁理念融合	C₁ 以文促旅的理念	0.018	4.5	0.081	4.3	0.077	4.1	0.074
		C₂ 以旅彰文的理念	0.018	4.5	0.081	4.3	0.077	4.1	0.074
		C₃ 和合共生的理念	0.054	4.6	0.258	4.5	0.243	4.3	0.232
	B₂职能融合	C₄ 行政机构一体化	0.055	4.6	0.253	4.5	0.248	4.5	0.246
		C₅ 文旅规划一体化	0.032	4.6	0.147	4.5	0.144	4.3	0.138
		C₆ 执法机构一体化	0.093	4.2	0.391	4.2	0.391	4.1	0.381
		C₇ 政策法规标准一体化	0.041	4.5	0.185	4.3	0.176	4.3	0.176
		C₈ 文旅政府营销（体制、机制、队伍）一体化	0.070	4.5	0.315	4.5	0.315	4.2	0.294
	B₃产业融合	C₉ 业态整合	0.014	4.6	0.064	4.3	0.060	4.3	0.060
		C₁₀ 产品融合	0.019	4.6	0.087	4.5	0.086	4.3	0.082
		C₁₁ 消费融合	0.011	4.3	0.047	4.1	0.045	4.1	0.045
		C₁₂ 文旅产业体系融合	0.032	4.5	0.144	4.5	0.144	4.3	0.138
		C₁₃ 产业链融合	0.024	4.3	0.103	4.3	0.103	4.3	0.103

续表

目标层	准则层	指标层	合成权重	浙江省		台州市		天台县	
				专家评价	综合值	专家评价	综合值	专家评价	综合值
文化和旅游部门机构改革促进文旅融合效果评价（A）	B_4 市场融合	C_{14} 市场主体融合	0.040	4.6	0.184	4.3	0.172	4	0.160
		C_{15} 市场监管融合	0.064	4.5	0.288	4.3	0.275	4.2	0.269
		C_{16} 市场开发渠道融合	0.026	4.5	0.117	4.5	0.117	4.3	0.112
	B_5 服务融合	C_{17} 公共服务设施建设管理	0.042	4.5	0.189	4.3	0.181	4.5	0.189
		C_{18} 公共服务机构功能设置	0.03	4.3	0.129	4.3	0.129	4.3	0.129
		C_{19} 公共服务资源共享性	0.059	4.3	0.254	4.1	0.242	4.2	0.248
		C_{20} 文化传媒宣传当地旅游资源的主动性	0.021	4.6	0.097	4.5	0.095	4.5	0.095
	B_6 交流融合	C_{21} 派驻海内外文化和旅游工作力量整合	0.118	4.3	0.507	4.1	0.484	4.0	0.472
		C_{22} 文旅品牌形象一体化	0.048	4.5	0.216	4.5	0.216	4.3	0.206
		C_{23} 本地媒体共享度	0.074	4.3	0.318	4.3	0.318	4.1	0.303

但是，由于多年来文化和旅游行政部门的分歧和生疏，新组建的文旅机构在形式上的合并很难在较短的时间内产生实质上的行政合力，尤其是在探索文旅融合发展规律、制定公共服务政策、编制文旅融合专项规划、完善文旅设施、统一服务标准等方面，需要较长时间方可取得长足进展和突破。加上浙江省内新建设的一批文旅项目尚未形成市场号召力，部分景区文化元素挖掘不足，部分景区同质化严重，缺乏市场吸引力，浙江省文旅融合尚处在培育发展阶段：从整体上看，文旅产业融合程度尚显不足，文旅融合消费能力未完全开发未释放的消费需求也很大（浙江省为0.047，台州市为0.045，天台县为0.045），业态开发整合能力不高（浙江省为0.064，台州市为0.060，天台县为0.060）。

第五节　结论与对策建议

本研究运用FAHP多层模糊综合评价法，从理念融合、职能融合、产业融合、市场融合、服务融合和交流融合等六个方面，针对我国文旅融合的特点，构建机构改革促进文旅融合发展模糊综合评价模型，科学、全面地评价了我国机构改革对文旅融合发展的促进效果，弥补了单一定性分析方法的不足，使评价结果更加科学和准确。根据这一评价结果，就加快体制融合提出如下建议。

一、加快职能融合，确保新机构新体制运转畅通

合并组建新的文旅管理机构，在现有政治格局下，从形式上看是容易的，但要尽快完成磨合期，应厘清内设机构边界，做到"政事分开、管办分离""无缝对接"，其难度是不小的。尤其是对于过去多年以来两大部门带来的人心隔阂、产品割裂，两大产业发展逻辑差异巨大，要实现机构从"整合"走向"融合"，就必须从讲政治的高度，发挥好宣传系统和政府组成部门双重优势，花大力气解决"两张皮"甚至"四张皮"（市县一级多数将体育、广电职能也合并进来）问题，促进新机构激发出内在活力，更好地落实党中央关于文化和旅游融合发展的各项决策部署。整合文化和旅游发展基金，最大限度地发挥政府资金的引导和撬动市场的能力。条件具备的市县，可整合文化、旅游、商业等国有企业，成立文旅集团，创新融资合作模式，多渠道筹集建设资金。另外，文旅机构成立之后并不等于体制机制就健全了，由于旅游产业的开放性，文旅部门还必须继续与宗教、环保、自然资源、农业农村等部门进一步加强衔接。

二、加快缩短磨合期，着力解决干部队伍工作理念和方式方法的分歧

文化和旅游部门合并之前长期以来缺乏合作，行政管理的方式方法不同，服务对象不一，工作理念相差较大，甚至在文化资源保护与开发方面存在很大的分歧，要想形成工作合力，必须转变理念，以机构改革为契机，深刻认识"以文促旅、以旅彰文、和合共生"理念的重大意义，实现理念、资源、队伍、手段等的整合，形成合力；充分运用多重行政手段，制定、修订、颁布促进文化旅游产业融合发展的政策、法规、规划、标准，综合运行金融、技术、财政、税收、人才等手段支持文旅融合发展；加大财政支持力度，吸纳社会资本；促进机构末端整合，赋予乡镇级文化站以旅游发展职责，增加旅游管理、宣传、推广、咨询等职能；制定专门人才引进政策，注重加大高层次人才的选拔引进、挖掘培养力度，着重引进和培育文化旅游复合型人才，努力打造一支高素质、专业化的文化旅游人才队伍。[①]

---

① 崔凤军，陈旭峰.机构改革背景下的文旅融合何以可能——基于五个维度的理论与现实分析［J].浙江学刊，2020（01）：48-54.

三、整合传播渠道资源，提升政府文化和旅游营销能力

文旅产品一旦进入市场，就需要政府部门的传播和推广，即所谓发挥政府主导、市场主体作用。市县文旅广电部门拥有传统媒体和一些新媒体优势，可大大提升原旅游部门不具备的营销能力。机构改革为整合系统内媒体资源创造了得天独厚的条件，文化和旅游部门宣传资源可以形成合力，使传统媒体和新媒体融合、主题活动和事件营销相结合，组织开展文旅融合系列主题演出、展览展示、主题论坛、互动联动活动，形成文旅营销的内生动力；同时，赋予原文化博览会、旅游博览会等以复合功能，使文化、旅游相互促进；培育一批具有融合特色的文旅融合品牌，把游客的获得感和幸福感转化为宣传渗透文旅融合新理念的内生动力；充分运用现代新媒体、新技术和新手段，构建立体化、全方位的文旅融合发展宣传营销体系，推动文旅融合发展从理念走向行动；推动文化和旅游企业合作、合资、并轨发展，有效扩大服务项目、服务内容，提升盈利能力，打造龙头企业。

四、制定文化旅游融合规划，加快地域文化转化为旅游产品

中国地大物博，文化积淀深厚。文旅部门可深入开展文化资源调查，摸清底数，制定规划，加快文化资源向旅游产品转化的力度和速度；实施文化基因解码工程，还原文化形态、思维模式、行动理念、礼仪符号、风俗习惯，挖掘有价值的文化基因，通过文旅融合方式传承和发展文化基因；通过数字化等技术手段，将物质遗产、精神遗产、非物质文化遗产等文化文物资源转化为游客喜爱的、有场景有故事的旅游体验产品；科学利用村落、文化遗迹及博物馆、纪念馆、艺术馆、非遗展示场所等开展文化旅游，让历史"活"起来，让静态的作品藏品"站"起来，让非遗文化"醒"过来；[①]建立文化和旅游发展智库，紧密跟踪世界文旅发展前沿热点焦点问题，借助文旅大数据分析，重点开展文旅市场需求和消费趋势理论研究，加强开发设计畅销对路的文化旅游产品的宏观研究，寻找新的文旅消费热点，指导文化和旅游产业转型升级；建设文化和旅游大数据平台，分级负责文旅融合发展数据统计、监测与动态反馈，发布相关数据成果；研究加强文旅融合发展绩效评估体系建设，明确文旅融合发展重点，提升文旅市场精准供给，培育文旅融合新业态；整合部门力量，加大文旅招商引资能力，吸引百亿级文旅项目，打造标志性文旅产品、文旅空间。

---

① 王姗，王海飞.游客特征及偏好与区域旅游发展的响应——以广东省肇庆星湖风景名胜区为例［J］.地域研究与开发，2021，40（2）：97-102.

　　本研究采用模糊层次分析法，仅是基于理念融合、职能融合、产业融合、市场融合、服务融合、交流融合等六个层面，没有更多地涉及中介变量或调节变量（如前期基础、干部因素、行政惯性、经济实力、疫情影响等），后续研究可考虑在现有研究成果的基础上加入中介变量或调节变量，考察其调节或干扰效应。

第八章

机构改革背景下县级文旅局长人格特质①

机构改革赋予了文旅部门意识形态、社会管理和经济管理三重职能。县级文旅局长作为机构改革后深化文旅融合工作任务的"前线总指挥"，其重要性越发凸显。如何选择一位合适的文旅局长，对于建设一支政治素质强、能力水平高的干部队伍、深化文旅融合至为关键。

近年来，我国各地文旅局长纷纷亲自上阵宣传当地文旅资源，他们借助网络平台和短视频，换上民族服饰、古装汉服，骑马舞剑，编排舞蹈和剧本，引起社会的广泛关注。第一波"出圈"的"网红"局长已经为家乡文旅发展起到了不小的推动作用。"网红"局长为当地代言成为热门，未来还将持续。文旅局长的个人形象在特定情况下可以代表该地区的整体形象，其行为和特点也引起了社会的关注、分析、争议和讨论。

结合几年前出现的"网红"文旅局长现象，笔者一直在思考：人才作为管理中最关键、最活跃的因素，在机构改革的背景下，如果文旅部门"一把手"领导能力不足，对重大战略、重要改革、重点工作推进不力，会严重影响地方文旅融合的发展和成效。那么，什么样的人能够掌舵地方文旅融合工作？开展高质量的文旅融合需要什么样的部门"一把手"？文旅机构改革之后，哪些文旅局长有效地开展了文旅融合工作？他们身上具备怎样的特质？哪些特质是当好文旅局"一把手"的必备要素？"网红"是不是每一个局长必须具备的基本素质？

为了解决以上问题，笔者决定对"文旅局长"开展研究。但是从哪个视角去研究县级文旅局长的素质？认真讨论之后，觉得从人格的角度分析是比较合适的。因为

---

① 本章主要内容刊发于《旅游学刊》2023年第5期，作者崔凤军、赵建芳。崔凤军，赵建芳.机构改革背景下县级文旅局长人格特质研究［J］.旅游学刊，2023（5）：15-27.

人格是与生俱来的，很难在后天的教育经验中获得根本性的改变。基于心理学的研究经验，笔者选择了"人格特质"这一切入点，构思了"什么样的局长才是理想的文旅局长——基于人格特质的研究"这样一个选题，以期解决"能不能"开展融合的问题。

人格特质对于人才的预测、选拔与安置等具有重要的指导意义，本研究通过深度访谈及分析部分"网红"局长相关报道资料，依据人格特质、人—职匹配和扎根理论，结合县级文旅部门工作特点，为文旅局长做出精准画像。笔者利用曾经担任多年旅游局局长的优势，利用参加行业会议和学术交流等机会，与浙江省县域的文旅局长、县级主管领导、旅管专业学者等进行深入交流。同时，比较了几位网红局长的资料。参照扎根理论的要求，进行数据搜集、编码、理论抽样、持续比较等操作，采用三阶段编码方法，得出主要范畴并以此为核心构建县级文旅局长人格特质构成。

从人格本身的特点来说，县级文旅局长人格特质应该是共同性和独特性的结合。共同性体现在知识结构、战略思维、领导艺术、领导伦理等内容上。在中国文化背景下，文旅局长作为领导干部应具备与其他领导干部相同的普遍性特质；但是在文旅局长身上又表现出独特的倾向性。根据词频对文旅局长的特质做出了性排序，依次为：首要特质——思维品质，尤其是文旅融合发展思维，在人格结构中处于主导性的地位，影响着领导行为的所有方面；中心特质——领导力、开放性、文化性，是局长在工作中通过威望、资历等独特方式发展起来的典型行为表现，体现在综合影响力和协调能力方面；次要特质——情感力、责任感、服务意识，是在工作中体现出来的某种偏好或反应倾向，比如乡村振兴的责任感、对游客和市民的服务意识等。研究一方面回答了"什么样的局长能行"的问题，另一方面也对"网红"局长现象做了学术上的分析和解读：从当前看，"网红"局长已经从个别、偶然的现象发展成全国性的现象，作为一种人设和流量特征，其行为引起的火热性值得一些县市效仿；但是冷静下来值得思考的是，当前县级文旅部门的中心任务仍然是打造旅游目的地中长期发展格局、加速文旅融合迭代升级、建设文旅精品项目、整顿旅游市场以及协调文旅相关产业做好品质服务（包括景区、酒店、餐饮、产品、休闲娱乐各个环节的衔接）等，宣传推广只是其中的一项工作。"网红局长"可能是具有个人魅力的文旅局长，但却不是配置"一把手"的核心变量。可以预料，没有高质量的文旅服务体系，一旦游客的实地体验与心理预期相差甚远，"网红"传播不仅起不到正向效果，还会起到负面作用。因此，文化和旅游高质量发展，考验的仍然是文旅局长的综合影响力和协调能力。

第一节　理论基础与文献回顾

一、人格概念界定及研究理论基础

人格是指个体在行为上的内部倾向，表现为在适应环境时的能力、情绪、动机、需要、兴趣等方面的整合[①]，决定一个人特有的行为和思想的动力组织[②]。人格特质使个体在观察事物、思考问题、情感关系、做事风格等各方面区别于他人[③]。领导者的人格特质一直是学界讨论的话题，斯托格迪尔（Stogdill）认为领导者应该具备身体特性、社会背景特性、智力特性、个性特征、与工作有关的特性和社交特性[④]。随后，奥尔波特（Allport）的人格特质理论[⑤]、卡特尔（Cattell）的十六人格因素[⑥]、大五人格模型[⑦]逐渐成为领导人格研究的理论基础，其中，大五人格理论的外倾性、随和性、责任心、情绪稳定性和经验开放性等五维度致力于解释与跨文化人格结构相关的最突出的个体差异[⑧]，常被用来解读领导者的人格特质。例如，科纳德（Conard）的研究表明，领导者并不是那么神经质，他们会更外向、随和、开放和情绪稳定[⑨]。施赖尔（Schreyer）等学者则综合了人格特质领域的相关理论，关注领导者的特质情商、黑暗人格特质以及HEXACO人格因素（诚实、谦逊、情绪化、外向、随和、开放和认真），以此来评估变革型领导潜力[⑩]。此外，也有学者研究了领导者个体特质对其行为

---

① 黄希庭.人格心理学［M］.杭州：浙江教育出版社，2002：8.

② ALLPORT G W. What units shall we employ?[M]// G Lindzey, *Assessment of human motives*. New York: Holt, Rinehart and Winston, 1958: 239-260.

③ 王重明，管理心理学［M］.上海：华东师范大学出版社，2021：118-119.

④ STOGDILL R M. *A survey of the literature*[M]. New York: Free Press, 1974.

⑤ ALLPORT G W. What units shall we employ?[M]// G Lindzey, *Assessment of human motives*. New York: Holt, Rinehart and Winston. 1958: 239-260.

⑥ CATTELL R B. Personality structure and the new fifth edition of the 16PF[J]. *Educational & Psychological Measurement*,1995(6): 926-937.

⑦ GOLDBERG L R. The structure of phenotypic personality traits[J]. *American Psychologist*, 1933, 48(1): 26–34.

⑧ THALMAYER A G, Saucier G. The questionnaire big six in 26 nations: Developing cross-culturally applicable big six, big five, and big two inventories[J]. *European Journal of Personality*, 2014, 28(5), 482-496.

⑨ CONARD M A. Predicting leader emergence with bright and dark traits[J]. *Journal of Psychology: Interdisciplinary and Applied*, 2020, 154(1): 1-14.

⑩ SCHREYER H, PLOUFFE R A, WILSON C A. et al. What makes a leader? Trait emotional intelligence and Dark Tetrad traits predict transformational leadership beyond HEXACO personality factors[J]. *Current Psychology*, 2021(42), 2077–2086.

的影响，例如斯考特（Van Scotter）和罗格里奥（De Déa Roglio）用大五人格理论分析了领导者不当行为产生的原因①，布莱多恩（Bleidorn）等人的研究表明工作个性更能反映管理者个性特征、岗位胜任力和工作效果②，开启了自然人格与岗位人格的区别研究。

二、中国领导干部的人格特质研究现状

在中国文化背景下，众多研究者对领导干部的人格进行了研究。研究者多采用量化研究的方法，认为领导干部的责任感、超前的思维能力③、情绪稳定性、社交性、自律性、决断性、创新性良好沟通技巧是其最重要的特质④，外向性、行事风格、情绪性、人际关系和处世态度最能够预测领导干部的工作成绩⑤。周（Zhou）等人用大五人格理论分析了村干部的人格特质对村庄生态保护的影响，发现具有随和与神经质特质的干部更有可能采取环保措施⑥。可见，领导干部人格特质涵盖认知、情感、意志、人际等各个方面，并集中于思维、责任心、情感和协调能力，能够对工作行为产生一定影响。

2018 年国务院机构改革将文化部、国家旅游局的职责进行整合，深化文旅融合，地方旅游管理体制的改革与探索也随之展开。作为一个典型的"中国话题"，文旅融合的研究吸引了跨学科的众多国内学者，研究也从最初的理论剖析，转向文旅融合以后对复合型人才的需求问题⑦⑧。综合比较地方文旅局工作职能⑨发现：县级文旅局的工作职责包含文化、旅游、体育等领域，涵盖意识形态、社会文化、经济发展等职

① JAMES R, SCOTTER V, ROGLIO K D D. CEO Bright and Dark Personality: Effects on Ethical Misconduct[J]. *Journal of Business Ethics*, 2020, 164(3): 451-475.

② BLEIDORN W, HOPWOOD C J, BACK M D, et al. Personality trait stability and change[J]. *Personality Science*, 2021(5): 82-92.

③ 张惠玲.台湾地区中小企业主管人员领导行为、人格特质与工作满意度之关系实证研究［M］.苏州：苏州大学，2016.

④ 赵国祥，申淑丽，高冬东.180 名处级党政干部领导能力研究［J］.心理科学，2003，26（3）：2.

⑤ 王登峰，苏彦捷，崔红，等.工作绩效的结构及其与胜任特征的关系［J］.心理科学，2007，30（4）：4.

⑥ ZHOU M, QIU M J, HUANG Li. Et al. Personality traits and village cadre adoption of rural environmental protection measures: a case study from China[J]. *Journal of Environmental Planning and Management*, 2020, 63(10): 1758-1770.

⑦ 崔凤军，陈旭峰.机构改革背景下的文旅融合何以可能——基于五个维度的理论与现实分析［J］.浙江学刊，2020（1）：48-54.

⑧ 崔凤军，张英杰.机构改革促进文旅融合效果评估及提升路径——以浙江省为例［J］.地域研究与开发，2021（5）：98-102

⑨ 天台县人民政府（天台县旅游发展委员会）、仙居县人民政府（仙居县文化和广电旅游体育局）、临海市人民政府（临海市文化和广电旅游体育局）网站。

能，并涉及与多部门的沟通合作。县级文旅局长岗位的重要性与特殊性不言而喻，在局长的选拔标准中加入人格特质的考量将有利于文旅融合的推进和文旅事业的发展。但是以往的研究中，有关领导特质的研究结论更倾向于群体特质，对县级文旅局长人格特质的验证上尚有不足。同时，在领导干部人格特质的测量中，视角仅聚焦于某一具体维度上，如外向性、魅力型[①]等，缺乏对某一群体领导干部人格特质综合性的探究。对于县级文旅局长而言，其人格特质除了具备作为基层领导干部所必需的人格特征以外，还应与机构改革大背景下文旅局工作特征相适配，体现出掌控文旅事业的能力，完美胜任文旅融合工作。由此，本研究以人格特质理论为基础，通过深度访谈了解县级文旅局长的行为表现，尝试挖掘其理想人格特征，提供具有本土化解释效力、符合测量学标准的人格特质分析框架，为局长的选拔提供心理学依据。

第二节　研究设计与过程

一、技术路线

扎根理论通过搜集和分析原始资料，归纳、提炼出概念与范畴，自下而上建构理论[②]，很好地契合了县级文旅局长人格特质的研究。本研究在文献分析的基础上，通过访谈法和收集网红局长采访资料，运用扎根理论方法分析县级文旅局工作核心特征，依据人格特质理论探讨文旅局长的人格特质。首先，通过深入访谈和资料分析，收集文旅局长在任职期间所做的工作及上级（研究者）、下级和自身的评价，挖掘出影响文旅局长工作效果的个人特征，如与其他领导岗位相同的特质、与文旅局工作相匹配的个性特征、工作能力和工作行为等；其次，运用扎根理论方法，通过 Nvivo12.0 Plus 对文本资料进行开放式编码、主轴式编码和选择式编码，提取与工作个性有关的特质，构建文旅局长人格特质结构。

二、样本选取与数据收集

样本选取。样本选择遵循典型性原则。作为"绿水青山就是金山银山"理念发源

---

① 陈乐妮，王桢，骆南峰，罗正学.领导—下属外向性人格匹配性与下属工作投入的关系：基于支配补偿理论［J］.心理学报，2016（6）：12.
② 科宾，施特劳斯，等.质性研究的基础：形成扎根理论的程序与方法［M］.朱光明.重庆：重庆大学出版社，2015：49-56.

地，浙江省践行文旅特色与优势，打造美丽浙江品牌，2017 年率先开展了省级全域旅游示范县（市、区）创建，并出台了"凸显浙江特色、高于国家标准"的《全域旅游示范县（市、区）创建指南》，成为国内旅游业发展的佼佼者，形成天台山、西湖、雁荡山、江南长城、普陀山、千岛湖、南湖、钱塘江、乌镇、西溪、莫干山等从南到北、从东到西，遍布全省各个角落的文旅业"浙江窗口"。本研究对调研县（县级市）样本点的选取综合考虑了当地社会经济状况以及文旅融合发展情况等因素，采用随机抽样的方式，在浙江北部地区、浙江中部地区和浙江南部地区随机抽取 5 个县，对这 5 个县的样本进行深度访谈。样本主要分为三类：第一类是县文旅局长，而且是在文旅部门工作时间较长（一般超过 3 年），对文旅机构工作目标、要求和职责理解到位，工作绩效明显，得到广大受众和上级领导支持的文旅局长；第二类是主管领导和专业研究者，包括县市区党委政府分管领导和高校文旅领域资深研究者，作为第三方对本县文旅工作开展实效和文旅局长进行评价，提炼理想局长人选的必备要求；第三类是文旅机构工作人员及下属（包含旅游乡镇领导），他们属于文旅局专业管理机构和辅助机构的工作人员，对文旅融合的开展更为熟悉，对局长的人格特质认识更为直接，能从制度落实的层面为访谈提供丰富内容。同时，加入"网红局长"刘洪、黄细花、贺娇龙等网络报道文本材料 6 份①②③④⑤⑥，对访谈资料进行充实。

访谈内容。主要包括五个方面：文旅融合背景信息、文旅工作定位与特点、关键事件及解决、人格特质的作用及理想人格设想等。访谈问题示例：作为局长，在完成工作的过程中，您性格中的哪些特点能够促进问题的解决？您觉得在文旅工作中，还有哪些个性特征是您特别需要的并且是您不具备的？您觉得理想的文旅局应该具备什么样的性格？充分利用被访谈对象在工作中认为最重要的人格特质，来探索文旅局长在文旅融合工作中的具体内容和事件处理过程中人格特质对工作的促进作用，挖掘文旅局长人格特质要素。

数据收集。访谈时间跨度从 2022 年 1 月至 2022 年 7 月。访谈前，将访谈问题通

① 王建臣.解读一个地级市的"全域旅游"发展战略——访四川甘孜州文旅局长、最帅旅游形象大使刘洪[J].当代旅游，2022（20）：1-6.
② 王倩.雪地策马女县长贺娇龙已升任伊犁州文旅局副局长，"我是所谓的网红，但没飘"[N].上观新闻，2021-04-15.
③ 唐唯珂，赖梦萍.文旅40人访谈：广东旅控集团总经理黄细花：酒店直播将常态化应加速本土品牌输出[N].21世纪经济报道，2020-07-10.
④ 王珊珊.网红副县长蔡黎丽升任六安文旅局局长，曾捐出17万直播收入[N].澎湃新闻，2021-12-30.
⑤ 张慧.新公共服务理论视阈下政务微博建设的思考——@新疆何淼案例研究[J].黑龙江人力资源和社会保障，2021（7）：8-10.
⑥ 文化产业评论.在新疆，文旅局长到底有多"卷"？[N].新浪网，2022-07-17.

过网络发放等形式，让访谈对象进行熟悉和了解，以便提高数据收集的信度及有效性；访谈过程中，每位访谈对象的访谈时间控制在 30~60 分钟，以笔记形式进行重点语句的记录，补充记录访谈中对象的语调、表情及反应等，在对方知情同意的情况下录音；访谈完成以后，及时将录音资料文本化。在访谈到第 21 位对象时，编码中没有明显的新概念出现，新的受访者叙述内容与之前的受访者叙述内容开始出现相似或重叠；持续访谈到第 24 位受访者时，仍然没有新概念出现，停止访谈。对 24 位访谈对象的内容进行 R1~R24 的排序和编码，形成 8.8 万字的访谈信息，受访者人口学特征如表8-1 所示；同时通过网络查找和整理近期新闻中有关"网红文旅局长"的报道 6 份整理出 1.9 万字，作为理想文旅局长的补充材料进行分析。

参照鲍思（Bowen）根据扎根理论研究的要求[1]，进行数据搜集、编码、理论抽样、持续比较等操作，编码结束邀请 4 位访谈对象对研究结果进行反馈和补充，他们对该研究结论具有较好的认同。另外，选取 2 位访谈对象做补充访谈，对访谈资料和6 份新闻报道中涉及人格特质的信息进行开放性编码。结果显示，没有出现范畴无法包含的情况，确认达到理论饱和[2]。

三、县级文旅局长人格模型构建

（一）县级文旅局工作特征对局长的要求

基于县级文旅局的特征对局长的理想人格特征做分析。首先对文旅局的工作特征进行概括和关键词提取：通过对官方网站查到的县级文旅局工作职能及访谈资料所取得词源分析整理，依据扎根理论，应用 Nvivo12.0 Plus 内嵌的词频分析功能，提取句子中的关键词汇，以可视化图谱的方式，将原始资料中的高频词汇直观地展示出来。结果显示，文化、旅游、融合是排名前三的关键词；需求、项目、协调、推进、宣传、产业、事业、游客、服务、建设等词汇隐含了较为丰富的信息量；除此之外，磨合、专业性、弱势、主动、创新、知识、产品、乡村、交流、招商引资等词汇包围在外环。总体看，县级文旅局的核心工作与文化活动相关，并包含满足群众与游客需求、项目开展、综合协调、规划建设等广泛的工作内容。结合访谈资料对关键词进行分析发现，县级文旅局在机构部门中是"最年轻"的部门之一，其行政地位在党政机构中总体看还处于弱势地位；但文旅局的管理工作职责涵盖面广，需要既懂政治意识形态又懂经济管理，既懂文化又懂旅游，既要具有市场化思维又要有事业性思维，既

---

[1] BOWEN G A. Naturalistic inquiry and the saturation concept: A research note[J]. *Qualitative Research*, 2008, 8(1): 137-152.

[2] 杨莉萍，亓立东，张博．质性研究中的资料饱和及其判定［J］．心理科学进展，2022，30（3）：511-521.

具有专业性又具有个人魅力的复合型管理人才，但部门"弱势"地位与领导素质高要求之间存在较明显的不一致性。

表 8-1　受访者人口学信息一览表（n=24）

人口学特征		人数	百分比 %
性别	男	20	83.33
	女	4	16.67
年龄	40 周岁以下	1	4.17
	40~45 周岁	6	25.00
	45~50 周岁	14	58.33
	50 周岁以上	3	12.50
学历	专科	0	0
	本科	17	70.83
	研究生及以上	7	29.17
旅游管理专业	是	6	25.00
	否	18	75.00
职业	文旅局长	10	41.67
	上级主管领导	8	33.33
	工作人员	6	25.00
从事文旅工作时间	3 年以下	4	16.67
	3~10 年	12	50.00
	10 年以上	8	33.33

（二）基于扎根理论的局长人格特征提取

关键词提取。应用 Nvivo12.0 Plus 词频分析功能，提取描述县级文旅局长人格描述句子中的关键词汇，以可视化图谱的方式，将原始资料中的高频词汇展示出来，分析结果如图 8-1 所示。影响力是局长人格特质的核心关键词；专业性、打交道、代言人、市场化、待人接物、主动性、消费者、设身处地、开放性等体现其人格特质的不同方面；判断力、融会贯通、灵活性、知名度、适应性、知识性、事业心、人际关系包围在外环，涵盖了与其工作密切相关的内容。

编码过程。通过对 24 篇访谈记录关于人格特质的描述进行反复梳理、阅读访谈原始资料，同时补充访谈时的非语言资料，如态度、表情等，在对文本充分理解的基础上，利用 NVivo12.0 对材料进行编码分析。根据三段式编码程序，逐词逐句逐段阅读、编码、整理，通过不断比较，逐层探索归纳和提炼相应的概念和范畴。

图 8-1　县级文旅局长人格特质高频词汇可视化图谱

首先开放式编码，尽可能采取中立的态度，将收集到的原始资料信息按其本来要表达的意思进行初步编码，目的是界定概念并发现范畴。通过阅读文本材料，提取与文旅局长人格密切相关的代表性语句，形成如"我们旅游业不是强势的产业，只能是通过影响领导来实现这个工作的顺利开展"等 288 条原始语句。其次是界定概念，通过对原始语句进行分析比较提取关键词，尤其是对存在语义交叉的句子，使用比较和归纳，抽取出最能体现人格的关键信息，例如将"保障企业的效益，设计或者策划项目的时候，多倾听企业的需求"界定为"服务企业"，形成 636 项关键概念。最后提炼范畴，以某一概念为中心，进行概念聚类，形成概念群，例如将乡村振兴、兼顾地方发展、提升乡村文明、旅游改变乡村环境、遵循事业性归纳为"乡村责任感"。通过开放式编码并结合已有研究，得到"文旅融合思维""协调沟通""判断力""影响力""乡村责任感"等 29 个初始范畴，如表 8-2 所示。

主轴编码。通过聚类分析，每次只选择一个类属进行深度解码，围绕这个类属寻找相关关系，发现和建立范畴之间的内在逻辑联系，发展主范畴。根据不同范畴之间的内在联系和逻辑关系，对其归类形成概括性更高的范畴。本研究的主题是文旅局长的人格特质，研究中经过轴心式编码，发现判断力、全域思维、文旅融合思维、市场思维、事业思维等符合领导特质理论中"思维品质"的范畴；协调沟通、影响力、管理队伍、政治品性、威望和修养符合领导特质的"领导力"范畴；审美品位、宣传创新、动机驱动、时代属性、人才创新符合人格特质的"开放性"范畴。依据人格理论和领导特质理论，对开放编码形成的 29 个初始范畴进行归纳，形成思维品质、领导力、开放性、文化性、情怀、责任感和服务意识 7 个主范畴，各主范畴代表的意义如表 8-3 所示。

表 8-2　开放编码形成的范畴示例

初始范畴	概念	访谈资料
文旅融合思维	内容融合	文化的工作要从旅游的方面考虑多一点，旅游的工作要从文化的方面考虑多一点（R1）
事业思维	遵循事业发展	如果以产业的思维（市场）去做事业，没有遵循事业发展的要求，没有使老百姓的文化生活更加丰富多彩，也是不合格的（R2）
全域思维	全县战略	要把工作放在区域里面，按照区域发展的大局开展工作，并且作为县里中心工作进行，上升到一定的高度（R6）
市场思维	文旅出消费	文旅兴县是县里的重大战略，通过文旅产生消费和经济收入（R8）
判断力	部门职能弱	我们旅游业不是强势的产业，只能是通过影响领导来实现这个工作的顺利开展（R9）
影响力	影响主管领导	文旅局长素质需要均衡，能力强，但是也要具有对主管领导的影响力（R6）
协调沟通	与运营团队沟通	要好打交道，能够和顶级专家沟通，和运营团队对话（R12）
管理创新	均衡队伍结构	对外交流科，这是我局唯一的一个，就是为了市场营销、对外宣传、提高知名度而设立的
政治品性	政治素养	政治素质毋庸置疑，眼光要远（R6）
管理队伍	人才任用创新	下一步进行导游的优选，要推动导游职业自由化改革（R10）
推广创新	文旅新方式	要把优秀传统文化与讲好故事的元素相结合，让游客白天看山看水，晚上进行文化雅集；开展夜游经济，让游客进行沉浸式的游览（R3）
时代属性	观念开放	现在兴起网红的东西，那些年轻人玩的东西，总要稍微知道一点嘛，年轻消费者他们有什么要求，有什么新的玩法，然后什么新的潮流，都要有一些了解和吸收（R1）
动机驱动	活泼爱动	我们在选择人员的时候基本上就是说要么比较年轻一些的，要么想法比较多的，比较活泼
审美品位	美学观念	对网站宣传、风景照片、宣传视频，要有审美的能力（R13）
威望	丰富的阅历	我自身的成长来说，县委县府办、乡镇工作也都做过，工作经历丰富，所以很容易能够把很多项目和工作进行整合（R17）
专业性	旅游管理的知识	进行整体谋划的能力，在这方面对业务能力（旅游管理）的要求是很高的，所以专业知识很重要（R16）
自信	对旅游资源自信	我们是属于旅游资源非常薄弱的地方，几乎就是没有什么好的一些旅游资源，也没有背靠大景区，那这个时候呢，我把它定位为自信乡村，我们发展乡村旅游，他们就要对自己这个乡村要有自信（R18）
文化素养	构建知识树	要有自己的知识树，文化和旅游来了以后，我脑子里面有一个关于资源、文化、旅游要素的知识树（R19）
文旅敏感性	文化解码与应用	从语言符号、核心价值、创新转化和制度成果几个方面进行解码。衍生出来的文化产品的创作，为旅游所用，在旅游的同时感受优秀的传统文化（R12）

续表

初始范畴	概念	访谈资料
了解地区文化	薄弱点与优势	还有就是文旅局长要对自己的区域比较清楚，了解优点在哪，缺点是什么（R16）
热爱旅游	对旅游情怀	我是觉得旅游首先你要喜欢旅游，自己要热爱旅游，其他的方面，比如说专业性欠缺一些，这些都是可以通过学习弥补的（R17）
热爱事业	旅游事业情怀	从行政职务这个角度去考虑，有些人不一定看好这个职位，所以单单从职务的角度考虑，还是要专业的，有旅游情怀的（R18）
耐心	坚持	有的地方发展旅游业，有的肯定要坚持四五年才能把这个事情干成，也就是它有一个周期性，坚持4~5年才能见效果（R18）
社会责任感	为社会谋划	没有为社会发展谋划、使老百姓的文化生活更加丰富多彩，也是不合格的（R4）
乡村责任感	乡村振兴	乡村振兴我认为它跟我们乡村旅游是紧密相关的，乡村旅游就是乡村振兴的一个非常有效的手段（R18）
文旅带富	带动老区共富	特别是像我们革命老区，我们去发展旅游，其实也是本着对老区人民群众负责任，然后要带领老区共富这样的一个使命担当（R20）
服务企业	倾听企业需求	在设计工作抓手的时候，要注重服务能力，保障企业的效益，设计或者策划项目的时候，多倾听企业的需求（R6）
服务游客	提供有价值服务	文化一般是政府投入，购买社会服务，向社会提供一批公共物品，比如博物馆、文化馆、图书馆免费开放，提供有价值的文化服务（R21）
换位思考	考虑游客需求	我非常关注游客的评价，尤其是对我们旅游方面服务质量的评价。比如我们有哪些没做好、哪些酒店还有什么问题（R20）

表8-3 轴心编码形成的主范畴

主范畴	对应范畴	范畴的含义
思维品质	判断力	对文旅局工作性质与地位的判断和工作中具体事务属于产业性质还是事业性质的判断
	全域思维	旅游规划和发展的全域思维、全域旅游思维和全局性思维
	文旅融合思维	从文旅融合的理念、形式与内容、工作载体、知识等方面的有机融合思维
	市场思维	开展文旅局工作要注重市场导向，市场营销和项目推进涉及消费的内容
	事业思维	要将文旅事业与社会经济发展相结合
领导力	综合协调能力	良好的口才，机关经历丰富、能够协调主管领导、部门及文旅工作有关群体之间的关系
	影响力	文旅局的工作需要与上级领导、部门下属、消费者、媒体、企业等打交道并对其产生影响
	管理队伍	能够任用好人才，合理进行工作分、对团队进行有效管理
	政治品性	文化工作的意识形态色彩突出，要具备良好的政治素养
	威望和修养	个人形象较好，有激情，有活力，性格要强势，人际关系良好，机关经历丰富

续表

主范畴	对应范畴	范畴的含义
开放性	审美品位	具有一定的艺术素养审美能力，对设计、视频、照片等懂欣赏
	宣传创新	应用网络平台等新的宣传手段，文旅工作创新有特色
	动机驱动	工作要积极主动、善于学习
	时代属性	观念开放，包容，紧跟时代潮流
	人才创新	在管理方面从人才任用到发展的理念等都有一定的创新性
文化性	文化素养	有文化底蕴，知识全面
	专业性	有旅游管理方面专业背景，丰富的知识和素养
	了解地区文化	充分了解地方文旅资源的薄弱点与优势，据此进行资源的开发
	文旅敏感性	重视讲好中国故事，能够对文化进行解码和创新性转化
情怀	耐心	能够静心思考与研究当地文化内涵，建设项目
	热爱事业	热爱旅游事业，文旅局长不仅仅是一个行政职务
	热爱旅游	热爱旅游，进行旅游宣传
	自信	具有自信心，包括开发地方文旅资源和工作开展过程中对自己和团队的信心
责任感	社会责任感	具有生态环境保护的责任感和为社会谋划的使命感
	乡村责任感	具有乡村振兴的理念和愿意承担责任
	文旅带富	通过文旅事业的发展，带领当地共同富裕
服务意识	换位思考	从游客的角度出发，考虑他们的需求
	服务游客	重视为游客提供有价值的服务，关注游客的评价
	服务企业	在文旅工作中考虑企业的利益，倾听企业需求

选择性编码。把研究中已探索出来的概念类属经过系统的理论分析以后，选择能够紧扣主题并提纲挈领的核心类属，把所有其他的类属串成一个整体拎起来，将最大多数的研究结果囊括在一个比较宽泛的理论范围之内[1]，将其定义为核心范畴："县级文旅局长人格特质"，逻辑关系如下图所示。文旅局长的人格特质包含共同特质和个人特质，共同特质是文旅局长作为领导干部与其他领导所共同具备的普遍性特质；个人特质是普遍特质在文旅局长身上特有的表现和组合。

---

① 周媛，梅强，侯兵.基于扎根理论的旅游志愿服务行为影响因素研究［J］.旅游学刊，2020，35（9）：74-89.

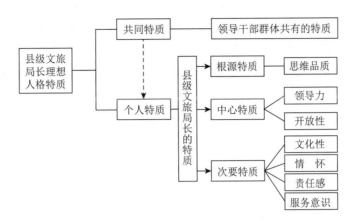

图 8-2　县级文旅局长人格特质结构

如奥尔波特（Allport）所说[①]，特质是以一种层次结构集中在一起，根据重要程度，顶层是根源特征或关键特质；其下是几个中心特质，最后在这一切之下的，是更多的次要特质。同时，某个特质是文旅局长的首要特质，但在另一类领导群体身上却可能是中心特质，在第三类领导群体身上可能只是次要特质。在这些特质中，围绕核心范畴，思维品质是文旅局长内在的根源特质，在人格结构中处于主导性的地位，具有极大的弥散性和渗透性，影响着领导行为的方方面面。领导力是核心成分，是个人在工作中通过经历、威望等独特方式发展起来的最典型的行为表现，是日常工作中的凝聚焦点，体现文旅工作内容；开放性决定其对待事物的态度和选择，与领导力共同构成重要特质。文化性、情怀、责任感、服务意识是在具体工作中体现出的特质，表现为某种偏好或反应倾向，如乡村振兴的责任感、对游客的服务意识等，构成次要特质。

第三节　结果分析

通过上述人格特质分析，对县级文旅局长的人格特质做出如下总结。

一、以良好的判断力、融合思维为主的思维品质是人格的根基性特质

具备良好的判断力、融合思维和事业、市场兼备思维，是一位文旅局长最理想的

---

① ALLPORT G W. What units shall we employ? In G Lindzey, *Assessment of human motives*[M]. New York: Holt, Rinehart and Winston, 1958: 239-260.

思维品质。用心思考的能力能够加强解决问题和做出有效决策的能力，一个好的思考者不仅知道如何利用有效的思考策略，而且知道如何规避无效的策略[1]，因此思维力被称为智慧的明珠[2]。文旅局长的思维品质中，首要的是判断力，这是其思考策略的前提条件，具体表现为能够对文旅部门本身的工作性质做出准确的判断和定位，能够正视文旅局在机关单位中相对"弱势"但重要的位置，能够准确定位某项工作应该侧重发展事业还是侧重发展市场；其次是融合思维，文旅局长要能够深入理解文化和旅游融合的理念，在工作中能够进行机构与工作载体、工作内容、历史与旅游、旅游规划与事业发展等方面进行有机的融合，业界推出的"全域旅游"的创建工作[3]，客观上要求文旅局长从思维决策层能够整合旅游目的地的各项旅游资源、推动各产业之间的融合、丰富旅游产品的内涵与价值等，从而不断创新旅游的发展；再次是兼具事业思维和市场化思维，文旅局长应围绕项目的推进、客源市场推广等，将各种产业、资源相互融合发展，实现特定区域内经济和社会的协调发展[4]。"让旅游行政主管部门成为市场经济的一部分，政府和市场、公民共同参与，形成一种合作、协商和伙伴关系"[5]，可见，在治理理念上，县级文旅局长与其他党政领导干部以管理为中心的思维特征存在着明显的不同。

二、以较高的综合影响力为代表的领导力是人格的核心性特质

领导力表现在通过个人综合素质、社会地位、沟通协调等，在与上级部门、平行部门和下属部门及人员交往过程中，影响和改变他人的心理、思想和行为[6]。研究表明，对文旅局长而言，除了政治领导力和判断力之外，影响力是领导力的核心因素[7]。影响力实现的重要条件是协调沟通能力，成功的文旅局长必须获得上级领导的接纳与支持，才能形成良好的互动关系，沟通结果直接关系到决策的执行和部门工作效能的发挥。由于文旅局在机构中处于相对"弱势"的地位，"一把手"局长在工作中的博弈能力就十分重要，如果工作中不能影响上级领导、平级领导甚至下属，将很难实现预期工作目标和组织目标。同时，县市区文旅工作的顺利开展，要求政府各部门相互

① 舒尔茨 D P，舒尔茨 S E. 人格心理学［M］. 张登浩，李森，译. 北京：机械工业出版社，2022：126-137.
② 彭聃龄. 普通心理学（第 4 版）［M］. 北京：北京师范大学出版社，2012：253.
③ 厉新建，张凌云，崔莉. 全域旅游：建设世界一流旅游目的地的理念创新——以北京为例［J］. 人文地理，2013（3）：130-134.
④ 何建民. 旅游发展的理念与模式研究：兼论全域旅游发展的理念与模式［J］. 旅游学刊，2016（12）：3-5.
⑤ 厉新建，时姗姗，刘国荣. 中国旅游 40 年：市场化的政府主导［J］. 旅游学刊，2019（2）：10-13.
⑥ Schafer J. A. Effective leaders and leadership in policing: traits, assessment, development, and expansion [J]. *Policing An International Journal of Police Strategies & Management*, 2010, 33(4): 644-663.
⑦ 高兴国. 领导力的本质是影响力——领导力问题研究之三［J］. 生产力研究，2013（1）：9-11.

配合，构建从全局谋划和推进的工作格局①，有效整合区域内不同资源，建立统筹推进全域旅游的体制机制，但目前县级旅游市场从准入、旅游与环境的整合优化、景区的产业结构优化以及其他旅游管理的权限大都分散在不同的职能部门手中，因此，文旅局长卓越的综合协调能力显得尤为重要。

　　本研究的引发点之一是"网红局长"现象，文旅局长承担着地方旅游代言人的角色，因此颜值高、年纪轻、口才好成为文旅局长理想特质的期待之一；在中国传统的"鉴人"智慧中，相貌、谈吐也是识别人才的重要途径。但是研究中发现，"网红"局长尽管相貌出众、年轻有为、谈吐儒雅、善于自我表现，在对旅游的宣传包装和撬动市场上能够发挥较大作用，但往往在体制内的行政影响相对较弱，与理想的文旅局长较强的影响力和综合协调能力要求差距不小。从生发地上看，"网红"局长多数产生于西藏、新疆等地区（按照惯例，民族地区往往还配备党委或党组书记，书记是实质上的"一把手"），内陆和沿海地区"网红"局长却鲜有出现，究其原因，可能是中西部地区文化旅游工作性质较沿海来说相对单一，需要综合协调的事务不多。因此"网红局长"可能是成功的文旅局长，但"网红"却不是配置"一把手"的通用人格变量。

三、以学习能力为代表的开放性人格是人格的适应性特质

　　开放性指对新环境、新方式的容忍和探索②，开放性的个体充满好奇，对新颖的、非传统的以及有创造性的事物充满兴趣。以往研究表明，具有较强的开放性人格倾向的基层公务员更能够灵活应对工作中的各种状况及突发情况，他们通过充满好奇心和发散性思维获得新鲜感③，从而保持对知识和学习的兴趣，勇于打破常规去寻找解决问题的新途径④。文旅局长的开放性体现在动机驱动、宣传创新、审美品位、紧随时代和管理创新等方面。动机驱动主要体现在个人学习与提升方面，能够积极主动适应文旅局的工作方式，有较强的内在动机、想法和创意，对事业有积极主动的追求，能够主动转变工作方式，在岗位上经常出去学习和调研，接纳与追随不断推陈出新的网络平台等。对文旅局长的访谈和网络报道，都从不同角度提到了借助短视频平台展示地

　　① 马海鹰，吴宁.全域旅游发展首在强化旅游综合协调体制机制［J］.旅游学刊，2016（12）：15-17.

　　② MCCRAE R R, Paul T C. Positive and Negative Valence within the Five-Factor Model[J]. *Journal of Research in Personality*, 1995, 29(4): 443-460.

　　③ 姜雨峰，于靖文.人格特质对基层公务员职业倦怠的影响研究［J］.山西经济管理干部学院学报，2021（01）：18-24.

　　④ 陈静，汪群，田梦斯.新生代员工开放性人格特质对建言行为的影响作用研究［J］.领导科学，2015（23）：42-44.

方旅游特色的创意短视频,有的甚至获得百万粉丝的关注和近千万的点赞,因此以学习能力为代表的开放性人格是文旅局长人格的重要特质。其他譬如能够结合地方文化和旅游资源进行创新性转化、跟随消费者尤其是年轻人一代的需求和新潮流等,都体现出文旅事业的时代属性;在景区规划、宣传和管理方面,需要具备审美能力和学习美学理念,文旅局长虽然并不直接进行项目规划和设计,却有一定程度的决策权,因此,局长的审美水平也会影响地方文旅发展的审美取向和艺术高度。

四、较高的文化素养体现出的文化性是人格的表现性特质

从对文旅局的关键词分析中可以看出,文旅局的文化属性强,领域内的"文化人"比较多,需要文旅局长的文化素养与之相匹配。一个专业性强、文化底蕴深厚的局长,不但能快速地了解当地自然资源、人文环境和历史文化,保持对地方文旅事业发展的敏感性;还能对文化精神建设、历史与文化资源的挖掘、文化创新性解码、文化项目与应用、文化的可持续发展、讲好中国故事、创作文化产品、提供特色的文化服务等有较强的促进作用。同样,文化水平和专业素养较高的文旅局长,容易成为县域最富魅力、最吸引人、最具辨识度的标识,能够更好地履行地方文化旅游"代言人"的角色。调研结果表明,学历较高、学养较深、任职时间较长的文旅局长履职效果会更好,感受到的职业压力更小。

五、专业情怀和家乡情怀是人格的情感特质

调研中了解到,文旅局虽说是锻炼干部的职务平台,但并非职务晋升的最佳位置,很少有局长能够直接从这个岗位得到晋升,其业绩在党委政府众多的部门中也很难凸显,因此,做好文旅工作需要有情怀。情怀是一种比感情更深厚的体验和倾向性。一位理想的文旅局长,需要对旅游事业和文化事业怀有深深的热爱与追求,而不是仅仅作为个人晋升的途径,唯有如此,才能够静心思考和研究,才能怀着热爱深入思考当地文化,立足长远开展工作谋划。比如一些局长谈道:"输出本土品牌需要大量的前期投入,品牌的培育周期也比较长","看似风光的背后,自己也要经常承受不被理解的孤独感",在这个过程中,没有一定的情怀,很难做到坚持和耐心。但情怀不是天生的,是在实践中历练出来的。基层人才一般在县乡工作时间较长,从地方实践来看,工作阅历比较丰富,最了解当地发展情况,经验相对成熟;从感情认同来看,对当地的资源、文化与历史有更深刻的了解和认同,对家乡有着特殊感情,在工作中愿意投入更多的精力,更能提出务实有效的建议举措。20世纪90年代各地从外地招聘的旅游局长(不含副局长)一般不成功,其原因大致如此。

六、旅游带动乡村振兴的责任感是人格的动力特质

个体在社会生活中都占有特定的地位，扮演特定的角色，从而产生一定的职责，通过履行各自的职责，个体会形成对于自身职责的意识。文旅局长的责任感体现在作为发展地方文化和旅游直接领导者的责任感；旅游带动乡村振兴的"前线总指挥"的责任感；兼顾丰富老百姓生活、提供就业机会、为社会谋划、增加税收的社会责任感等。"建立乡村振兴学院，培育乡村旅游人才队伍""乡村旅游能够促进农村经济发展和群众收入""我内心坦荡，一切都是为了家乡"，都是文旅局长责任感的具体体现，也是其履职的动力来源之一。可见，较强的社会责任感不断地驱使个体承担对国家和社会的责任，促进其将理论应用于实践，提高发现问题、解决问题的能力[1]。良好的责任感可以促进文旅局长不断学习、深度思考、担当作为。

七、"对上负责"与"对下负责"的双重服务意识是人格的递补特质

党政干部作为人民群众的代表，作为践行为人民服务宗旨的核心力量，其服务意识影响着核心价值观的塑造。文旅局长的服务意识具有更强的指向性，既要"对上负责"，又要"对下负责"。以换位思考能力为基础的服务意识，要求文旅局长能够设身处地考虑如何服务游客、服务企业、服务消费者、利益相关者，关注提供有价值的服务和总体服务能力的提升，注重从需求的角度改进工作，更加关注游客的评价，愿意将游客评价作为衡量工作能力的指标之一。党的十九届三中全会通过的《中共中央关于深化党和国家机构改革的决定》《深化党和国家机构改革方案》要求政府由管制型转变为服务型，旅游管理也由"中低水平的兜底型向中高水平的质量型"转变[2]。中国已进入"大众旅游"时代，这也要求各级政府发挥宏观调控职能，将管理融于服务之中[3]，为旅游企业的发展提供相对公平和健康的竞争环境，为游客提供完善而优质的公共服务，例如，"进一步提升服务质量，从景区酒店到我们的工作人员、区间车一线工作人员，都是要提升服务质量"的表达就是文旅局长服务意识的体现。实践表明，文旅局长的服务意识如果融于人格特质，能更好地践行党和政府改革需要以及文旅工作的深入开展。

---

① 阎琨，吴菡，张雨顾.社会责任感：拔尖人才的核心素养［J］.华东师范大学学报（教育科学版），2021，39（12）：28-41.

② 薄贵利，吕毅品.论建设高质量的服务型政府［J］.社会科学战线，2020（2）：189-197.

③ 张辉，范梦余，王佳莹.中国旅游40年治理体系的演变与再认识［J］.旅游学刊，2019（2）：7-8.

第四节　结论与启示

一、主要结论

本研究依据特质理论和扎根理论，建构了包含思维品质、领导力、开放性、文化性、情怀、责任感、服务意识 7 个维度共 29 项人格要素的县级文旅局长人格特质结构。文旅局长作为党政干部，要具备领导干部的普遍性特质，同时依据文旅局工作特点，还要具备岗位特有的个人特质。研究内容来源于县级文旅局长的访谈报告和网络报道材料，探索出的县级文旅局长人格特质结构，突出了文旅局长的能力特质，使当前关于领导特质的整体性研究更加清晰，更具有本土化解释效力。研究结果分别验证人格理论与领导特质理论的部分内容，为机构改革后文旅局"一把手"局长的选择提供了人格方面的依据和方向。

二、有关启示

（一）注重树立人格特质与岗位相匹配理念，从源头上选好"苗子"。人格是在遗传基础之上通过后天与环境的交互作用而逐渐形成的，具有相对稳定性，很难在短时间内发生改变，即使后天的培训也很难改变人格特质，因此文旅局长的选拔，不能过多期待录用以后改造人格特质使其适应岗位，而应结合文旅局的工作性质，选择人格特质与岗位更匹配的干部。众多心理学研究发现，成功人士不一定都具备某些特殊的人格特质，但是一些人格特质的确是大多数成功者所共同拥有的特征，某些工作与岗位也确实更适合由具有某些类型人格特质的人来从事；同时人格特质可以预测职业成长。依照个性特征来安排工作，能够使人才利用最大化，促使文旅服务工作更加高效，公众满意度不断提高，可见，在公务员队伍中注重运用"人—职匹配"，能够达到事半功倍的效果。

（二）注重专业化和领导力，实现"专才"与"通才"的结合。专业部门需要专业过硬的人才来领导。从研究结果来看，具有专业知识背景的管理人才能更好地理解文旅融合工作，开展文化与旅游的全域、全过程管理，因此要充分尊重文旅专业人才。文旅局长不但要成为本部门业务方面的骨干、权威、专家，即所谓的"专才"，还应该是行政管理方面的专家、管理工作的内行，即所谓的"通才"①。在机构改革的过渡时期，"通才"优于"专才"，领导能力、协调能力优于专业能力。当然，在文旅局长履职的过程中，围绕机构改革的目标与需求，专业的训练必不可少，要充分发挥系统内部专业人才的作用，让他们有发言权和存在感。因此，单位"一把手"有责任培育一支具备较高的现代管理理论素养和系统的文化旅游管理专业知识、具有国际视野、创新精神、社会责任感的应用型、复合型人才队伍。

（三）注重建立人才测评与筛选机制，储备一支优秀的后备干部队伍。组织部门在选择县级文旅局长时，可以通过平时掌握的情况来选拔干部，也可以采用量化测评的方式筛选人才，测试的内容可分为文化知识测试和人格测评，但要注意测评标准需符合中国国情和岗位要求。文化知识测试着重考查专业知识、文化历史知识以及与旅游管理有关的知识；人格测评可以参照本研究结论，采用人格量表，倾向将思维品质、开放性、领导力、责任感、服务意识等方面得分较高的干部作为文旅局长候选人。虽然测试可能并不是最佳方式，但可以使选拔更加有针对性、客观公正，进一步优化人才配置。

（四）注重加强基层和本土人才的培养与选用，充分发挥地方干部的家乡情怀。县域文化旅游发展，乡村文化旅游是重头戏，基层干部出身的文旅局长，其浓厚的家乡情怀能够引领当地历史、文化和旅游的可持续、跨越式发展，敢于担负责任，善于迎接挑战，可为乡村振兴做实实在在的工作，实现文旅带富。

（五）注重综合协调能力的培养，在资历较深、任职时间较长的干部中选拔县级文旅局长。在管理中，人是最关键活跃的因素，一个好的局长，应该根据文旅工作性质，把与上下级、平级部门、专家团队等的沟通放在事业发展和突破的重要位置，追求事业和市场的整体优化；同时注重建立良好人际关系的技巧和方法，融洽人际关系，通过努力树立威信和影响力，做到"向上争取资源，向下强化执行，横向争取合作"，开创文旅工作新局面。显然，从政资历深、管理经验丰富、人脉关系广、机关形象好、专业能力强的干部最适合担任文旅局长，前提是想干事、愿干事、能干成事。另外，一个重要的经验是，任职时间不宜过短，如果三年不到，就很难干出成绩，也很难在行业内产生影响。

三、研究局限与不足

本研究也存在一定的局限性和不足。首先，本研究的数据采集是从部分地区而

---

① 王援农. 中国公务员：走专业化之路［J］. 中国行政管理，1999（02）：15-17.

来，虽然干部任用标准有统一性，但一个地区文旅局工作风格和要求可能与其他省市存在着不一致性，为了使研究结果更具广泛意义，未来的研究可以将样本扩展到全国多个地区，并增加多渠道（例如企业端）的评价和访谈信息。其次，本研究对文旅局长的人格特质进行了初步的探索，结果经由质性研究得出，未经过大样本的量化检验，今后可对理论模型中的维度和范畴进行测量量表的开发，通过实证检验理论维度的适配性。

第三篇

实践篇

第九章
文化遗产资源的转化、活化与利用

习近平总书记高度重视文化遗产活化利用工作，多次就文物工作发表重要讲话、做出重要批示指示，强调要增强历史自觉，各级党委政府要扛起文物保护的主体责任；强调要把保护放在第一位，像爱惜自己的生命一样保护好历史文化遗产；强调让文物和文化遗产活起来。他在中央政治局第 39 次集体学习会上强调，要积极推进文物保护利用和文化遗产保护传承，挖掘文物和文化遗产的多重价值，传播更多承载中国文化、中国精神的价值符号和文化产品。文化遗产只有通过适当的途径，通过特定方式被大众所关注与分享，才能具有旺盛的生命力①。文物和文化遗产不能"养在深闺无人识"，而应融入社会，在保护中利用，在利用中进一步诠释和丰富其价值。文旅融合发展为文物和文化遗产活起来创造了条件。中央强调，要依托文物资源建设一批世界级旅游景区、一批特色旅游目的地，大力发展红色旅游；要加强文物资源授权管理和文创开发引导，打造一批深受喜爱的文化创意品牌②。

第一节　文旅深度融合促进古街区有机更新

浙江省杭州市拱墅区将"大运河"IP 注入文旅经济新业态的实践也表明，文物和文化遗产的保护、传承与利用可以做到相得益彰、互促共融。大运河是世界上最长（包括隋唐大运河和京杭大运河河道总长 3100 千米）、最古老的人工水道，也是工业革命前规模最大、范围最广的土木工程项目（世界遗产委员会，2015）。随着 2014 年6 月 22 日大运河申遗成功，这条历经两千多年演变至今仍然发挥交通、运输、行洪、灌溉、输水等作用的古老运河，在文旅融合时代开启了文化旅游、生态景观等功能。

---

① 徐向东.让文物和文化遗产在新时代绽放新光彩［N］.中国旅游报，2022-06-16（3）.
② 中共中央宣传部，文化和旅游部，国家文物局.关于贯彻落实全国文物工作会议精神的通知［Z］.2022-08.

169

杭州市拱墅区位于京杭大运河最南端，地处杭城中心城区，历史上就是一个依托大运河兴起的商业繁华之地，文化遗产丰富，文化底蕴丰厚。借助"申遗"东风，大运河的线性旅游功能开始显现，仅拱墅区大运河景区每年接待的游客就超过千万人次。

但作为城市主城区的特定功能区，拱墅区居民、企业、公共服务等住户庞大，将主体功能区规划、土地利用规划、城乡规划等空间规划融合为统一的国土空间，多规融合难度之大是很难想象的。同时，在规划推进上，文旅融合项目先天不足，新成立的拱墅区文化广电体育旅游局作为一个"小部门"缺乏权威和影响力，与杭州市相关单位、拱墅区相关部门、运河集团等协调工作难度大，项目落地和管理的压力巨大。在上级领导的支持下，区文旅部门勇于自加压力、改革创新、善于突破，不断发掘文旅融合新亮点，积极推动文旅融合新业态、新项目，打造目的地新形象，推动大运河旅游高质量发展。

一、文化遗产资源活化的做法与经验

一是强化组织领导。成立由区主要领导为组长，分管区长为副组长，相关部门为组员的文旅融合改革试点工作小组。根据项目工作，由相关部门牵头，组建六大项目推进专班的组织机构，加快项目的有序推进。加强重大节庆活动、旅游联合执法检查、旅游投诉、项目建设等事项的协商解决机制，分解并明确行动目标和重点任务，确保各项工作落到实处。出台全省首个区县文化发展规划《杭州市拱墅区文化发展规划（2018—2021）》，绘制了文旅融合"新蓝图"。

二是不断盘活辖区文旅资源，谋划重点文旅项目，打造文旅融合"新地标"。与隶属于杭州市政府的运河集团一道，结合拱墅区实际，确立了打造文旅经济示范街区、创建"运河·百县千碗"特色美食文旅小镇、打造运河"非遗三馆"文旅项目、打造"运河风雅"主题文化项目、建设运河戏曲驿站廊道和构建文旅品牌推介平台等六大项目。

三是推出文旅融合"新品牌"。践行"没有围墙的博物馆"理念，建设大运河非遗馆，构建运河"非遗三馆"，打造拱墅非遗会客厅，探索"非遗＋旅游"非遗活态传承模式，展现了老杭州古韵。持续擦亮大运河文化节、大运河国际诗歌节等文旅示范品牌，举办的首届大运河戏曲节就得到了《人民日报》刊发点赞。

四是坚持"以文促旅、以旅彰文"，立足大运河文化带建设，以产业为抓手，以街区、美食、非遗及文旅展示等项目为引领，聚焦杭州国际旅游休闲城市建设，打造文旅融合拱墅样板。"运河·百县千碗"成为擦亮"美食拱墅"、运河人家的金名片。5家国家级博物馆（中国京杭大运河博物馆、中国杭州工艺美术博物馆、中国刀剪剑博物馆、中国伞博物馆、中国扇博物馆）、4条重点特色街区、38个以手工艺活态馆为特征的非遗保护基地，在运河两岸已经形成了一条以历史文化街区、博物馆群、寺庙庵堂、文化园区、文物遗产为节点的文化休闲体验长廊，成为杭州市民和来杭游客感受老杭州味道的"打卡地"，也是杭州这座城市的一道亮丽的风景线。大运河与西湖、良渚遗址公园一道，"三足鼎立"，构成了这座城市的文化肌理和旅游地标。

二、文化遗产资源活化利用的启示

一是要借势借力借东风。千年古运河要实现新生，需要多方力量支持。运河文旅融合得以成功，是因为借"申遗"成功之势，借杭州市委市政府之力，借"大运河诗路"之东风，高层领导关注，主要领导领衔，形成了舆论、资金、人才、要素保障上的合力。

二是要创意谋划当参谋。区级文旅部门虽小，但位置关键，可借助专家学者力量，提出创建文旅融合样板区的目标，制订发展规划，谋划文旅服务项目，推动上级领导和相关部门抓好落实。

三是要善于文化搭台旅游唱戏。文化是最好的旅游资源。拱墅区建设的大运河数字文献馆、大运河数字影像馆、大运河紫檀博物馆"新三馆"，不仅成为五大国家级博物馆的有益补充，而且，组成了运河文化体验群落，成为连接桥西历史街区、小河直街两大历史街区的重要文化通道。举办非物质文化遗产博览会，紧扣"遇见大美运河，共享精彩非遗"主题，线上线下联动，展示展演结合，开展与非遗传承人对话，还原宋韵生活体验，促进非遗融入现代生活、绽放时代新貌。

四是要善于创造文化场景。作为杭州市中心区域，拱墅区寸土寸金。如何利用原有的闲置空间，打造文化景观，需要开创性思维。位于登云桥下的大运河紫檀匠心广场就是一个"见缝插文"的经典案例。在相对狭窄的区域内，利用闲置的桥下空间，建成了天成馆、天工馆、匠心街、阅木连廊，打造成了一个不打烊的"24小时博物馆"，展出了20多位红木艺术大师的作品，文化价值、精神价值、旅游价值、商业价值等得到了很好的展现。

五是要与时代同步，让文物和文化遗产"火起来"。文化遗产承载着中华民族的基因和血脉，是中华文化瑰宝。年轻人是文化遗产的继承人、传承人，但他们不爱那些既没用又不好玩、不好看的老古董，如果将历史文物以合适的方式打开，有创意、有时尚、有生活，用途上便民、价格上亲民、功能上悦民，就一定会受到年轻人的追捧。

第二节 文旅深度融合促进古城复兴
——建德"严州古城"案例①

建德隶属于浙江省杭州市，位于浙江省西部，地处钱塘江—富春江—新安江—西湖—千岛湖"三江两湖"黄金旅游线的中段，面积 2321 平方公里，人口约 51.3 万，是"中国优秀旅游城市"、首个"中国气候宜居城市"、"中国十佳休闲宜居生态城市"之一。旅游业在国民经济中的地位相对较高，2019 年全年旅游总收入 134.6 亿元，占 GDP 的 35.12%。2019 年，新组建的建德市文化和广电旅游体育局抓住市委落实省委主要领导的批示精神和省文旅厅与建德就支持严州古城文旅融合工作签订战略合作备忘录的机遇，以再现"严州古城"为抓手，开启了文旅融合发展的元年。

建德"严州古城"——梅城历史悠久，自三国吴黄武四年（225 年）置建德县，至今绵延近 1800 年。唐神功元年（697 年）睦州州治迁至梅城，此后一直到 1959 年均为州府、路、专署所在地。梅城现存的城市格局存在近七百年，是全国为数不多的州府规制清晰、街巷肌理完整、历史文脉可循、历史遗存丰富的古城。

梅城镇文化深厚。严州古城有"京畿三辅"的州府文化，被赐为"潜龙之地"；古城有"严州不守、临安必危"的军事文化，历来为兵家必争之地；古城有"千车辚辚、百帆隐隐"的商埠文化，有徽州会馆等 12 座；古城有"诗画冠绝、享誉八方"的诗路文化，在此创作的诗歌有 4800 余首；古城有"清官名宦、隐士高人"的名人文化，严子陵、杜牧、范仲淹、陆游等都曾在此为官隐居；古城有"名著渊源、文学故事"的古典文化，《三国演义》《水浒传》《聊斋志异》等文学著作事出梅城或在此编撰；古城有"理学名邦、薪火相传"的书院文化，有范仲淹创办的龙山书院等四大书院；古城有"庙宇林立、香火鼎盛"的宗教文化，玉泉寺是唐代净土宗五祖少康大师的道场；古城有"独具特色、别样精彩"的乡土文化，是南宋古都文化的重要内容。

从自然风景看，梅城北枕乌龙山，南临三江口，山环水抱，是钱塘江流域最大的三江口，也是全国气候宜居城市的核心区域，自然生态景观非常独特。城内有历史遗存东西两湖，有贯穿东西两湖的玉带河，有严东关古码头、古驿站；城外有南北峰塔、七里泷小三峡、子胥野渡、富春江国家森林公园等景观，还有"浙江最美绿道"——建德三江口绿道，该段也是《富春山居图》最美的实景地。习近平总书记在

---

① 感谢建德市文化和广电体育旅游局提供的相关信息资料。

浙江工作期间调研严州古城（梅城）时就曾提出要求，要保护好三江口的生态环境和山水资源，打造历史文化和自然山水交融的江南特色名镇。

2019年3月11日建德市委做出决定，以"建设新时代美丽城镇、再现'千年古府'新面貌"为总目标，力争将严州古城（梅城）打造成全省美丽城镇样板镇、小城镇环境综合整治样板镇、浙江省旅游风情小镇样板镇。目前，建德以旅游风情小镇创建为抓手，各项规划编制、文化挖掘、整治提升、业态引入等工作全力推进，文旅融合发展取得了实质性成果。

规划引领，谋划文旅融合新格局。建德市按照"山水城区一体规划，产城人文融合发展"理念，坚持"多规合一"的思路，整合《严州（梅城）古城保护开发利用概念性规划与城市详细设计》《严州古城（梅城）核心区控制性详细规划》《"严州古府·梅城景区"旅游概念性设计方案》等各项规划，编制完成《建德梅城镇省级旅游风情小镇创建专项提升方案》和创建任务分解表，全面落实创建工作任务。

立足文化，整合挖掘展示旅游风情。建德市以文化项目为抓手，全力推进文旅融合项目建设，修缮诸葛后裔旧居、建德县委旧址、清朝邮件等历史建筑，整修南半城19幢老建筑；建成美丽城镇展示馆、浙大西迁第一站展馆、严州邮驿文化展示馆、德文化实践中心、金钟汉烟草博物馆、杭州书房等文化展馆12座并对外开放，其中结合严州邮驿文化展示馆的舒羽咖啡，结合金钟汉烟草博物馆的金源昌精品民宿均已开业。

完善业态，提升接待服务质量。建德市确立了四大主导业态，包括会务会展、酒店餐饮、文化创意、水上旅游，布局上结合古城文化遗存，形成了三星街文化休闲街区、东门街特色美食街区、啤酒厂文化创意区块等特色产业集聚区。三星街上入驻了手工艺馆、剪纸馆、严州漆画屋等，南大街上的思味王、千岛银珍、三都麻糍、秋梅食品等地方特色食品已开业，东门街上新开的严州烧饼生意火爆。建德还建立疏堵结合的业态引导机制，通过商户入驻前的联审机制，实施"黑白名单"制定，严格禁止不符合要求的业态进入古镇景区核心区，保证了经营的质量。

第三节　文旅深度融合促进古村落再生：
松阳"拯救老屋"行动 ①

作为历史传统资源富集大国，中国广大的传统村落中还遗存着巨量的"老屋"资

---

① 感谢松阳县文旅体局提供的相关资料与数据。

源。传统村落和民居作为人民的栖息地，更是中华民族的文化瑰宝。但多年来，传统村落和民居的发展中存在着不少问题，主要表现在：一是因为城市化推进导致部分传统村落和民居正在快速消失；二是新农村建设中因为处理不当，部分传统民居面临"底色"改变、风情消退的局面；三是因为年久失修，部分老房子正在被村民"抛弃"，面临着倒塌、损毁的局面。

浙江省丽水市松阳县借助文旅融合的东风，开启的"拯救老屋"运动取得了十分明显的成效。"拯救老屋行动"列入国家《乡村振兴战略规划（2018—2022年）》，荣获浙江省公共管理创新案例"十佳创新奖"，浙江省政府工作报告提出全面推广"拯救老屋"松阳模式。

一、"拯救老屋"与旅游融合实践

松阳县位于浙西南山区，瓯江上游，是留存完整的"古典中国"县域样板，被《中国国家地理》誉为"最后的江南秘境"。全县"八山一水一分田"，中部松古平原为浙西南最大的山间盆地，主要河流松阴溪由西向东贯穿全境汇入瓯江。松阳县先后成为联合国首个乡村发展示范县、文旅部调研联系县等，创成国家全域旅游示范区，拥有中国传统村落75个（数量居全国第五），省级A级景区79个。2019年全年实现旅游总收入55.10亿元，比上年增长31.5%，占全县全年生产总值的47.68%。

松阳是留存完整的"古典中国"县域标本。松阳是华东地区历史文化名城名镇名村体系保留最完整、乡土文化传承最好的地区之一。县城是中国历史文化名镇，古城格局完整，文庙、武庙、城隍庙、药王庙、天后宫、太保殿等地标性历史建筑留存至今，贯穿整个古城的明清老街商肆绵延，还有打铁、做秤、弹棉花、中草药铺等鲜活的传统农耕商业业态。全县至今仍保留着100多座格局完整的传统村落。松阳历史文化遗存丰富，有全国重点文物保护单位3处（延庆寺塔、普济桥、詹宝兄弟进士牌坊），有具有"木雕博物馆"之称的黄家大院，还有具有"戏曲活化石"之称的国家首批非物质文化遗产松阳高腔，以及板桥畲族三月三、竹溪摆祭、平卿成人礼等众多极富地方特色的民俗节庆活动。松阳自古人文鼎盛，先后涌现了明《永乐大典》总编撰王景、"宋代四大女词人"张玉娘、南宋左丞相叶梦得等杰出人士。松阳得天独厚的自然生态环境，曾经吸引了无数中原仕族大家和闽南族群迁居落户，是江南叶姓的主要发祥地、省内最大的客家族群聚居地。松阳自古就有桃花源的美誉。田园风光优美，松古平原有青山环绕、良田千顷，松阴溪沿岸既有重峦叠嶂、深谷幽潭的山水风光，又有阡陌纵横、稻菽万顷的田园美景，唐代诗人王维曾有"按节下松阳，清江响铙吹"的动人描绘，宋代状元沈晦也曾发出"唯此桃花源，四塞无他虞"的衷心赞叹。

修复一栋老屋，唤醒沉睡资源。小切口，大作为。松阳把"拯救老屋"作为延续乡村历史文脉、推动乡村振兴的重要抓手，以低级别私人产权文物建筑保护为切口，通过植入休闲度假、文创体验、乡村民宿等文旅融合业态，复活乡村肌理。文旅部门通过将生态要素转化为生产要素、将生态价值转化为经济价值、将生态优势转化为发展优势，使整个生态产品价值的实现路径得以打开。松阳还发起"工匠进村下乡"活动。一批掌握传统技艺的本土工匠也重拾技艺，全县形成了30余支2000余人的工匠队伍，其中2家古建公司取得文物保护工程施工三级企业资质。

植入多元产业，激活乡村业态。首先，在培育业态上发力。松阳采取"建筑针灸"策略，以小体量文化建筑为切入，建立起一二三产业深度融合、产供销系统完整的全产业链发展模式，系统推动乡村经济发展模式的调整和生产生活方式的变革。重点推进蔡宅村白老酒工坊、山头村豆腐工坊技术提升、设备换代、产品创新，实现加工生产规范化、品质化。对豆腐工坊经营公司进行增资扩股，增设罐装老酒生产线，结合地方文化，拓展手工体验、研学教育、展示参观功能，提高了产业附加值。同时，农特产品及传统手工艺品摇身一变为特色旅游商品，以精品民宿为货架，游客有口皆碑。其次，政府还将闲置资产全面盘活。例如，以"老屋＋工坊"模式，建成红糖工坊、豆腐工坊、契约博物馆等30余个小而精、小而美、小而特的全县域生态博物馆和特色工坊。上田村以"乡愁"旅游为卖点，通过引入"省千计划"团队参与村庄项目规划修缮闲置资产，高品质完成游客接待中心、民宿综合体一期、花田泥农业基地、本草堂、农本堂等项目建设。再如，半岭11号建筑在修缮前评估价值仅为8万元，改造后评估价值直奔89.5万。经过公司后期运营，估算价值已经超过150万元，作为资产盘活的样板令人称道。又比如，上田依托丰富的古道资源，实现了"原乡民宿＋休闲农业＋古道健身"联动发展，项目营业后累计接待游客1万余人次，实现营业收入50余万元；"原乡上田"品牌获得了良好的经济和社会效益，上田的发展模式也引起了国家发改委的关注和肯定。

完善公共服务，提质后勤配套。首先，优化旅游交通体系。松阳县对西竹玉、弓桥—乌弄口、赤卯等通景公路微改造，完善旅游集散中心功能，推进"四个百公里"绿道网建设，加快电动汽车租赁、共享单车等布点，形成"大交通＋微循环"的交通体系。其次，完善旅游基础配套。松阳深入推进旅游厕所革命，至2022年累计完成100座旅游厕所新改建任务。加快推进标识系统建设，以县域交通、城市主要街区、旅游景区、乡村旅游点等领域为重点，大力推广使用首款城市字体"汉仪松阳体"，打造符合国际化发展要求、具有松阳特色的多国语言标识体系。最后，加强公共文化空间建设。松阳县不仅充分利用现有公共文化设施全覆盖优势，发挥展示展演、教育研学、体验交流等功能，而且谋划非遗馆二期、松阳老戏院、博物馆和图书馆提升改造，预计新建城市书房 1 家，非遗传承体验点 10 家，艺术家工作室 100 个。

文化浸润乡村，塑造文旅品牌。第一，打造"永不落幕"的民俗文化节庆。松阳精心挖掘和整合县域特色文化资源和民俗节庆活动，大力扶持小竹溪摆祭、石仓客家民俗文化节、高亭迎神赛会等民俗节会，包装江南叶姓祭祖，客家文化节等有国际影响力的节庆活动，构建"乡乡有节会、月月有活动"的民俗节会展演机制。第二，加强特色产品创作。例如，探索复制"张玉娘创作模式"，与浙江婺剧团合作创编高腔版《张玉娘》、原创革命历史剧等剧目；创作以红糖、白老酒、泡豆腐等传统文化元素为主题的文艺精品；加强物质文化遗产的开发利用，引导传统"百工"、特色食品等设立制作展示场所，通过民宿、书屋、博物馆、工坊等，开展活态传承和特色经营。第三，推出精品文旅线路。松阳串联全县域乡村博物馆，打造特色文旅线路；完成 8 条艺术创作线路品质提升，与自然造物、墨研社等高端设计机构合作，开展游学活动；利用浙西南革命红色资源，推出 9 条特色红色旅游线路。

二、启示："拯救老屋"与旅游如何融合

1. "拯救老屋"行动涉及千家万户，需要创新组织模式，提高文旅组织化程度

一方面，加强文旅产业的组织化程度。松阳文旅资源虽然底蕴深，但保存不完整，呈小而散的特点。为此，松阳在谋划项目建设及业态打造中，充分考虑到了周边的资源，合理规划布局，差异化建设，形成区域联动发展。例如，小后畲村致力于打造集高端民宿、生态农业、特色餐饮、中医理疗、休闲养身为一体的乡村度假品牌聚集地，这一定位充分考虑到其所在的大东坝镇当时正处于创建省级旅游风情小镇和省级 AAAA 级景区镇的时期，相关建设改造可以辐射带动周边组团发展。另一方面，提高农民的组织化程度。政府把村民的根本利益作为出发点和落脚点，在项目建设及运营管理中，没有看到政府大包大揽，出台的每项组织制度都是在县、乡、村各部门共同参与、充分听取群众意见的基础上形成的。与此同时，积极发挥村两委会、党员会、村民会的作用，开展政策宣传、资源整合、工作通报，讨论制定行之有效的管理制度。这种参与感让农民从"旁观者"逐渐转变为"主导者"，获得感和认同感不断提升。

2. "拯救老屋"行动必须充分照顾到多方利益，创新利益联结机制

松阳以开放的姿态接纳外来人口和资金进入乡村休闲和创业产业，并鼓励村集体、农民通过租赁流转等方式参与产业发展，使乡村"资源变资产、资金变股金、房东变股东"，构建以集体经济制度为基础，混合所有制、农合联等多样化联合合作发

展为特征的经济运行新机制，促进原住民与工商资本和谐共处。例如，陈家铺村村集体依托特色产业番薯干，成立番薯产业合作社，与先锋书店、飞莺集等知名企业合作成立运营公司，实行统一原材料、统一生产标准、统一质量要求、统一商标包装和统一定价销售。以番薯干为例，每公斤净收购价就增加了6元，销售量增加60%，实现了销售价格和数量的双增长。同时按照"农民入股＋保底收益＋优先收购＋按股分红"的利益联结方式，村民参与公司按股分红，还享受村集体股份权益，实现了就地增收。

3. "拯救老屋"行动必须政府主导，强化组织领导，加强投入保障

松阳成立县级文旅融合改革工作领导小组，由县委书记担任组长，切实加强对文旅融合改革工作的组织领导，将其纳入县委县政府重点工作任务，纳入考核评价体系。县文广旅体局负责统筹协调文旅融合改革工作，各相关部门按照各自职责分工，做到各司其职、密切配合、形成合力，履行好意识形态工作责任，把好政治导向关，共同促进文化旅游事业发展。在顶层设计方面，松阳完善支持文化融合创新发展的政策体系，着力培育和发展文旅市场主体。政府明确重大工程和重点项目的责任主体，细化实施方案，建立跟踪分析、检查评估制度，推动各项任务措施落到实处；加大对改革工作的资金投入，鼓励和支持本土民间资本，吸引外来优质工商资本参与文旅产业发展，形成政府、企业、社会各界合力。

4. "拯救老屋"行动应当执行长期主义

松阳在文旅融合上的体制机制创新取得了一系列不菲的成绩，但是随着项目大干快上，也暴露了许多不足与新挑战。首先是资金缺口大。项目建设上，虽整合统筹了政府扶持乡村建设的资金，也合理安排了项目和建设的规模，但是资金缺口仍然较大。这与松阳地处山区县，政府财力薄弱不无关系。其次是人才问题。项目一个个上马，那么随之而来的是谁来设计、谁来建、谁来管的问题。人才未能到位，在后续的管理与运营上也受到制约。最后，利益联结机制需要完善。虽然项目运营的组织框架和运营方案已制定出台，但公司运行框架及公司、村集体、村民间的完善利益联结机制需要有一个探索实践的过程，目前这样的实践尚属前沿，需要时间来磨合。因此，面对财力、资金严重不足的欠发达县，需要采取长期主义，不求一日之功，只求日拱一卒，做一个成一个，为全国做出示范。

第四节　提炼优秀传统文化基因打造县域文旅 IP

一、立足"黄帝文化"打造"诗画缙云"：来自缙云县文旅融合的案例[①]

浙江缙云县隶属丽水市，地处于温州、台州、金华、丽水四地交界，历史底蕴深厚，拥有丰富的文化旅游资源，旅游业在国民经济中的地位可谓一骑绝尘，2019 年旅游收入 185.53 亿元，占 GDP 总额的 79.95%。缙云山水风景绝佳，境内的仙都景区是国家 AAAAA 级旅游景区。

缙云县立足"黄帝文化"，打造"诗画缙云"。缙云文化多样，以"黄带祭典""黄帝传说"为核心的黄帝文化、以"缙云婺剧"为核心的戏曲文化、千年石城、耕读传家、书法、养生、红色文化都有较大的开发价值。近几年，以"缙云烧饼"为代表的地方饮食文化品牌，以"迎罗汉""钢叉舞"为代表的演艺类文化，以"张山寨七七会"为代表的节庆庙会文化也开始成型。在上述文化形态中，选择哪一个文化类型作为缙云的文旅 IP？经过多次论证，缙云县最终选择了最具影响力和精神价值的黄帝文化，不仅仅是因为公祭轩辕黄帝典礼入选国级非遗，江南独有、文化认同度高，域外影响力和辐射力大，更因为作为中华民族的"血缘始祖"，黄帝文化蕴含了中华大一统的精神内核，缙云也成为与河南新郑、陕西黄陵相匹配的三大中心之一。

缙云文旅部门开展黄帝文化研究，进一步挖掘黄帝文化内涵，提升"北陵南祠"的知名度和影响力。一方面，开展黄帝文化基因解码研究，挖掘景区文化内涵，使文化"活起来"，提升缙云地方文化的内涵；另一方面加强与陕西黄陵、河南新郑两地文化交流、合作研究，努力将缙云打造成我国南方黄帝祭祀中心、黄帝文化辐射中心和黄帝文化研究中心。

缙云还加快黄帝文化物化活化，打造中华人文始祖朝圣地。具体措施包括：探索黄帝文化有形化，开发推广一批以黄帝文化为内涵的文创产品，以有形的产品助推黄帝文化的发扬与传承；建设黄帝文化主题景区，推进黄帝文化广场、黄帝文化展览馆改造提升、康养度假中心等项目建设；提升国家非遗"轩辕黄帝祭典"的规格，树立"中华人文始祖朝圣地"品牌，打造炎黄子孙寻根问祖、全国知名的文旅 IP；以非遗文化进景区为切入点，将缙云婺剧、缙云幡旗、叠罗汉、钢叉舞等特色民俗活动融入

---

① 感谢缙云县文化和广电体育旅游局提供部分资料。

景区，将非遗文化等元素植入景区常态化演艺节目中，使非遗文化"动"起来，提升仙都景区文化体验感。

挖掘历史文脉，叠加文化形态，打造文旅融合特色品牌。缙云文旅部门将"文化缙云"与"诗画缙云"相融合，以创建浙江大花园建设与瓯江山水诗之路关键区域为目标，在地传统文化抢救性挖掘与传承性保护前提下，以"文化基因解码工程"为依托，以"非遗"为切入点，开展缙云文化基因解码工作，构建形成"两山＋缙云非遗＋N"的特色文旅主品牌，打造黄帝文化、民俗文化、乡愁文化等系列文旅品牌，诸如缙云婺剧、缙云烧饼、缙云庙会、乡村节庆等；同时，创新不同文化创新路径的应用实践，推出"缙云黄帝文化＋节庆祭祀＋缙云贡品＋产业活化""缙云烧饼＋缙云小吃＋缙云味道""缙云戏剧＋戏剧小镇＋乡村戏苑＋戏剧产业""非遗项目活化＋整体性保护＋文化生态区建设"等四种组合，开发推广"轩辕黄帝江南精品旅游线路"。

加大文旅项目建设，创建国家级全域旅游示范区。缙云通过仙都国家 AAAAA 级旅游景区和国家全域旅游示范区创建这两个抓手，谋划大洋山国家级旅游度假区、黄帝文化博物馆、缙云老城区改造、非遗馆改造等项目；开展"缙云千年古石城"保护利用工作，打造"江南石窟"；挖掘戏曲音乐、道教音乐、石窟音乐等遗存，探索有效载体，建设"石窟音乐厅"等一批项目；以缙云烧饼为突破口，打造浙江省"百县千碗"样板县。充分利用仙都景区"天然影视棚"的资源优势，对接东永缙影视文化产业带，做大影视旅游产业；利用山水资源开发高山滑漂、低空飞行、驴行越野、户外露营等系列户外旅游新业态；加强景区改造与亮化工程建设，分节点布置夜游业态，开发景区夜游经济。

加强制度保障，推进文旅融合重点领域改革。政府部门在顶层设计、政策体系、组织保障与资源整合等方面进行文旅融合的改革，成立缙云文旅融合发展领导小组，统一协调改革示范试验区建设，直接领导实施文旅融合发展各项工作的开展，将其建设纳入缙云经济社会发展规划，列为年度重点工作；出台《关于加快推进缙云县文旅融合发展的实施意见》，建立以县文旅局为主体的文旅职能融合平台；试点推行文化馆、图书馆法人治理结构改革；设立文旅融合发展专项基金，保障文旅融合发展基本业务经费需要。积极拓展投资融资渠道，鼓励多种形式资本进入文化旅游产业，为文旅融合的可持续发展搭建良好的平台；引导企业通过重组、并购等方式组建文化旅游类投资公司。建立文旅数字化服务平台，整合古村落、非遗等文化资源，景区（点）、基地等旅游资源，餐饮、住宿、购物、娱乐、交通等公共服务设施，文旅企业等资源，推进文化旅游监管与服务的信息化、智慧化和数字化发展。

启示一：缙云县抓住黄帝文化这一主题推进文旅深度融合，这一选择具有很强的现实性、合理性。黄帝作为中华民族共同的祖先之一，其象征意义、文化意义可谓重大。黄帝缔造了中国历史上第一个民族华夏族，实现了氏族部落的大融合，创建了中国历史上第一个国家（有熊国），奠定了中国最早的疆域版图。所以，在缙云县所有的历史文化中，黄帝文化绝对排在第一位。

启示二：文化与旅游是车之两轮、鸟之两翼，黄帝文化对旅游的影响不可低估。仙都黄帝祭典，不仅是一个文化活动，更是一个旅游营销项目。当缙云搭载上黄帝文化的高地，就显示出独特的魅力。旅游者对黄帝来到缙云、缙云因此而成为黄帝文化的南方中心持有"疑问"，这就是旅游的"追访"，而山清水秀的缙云，不但吸引了魏晋南北朝时期跟随北人南迁的黄帝，也给广大的文化爱好者和旅游者留下深刻的印象。

启示三：缙云目前还是浙江相对欠发达县，财力并不雄厚，但县委县政府把旅游业作为很重要的支柱产业，以文旅融合高质量发展为目标，以"微改造、精提升"为契机，通过深化黄帝文化研究和传播，转化黄帝文化价值，物化产业链，打造具有国家级、世界级影响力的国家文化标识和文化旅游目的地，全方位、多领域推动经济高质量发展，可谓眼光独到。

启示四：美中不足的是，黄帝文化的研究、传播和物化活化工作相对弱一些。"人间仙都"需要黄帝文化搭台，需要进一步放大黄帝文化IP，需要更多的传说故事、文创产品、雕塑小品、电影制作、文艺作品甚至主题民宿，需要"花开缙云""景城一体"。高大上的文化需要借助于现实的丰富多彩的表达为游客所理解、所接受。

二、提炼"伯温故里"文旅地域形象标识撬动文旅产业融合发展：来自文成县的案例[①]

文成县，隶属于浙江省温州市，位于浙江省南部山区，温州市西南部，以明朝开国元勋刘基（刘伯温）的谥号"文成"作为县名。文成县是浙江省第二大侨乡、革命老根据地县。全县森林资源丰富，地势以丘陵居多，人均耕地面积仅 0.4 亩，水资源蕴藏丰富，是温州主城区的重要水源地，95% 的水源用于补给温州城区。可见，文成县想要发展，难以依靠工业和农业，可以通过发展文旅突围。文成县风景旅游资源得天独厚，自然风光独树一帜。国家级风景名胜区百丈漈—飞云湖的百丈飞瀑，是目前全国最高的自然飞瀑；刘基庙系全国重点文物保护单位；铜铃山国家森林公园景区，

---

① 感谢文成县文化和旅游局为调研提供的诸多方便和相关资料信息。

自然景观奇特。文成县南田镇现保存有刘基故居、刘基庙、刘基墓等。刘伯温故里旅游景区成功获评 AAAAA 级景区。2019 年（采用新冠疫情之前的数据更能说明问题），文成全县景区接待游客 327.7 万人次，增长 20.3%，过夜游客 68.9 万人次，增长 16%，实现旅游总收入 44.3 亿元，占生产总值的 42.22%。

刘伯温是明朝开国元勋，也是杰出的军事家、政治家、思想家和文学家，通经史、晓天文、精兵法，以"立德、立功、立言"三不朽伟人品德闻名，历史上与姜子牙、张良、诸葛亮并称四大帝师，是配祀中国历代帝王庙的 47 位历史文化名臣之一，七百多年来受到许多文人推崇，民间对刘伯温也一直非常敬仰，素有"三分天下诸葛亮，一统天下刘伯温"的说法。作为县域主题文化，刘伯温这一文化 IP 早就在文成县生根发芽。近年来，文成县以创建 AAAAA 级景区为契机，打响"伯温故里"文旅品牌。

第一，文成县以伯温庙为核心打造南田伯温综合商业区。 具体措施包括：大力实施"伯温文化特色街区"项目，以原刘基庙为中心，串联问道刘基馆，将该街区打造成为游客体验伯温文化休闲娱乐、美食购物的重要场所；开展刘基庙文化公园文化展示和旅游休闲功能提升，完成街区酒肆、咖啡吧、美食、工艺坊、艺术馆、民宿等休闲业态招商引入等工作；积极打造"伯温·夜宴"主题产品，大力推广"伯温家宴"，同时以伯温庙周边三合老院为载体，重磅推出"伯温之夜"实景演出，形成"美食＋看戏"主打产品；打造伯温文化乡村旅游第一村——武阳村，以明朝文化为主题，以沉浸式、全景式手法于 2021 年前完成武阳村明朝风"文化艺术村"项目建设；在接待中心、游览步道、标识系统、建筑风格、景观小品塑造深度植入刘基相关的儒道传统文化，强化历史传承感；利用乡村旅游的天然优势，积极开展以刘伯温传说为主题的"活化"工程，推出"穿越明朝、22° 的夏天、七星夜游、曲院听书、美食美宿"等为主的特色主题活动；推出"明朝生活主题秀"，开展 cosplay 角色扮演、寻宝等特色活动，打造入口明朝风门廊建设，强化场景"带入感"；利用"非遗文化"资源，以伯温书院等载体，打造伯温说书馆、沙画展示馆等；利用民宿集群优势，开展手工制作、非遗体验、美食美宿体验特色活动；以"七星夜游"为主题，大力提升夜景灯光，开展"上有北斗、下有七星"观星夜游、舞龙灯为主题等，以全时、全景、全面再现刘基生活环境和隐士生活场景。实施多产业融合发展"刘伯温文化＋"工程；实施"刘伯温文化＋侨乡文化"，充分挖掘和利用侨乡文化，打造"侨家乐"高端民宿品牌，大力发展民宿旅游，推动特色精品民宿建设，按照"试点树样板，年内见成效，三年上规模"的总体要求，紧抓在全市先行先试的有利契机，建立"侨家乐"工作专班和督查机制，制定《侨家乐民宿等级划分和评定（团体标准）》，建立规范统一的对外品牌形象，出台"侨家乐"品牌民宿配套扶持政策，积极开展宣传推广活动，加快推进"侨家乐"产业发展，打造"侨家乐"品牌民宿30余家。

第二，将"伯温文化"植入核心景区。具体包括：在伯温故里景区，打造"伯温山水情"主题产品；突出做好百丈漈景点山水资源属性与刘伯温文化的融合文章，讲好"伯温山水情"故事；策划举办刘伯温山水节；计划建设"伯温观瀑平台"项目，扩大二漈观瀑容量，打造成游客留影打卡点；以明朝文化为主题，开展二漈伯温"飞雪亭"改造，同步推出伯温套餐、伯温小食、伯温茶室等产品，谋划开设"卖柑者言""伯温烧饼"等特色美食店铺，丰富景区休憩场所和二次消费点；利用山水、灯光音响、雾森系统、水上演艺等筹划"伯温山水情"实景演出项目；强化景点主题风格相融，开展景区景点连接线风格相融提升工程，针对伯温景区的百丈漈景点、南田伯温景点存在转换过渡生硬的问题、主题不突出的问题，以伯温文化为主轴，启动刘伯温文化植入工程，建立沿线景观建设部门联审机制，强化景观建设主题审核，为道路景观、村庄改造、节点配套设施风格定调，避免景观定位不准二次改造；大力提炼伯温文化元素，开展景观小品、休憩点、打卡点建设，做到"花非花""树非树"，不断强化"伯温文化"对景点的黏性。

第三，谋划科技助力伯温文化提升体验品质。文成县围绕让文物讲话、让历史讲话、让文化讲话，投入资金5000万元打造"帝师梦工厂"，大力开发景区新科技产品，围绕伯温传奇一生，利用VR/AR虚拟技术及5G通信技术，开发"智士出山、指点江山、同舟共济、开创大业、功成身退"为主题内容的虚拟产品，增强游客立体感官效果；此外，还突出做好技术和文物融合工作，利用裸眼3D和声光电技术，在不破坏现有建筑景观资源的前提下，利用全息投影、墙体动态视频、机器人解说等功能展示文物"前世今生"，全面提升刘基庙文化展示功能。

第四，开展专题研究解码伯温文化。文化传播，研究先行。在浙江省领导的直接推动下，文成县政府与浙大联合成立了"刘伯温战略思想研究中心"，专题开展文化解码。文成县还长期开展"伯温文化资源开发与利用专题"研究论坛，定期召开文创产品文化属性论证会，保证产品开发的文化属性；开展伯温文化"最系列"研究，通过论坛、网络有奖征集等渠道，突出做好伯温文化和景区资源的"唯一性或者第一性"的提炼，如"百丈漈瀑布单体落差全国最高""伯温一生成就最字系列""古今军师联盟最伯温研究"等；挖掘伯温文化内涵，将民间故事、风土民情等元素融入景区，提升景区的故事性、体验感和娱乐性，逐渐形成景区文旅产品IP矩阵；做好流动"名片"标识系统提升，利用互联网技术，突出以人为本，实施"伯温文化植入"标识系统，解决标识系统功能单一、形式单一、文化味道不浓的问题。

启示一：文成县借助伯温故里景区晋升为AAAAA级景区，放大"伯温文化"品牌，助力文旅融合，已经呈现出了积极向上的势头，默默无闻的山区县开始走向文旅融合的新阶段。一个典型的案例就是亿联集团投资 108 亿元打造"天顶湖省级旅游度假区"已经全面开工建设。

启示二："微改造、精提升"为文成文旅融合创造了契机。文成围绕"体验更精致、设施更精良、环境更精美、服务更精心、运营更精细、交通更精密、村镇更精品、业态更精彩"目标，制订五年行动计划，保障了"微改"项目的有效实施。

启示三：资金、人才问题依然是相对欠发达县最大的瓶颈。缺乏政府投入，《文成县文旅产业融合发展综合奖励扶持办法》就无法落实；上述的规划设想就只能停留在想法上无法落地；"实施文化和旅游企业梯度培育计划，启动培育 10 家成长型文旅企业"的愿望就无法实现；虽然可以通过委托文创企业启动文创设计工作，但缺乏自己可以随时叫得动的人才，"大力开展'伯温诚意'礼品文创开发，如帝师童年、茶道香具、文房雅玩、夜观天象、伯温很忙 Q 版系列、伯温烧饼等创意十足且实用功能结合的产品 300 种以上"的计划就无法实现。

启示四：机制方面，因为文旅融合示范区建设牵涉的部门及乡镇较多，而且部门职能交叉严重，县文旅机构"以小博大"，对于机构改革后的文旅局是一个很大的考验。

第五节　文旅融合打造线性遗产黄金旅游带

线性文化遗产（Lineal or Serial Cultural Heritages），一般是指在历史沿革过程中形成的，拥有特殊文化资源集合、呈现线性（带状）、地域范围跨度（尺度）较大、具有较高的文化经济价值或者复杂的生态环境价值的文化遗产集群。最典型的线性文化遗产如中国的茶马古道、丝绸之路、京杭大运河，国外的香料之路（以色列）、米迪运河（法国）[①]。线性文化遗产因为拥有出众的自然景观或者具有普遍价值的文物古迹而"天生"具有旅游价值，被称为流动的文化和风景线，中国的古蜀道、长征路线、徐霞客游记线、川滇五尺道、滇越铁路线、中东铁路线、青藏铁路线、成昆铁路线等，都可以成为文化观光、旅游体验重要的线性旅游目的地。

但线性遗产旅游线的开发难度比较大，主要表现在四个方面：一是保护与开发的协调难度大；二是区域分治难以做到协同共进；三是旅游线路与遗产线路之间的整合

---

① 张海芹，李树信，陈秋燕.国内外文化线路遗产保护与开发比较研究［J］.合作经济与科技，2021（4）.

难度大；四是投资大效益相对较低。因此，如何将线性遗产线开发成为黄金旅游线，需要整合多方资源，实现遗产保护与旅游开发的共赢。浙江省新昌县在建设"浙东唐诗之路"黄金旅游带中的实践值得借鉴[①]。

一、浙东唐诗之路与旅游融合实践

浙东唐诗之路的概念，最早由新昌学者竺岳兵在 1988 年首倡。据不完全统计，仅唐代就有 400 多位诗人在新昌留下了 1500 多首诗篇。新昌是"浙东唐诗之路"黄金旅游带上的重要节点，被称为"精华地"。近几年，新昌县以景区城、景区镇为抓手，全力打造浙东唐诗之路上的"精华地"。

新昌地处浙江省东部，隶属绍兴市，是中国山水诗、山水画的发祥地，也是浙东唐诗之路、佛教之旅、茶道之源的精华所在。新昌历史悠久，底蕴深厚，生态环境良好，旅游资源丰富，素有"东南眉目"之称，境内有天姥山国家级风景名胜区和大佛寺、十九峰、达利丝绸 3 个国家 AAAA 级旅游景区，4 个国家 3A 级旅游景区。2019年，新昌全年共接待国内外游客 1815.62 万人次，比上年增长 13.0%，旅游总收入159.02 亿元，增长 13.3%。

为了将文化价值转化为旅游观光价值，新昌县以景区为抓手，以城和镇为载体，开展了卓有成效的实践。

（一）创建景区城

1. 突出一个核心。 新昌以大佛寺景区、鼓山公园、博物馆、图书馆、海洋城为核心游览区，完善旅游服务功能，提升游览品质，构建吃、住、行、游、购、娱、商、养、学、闲、情、奇高度集中的城市休闲集聚区。

2. 丰满东西两翼。 东片以市民公园和历史文化街区建设为契机，加强文化旅游休闲元素的植入，提升湖莲潭公园、达利广场休闲品质，改善老旧小区环境卫生，打造新昌富含老城文化特色、生活印记的宜居区。西片以达利丝绸世界景区、中国茶市和天姥山·十里潜溪省级旅游度假区为核心吸引物，加快推进度假区建设，提升中国茶市商贸旅游品质，打造新昌入口门户形象展示区。

3. 丰富产品业态。 新昌文旅部门依托科技创新和浙东唐诗之路打造等特色工作，发展会展商务、文化体育赛事产业，高规格承接会展、文化、体育赛事；利用博物馆、图书馆、文化馆、非遗馆、美术馆、纪念馆、文物古迹等公共文化资源开发旅游产品，积极推进各级文物保护单位的活化利用和调腔、剪纸等非物质文化遗产的展

---

① 感谢新昌县文旅局提供相关素材。

示、体验；开发具有地方文化特色的演艺作品，鼓励民营资本组建文化演艺公司，开发旅游演艺作品，推进戏曲、音乐、舞蹈等常态化演出；整合全县各产业、行业，开发包装具有新昌特色和文化内涵、包装精致、便于携带的旅游纪念品、工艺品、农特产品，打响"新昌好礼""天姥农味"品牌；挖掘并培育一批新昌特色美食，打造"天姥唐诗宴"，积极申报地方美食品牌；积极引进国际品牌酒店和连锁餐饮品牌，建设一批星级旅游商品购物点和大型购物场所；深入实施"旅游+"工程，推进一、二、三产与旅游的融合发展，创新旅游产品的供给，推进红色旅游、工业旅游、体育运动旅游、养生休闲旅游、商贸旅游、研学旅游等一批融合性旅游产品的开发。

4. 完善标识系统。新昌在建成区设置符合国家标准的旅游交通引导标识和公共标识标牌、城区导览图、全景图、主要景点景物说明标牌；同时，推进全域旅游大数据中心建设，完善景区城数据采集，在城区主要游览点实现电子导览和语音导览；在景区、交通换乘点、休闲步行街、商业街区等场所实现旅游或市政厕所全覆盖。新昌县还健全了服务咨询平台，在交通中心、酒店、购物中心建立了共享咨询服务平台。

（二）创建景区镇

1. 选准目标。新昌县围绕资源禀赋和景区、旅游风情小镇、美丽城镇建设，创建镜岭镇、梅渚镇、儒岙镇等浙江省景区镇，其中镜岭镇围绕十九峰景区成为浙江省景区镇样板镇，梅渚镇围绕非遗文化成为文旅融合样板镇，儒岙镇围绕天姥山成为唐诗文化样板镇。

2. 美化环境。新昌以乡镇小城镇环境综合整治核定范围为核心建设范围并带动全乡镇，编制浙江省景区乡镇创建方案，明确创建实施计划，确保浙江省景区乡镇与浙江省A级景区村同步创建，进度协调；完善自然景观和文物古迹的保护制度，保持原真性和完整性；持续深化推进垃圾分类工作，合理布局垃圾投放收集点；巩固小城镇环境综合整治效果，挖掘地域文化，对街巷进行美化、绿化，设置一批与当地风貌特色相协调的街景小品。

3. 优化供给。具体措施包括：丰富景区乡镇旅游业态和产品供给，配套传统的"吃、住、行、游、购、娱"等旅游要素，结合实际开发主题文化酒店、民宿、乡村书吧、茶吧等业态及旅游购物场所和美食餐饮店，提供特色化、个性化、多元化住宿设施与业态；开发体现本地文化特色的旅游纪念品、文创产品、手工艺品和土特产品，在"天姥农味"品牌下打造当地农特产品品牌；提升文化礼堂的文化特色，鼓励建设乡镇记忆馆、乡愁博物馆等文化展示场所；恢复一批民俗、传统工艺、节庆活动、演艺等；将古建筑、名人故居等文化资源植入旅游业态，并产生积极效应。

二、线性旅游目的地文旅融合的启示

启示一： 在线性旅游目的地的建设中，新昌将景区城和景区镇作为突破口是一个创新。改善提升城市环境风貌，扩建地域特色公共环境设施，深化城市文化主题、街景风貌，设置一批富有地域性、具有系统性、体现整体性、讲究合理性的城市家具，新昌县城的文化旅游形象十分鲜明，门户形象特色鲜明、识别度高。

启示二： 协调有力的体制机制十分关键。无论是景区城还是景区镇，创建主体一定是县、镇党委及政府。没有块上的主要领导牵头，创建工作就无法推进。新昌成立了由县委县政府主要领导为组长的省级景区城创建领导小组，建立协调机制，健全领导小组会议、专题协商会议等联席会议制度，协调解决创建过程中的重大问题。创建工作纳入相关部门、各镇（街道、开发区）年度岗位目标责任制考核内容，打破区域、部门、行业界限，形成齐抓共管、协同作战、合力创建的发展局面。县文旅部门作为领导小组办公室，为领导决策当好参谋助手，抓好督察。

启示三： 解决交通"卡脖子"问题往往成为线性旅游产品的首要工程。新昌花大力气完善旅游交通网络建设，提升客运中心、客运西站、客运东站旅游咨询服务功能；提升改造慢行系统，提供多样交通服务；提升城区主要道路两侧绿化美化；提升完善共享汽车租赁业务，结合城市书房开展"诗路驿站"建设；完善基础设施和公共服务，实现居民与游客共居共享；游步道、休闲广场、停车场等配套设施建设兼顾小镇居民和旅游者的需求。此外，新昌县还规范优化了小镇客厅（游客服务中心）、生态停车场、旅游引导标识、游览线路、旅游厕所、公共游憩空间、无线网络覆盖等公共服务。

启示四： 政策激励与氛围营造。充分调动乡镇积极性，需要加大财政资金统筹和投入力度。2019—2021 年，新昌县财政每年安排财政资金 1500 万元用于省级景区镇（乡）创建工作：一次性成功创建为省 AAAAA、AAAA、AAA 景区镇（乡）的，分别给予 500 万元、300 万元、100 万元的补助；分年创建的，每上升一个等级，按补助标准差额给予补助。政府还加强创建氛围营造，通过"两微一抖"推广、制作宣传手册、拍摄宣传片、发放宣传资料等多种形式，宣传全民参与、全民共享的"百城千镇万村景区化"创建理念，提高公众的参与度和主动性；利用主流媒体、天姥文工团等，深入创建工作第一线，不断发掘工作亮点，用群众喜闻乐见的形式，推介新人新事、创新做法，营造全民创建的氛围。

第六节　彰显"名人文化"促进文旅融合

历史文化名人为各地留下的大量文物遗迹，构成了我国重要的旅游景观资源。文化名人本身也是地方形象的代表，对于传播地方旅游形象发挥着不可替代的作用。如何提炼历史名人 IP，通过旅游创新表达方式，是文旅融合过程中需要解决的重要问题。四川省蓬安县围绕司马相如文化，进行了三年的打造，使一座相如故城横空出世，12 个景点以司马相如为主角，用"微演艺＋非遗表演"的方式，还原了汉代的武风、文脉和烟火气，再现了盛世与盛世的对话，仅 2021 年"五一"假期，就有 46.85 万游客涌入蓬安[①]。湖北黄冈兴山县的昭君村，通过打造昭君文化旅游目的地，发起昭君文化旅游联盟，组织"昭君和亲路"，举办"中秋月圆忆昭君"活动，取得了出其不意的效果[②]。由此可见，历史文化名人在旅游市场上的号召力之大。

浙江遂昌县利用汤显祖影响力，大力开展文化旅游品牌塑造，也取得了十分显著的成果。

遂昌县隶属于浙江省丽水市，位于浙江省西南部，全县面积 2510 平方千米，人口总量 22.74 万人，四面环山，其中山地占全县面积的 88.83%，素有"九山半水半分田"的称号，但遂昌经济实力相对较弱，是浙江省的 26 个山区县之一。其森林、山川、瀑布资源丰富，在 2019 年获得"中国天然氧吧"荣誉称号、成为全国绿色发展百强县市。2019 年遂昌实现旅游综合收入 156.82 亿元，比上年增长 16.1%，接待游客 297.38 万人次。

汤显祖于万历年间任遂昌知县，是传世名著《牡丹亭》的原创地。依托"汤显祖世界文化名人、《牡丹亭》世界文化名著、昆曲世界文化遗产"三大世界文化品牌，遂昌县着力做深做实汤显祖文化这篇大文章。2016 年 4 月该县成功举办"浙江遂昌汤显祖文化节暨莎士比亚—汤显祖逝世 400 周年"纪念活动，获得众多国内外主流媒体报道。遂昌还成功举办多届汤显祖文化节，汤显祖纪念馆被中国侨联批准为中国华侨国际文化交流基地。遂昌汤显祖文化"走出去"被列入 2018 年全省对外开放重大举措。遂昌县入选 2020 年省文化和旅游产业融合试验区名单。

---

① 王雪娟. 历史名人如何赋能当代旅游？［N］. 光明网（转自中国文化报），2021-05-17.

② 柳洁，周燕琼. 宜昌：文化赋能全域旅游. 名人文化彰显城市底蕴［N］. 中工网（转自经济日报），2020-07-05.

一、遂昌县开展名人文化与旅游业融合的主要做法 [1]

1. 设立研究机构，开展学术探索。遂昌制订了《遂昌县汤显祖文化发展规划》《汤显祖文化深度开发实施方案》，打造汤显祖文化第一县域品牌；与浙江大学、丽水学院等院校开展县校合作，促进了浙江大学人文学院"晚明文化研究中心"落户遂昌；设立遂昌汤显祖研究中心，举办"汤显祖研究年会""民俗文化传承与旅游发展论坛""中国遂昌汤显祖国际学术研讨会"等活动；创办全国首个以汤显祖研究为专题内容的学术刊物《汤显祖研究通讯》，出版《汤显祖研究在遂昌》《启航——汤显祖—莎士比亚文化交流合作》等文集作品。政府还组建遂昌县汤显祖诗词研究会，收集汤显祖创作诗作 2000 多首，其中在遂任职期间创作 200 余首。遂昌获得了"中华曲文化教育基地""中华诗词之乡"称号。

2. 突出活态传承，促成显性文化。汤显祖虽然是历史上的大文豪，但仍然属于小众文化传播，广大游客对其缺乏认知。为此，需要活化遗迹，物化载体。遂昌建立了汤显祖纪念馆、昆曲十番传承学校，大力推广以汤显祖《玉茗堂四梦》昆曲曲牌入十番为特色的"遂昌昆曲十番"，成立地方戏曲振兴会、昆曲曲社、越剧促进会，形成以浙江省重点扶持的文化节庆活动——汤显祖文化节为龙头的特色乡村文化品牌，营造"满城竞唱《牡丹亭》"的汤显祖文化传承氛围；同时，开展"汤显祖文化"进校园等昆曲传承活动，活动期间，汤显祖纪念馆志愿者每周四为该县实验小学的学生们开展昆曲十番培训。全县从事汤显祖文化研究、昆曲传播人员超 3000 人。当地文旅部门与浙江昆剧团、浙江越剧团等专业剧团及影视公司合作，推出越剧音乐诗画剧《牡丹亭》、数字电影《梦寻》等优秀作品，昆曲茶艺先后赴俄罗斯、英国、德国、哈萨克斯坦等 6 个国家展演。

3. 文旅要素融合，开启文化兴旅。遂昌依托保存较为完好的汤显祖担任县令时期的晚明街区和汤显祖纪念馆，创新推出沉浸式昆曲《牡丹亭·游园》项目，吸引昆曲爱好者前来观赏，丰富游客文化体验；在金矿、神龙谷、千佛山、南尖岩等国家AAAA 级景区中充分融入汤显祖文化元素，推出汤显祖山水诗词之旅、《牡丹亭》文化之旅、汤显祖研学体验线路等 20 余种汤显祖主题游；复原汤显祖在遂昌担任县令期间创立的"班春劝农"仪式，每年春耕时节在石练镇淤溪村举行仪式，营造重农固农兴农、劝农耕作的良好农事氛围；瞄准市场导向，开发文创产品。政府还鼓励餐饮主体与文化民俗相融合，将汤显祖文化、昆曲文化融入经营理念中，如该县"厨娘"

---

① 感谢遂昌县文旅部门提供资料。

系列结合昆曲打造食宿茶戏"四合一"经营模式，"汤公"系列活用汤显祖诗词打造汤公文化主题餐厅。2021年"五一"期间，仅"厨娘"系列、"风炉记忆"系列"诗画浙江·百县千碗"美食体验店就接待3.2万余人用餐。遂昌还开发了汤显祖文化系列文创产品，如雨伞、书签、四梦杯等60多种产品，推出"汤公玉茗"酒、遂昌长粽、黄米粿等特色产品，其中遂昌长粽2020年产值超5000万元。

二、名人文化与旅游业融合的主要启示

启示一：遂昌以名人文化为牵引，将汤显祖文化植入景区，实现了旅游产品层面上的积极融合；按照文化场馆景区化标准，2020年对汤显祖纪念馆、田木居民俗博物馆进行场馆景区化改造；投入300余万元对AAA级景区竹炭博物馆进行提升改造和业态丰富，发展研学旅游，年高标建成省级研学营地；全面推开其他场馆景区化改造工作，在标识系统、游客休憩系统等基础设施改造和文化元素注入上下功夫。

启示二：中国文化要走出国门，需要与世界对话，汤显祖就是一个很容易被世界所认知的切入点。遂昌县以"汤莎文化"为桥梁，推进汤显祖—莎士比亚文化交流合作，近几年开启了"交流先河"，加快汤显祖文化"走出去"步伐。遂昌县与莎士比亚故乡斯特拉夫德市之间建立了互访机制，双方先后签署《中国遂昌县与英国斯特拉夫德市建立友好交流关系意向书》，实现人员互访、文化演出等多层次交流与合作。自2009年开启文化交流合作以来，该县代表团8次赴英交流，英国代表团4次回访遂昌，组织浙江昆剧团在斯特拉夫德市、考文垂市上演折子戏、昆剧《牡丹亭》全本，当地观众好评如潮。遂昌县开设中英文对照的"汤显祖—莎士比亚文化交流合作网"，持续保持与斯特拉夫德莎士比亚基金会、英国伦敦大学亚非学院的沟通联系。

启示三：汤公文化蕴含着丰富的内容，音乐、爱情就是很好的旅游"卖点"。他们以牡丹亭原创圣地为定位，打造音乐作品创作、作品发布聚集地和音乐研学旅行目的地，先后发布《遂昌赋》《沂水春风》原创音乐作品，成立由国际优秀青年音乐家组成的"遂昌假日室内乐团"，把《牡丹亭》以及原创于遂昌的音乐作品带出国门，前往世界各地演出。遂昌还建立了"陈其钢音乐工作坊""国际青年音乐家培养计划""躬耕书院音乐筑梦班"三大公益平台，创新举办"汤公音乐节"，吸引了大批中外知名音乐大师、音乐大咖、优秀年轻演奏家齐聚遂昌。爱情是汤显祖和莎士比亚作品中的重要主题，遂昌建设的汤显祖戏曲小镇，以东西方爱情情景体验方式，对爱情文化进行展示、碰撞、交流。小镇已集聚文化企业50多家，其中历史经典关联企业近20家，开发包括昆曲茶艺、大型剧目平昌遗爱等历史经典文创项目。入驻省级民间艺术家、省级工艺美术大师等高端人才20余人，开设黑陶、书画等大师工作室近

10个。一个以戏曲为主题的小镇正在成为文旅融合的样板地，吸引了戏曲专家、普通戏曲群众、票友等多种类型的游客前来体验。

启示四：机制革新，是夯实文旅产业融合工作的重要保障。遂昌是浙江省26个山区县之一，遂昌县委县政府历来高度重视文化和旅游工作，自2020年1月入选全省首批文旅产业融合试验区培育名单后，第一时间成立由县委书记、县长任双组长的文旅产业融合领导小组，并设置专职县委常委任副组长，抽调宣传部、文旅局干部组建创建工作专班，全方位建立健全组织领导；借助事业单位改革的有利时机，设立文旅融合发展中心，配备编制12人，启动乡镇区域文旅服务站改革，高规格队伍机制保障；面向全县层面组织召开文旅融合改革试点县创建动员会，组织领导小组成员单位、企业主体等相关人员举办文旅融合发展培训班，广泛动员凝聚合力。2019年之初，遂昌又着手起草县域"文旅新政"，推出涵盖音乐产业培育、文化创意平台搭建、红色及戏曲资源转化、文旅项目建设、旅居研学目的地打造等接地气、契合时代发展要求且迎合市场需求的文旅产业培育政策，为创建省文旅产业融合试验区提供强有力的政策保障。

第十章
县域博物馆文旅融合典型案例与发展策略

2019年县（市、区）文旅机构改革实施以来，各县（市、区）文旅部门经过较短时间的机构整合和内部磨合，发挥新的机构综合优势，按照国家文化和旅游部关于理念融合、职能融合、产业融合、市场融合、服务融合、交流融合"六大融合"工作思路，宜融则融、能融尽融，"以文促旅、以旅彰文"，创造性开展工作，探索了不少好的经验和做法，开启了从市场自发融合向行政推动融合的新阶段。

文化资源天然应当成为旅游资源。但过去因为行政部门的划分，文化和旅游系统互不交融，文化资源停留在"小文化"系统，与旅游市场不接轨、不配套，部分文化资源利用率不高。最典型的就是博物馆。博物馆是保护和传承人类文明的重要场所，也是文化旅游的重要载体。按照公共文化服务标准，县县都建有政府投资的公益博物馆。如何将博物馆推向旅游市场，实现文旅融合，对博物馆而言既是机会也是挑战。表10-1是浙江省台州市域范围内的部分博物馆一览表。

表 10-1　台州市部分国有博物馆相关数据（根据临海市博物馆陈引奭整理）

名称	文物藏品/件（套）	展览数	工作人员数量	景区化
台州博物馆	2304	年均临时展览4~5个	32人（编内15人，编外17人）	AAA级景区
黄岩博物馆	8515（其中国家一级文物84件）	年均临时展览4个	18人	AAAA级
临海市博物馆	文物3万余件，古籍2万余册［国家珍贵文物1253件（套），其中国家一级文物5件，二级文物124件，三级文物1124件］	年均临时展览11个	共27人（其中编内15人，编外12人）	AAAA级（纳入灵湖景区一同申报）
温岭市博物馆	国家一级文物7件，其中青铜蟠龙纹大盘为国宝级文物。	年均临时展览4个	7人	无

第一节　县级国有博物馆推动文旅融合发展中的问题与改进方案 [①]

一、县级国有博物馆推进文旅融合面临的主要问题

总体看，县级国有博物馆在推动旅游发展过程中存在一些重要的限制与不足，主要表现在：一是机构薄弱、人员不足；二是馆内与周边服务游客的配套不完善，缺少休闲、餐饮、购物、娱乐等场所；三是因为文物安全要求高，开放时间、场地、声光电配置都有严格限制，夜间基本不开放；四是欣赏文物对普通观众的历史文化素养要求高，一时难以对观众进行知识普及，观众以看热闹为主，因为喜欢而主动体验的少；五是地方性的国有博物馆投资大，可以带来阶段性的观众流量，但很难长期持续；六是阶段性的临时展览很难引起社会热度；七是研学旅游开展缺乏常态化，教育主管部门和学校关注更多的是学生成绩，素质教育流于形式，博物馆社会教育功能对学校教育的影响力很弱；八是各类讲座和社会教育活动的互动性较差，不能有效拉动研学；九是现有人才激励机制不合理，人才留不住，研究、展览、社教、文创、交流、宣传等方面也都缺乏活力。

正是由于功能定位、投资模式、管理体制等方面的原因，博物馆缺乏经营思维，接待对象多为本地市民，以藏品的丰富性、保存的安全性为基本评价标准，利用率不高，活动不多，难以为广大游客所欣赏，无法进入旅游市场。加上县级博物馆难以像故宫博物院那样具有强大的吸引力和人才优势，短时期内将博物馆资源转化为旅游资源，将服务对象从市民拓展到外来游客，将博物馆资源从文化产品转化为旅游产品，难度可想而知。文旅融合、机制改革，是激活博物馆资源、变身富有吸引力的旅游资源的重要路径。

文旅体制改革之后，新建设和新落成的县（市）国有博物馆发展开始呈现一些新的特色：建筑充分体现城市文化地标的特色形象；以展示城市地方历史文化与特色文化为主要特点，固定展陈专业化程度高，同时也结合一定的声光电效果；一般配置有几个固定陈列，同时配置有临时展览厅；按照博物馆规范配置或辟有序厅、服务台、休息区、社会教育活动区、报告厅、纪念品商店或书店等；配备有一定专业素养的博

---

① 根据与台州市文化和旅游研究院兼职研究员、临海市博物馆馆长陈引奭等的访谈内容整理。

物馆工作人员与讲解员队伍；部分博物馆已经纳入景区化建设；部分博物馆在地域与内容上有延伸性的活动与展区；部分博物馆具备成为网红打卡地的潜质，并成为重要的旅游吸引物。

二、国有博物馆与旅游市场接轨的主要做法

位于浙江杭州余杭区的良渚文化博物馆就是一个很成功的案例。良渚文化博物馆建馆时间较早，也成立了副区级的管理机构，但多年来没有脱离传统博物馆的基本"套路"，参观人数不多，观众体验感不强，很难进入旅游线路。2019 年在阿塞拜疆举行的世界遗产大会上，"良渚古城遗址"获批入选世界遗产名录。余杭区借助这一契机，大力发展以良渚文化为核心的文化旅游，把良渚古城遗址、"良渚文化博物馆"作为"头号种子"培植，打造遗址旅游样板。余杭区坚持保护为本，成立余杭区文物监察大队良渚遗址文物监察中队履行遗址保护职责；把积极打造"长三角大良渚文化圈核心地"列为发展战略，通过"良渚国家级文化高地"项目、良渚古城景区管理咨询及运营服务项目等项目招引，进一步优化良渚古城景区管理运营模式。在产品上，余杭区积极探索良渚古城遗址公园等文旅资源融合发展的有效路径，将良渚文化之旅列为主推精品线路，促进"文旅＋美丽乡村"、文创等产业融合，增加互动体验。

借助申报世界遗产的东风，余杭区对良渚文化博物馆进行了大幅度的改造，新博物馆贯彻了文旅融合理念，充分考虑了现代博物馆在教育、学术、研学、参观、保管等方面的要求。博物馆设置了影视报告厅、学术会议室、观众休息区域、贵宾接待室、阅览室等，在展示手段上采用多媒体展示、场景仿真模拟、专题片放映等方式，配合现代的声光系统，能给观众直观感受；运用文化比较和文化时空坐标，展示了良渚文化和玛雅文化、美洲文化及环大洋文化的相互关系，把中外的同期文明和文化进行对比梳理，展示了古文化的传承关系。余杭区将博物馆作为大良渚遗址公园的重要组成部分，建筑上体现良渚文化的内在精神和核心要素，与自然环境相得益彰。

总结良渚文化博物馆等地的成功做法可以看出，文化传统嫁接旅游市场，需要做到五个"接轨"。

一是管理观念接轨。博物馆管理机构需要学习现代旅游业运行规律，跳出传统的文化陈列思维，对接市场需求，建立营销管理、品牌管理理念，改变自娱自乐、自得其乐、专家叫好观众不叫座的误区。

二是展品陈列接轨。展品是博物馆的生存之本。管理机构要完善博物馆内部配套，让参观者有更好的体验感，切实改变简单、呆板的陈列方式，采取多种喜闻乐见的方式，增加互动性、趣味化、体验式环节，提升游客的感知度，增强黏性系数，增

加逗留时间；挖掘科技潜力，利用现代信息技术，借助专业力量，打造数字化展示空间。

三是解说机制接轨。传统的博物馆解说依靠讲解员，形式过于呆板、无趣，与游客的距离比较远。解说的内容过于专业化，理解有难度；解说词过于书面化，与游客的心理需求差距较大。为此，需要在深入研究文物历史价值的基础上，提炼出故事性强、深入浅出、轻松愉悦的讲解词，并对讲解员进行导游业务培训，让进入博物馆的观众听得懂，看得懂，提升他们的学习愉悦感，实现文化与旅游的无缝接轨。同时，要完善讲解机制和社会志愿者机制，为社会各个层面的专家和资深爱好者创造讲解机会。

四是经营体制接轨。因为博物馆是全额拨款事业单位，经营理念、方式方法和人才储备不够，导致多数博物馆停留在仅供观众参观的层面，缺少吃、住、行、游、购、娱六要素配套，难以接待旅游者。要将博物馆的文化资源转化为旅游产品，就必须做出一系列调整，例如，增加公共活动空间，特别是游客的休息场所，提供简单的饮食、休闲茶吧、咖啡吧服务；改造室内外景观环境，消除压抑感，给游客以愉悦的游览、游憩环境；优化交通组织，设计合理的参观游览线路；通过文创活动提升博物馆的话题性与知名度，打造适合社会需求的文创产品；推出以博物馆"镇馆之宝"为IP 的文创产品，创造"二次吸引物"；解决博物馆工作的管理机制问题，允许博物馆开展经营活动；在完善安全保障机制的前提下，开放博物馆夜场和夜游活动、增加音乐欣赏、艺术赏析等互动性项目，带动博物馆夜游。

五是人才激励接轨。传统的博物馆人才储备相对单一，制约了资源的转化能力。管理机构可以通过对外招聘和对内培训，或者借助第三方机构，解决人才储备单一的问题，包括引进或培养复合型管理人才、宣传策划人才、市场营销人才等，满足文旅融合发展的人才需求。要加强人才激励措施，留住人才，比如经营收入可以自主分配，以激励各类人才提升与市场接轨的积极性和创造力。

第二节　建设乡村博物馆推动文旅融合 ①

乡村博物馆建设可以为文旅融合赋能，推动城乡共同发展。通过乡村博物馆建

---

① 本部分内容由临海市博物馆陈引奭、周欢撰写。陈引奭，周欢.以乡村博物馆建设推动乡村振兴的实践与思考［N］.中国文物报，2022-07-08.

设，可以延续乡村文脉、留住"乡愁记忆"、保护文化遗产、促进文旅融合、构建文化自信。建设乡村博物馆是乡村振兴与乡村共富进程中，"富口袋"与"富脑袋"的重要抓手，也是推动乡村"走进新时代"的重要举措。浙江省人民政府"浙文惠享"民生项目将乡村博物馆作为"打造15分钟品质生活圈"的重要内容，并将其纳入省政府民生实事项目，计划2022年度建成乡村博物馆不少于400家。"十四五"期间，全省计划建成乡村博物馆1000家。把握好乡村博物馆建设，可以使之成为售卖乡村"文化"、乡村"手艺"、乡村"味道"、乡村"记忆"、乡村"特产"，并推动乡村"文创"的重要平台。可以说，浙江省在推动乡村振兴和文旅融合，建设乡村博物馆工作上已迈出了具有示范意义的坚实一步。

一、乡村博物馆的类型与内涵

乡村博物馆主要包括两个类型：一是以地域为界定，在城市主城区之外的广大乡村所建成的所有主题类型的博物馆；二是不以地域范围为局限，反映农村、农业、农民等主题，展示乡村社会历史、生活习俗与民间艺术的博物馆。一般意义上的乡村博物馆在地域、内容等范围上做了一些必要的界定，比如地域是按行政区划、乡村范围界定，内容要反映农业、农村、农民（或者渔民、牧民）历史。

浙江省文化和旅游厅、浙江省文物局2022年4月印发的《浙江省乡村博物馆建设指南（试行）》，对乡村范围乡村博物馆的定义是："乡村博物馆是位于乡村范围内，传承中华优秀传统文化，弘扬社会主义核心价值观，以重点展示、传播、收藏和传承地域历史文化、特色文化、革命文化及乡村生产生活、非遗保护、产业发展见证物，向公众开放，具有博物馆功能的文化场馆。位于乡村的国有和非国有博物馆可纳入乡村博物馆系列。"其中，"乡村博物馆所在乡村范围，是指城市主城区以外具有自然、社会、经济特征和生产、生活、生态、文化等多重功能的地域综合体，包括乡镇和村庄等"。从以上定义分析，浙江省提出建设乡村博物馆，其地域范围是界定在城市主城区之外的所有地方，其主题是围绕"乡村"展开，其形式是具有"博物馆功能"的文化场馆。

二、建设乡村博物馆是实现乡村文旅融合的重要抓手

乡村博物馆以创新本土文化的呈现与讲述方式促进乡土文化传承，同时也创造了优质文旅资源，是乡村文化振兴中的成功范例。

留住记忆。乡愁是一种无形的乡村文化，当下，乡愁已经成为文化记忆里最为重要的组成部分。上溯三代，大多数人的根脉就在乡村。守住乡村文化的"乡愁"就是

大多数人的精神寄托，守住乡村文化的"根"，让"乡愁"成为游子思乡的精神寄托，就要坚守、呵护、活化乡村记忆，激发乡村发展活力，延续乡村承载的历史文化，让乡村文化有源头活水，长盛不衰。乡村博物馆是保护物质和非物质文化遗产、弘扬中华优秀传统文化的重要平台。因此，建设乡村博物馆，就是保护和活化乡村记忆，留住那些有形与无形的文化遗产，让大家在"看得见山，望得见水"的同时，通过那些实实在在曾经存在过的文化遗产，"记得住乡愁"！

保护文脉。文化是一个国家、一个民族的灵魂。乡村博物馆建设是构建乡村文化自信的最好的载体。通过乡村博物馆建设，可以做好挖掘、保护、展示、化育四方面文章，从而推动乡村文化自信的构建。

提升审美。博物馆首先是美的载体，其展陈与展示的内容、形式、内涵，都要求有美学上的表达，乡村博物馆也不例外。通过乡村博物馆建设与展示，众多参观者在其中可以得到审美的教育，这对于这一代人与当下的年轻一代，特别是孩子们，会起到潜移默化的美育作用。而乡村博物馆的建成，无疑也可以提升乡村的社会知名度与美誉度。一个拥有博物馆的乡村，自然也是一个有文化和历史内涵的乡村，会受到更多人的关注。乡村博物馆自然也就成了乡村非常亮丽的乡土文化名片。

美化生活。乡村博物馆是时代的需要，也是时代的产物。建设乡村博物馆，在保护乡村优秀传统文化的同时，其表达方式与展陈形式必然是具有时代性的，是要讲述当代人能看懂，能理解，能心领神会、感同身受、会心一笑的乡愁故事。所以，乡村博物馆可以让乡村的百姓能够就近接受与了解当代文化发展趋势，学习文化发展知识，提升对于时代发展的认识。同时，乡村博物馆也一定是生态文明和美丽乡村建设的重要载体，是贴近生活、走进基层、服务群众的有效途径。建设与运行乡村博物馆，必然会对其周边环境与居民生态产生长远的影响，从而起到提升和美化自然环境与人文环境，进而起到美化生活的作用。

文旅融合。乡村博物馆是很重要的乡村旅游吸引物，是乡村旅游具有节点意义的重要驿站，也是身体、视觉、思维与心灵的栖息地。通过建设乡村博物馆，深入挖掘乡村自然、历史、民俗和文化等方面的资源，打造融乡土文化展陈、文创产品展售、手工体验、风物特产供应、拓展教育等于一体的多元文化枢纽，可以让文化与财富结亲，让文化反哺乡村建设，推动更多乡村成为乡村旅游的热门地，赋予乡土特色产品更丰富的文化内涵和鲜活的生命力，走出一条既可以"富口袋"，也能够"富脑袋"，"富脑袋"与"富口袋"协同发展，以文润富、以文促富、以文化富、助力乡村振兴的新路子。

三、浙江省开展乡村博物馆建设的主要做法

近年来，浙江省推出了 600 余家独具江南乡村特色、携着乡愁记忆与文化基因的乡村博物馆，支撑起了乡村旅游发展的骨架。其主要做法如下。

政府引导，镇村共建。在做好政府引领基础上，发挥地方与村民建设主体作用，共同配合，共推共建。政府是乡村博物馆建设的主要推手。在乡村博物馆建设中，政府做好规划选点布局，安排建设资金，明确建设规模，建立工作计划，督促建设进度，把控建设质量。镇村则需要做好具体落实工作，解决土地与场馆政策安排问题，整治周边环境，安排建设管理，启动并落实后续长效管理运营机制，激发乡村博物馆应有的自身造血功能。在前期，规划布局乡村博物馆时，应避免一哄而上、大干快上，而要更多地考虑如何使乡村博物馆在乡村振兴与城乡共富中起到良好的引领示范作用。这就要求要先考虑乡村博物馆前期的布点建设与现有成熟的文旅资源的结合，这样可有利于建设推进与后续的运营，并尽早产生正面社会效益，甚至是发挥乡村博物馆自身的造血功能。只有前期的头开好，后续的梯次推进才会更有成效，且可以减少产生资源浪费。

专业指导，村民参与。博物馆建设是一项专业化程度较高的系统工程，需要建立在深入研究的基础之上，同时要做好专业的展陈工作，包括展览大纲、展览内容、流线组织、展品鉴别，形式设计、灯光布置等，以及与博物馆管理所相关的讲解服务、藏品管理、安全管理等。这些在乡村博物馆建设中也不例外。但是，由于乡村博物馆所处位置多数距离城区较远，而乡村博物馆的建设资金有限，建设内容的挖掘与展品征集也非常依赖当地，所以在乡村博物馆建设中既需要建立专业化的指导机制，同时，又需要有乡村当地群众的共同参与。比如在浙江的一些地方，已经组织了由政府部门牵头，以国有博物馆专业人员为主，地方文史专家和乡村老先生等一起合作的乡村博物馆建设专业指导团队，参与乡村博物馆的具体建设。当前，许多地方已经有了一定意义上接近乡村博物馆的文化场所，如一些地方的人文陈列室、知青纪念馆、农耕展示馆、地方名人纪念馆和文化礼堂，甚至一些乡村里有历史文化情怀的爱好者将自己的收藏或作品公开展示，这些本就类似于博物馆的陈列，只要给予指导，去伪存真，进行专业化的"微改造、精提升"，就可以很好地打造出有一定内容的乡村博物馆，这对提升乡村百姓的素质与审美，也起到很好的作用。

挖掘资源，突出特色。建设乡村博物馆的前提是要挖掘出有价值且值得利用的有效资源。《浙江省乡村博物馆建设指南（试行）》中已经明确，乡村博物馆的职责是："传承中华优秀传统文化，弘扬社会主义核心价值观，重点展示、传播、收藏和传承

地域历史文化、特色文化、革命文化及乡村生产生活、非遗保护、产业发展见证物。"乡村博物馆的藏品可以包括："具有历史、艺术、科学等价值，作为见证乡村传统文化、历史文化、特色文化及生产生活的文物、标本、资料、模型、器具及产品等。"从乡村博物馆的职责与藏品内容中可以知道，其资源挖掘包括乡村当地具有历史人文内涵的山乡自然风貌，家族历史传承，优秀历史文化与乡贤名人，以及具有乡村辨识度的特色文化，散落于乡村的红色革命记忆，别有特色的乡村风俗节俗、生产生活习惯、非物质文化遗产、特色产业，甚至是特色方言与美食小吃等。在浙江的建设经验中，乡村博物馆建设除了挖掘乡村历史文化内涵，结合在地旅游资源外，还可以考虑与非物质文化遗产的保护传承及不可移动文物保护相结合，使得遗产保护、文物保护与乡村博物馆建设有机连接，这样既能为乡村博物馆建设提供有效资源，又能提升乡村博物馆的知名度，而乡村博物馆的建成也可以起到更好地保护遗产与文物的作用，两者可以互为补充，互相促进。另外，乡村博物馆建设也可以与乡村在地特色产业，包括工业、手工业、农林渔牧等相关产业结合，这一方面有利于推动乡村博物馆的建设与运营，另一方面也能够通过乡村博物馆的建设而扩大当地特色产业的知名度与影响力，并促进产业的局部调整，让产业发展从"卖产品"衍生出"卖文化""卖旅游"，同时也反过来助推产业向纵深发展。

提升环境，引领风尚。乡村发展中最大的问题是"脏乱差"的环境，一些乡村距离现代文明生活较远，村内外污水遍地、垃圾遍布、杂物堆叠、尘土飞扬，露天的茅坑与满地的鸡鸭粪便散发着恶臭，苍蝇蚊虫追着人叮咬，老鼠满街乱跑。近些年来，随着美丽乡村建设，这些情况有了很大的改善。但要让乡村成为美丽家园，除了一系列清理建设工程的项目在硬件上推进之外，还需要人的文明素质的提升并使其产生自觉意识。建设乡村博物馆应该是提升乡村百姓自觉意识与文明素质的有效手段。在乡村博物馆的设计与建设中，需要以社会主义核心价值观为引领，对传统村落中的古建筑、旧祠堂、宗教祠堂等蕴藏的传统历史文化资源进行取其精华，去其糟粕，将其中的优秀部分与社会主义核心价值观相融合，比如尊老爱幼、勤俭持家、保护生态、爱护自然、互助友爱、相互守望等，一方面培育文明乡风，提升村民精神文化素养；另一方面将其转化为今社会的乡村社会治理资源，推进乡村有效治理，在改善乡村的自然环境的同时，引入现代的文明理念与时代风尚，结合时代审美，提升乡村的社会文明进步。

保护遗产，留住技艺。多数有历史的乡村都有属于当地的文化遗产，诸如古驿道、古村落、古宅院、古桥、古街、古河道、古井、古墓等不可移动文物和记录家族变迁、乡村自治历史的宗谱族谱、乡规民约、家风家训，以及许多延续古人生产生活状态且濒临失传的手艺、节俗、小吃、语言等非物质文化遗产。乡村博物馆建设中，管理机构理应承担起责任，对这些已经或即将消失的，或者失去原有保存条件的遗产进行发掘和展示。通过乡村博物馆，宣传文化遗产保护工作的重要意义，并积极普及文化遗产保护知识，增强全民保护文化遗产的观念和意识，形成保护文化遗产的良好环境和氛围。比如在当前新农村建设的大潮中，拆旧建新是乡村建设的主要模式。由于对历史文化遗存不了解、不珍惜，许多古宅被毁、古井与古河道被填埋、古驿道古桥古街被破坏，古村落面目全非，甚至一些文保单位也被人为破坏，许多地方千百年留传的乡村文化景观荡然无存。所以，乡村博物馆的建设和运营，可以培养乡村百姓对乡村历史文化的认知，使其真正成为乡村历史文化的拥有者，并增加其对乡村历史文化的自豪感，让这些历史文化持有者觉醒起来，使乡村历史文化景观真正得到保护、传承和永续利用。乡村博物馆还可以成为乡村非物质文化遗产技艺的传习所，通过展览展示和有组织的研学活动，让传统手艺等许多非遗文化得以传承。

文旅融合，推进互动。乡村博物馆建设既要立足于文旅融合，又要推动乡村的文旅融合。乡村博物馆建设既是历史文化的挖掘，可以让大家在走进乡村，留住"乡愁"，同时也能带动乡村旅游开发，促进乡村振兴与城乡共富。乡村旅游发展，可以充分利用作为乡村旅游吸引物的乡村博物馆这一平台，注重挖掘有意思的、吸引各类人群的文化元素，整合打造游客文化体验与互动体验的研学线路，让游客在观赏乡村美景、沉醉于青山绿水的同时，动动手，在趣味体验中潜移默化地感受到优秀传统文化的滋养。

四、当前乡村博物馆建设运营中需要关注的主要问题与解决途径

作为一种新生事物，乡村博物馆在建设和运营管理的过程中，还面临不少问题，需要政府与社会各方协力解决。

一是藏品短缺问题。乡村博物馆为新生事物，由于建设时间短暂，会存在定位不够准确、挖掘不够深入、研究不够透彻、藏品短缺不能支撑起整个展陈等诸多问题。现有博物馆对于藏品的定义，已经不仅仅局限于历史文物。根据上述《浙江省乡村博物馆建设指南（试行）》对"乡村博物馆的藏品"的定义，与乡村生产、生活和乡村文化所相关的物品，包括资料、模型、器具、产品等，只要具有一定的历史、艺术、科学价值，即可以作为乡村博物馆的藏品。所以，其定义的外延是很宽泛的。解决乡村博物馆藏品短缺的关键在于对乡村当地历史文化与乡风民俗、社会生产等各方面能否有针对性地进行深入挖掘与研究，同时，需要与乡村地方干部群众做好沟通配合。深入群众，一定可以挖掘出富有地方特色的珍稀藏品。

二是人才短缺问题。乡村博物馆建设，需要对乡村所在地的历史文化进行深入的挖掘、透彻的研究，需要深入当地群众做好藏品征集，而后建设乡村博物馆需要做展陈、做管理，依托乡村博物馆开展各项文旅活动，组织研学游，这些都需要有合适的人才队伍。但当前乡村博物馆建设运营人才缺口很大。多数地方在乡村博物馆建设中依靠的是国有博物馆的现有队伍。解决这个问题，一是需要采用政府购买社会服务的形式，解决部分的建设工作；二是在培养乡村人才上下工夫，联络乡村文保员和非遗传承人等，组织乡村博物馆建设、运营、讲解、社教、研学等系列培训活动，注重培养有技能、有想法的乡土能人，并给予一定扶持与优惠政策，推动乡村博物馆在乡村振兴中真正发挥作用；三是建立"引贤、引才"机制，对此可以采用"柔性机制"，让乡贤与人才回归乡村，助力乡村博物馆的建设运营与乡村振兴；四是有条件的乡村可以建立"筑巢引凤"机制，实施大学生村官等落籍乡村的优惠政策，解决其编制、住房、薪资等工作待遇，为人才到乡村创新创业提供必要条件；五是鼓励社会机构参与乡村振兴，设立目标要求，完善运行机制，把乡村博物馆的建设运行纳入其中，并从资金、土地流转等方面建立配套扶持政策，从整体上将乡村文旅发展和产业振兴统一起来，推动乡村共富。

三是后期运维问题。当前的乡村博物馆建设存在规模"小、散"且社会关注程度不高等状况。因此，除了与地方政府行为或产业结合的博物馆之外，多数乡村博物馆的后期运行，包括日常开放、讲解服务、社教与研学活动组织等也都会存在许多问题。这些问题突出的原因，首先是缺少后续的管理运行资金；其次是人；再次，乡村博物馆的参与对象也决定了乡村博物馆的客流主要是在节假日（个别乡村博物馆可以做到晚间开放）。所以后期运行问题值得各方面来共同关注。一是可以考虑将乡村博物馆作为公共文化服务场所，由财政安排一定的经费运营并向社会免费开放，但也要对接待人数等指标予以考核；二是组织熟悉乡村历史与博物馆情况并有一定文化情怀的老书记、老村长、老同志以及乡土能人参与到乡村博物馆的后期管理，或者创新管理运营方式，推行"管委会＋村庄"模式，由当前的政府部门直接管理转变为在政府指导和监管下运营，成立博物馆管委会，让村民参与管理运营并将博物馆收到的实际效益与村民的利益关联起来，给予博物馆运营更大的自主性和灵活性，提高村民的参与度，在参与的过程中，潜移默化地增强村民文物搜集和保护的意识，使他们逐渐对本土民俗产生认同，承担起保护乡村文化遗产的责任，同时为博物馆的发展培养内生动力；三是有条件的乡村博物馆可以考虑引入非遗产业与研学活动，在其周边建设一定的休憩与餐饮服务配套、乡村土特产与特色文创产品销售服务；四是为乡村博物馆搭建现代网络平台，通过网络视频、抖音等，培养乡村博物馆小能手，打造可以推介乡村旅游、乡村特色，并可以直播带货推荐乡土特产的流量网红，产生网红效应；五是要把乡村博物馆纳入乡村旅游线路进行宣介；六是可以给予政策与荣誉，合理引入民间资本，推行"公私合作"，或由乡贤认养管理乡村博物馆。

总体来看，"以文塑旅、以旅彰文"已成为推进文旅融合发展的基本共识和总体思路，深化文旅融合，释放"一业兴、百业旺"的乘数效应，是推动传统乡土文化保护传承和创新发展的重要渠道，是促进乡村文化旅游常态化和高质量发展的内在需求。乡村博物馆建设，正处于这之中的一个很重要的契合点上。浙江乡村博物馆建设是一个重要创新，是记住"乡愁"、留住"记忆"、保护"遗产"、保存"手艺"、传承文脉与弘扬优秀传统文化、提振乡村文化自信的重要载体；也是在乡村共富进程中，售卖乡村文化、乡村手艺、乡村味道、乡村记忆、乡村特产，乃至乡村文创的重要平台。当然，建设乡村博物馆不能一哄而上，应综合统筹各方面因素，既要考虑乡村博物馆与在地历史文化的契合，做文化的挖掘，也要考虑其是否符合时代的需求，通过综合规划，做好产业布局；既要通过建设对乡村环境整山理水、芟除荒秽，也要做好历史文化遗迹与文化遗产的梳理保护；既要考虑当下的建设，也要考虑其日后的运营；既要考虑短期的社会效益，也要通过乡村博物馆建设带动地方经济和旅游业的发展。建设的乡村博物馆是静态的，但其对于乡村振兴与乡村共富的作用却是动态的，并且是持续的。归纳起来，建设乡村博物馆应把握好快与慢的结合、内与外的结合、长与短的结合、拆与保的结合、建与管的结合、静与动的结合。乡村博物馆建设可以为文旅融合赋能，推动城乡共同发展，对描绘乡村共富新画卷具有长远的引领带动意义。

第三节　关于国有博物馆与旅游市场接轨的思考

很显然，我国的博物馆量大面广，馆藏丰富、设施完善，是典型的文化旅游资源，也是文旅融合需要突破的重要领域。近几年各地出现的"博物馆热"充分说明，旅游者和居民对博物馆的参观需求是旺盛的，潜力是巨大的。但五年来文旅融合的实践表明，除了诸如故宫、兵马俑等少数原本就带有文化旅游景区性质的国家级博物馆，多数国有博物馆在旅游市场上处于"沉睡"状态，市场潜力没有得到激发，分析其原因，核心问题在于体制机制上。以下做具体阐述。

一、文化事业与文化产业"两分法"管理带来的体制机制问题

20 世纪 90 年代后期，随着国家文化体制改革的深化，文化产业开始受到党委和政府的重视。2003 年始，国家出台的文化单位体制改革的思路采用的是文化事业与文化产业"两分法"分类改革：文化事业承担的是公益性功能，包括主流意识形态宣传和基本公共文化服务，例如国有博物馆，由国家财政提供运营费用，正式在编人员实行事业单位管理办法，参照公务员待遇；文化产业则主要是承担经营性功能，为市场提供文化产品和服务，采取企业化管理、市场化运行，自负盈亏。这是改革开放以来文化系统最大的一次改革，对于后续文化产业和文化事业的发展奠定了制度性基础。

但随着市场化程度的逐步深入，"两分法"分类制度也带来了一系列问题。因为国有文化单位的基本运行经费由国家承担，旱涝保收，缺乏激励机制，无法做到多劳多得，导致内生动力严重不足。但另一方面，经营性文化企业受制于国有单位的人事管理、业绩考核管理等行政化制约，在市场竞争中缺乏主动权，生存权和发展权受到一定程度的制约。另外，从文化单位的性质来看，无论是公益性文化事业还是经营性文化产业，都应该是公益属性和市场属性兼容、交融的，而不是对立的、截然分开的。

二、文化事业、文化产业与旅游业融合发展的体制机制创新

祁述裕教授提出，在目前"两分法"基础上可以引入另外的分类方法，即营利性与非营利性组织。与文化产业和文化事业泾渭分明的"两分法"不同的是，营利性和非营利性组织的概念相对灵活，弹性较大[①]。营利性组织可以承担政府委托的公益性文化项目，提供公共文化产品，而非营利性组织也可以开展经营性项目，追求投资回报。这与过去国家简单号召公益性文化事业单位参与提供市场化文化产品的做法有本质区别。因为如果只是号召和鼓励，而没有从财政体制上突破"收支两条线"的约束，公益性事业单位仍然无法接轨市场。

从目前的状况看，国有博物馆属于典型的公益性事业单位。如果在财政体制上没有实现有效"突围"，就无法激励干部职工开展经营，主动接轨旅游市场。而如果定位于非营利组织，在财政拨款体制上做些改革，开展一些市场化服务，满足游客的市场需求，收益让员工得到实惠，其主动性积极性就会得到激发，"沉睡"的国有博物

---

① 《文化软实力研究》编辑部.文化产业在当代中国具有多方面的价值与意义——祁述裕教授访谈录［J］.文化软实力研究，2023（1）：118-125.

馆就会被唤醒,对于提供优质旅游产品的贡献巨大。这一点,乡村博物馆就没有过多约束,可以为国有博物馆的深化改革课题提供样本。但因为乡村博物馆数量少、藏品少、设施简陋,短期内无法替代国有博物馆在旅游市场上的地位。

国有博物馆性质属性改革之后,可以为提升国际化程度奠定制度基础。博物馆之间的国际交流,可以避免内卷化、行政化。吸收引进国际著名博物馆的先进经验,有利于更新国内国有博物馆的经营理念,提高其展陈设计、服务、营销能力等水平,为中国文化"走出去"创造条件。

第十一章
文旅融合引领夜间经济发展

夜间经济不仅是拉动消费的手段，也是衡量一个地区活力的重要指标，被称为中国经济新活力源。夜间经济不仅仅是吃、喝、买，更不是"夜宵一条街""夜市一条街"，而是包含了饮食、旅游观光、购物、娱乐、参观、健身、体育、阅读、艺术欣赏等内容的多元业态。因此推进城市文化与旅游的深度融合，振兴夜间经济是重要方式，可以依托博物馆、图书馆、画廊、美术馆、剧院等建设文化消费圈，依托体育馆、健身房发展健身产业等。自 2019 年国务院出台相关政策以来，各地陆续出台了鼓励支持夜间经济发展的政策举措，推动了相关业态与模式的不断创新。以下是来自温州市鹿城区文旅融合引领夜间经济发展的实践[①]。

鹿城地处浙江省东南部、瓯江下游南岸，是温州市中心城区，也是浙南的政治、经济、文化、交通、旅游集散中心。自古商贾云集，素有"东瓯名镇"之称，相传筑城时有白鹿衔花而过，故名鹿城。鹿城是"温州模式"最早的发祥地，拥有"中国鞋都""中国剃须刀生产基地"等国家级金名片。鹿城文化积淀悠久厚重，已有 1680 多年历史，自古以来，城区文风鼎盛，人才辈出，如东晋山水诗鼻祖谢灵运、南宋永嘉学派代表人物叶适、当代"一代词宗"夏承焘等。城区内古迹众多，有千年古刹妙果寺、东瓯王庙、太平寺、池上楼、浩然楼等著名古迹，拥有朔门街、墨池坊、庆年坊等十大古坊以及东坑古村落、潮埠百年老街、让平祖居等 11 个古宅村落。鹿城的江心屿素有"中国诗之岛、世界古航标"之美誉。2019 年，鹿城全区接待海内外游客1969.75 万人次，增长 16.2%；实现旅游总收入 265.60 亿元，增长 17.4%。

鹿城区在文旅融合实践中，以"夜间旅游发展轴"建设为突破口，建成了瓯江山体灯光秀、江心屿灯光秀、白鹿洲公园艺术实景灯光秀等一批全市标志性的夜间文旅项目。经过多年来的精心培育和创新发展，鹿城已形成涵盖"夜游、夜憩、夜宴、夜

赏、夜娱"于一体、多元且特色鲜明的都市文旅休闲业态，走出了一条独特的都市中心区发展文化旅游的新路子。

第一节　文旅引领夜间经济的主要做法

一、文化引领，彰显夜间鹿城城市底蕴

鹿城拥有温州全市唯一的国家级历史文化街区，孕育千年温州城的 800 里瓯江和展现温州文化根脉的百里塘河贯穿鹿城，丰富的文化资源和自然山水为夜间经济提供了得天独厚的条件。鹿城着力在"以文促旅、以旅彰文"发展思路下培育发展夜间文旅经济，努力扩容文旅消费空间。以 2020 年 1 月投入运营的"塘河夜画"文旅项目为例，该项目通过实景演出和沉浸式体验，再现南戏、鼓词、瓯窑等瓯越传统文化魅力，为休闲旅游注入深刻的文化内涵，成为理解温州、体验传承瓯越文化的重要载体，最终实现旅游开发和文化传承的有机统一。

二、科技创新，支撑夜间经济项目建设

在业态上，鹿城首创"滨水光影综合体"，综合开发瓯江两岸上下游 10 公里的瓯江夜游，形成光影游船、光影码头、光影礼堂等丰富业态的夜间新文化综合体。在模式上，政府通过资源置换投资，吸引社会资本积极投资夜间文旅项目建设，鼓励非遗传承人、体育协会、乡村艺术团等社会团体积极参与夜间文旅活动开展。在技术上，瓯江夜游全部采用生态节能产品，实现联调联控智慧运营，创造了三项吉尼斯世界纪录，充分体现了当今最先进的科技创新成果。

三、资源整合，优化文旅消费环境

鹿城将瓯江夜游精品线串联诗画孤屿、千年斗城、时尚滨江、七彩七都等区块，成为展示温州城市发展成果及瓯江文化魅力的重要平台和精华所在，月均航班达 100次。此外，鹿城还实施了瓯江路道路景观改造提升工程、江心屿景观改造提升工程等一批景观亮化项目，完成近百条背街小巷综合整治，城市夜环境不断优化。区域内公共配套不断完善，建成数百个 5G 新建基站，在五马街建成全国首条刷脸支付商业街；试点打造线下"有声图书馆"，在城市书房、文化礼堂、文化家园等公共服务平台打

造"有声读书墙",推出文旅"一条街",在五马时尚街区设立朗读亭和快闪店,开辟数字阅读体验区,打造"有声阅读"云空间,提升游客游购体验与服务;充分利用千年东瓯国积淀的文化内涵、非物质文化资源,将非遗活动表演、街头艺人、行为艺术等沉浸式体验活动融入五马综合商业街中,通过科技手段,实现了古城文旅与时尚商业的有机统一;试点"非遗进社区",以学校、商业街、企业、社区为点,连点成面,打造非遗大社区传播体系。鹿城在展示文化特色和历史底蕴、优化扩容文旅融合发展空间中,初步实现了文化旅游功能性的有机统一。

四、优化体制机制,保障规划落实

在优化体制机制方面,鹿城成立区文旅融合改革试点领导小组,下设创建办,设在区文广旅体局,全面协调推进文旅产业融合试点工作;建立工作专班协调推进创建工作;建立考核协调机制;组建文旅发展协调会,协调推进改革试点工作;建立联席会议制度,确保文旅工作及时落地、推进;召开鹿城区文化和旅游融合发展大会;区委、区政府主要领导多次部署鹿城文旅融合工作,并提出具体要求。

第二节　文旅引领夜间经济的主要启示

夜间旅游作为优秀传统文化创新性表达的重要载体,必然会成为各地激活夜间消费新动能的重要抓手。温州通过文旅引领夜间经济发展的做法带给我们不少启示。

启示一:建设一条街,激活一座城。温州是一座具有活力的大都市,晚间娱乐生活是温州的传统。但多年来,温州主城区"脏、乱、差"的形象"深入人心",对外地游客的吸引力不足。鹿城作为主城区之一,要担当起温州城市旅游的责任,需要寻找突破口。从晚间特色街区入手,打造最具魅力的夜游项目,就是一个很好的尝试。以此为开端,温州城市亮化、美化工作开始进入市委政策程序,一个全新的城市形象已经形成。需要说明的是,我国部分县(市)晚间经济"一窝蜂"、遍地开花的现象应当警惕,应根据游客和市民的消费需求规模,集中力量打造1~2条夜间特色街。这是县域旅游不同于都市经济的现实所在。

启示二:需要进一步优化夜间文旅产业布局。如南塘游船、瓯江游船和江心屿、七都岛夜游资源还没有充分整合。部分文旅产品在主题内容上和地理方位上都较为分散,缺乏深度串联。夜间文旅消费产品还不够丰富。瓯江塘河两岸可看、可玩、可赏的内容同质化程度多,夜游景点开发建设不够,夜间旅游演艺、娱乐活动较少,科技馆、博物馆等产品的夜间开发也有所欠缺，夜间文旅品牌符号有待强化。夜间文旅配套设施还不够完善。夜间公共交通时间停运较早，交通类型较少。交通导视系统缺乏双语标识，公共停车缺口较大。没有旅游专线公交线路，公厕品质有待提高。

启示三：**打造夜间消费场景是都市旅游经济的最大魅力**。需以进一步完善夜间消费设施、丰富夜间服务功能为重点，大力开展夜间购物餐饮、旅游休闲、体育健身、文化演艺活动，促进商旅文娱体融合发展，增强夜间消费活力，实现全民共建共享。要不断提升"不夜瓯江"品牌，以"瓯江山水诗路"为主题，串联诗画孤屿、朔门—望江公园历史街区、米房 cei 文化创意园、杨府山老港区夜游综合体、桃花岛体育休闲公园、七彩侨都田园综合体等核心节点，构建"岛江岸"三线互动的立体景观，促进夜游与餐饮、娱乐、文博、文创、购物、体育等多个领域的业态融合创新发展，打造具有"东瓯韵、温州味、国际范"特质的沿瓯江月光经济带。以"烟火气·市井味"为主题，串联沙汀渔火、5050 城市广场、康奈工业园景区等核心节点，发展特色餐饮排档、夜市跳蚤市场、露天酒吧、咖啡茶吧等业态，打造温州最具烟火气、市井味的开放式夜生活空间。

启示四：**文旅融合提升夜间经济发展轴的文化底色**。比如，要以"特色古城文创""精品商旅休闲"为主题，串联五马历史街区、大南商圈、置信广场、南塘新天地、印象南塘等核心节点，突出塘河夜游、古城夜游、精品夜市等夜间经济品牌，发展斗城非遗文化体验、塘河水岸文化体验、特色美食购物、时尚创意休闲等业态，打造沿中央商轴夜间时尚消费集聚地。还可以"瓯越夜文化"为主题，串联印象城商业综合体、"五馆一院"城市文化客厅、白麓里商业中心、东瓯智库、杨府山公园、滨江商务区等核心节点，重点突出构建新型夜间文化消费产品，协同发展时尚购物、创意休闲、美食娱乐等业态，打造夜文化产业核心区。

第十二章
文化生态保护区框架下的文旅融合

　　文化生态保护区是我国非遗保护的新路径。我国文化生态的保护经历了三个阶段，一是对少数民族文化的保护，二是扩大到民间文化的保护，三是对非遗区域性整体的保护。我国文化生态保护区的保护手段在生态保护区和生态博物馆理论的基础上，从"抢救性保护""原地保护""活态保护""生产性保护"，转向"整体性保护"①。

　　2006年，国家"十一五"文化发展规划纲要中首次提出"国家级文化生态保护区"；2007年，原文化部先后设立24个国家级文化生态保护试验区；2019年12月，文化和旅游部在国家级文化生态保护实验区中明确了"海洋渔文化（象山）生态保护区""徽州文化生态保护区""闽南文化生态保护区""热贡文化生态保护区""武陵山区（湘西）土家族苗族文化生态保护区""羌族文化生态保护区""武陵山区（湘西）土家族苗族文化生态保护区""齐鲁文化（潍坊）生态保护区"等7个保护区正式挂牌为国家级生态文化保护区，标志着我国文化生态保护区进入了一个新发展阶段。

　　文化传承生态保护区是浙江一项旨在依托文化关系纽带、立足非物质文化遗产整体性保护设立的特定区域的省级层面实践。与国家不同的是，浙江省增加了"传承"二字，强调了保护区内的非遗传承工作的重要性。2020年8月浙江已遴选出和合文化（天台）、大运河文化（拱墅、余杭）、浙江省中医药文化（海曙区）、普陀山（普陀山—朱家尖管委会）等15处为省级文化传承生态保护区创建地区。

　　非遗整体保护的主体要素是"人"。尤其是传承人，在非遗知识生产和传承中起着决定性作用。但是，人都要面临生存的问题。"抢救性保护""原地保护""活态保护"是不得已而为之的举措，真正激发非遗传承的是生产性保护。文旅融合为非遗整体性保护和传承创造了机遇。浙江在生态保护区传承过程中，植入旅游产业，构建了良好的生产性保护机制。

---

　　① 张颖.基于区域知识的整体生态观——人类学区域研究视角下我国文化生态保护区的理论与实践反思 [J].贵州社会科学，2022（1）：50-56.

第一节 宁波市象山渔文化生态保护区文旅融合典型案例^①

象山县是浙江省宁波市下辖县，位于东海之滨，居长三角地区南缘、浙江省东部沿海，处于象山港与三门湾之间，三面环海，两港相拥，因县城西北有山"形似伏象"而名象山。2019 年，海洋渔文化（象山）生态保护区入选首批国家级文化生态保护区。近年来，象山县依托"海洋、生态、文化"优势，把发展旅游业摆上更加重要的位置，将海洋渔文化（象山）旅游等列入县委一号课题，出台《象山县创建省文化和旅游产业融合试验区实施方案》等文件，激活了文旅融合高质量发展新动力。

一、象山渔文化生态保护区文旅融合的主要做法

高度重视旅游项目建设。象山建立了重点旅游项目县级领导联系和部门责任清单制度，持续开展"重点项目推进年"和"产业项目攻坚年"活动，县委、县政府主要领导每两月集中听取一次重点项目推进工作情况汇报。全县文旅项目投资快速增长，松兰山旅游度假区、中国海影城、石浦渔港古城二期、中国渔村二期等一批投资数十亿的旅游大项目加快推进。

推进海洋渔文化进民宿、进景区。象山研究编制了《海洋渔文化主题民宿标准》，大力推进沙塘湾、东门渔村等特色民宿集聚村（区）建设，建成沙滩静湾、玖玥等一批非遗特色民宿。推出了看剧游影城、非遗百工坊、跑男运动会等景区文化体验性项目，深受游客喜爱。

打响海鲜美食品牌。象山县大力推进海鲜餐饮"三名"工程，加快建成松兰山、半边山五彩渔镇等一批海鲜美食街区；谋划举办象山海鲜美食品客传播大赛，着力打响象山海鲜"四季十六碗"、东海"八鲜"品牌。

开发系列文创产品。象山县立足本土本色，推动象山农民画、竹根雕、船模以及鱼拓等传统工艺与现代科技、时尚元素相结合，培育了一批"象山名匠"，研发了一批"象山名创"。同时，新开发"象之窑"等渔文化旅游文创产品 3 件。

此外，象山还建成中国渔文化艺术村（象山县非物质文化遗产传承教育基地），推出"象山鱼拓""陶艺制作""鱼形饼干""贝海拾艺""麦秆制画""鱼灯制作""鱼骨画""鱼香包"等精品研学实践课程，年接待学生达 1.5 万人次。

---

① 感谢象山县旅游发展中心提供的相关素材。

渔文化节庆活动丰富多彩。作为全国唯一的国家级海洋渔文化生态保护区，象山不断深挖渔文化旅游资源，以"国字号"文化旅游节庆"中国开渔节"为龙头的"1+3+N"的文旅节庆发展模式日益成熟，形成了"特色民俗""地域美食""文化艺术""创意景区"等多个板块构成的象山渔文化旅游节庆活动体系。渔区每年开展石浦十四夜、石浦三月三、石浦六月六、关公磨刀节、昌国两头会（四月初一、十月初一）、渔民开洋谢洋节活动，还在开渔节期间开展祭海、妈祖巡按等活动，打响了中国（象山）渔文旅融合 IP。

持续加大文化旅游发展投入。从 2020 年起，象山县财政预算每年安排海洋渔文化旅游产业发展专项资金，主要用于项目基建、创研开发、文物保护、人才培养及宣传营销等方面，要求各乡镇也要加大文化旅游专项资金投入力度，支持文化旅游产业发展。象山县还研究设立文化和旅游产业发展基金，撬动优质民间资本投资建设文化和旅游产业；探索用地政策，提出对符合相关规划的文旅项目及时安排新增建设用地计划指标，符合划拨用地目录的项目所需建设用地，可按划拨方式供地，鼓励以长期租赁、先租后让、租让结合等多种供地方式保障文旅项目用地需求。

二、象山渔文化生态保护区文旅融合的启示

启示一：象山的实践充分表明，非遗保护传承与旅游业的有效衔接、深度融合，嫁接了市场要素，不仅可以有效提升传承人的积极性，进而实现非遗传承的可持续性，同时，也可以提升区域形象，带动旅游业的发展。

启示二：海洋文化传承与新时代文化旅游、乡村振兴、文旅融合、共同富裕等国家战略高度契合，在政策的加持下，文化生态系统可以实现在高层级上的良性循环。

第二节 "立春文化"传承生态保护区文旅融合实践 [①]

近几年，浙江省衢州市柯城区扎根南孔圣城，借助"立春文化"创建文化传承生态保护区，开展文旅融合实践，取得了一些经验。

柯城区位于浙江省西部，钱塘江上游，于 1985 年随撤地建市而建区，是衢州市的政治、经济、文化中心，是国务院批准的国家级历史文化名城。2019 年全年，柯城区接待游客 2013.56 万人次，同比增长 9.3%；旅游总收入 129.89 亿元，同比增长

---

① 感谢衢州市柯城区文旅局提供的相关资料。

13.4%。柯城素有"三圣之地"美誉，1129 年，宋高宗赐建南孔圣地"孔氏南宗家庙"；城南烂柯山被誉为道家洞天福地和围棋圣地，"王质遇仙"传说即出于此；城北灵鹫山是浙西佛教圣地，九华立春祭被列入人类非遗。金庸先生曾在此求学，他的多部作品中含有柯城元素。九华立春祭是柯城最具代表的节气文化形态。2016 年 11 月，以九华立春祭等为代表的"二十四节气"列入联合国教科文组织人类非物质文化遗产代表作名录。

一、创建省级文化传承生态保护区

为创建省级文化传承生态保护区，柯城区成立了区级领导牵头的立春文化传承生态保护区创建工作领导小组，与高校合作成立中国立春文化研究中心，编制《立春文化（衢州市柯城区）传承生态保护区总体规划》和《立春文化（衢州市柯城区）传承生态保护区规划纲要》，为保护区的文旅融合发展理论和实践奠定了学术基础。此外，还做了以下工作。一是推进基础设施建设。在核心区初步完成妙源景区入口景观、中国·立春文化展示和体验中心、节气公园、二十四节气村民宿集等基础设施项目建设工作，为文旅产业融合发展奠定基础。二是梳理节气文旅思路。在"两溪"流域挑选最具代表性的不同村落，通过节气养生、节气美食、节气习俗等，将不同的节气文化与村庄独有的历史文化底蕴及特色深度融合，制订二十四节气与特色村落、古村落的有机融合方案，组织实施二十四节气文旅发展项目，着力打造具有不同特色的节气文化品牌和项目。按照宏观谋划，整体布局，组织实施"一二四"立春文化传承生态保护区创建工作体系，"一二四"即，一核：以九华乡妙源村立春文化为核心区域，二带：庙源溪、石梁溪沿线，四域：以万田乡、石梁镇、七里乡、沟溪乡为重点区域；确立九华立春文化、万田乡夏季文化、石梁镇秋季文化、七里乡冬季文化和沟溪乡"四季研学"为不同主题，打造节气文化 IP。

二、打造立春文化旅游金名片

为打造立春文化旅游名片，柯城区采取了以下做法：将立春文化传承生态保护区的核心区九华妙源村作为文旅产业融合的重点项目和重点区域，将核心区文旅产业融合发展作为非遗文化传承保护发展的重点工作，实施核心区域节气文化项目建设工程先行先试；与省文旅厅签订共建协议，将节气文化作为衢州全域旅游的文化主线，纳入重点工作任务；围绕"妙源双溪"，策划文化旅游项目；开展文化研学基地项目建设；依托荷塘村荷塘农耕和余东村农民画文化，投资 2000 万元建设荷塘、余东两个文化研学游基地，两个基地以传统农耕文化展示、农具展览、农事体验、学农科普教育为主题，建设集乡村民宿旅游与游乐观光运动休闲为一体的综合性园区，填补了柯城区研学游的空白，丰富了文旅产业融合发展的合作模式；与中国农业博物馆、中国民俗学会联手举办九华立春祭系列活动，并成立中国立春文化研究中心；举办中国立春文化与二十四节气学术研讨会等一系列活动，进一步扩大立春文化的内涵和外延；围绕围棋文化、余东农民画文化、立春非遗文化和金庸武侠文化等特色文化，举办柯城文化自然遗产日主题宣传展示活动和舞林大会等线上线下活动，不断提升赛事活动宣传、举办效果；建设节庆文化主题民宿，探索将文化主题植入民宿项目中，在立春文化生态保护区核心区建成一批二十四节气民宿，丰富民宿文化内涵，进一步盘活农村资产，增强民宿经济内生动力。建设中国乡村美术馆。作为文旅产业融合发展项目试点，在有"中国民间文化艺术之乡""全国文明村镇""文化建设示范村""浙江省十大画村"之称的余东村，投资8500万元建设中国乡村美术馆，融入农民画美术文创设计销售、艺术写生和会展等文旅功能；与浙江音乐学院合作。谋划建立"七里乡音乐谷"，举办山村音乐节。

三、创建文旅融合示范区

为完善创建工作机制，柯城区成立文旅产业融合试验区创建工作专班，建立了工作专班的周报月会工作机制，区文旅体局、区资规分局、区农业农村局等部门任专班成员，专班办公室设在区文旅体局，每周汇总创建工作进展情况和存在问题，每月召开工作例会总结本月度产业融合工作进展情况和存在问题，研究下月度工作重点和突破重点。区文旅体局牵头梳理全区文旅体产业融合重点工作、任务目标、示范项目和创建节点，理清柯城在文旅体产业融合中需要重点突破的发展要素和改革举措，明确责任落实单位，建立工作责任清单，压实工作责任，挂图作战，全面部署立春文化传承生态保护区建设、文旅融合项目建设、文化基因解码等各项创建工作。柯城区政府建立重大文旅项目月会制度，协调重大项目落地推进过程中存在的问题，确保文旅融合试点项目有序推进，切实有效推进文旅项目建设，扩大文旅项目有效投资。

四、启示

启示一：文化生态传承保护与旅游开发利用在本质上并不矛盾。柯城区以立春文化的核心区为突破口，围绕项目建设和历史文化遗迹活化，可以实现"千年古城"与现代旅游产业的高度契合。

启示二：文化是经济社会发展的内在动力。立春文化是中国传统农耕文化的优秀代表。以文铸魂、以文化人，增强文明底色，赋能乡村建设和共同富裕，彰显出了先进文化的引领力，传统文化的旅游吸引力。

启示三：美中不足的是，作为小众文化，立春文化群众知晓率不高，立春文化传承生态保护区旅游影响力不大、群众体验性不强。为此，需要进一步"实体化"，让游客市民在游览过程中随时感受到传统文化的存在，领略到农耕文化的魅力。对此，文旅部门责任重大，任重道远。

第十三章

"历史经典产业"与旅游业融合发展

"历史经典产业"是浙江省政府在"十三五"期间提出的一个新概念，主要是指在浙江历史上形成的、具有强大的传统文化属性、主要依靠匠人手工艺传承、但在现代社会面临生存危机的非遗类文化产业类型，主要包括茶叶、丝绸、黄酒、中药、木雕、根雕、石刻、文房、青瓷、宝剑等十大经典产业。浙江各地市还根据自身特点提炼了不同类型的产业，例如杭州就增加了刺绣等，2020 年杭州市还专门出台了《关于支持历史经典产业保护传承创新发展的若干意见》，推动丝绸、刺绣等历史经典产业的保护传承与创新发展。湖州市通过人才传承、产业融合、政策扶持、品牌宣传等形式，进一步激发丝绸、湖笔、绫绢、紫砂壶、竹扇等产业发展活力。但因为科技创新不足、市场适应能力较弱、人才青黄不接、产业融合不够等原因，大多历史经典产业面临着严重的生存危机。挖掘文化内涵，促进产业融合发展是实现历史经典产业振兴的重要路径。

历史经典产业因其强大的地方文化属性和非遗特色，与旅游业的契合度较高，产业融合的前景比较广泛。浙江龙泉市发扬宝剑和青瓷文化魅力、推动产业融合的实践就是很好的文旅融合案例。龙泉市立足历史文化经典产业积淀优势，以项目建设为重点、以市场需求为驱动、以融合发展为路径、以共建共享为目标，聚力推动旅游产业高质量发展，迎来了"以文促旅、以旅彰文、产业互动、优势互补"良好发展态势，打响了"江浙之巅，剑瓷龙泉"品牌，旅游总收入从 2016 年的 50.49 亿元增长到 2019 年的 133.85 亿元，突破百亿大关。

第一节 龙泉市"历史经典产业"与旅游业融合主要做法^①

龙泉市为丽水代管县级市，位于浙江省西南部浙闽赣边境，是著名的青瓷之都、宝剑之邦，山是江浙之巅，水为三江之源，生态全国领先，剑瓷世界驰名，被誉为"处州十县好龙泉"。其中，龙泉青瓷始于三国、两晋，兴于北宋，盛于南宋，素有"青如玉、明如镜、声如磬"之美誉。2009 年 9 月，联合国教科文组织批准龙泉青瓷传统烧制技艺列入人类非物质文化遗产代表作名录，是目前为止世界唯一一个入选人类非遗的陶瓷类项目。龙泉宝剑为中华国粹，"龙泉"亦为宝剑之代名词，始制于春秋晚期，至今已有 2500 多年历史。2006 年，龙泉宝剑锻制技艺被国务院公布为首批国家级非物质文化遗产代表作。全市范围内有古窑址、古建筑等文物保护单位 970 处，其中国家级文物保护单位 3 处，省级文物保护单位 9 处，市本级文物保护单位 80 处、文保点 878 处，拥有黄茅尖、龙泉青瓷、龙泉宝剑、大窑龙泉窑遗址等高等级旅游资源。

围绕旅游赋能历史经典产业复兴，龙泉市的主要做法包括以下几处。

一、提升文旅产业地位

2019 年 1 月 11 日，龙泉市委十四届六次全体（扩大）会议审议通过《中共龙泉市委关于实施"文旅兴市"发展战略的决定》，出台《关于推进龙泉市全域化旅游发展的实施意见》《龙泉市实施"五大工程"推动文旅融合高质量发展三年行动计划》，明确"要把旅游业作为战略性支柱产业来培育，推动龙泉全域旅游发展"，为龙泉文化旅游事业大兴起、大发展奠定了良好的基础。市财政每年统筹文旅专项资金不少于5000 万元，每年统筹安排不少于 3000 万专项资金用于扶持剑瓷产业发展，并设立实施规模为 1 亿元的龙泉市剑瓷文化旅游产业基金，积极争取国家各类政策资金扶持，支持文旅产业创业创新，落实各项税收优惠政策，统筹安排农业综合开发、水利交通、扶贫开发、生态建设等专项资金，优先扶持乡村旅游基础设施项目建设。

二、创新体制机制

为加强文化与旅游融合发展，早在 2015 年，龙泉市文化广电新闻出版局（体育

---

① 感谢丽水龙泉市文旅部门的大力协助。

局、文物局）就与龙泉市风景旅游局合并，新组建成立龙泉市文化旅游委员会，走在了全国前列。2019 年，龙泉市文化和广电体育旅游局组建后，因为几乎不存在体制转化期，文旅融合工作得以继续开展。在内部分工上，龙泉市文化和广电体育旅游局按照"块状统筹，线上分工"的原则，将各项工作分为产业、项目、市场、管理和集成等 5 大类，由相应的党组成员负责统筹块状工作，具体协调各线工作，有效推动内部融合发展。

三、提升景区文化品质

在景区建设方面，龙泉市抓好披云山景区、青瓷文化创意基地二期、宝剑小镇等一批重点项目；按照 AAAAA 景区标准，龙泉山二期完成客运缆车项目建设并正式开放运营，建成开放青瓷小镇国际非遗文化中心，全面完成国家考古遗址公园"海丝"申遗八大项目并正式开园；龙泉山旅游度假区、中国青瓷小镇·披云青瓷文化园、宝溪景区被评为 AAAA 景区。

四、创建文旅金名片

在文旅部门和相关机构努力下，龙泉市文旅融合工作取得多项成绩：龙泉市成功摘得"国家历史文化名城""中国青瓷公园""中国生态旅游最具魅力城市"等国家级名片，大窑龙泉窑入选第三批国家考古遗址公园，龙泉青瓷文化省级旅游度假区通过省政府批准设立，中国青瓷小镇被评为全省十个省级示范特色小镇之一，竹垟乡、宝溪乡获评省级旅游风情小镇，住龙镇入选省级风情小镇培育名单，溪头村评为全国首批乡村旅游重点村，"天下龙泉"品牌建设初见成效。

五、精准开发旅游市场

龙泉市与武夷山开展战略合作，提出了"嫁接武夷山、融入大市场"的旅游发展思路，挂牌成立龙泉市驻武夷山旅游办事处，持续开展"串线游"活动。精准策划"一月一城"等活动。推出中国剑瓷文化游、江浙之巅森林氧吧游、瓯江水上风情游、红色住龙感恩游学、"不灭窑火"青瓷研学游等系列精品线路，推动乡村观光游线路向二日、三日深度体验游转变。成功举办龙泉青瓷·龙泉宝剑文化旅游节，以及世界青瓷大会、故宫青瓷回家展、海丝之路·南海一号龙泉青瓷归源展、天府之路·四川遂宁龙泉青瓷归源展等各类展览。举办端午龙舟传统文化旅游活动、"瓯江源 2018 龙泉中秋之夜"等系列节庆文化旅游活动。龙泉青瓷频繁亮相 APEC 会议、G20 杭州峰会等国际性会议，并作为国礼赠送给外国元首；策划举办了龙泉青瓷联合国总部展、

"一带一路"沿线国家城市展等各类巡展。加强与故宫合作,"天下龙泉——龙泉青瓷与全球化"特展在故宫博物院隆重开幕,出版故宫日历,提升龙泉旅游知名度与影响力。

六、深入传承传统文化

龙泉市政府专门成立了龙泉青瓷传统龙窑烧制技艺研究会,持续举办"不灭窑火—龙泉青瓷传统龙窑烧制技艺"活动,龙泉窑制瓷作坊保护利用《不灭窑火—传统龙泉青瓷烧制》获得浙江省不可移动文物保护利用优秀案例(丽水市入选的唯一优秀案例)。精心培育"江南之巅天空越野赛"品牌赛事、环浙骑游自行车赛,通过固化赛事路线,打造体旅融合的体验产品,其中江南之巅天空越野赛被评为"浙江省十佳商业体育比赛"。开展了"讲好小城故事、助力精致龙泉"等系列活动,编辑出版《小城故事》丛书,通过讲好小城故事,传播龙泉文化。

七、加大资金和人才保障力度

围绕打造剑瓷产业人才硅谷,充分发挥"人才新政"效应,龙泉市委组织部积极出台相关政策,做好人才的引、育、用、留。实施剑瓷产业人才"订单式"引才项目,建立"选商引资＋招才引智"联动机制,精准化引进剑瓷产业链急需紧缺人才;注重"新生代""创二代""创三代""龙漂"人才的引进和培养,实施青年人才领航工程、产业链人才集聚工程等项目,打造工艺大师、艺术新秀、剑瓷工匠、上下游人才、企业家"五支队伍";积极引进国内高端文化旅游策划、营销、管理人才;大力发展文化旅游职业教育,培养文化旅游专业人才;着力培养一批综合素质高、业务能力强的专业化导游和景区讲解员。开展景区和旅游酒店从业人员的技能培训,全面提升旅游服务人员的素质和能力。

第二节 历史经典产业与旅游业融合发展的主要启示

龙泉市推动剑瓷产业与旅游业的融合,探索出了历史经典产业在新的历史条件下实现复兴的有效路径,带给我们许多启发。

启示一:剑瓷产业融合需要平台整合资源。剑瓷产业分布量大面广,以中小企业为主,难以形成合力。为整合企业资源,树立"区域公共品牌",龙泉市专门成立了国有企业龙泉市剑瓷产业发展有限公司,全面落实平台准入和质控机制,为龙泉青瓷行业从业者提供一个全新的销售、展示平台，为广大消费群体树立一个"官方品质保证"的龙泉青瓷形象。龙泉市还将青瓷协会持有的"龙泉青瓷"艺术瓷类商标和"天下龙泉"商标区域公共品牌授权给市剑瓷产业发展有限公司使用；同时，以剑瓷产业发展集聚化、精品化、规模化为目标，着力促进剑瓷产业由散变聚、由低变高、由小变大，做大做强做精剑瓷经典文创产业。

启示二：项目是文旅融合之本。龙泉市重点围绕"两镇一址"发展文化旅游景区 ①。龙泉青瓷小镇依托龙泉青瓷的历史价值和"人类非遗"的影响力，加快建设国际陶艺交流平台、维景温泉度假酒店等重点项目，完善小镇公共基础配套设施，推动"生态、生活、生产"融合发展，致力打造"进一步匠艺千年，退一步山野悠然"的世界青瓷历史经典小镇。龙泉宝剑小镇围绕"文化传承区、旅游休闲区、经典产业园"功能布局，加快推进宝剑大师园、宝剑风情街、旅游集散中心、宝剑博物馆等项目建设，改造提升青瓷宝剑苑，打造集宝剑文化、特色旅游和制造产业于一体的国家AAAA级以上旅游景区、世界知名的刀剑生产和出口基地。同时，龙泉市还丰富了大窑龙泉窑国家考古遗址公园内涵，加快推进溪口瓦窑垟窑址保护展示工程、小梅瓦窑路窑址保护展示工程；积极争取国家文物局、省文物局支持，启动新一轮大窑龙泉窑遗址考古发掘，力争列入年度全国十大考古新发现。此外，管理部门还以仿兵马俑博物馆形式新建大型封闭式博物馆，丰富展陈内容，融入现声、光、电技术，真实复原古代制瓷场景，将大窑龙泉窑考古遗址公园建成集传统村落、田园景观、古道溪流、自然环境等于一体，具有遗址保护、科学研究、教育展示、文化传承、旅游休憩等多种功能的国家考古遗址公园。

启示三：增强体验价值是文化遗址旅游的关键之举。打造"不灭窑火——龙泉青瓷非遗体验"文旅产品，是龙泉文旅融合的"得意之举"，龙泉市依托龙泉青瓷人类非遗传统烧制技艺的文旅融合、创新，通过升级品牌活动、推动项目建设、完善传承基地、搭建推广平台等手段，围绕龙泉青瓷传统龙窑烧制文化，持续策划举办"不灭窑火"龙泉青瓷传统龙窑烧制技艺活动，在原有策划点火、开窑、抢瓷、现场售卖等特色活动基础上，进行活动内涵、形式、场地等方面提升创新，积极探索"不灭窑火"品牌活动常态化、精品化和市场化，通过"非遗+技艺"，实现文物活态保护，开展气窑开窑体验活动，让游客现场体验到气窑开窑的文化内涵与活动乐趣，将龙泉青瓷传统龙窑烧制技艺与全域旅游相结合，为古老的青瓷产业注入了新的文化灵

---

① 笔者作为旅游专家应邀于2004年6月考察龙泉市时，向时任市委书记提出建议，把大窑遗址与传统村落结合起来大力发展遗址旅游，可惜的是当时的发展氛围不够。这个遗憾在文旅融合的新时代得到了弥补，笔者感到十分欣慰。

魂。可以说，"不灭窑火——龙泉青瓷非遗体验"文旅产品的打造，对人类非遗"龙泉青瓷传统烧制技艺"文化与技艺的保护与传承起到了抢救性的重要意义，也通过文物、非遗保护传承与全域旅游有效融合，为龙泉市文旅产业发展起到了积极的促进作用。

第十四章

乡村文旅融合

中国的乡村不仅有田园风光也有乡村生活和风土人情，不仅有美景还有美食，不仅有清新的空气还有浓郁的乡村文化和田园牧歌。可以说，乡村文化是乡村旅游的核心吸引物，是现代人心理焦虑的"治愈"器。从本质上看，乡村旅游是一种依赖乡村资源、感受体验乡村文化的文化活动。文旅融合不仅发生在城市，更可以在乡村得以实现。挖掘乡村文化内涵，发展特色文化旅游品牌，是乡村旅游的未来之本。

第一节　以文化为魂、民宿为翼撬动老龄海岛渔村复兴[①]

浙江省舟山市的普陀区虾峙镇，随着舟山实施"大岛建，小岛迁"战略，从一个常住人口超 2 万的兴旺海岛逐渐成为一个不足 8000 人的老龄化海岛。近年来，虾峙镇东晓村河泥漕区域以渔村文化为基点，着力提升村庄环境、丰富文化生活、发展特色民宿，探索了一条以渔岛文化撬动海岛群众精神、物质双富裕的实践路径，吸引了更多年轻人返回海岛、来到渔村。从挖掘在地渔文化、提升精神文化供给发力，虾峙镇成功打造了"渔岛虾峙"IP、渔民文化节、"我们的村晚"等品牌，培养了一批船模艺人和渔民画创作者，2020 年、2022 年村民们两次受邀参加浙江省农村文化礼堂"我们的村晚"录制。通过大力挖掘渔村文化，依托"渔岛虾峙"平台，立足平台共建、品牌 IP 打造，针对各村特色，岛上还挖掘打造了烙铁画、石头画、编渔网、海钓等富有渔村气息的文化和体验休闲项目，同时借助高质量民宿产业发展，因势利导培育了渔村旅游、农特产品等带动农民增收的产业链条。2021 年，虾峙岛接待游客38 万人次，住宿 8 万人次，旅游收入 4000 余万元，进一步推动了海岛群众物质富裕。

---

① 感谢舟山市普陀区文旅局提供相关素材。

第二节 艺术乡村建设推动乡村旅游[①]

桐庐艺术乡村建设从发掘和利用好文化艺术资源入手，以乡村满足人的更高层次的需求为着眼点、立足点、出发点，进一步优化了公共文化服务的内容和形式，推动了公共文化服务提档升级，提升了公共文化服务在美丽乡村建设、文旅融合发展以及城乡居民精神生活共同富裕等方面的积极效应。

一、在村庄建设中融入艺术，在乡村文脉中体现艺术

桐庐县注重将艺术思维运用于村庄建设和环境治理，将越剧、剪纸、故事、书画等地方文化元素融入乡村特色民居、公共服务设施、景观小品、环境整治等节点，同时，结合民俗技艺、人文典故等非物质文化遗产的保护与传承，打造越剧乡村、书画乡村等，让文化得到活态展示。在产业发展中拥抱艺术。推动艺术进农村、进景区，借助中国美院、风语筑等资源，策划引进言几又胶囊书屋、洒秀文化交流基地等一批文旅项目，同时，瞄准年轻一代，突出文旅融合、网络造势，推出音乐节、戏曲节等特色文化活动，既丰富群众生活又助力乡村经济发展。在精品打造中彰显艺术。加快实施艺术村镇创建工程，打造开元老街、武盛老街、昭德水街、深澳老街、窄溪老街等一批文化艺术街区，建成若干艺术之乡、艺术村落、非遗主题小镇。

二、在品牌打造中融入艺术

桐庐县相关部门协同实施品牌IP工程，加大文旅项目和文化创意人才的引进力度，打造一批有影响力有生命力的乡村文旅IP。举办"浙里富春·那么乡田"山水艺术节，与中央美院、浙江大学、中国美院等高校合作，实施"名人名家走进桐庐""潇洒桐庐中国画展"项目和"十大美院助力美丽乡村共筑黄金左岸"艺术乡村建设课题，创作艺术小品20件落户乡村。推出"二十四节气村"，将节气习俗有机融入"新合索面节""百江樱桃节""钟山蜜梨节""旧县桂花节""莪山开酒节""江南渔获节"等乡村节庆活动，持续提升"向往的生活"拍摄地、富春大岭图、蜜蜂小镇、放语空文化综合体等文旅IP的知名度和影响力。

---

① 感谢杭州市桐庐县文旅局提供相关素材。

三、在促进农民全面发展中融入艺术

桐庐县文化和农业部门联合，实施农民文艺提升工程、艺术家驻村计划，引进 50 余名书画家、作家、诗人、非遗工匠建立工作室、创作基地，同时，为本地高水准、有影响力的书画家、诗人作家、民间艺人搭建更大的舞台，发挥他们的引领带动作用，举办乡村才艺大赛、乡村音乐会、村晚、书画展等活动，提升农民对艺术感知、体验、评价和创造的能力。加强与中国美院等高等院校的对接，积极探索高校艺术生实践基地等模式，招募一批在职艺术家和在读大学生开展驻村服务，结合"美丽庭院""美丽菜园"生活场景开展艺术创作，同时，深化"美丽庭院""美丽田园""美丽菜园"等活动，动员群众用艺术点缀自家庭院、美化家园，激发村民参与艺术乡村建设的积极性。

在浙江乡村，这样的案例还很多。例如，桐乡横港村通过"文化艺术＋乡村建筑＋乡村元素"美化乡村旅游环境，村庄的游客接待中心是"小鸭艺术中心"，把老房子改造成艺术感强的民宿，把荒地改造成"莫奈花园"等。再如，金华市磐安县的小章村以气排球为特色，兴建气排球体育馆，打造体育特色村，承办了多项国际级、省级赛事，成为一个"无景点旅游目的地"。

第三节　乡村文旅融合启示

根植"在地性"，保持"乡村性"是乡村旅游发展之根。桐庐县美丽乡村建设过程中的一些成功经验为我们深入理解乡村文旅融合提供了丰富的素材。

启示一： 乡村旅游三个发展阶段的特征。根据笔者的观察，浙江乡村旅游发展与乡村振兴同频共振，相互作用，经历了三个阶段。

1.0 版是环境革命阶段。这个阶段通过生态恢复、美化环境，实现乡村美、生态好，改变了乡村脏乱差的局面，为乡村旅游奠定了环境基础。浙江从 2003 年开始的"千村示范、万村整治"，走在了全国前列，为美丽乡村建设打下了坚实的基础。

2.0 版是产业振兴阶段。随着城市化的逐步迈进、乡村环境的逐步改善，一些产业开始复兴，主要包括生态农业、生态工业、生态旅游、电子商务等适合乡村运营的产业。这个时期是民宿经济发展的关键时期，在"绿水青山就是金山银山"的理念指导下，民宿市场需求高，政策好，在带动村民致富、农产品销售、文化复兴、环境优化上发挥了积极的作用。

3.0 版是文化艺术乡村发展阶段。乡村振兴，文化是最长久的基因，艺术是"引流"的法宝。围绕乡村振兴、乡村旅游、文化主题民宿、文创产品、数字传播等叠加内容，乡村振兴开始进入自我发展的新阶段，旅游产品的乡村性得到彰显，工业品、农业品、艺术品、休闲品、文化品推向市场和城市居民，大大提升了乡村产品的附加值。

4.0 版应该是未来乡村发展阶段。关于什么是未来乡村，目前并没有一个确切的定义，一般理解，未来乡村是在美丽乡村、美丽环境、美丽田园、美丽经济基础之上叠加的一种新形态，立足乡村资源、地域禀赋、产业特色、人文特征等元素，特色突出、功能齐备、产业兴旺、环境美丽、服务有效、智慧互联、共同富裕、能够引领乡村发展未来方向的生态、生产、生活共同体。我个人的见解是：未来乡村＝美丽乡村＋数字乡村＋共富乡村＋艺术乡村＋善治乡村＋……。根据浙江省农业农村厅出台的相关意见，打造未来乡村的重点是"五化"（即人本化、生态化、数字化、产业化、系统化）和"十场景"（即未来邻里、教育、健康、文化、低碳、生产、建筑、交通、智慧、治理）。可见，未来乡村离不开乡村文化和休闲旅游融合发展。未来乡村建设要按照"农业＋旅游""农业＋文化""农业＋文创"等思路，构建休闲旅游、休闲农业、休闲康养、乡村民宿的新兴产业，推进农房、田园、农场等乡村资源的共享，发展未来乡村共享经济、共享文化。

启示二：保护乡村文脉，传承乡村文化，是乡村旅游的根本任务和基本要求。产品是乡村旅游的载体。乡村旅游产品"姓村"，"乡村性"是根本。未来乡村与乡村旅游可以做到相互赋能。所谓未来乡村，广义看，就是美丽乡村建设的升级版，是美丽田园、美丽乡野、美丽环境、美丽经济之上叠加的新形态；狭义看，是指立足乡村资源特色、地域禀赋、产业优势和人文特征等元素，特色鲜明、功能完善、产业突出、环境优美、服务便捷、智慧互联、整体智治、共同富裕的、引领乡村发展方向的生态、生产、生活共同体。乡村文旅融合过程中，需要把握四大价值坐标，即人本化、田园化、科技化、融合化。需要融合三类人利益：原乡人（原著居民）、归乡人（乡贤）和新乡人（外来就业人员和游客）。

启示三：艺术乡村时代的乡村旅游更具魅力。文化最大的特质是具有极强的渗透性、持久性。文化虽然是无形的意识、无形的观念，却深刻影响着有形的存在、有形的现实，最终会使文化的力量转化为物质的力量，文化软实力转化为经济的硬实力。艺术是文化的高级形态。文艺是一种复杂的精神劳动，艺术家的创造一旦与旅游市场相结合，便会迸发出难以想象的力量。可以说，文化是内涵担当，艺术是颜值担当。文化转化为旅游 IP，艺术不可替代，也是凤凰涅槃之举。在"看脸时代""短视频时代""移动互联"时代，艺术的可视化必然会带来文化传播的强大穿透力和高效率，带来流量，进而形成游客人流量。

启示四：文旅融合重在场景打造，发展乡村体验经济，重构乡村社区生活圈。场景打造包括：生活场景，如乡间酒坊、小确幸画坊、专家工作坊、八百里牛排坊、乡间花坊、花细草工作坊、阿婆点心坊等十二工坊创意空间以及田园餐厅、乡创空间、电竞民宿、自主度假屋、一米乐园，休闲场景，如花开四季、自在骑行的休闲场景。生态场景：风吹稻浪、碧野悠悠的自然生态场景，产业场景，如瓜果飘香、流连忘返的产业场景，文化场景，如四德（爱德、诚德、孝德、仁德）文化传习所，以及共建共享、邻里友好的服务场景。

第十五章
数字赋能文旅融合

在数字经济时代，文旅消费场景的线上线下融合已成为文旅融合、主客共享发展的关键变量。通过数字文旅打造沉浸式体验应用场景，可以激发游客需求的新触点，进一步提升文旅消费的吸引力；通过构建具有沉浸感的场景和体验，文旅企业可以提供更加丰富多样的消费体验，增强游客的参与感和互动感；通过有针对性的数字营销策略，文旅企业可以更好地与目标消费者进行互动和沟通，增加品牌曝光和影响力，提升销售和预订量；通过"文旅空间＋数字场景"等联动覆盖消费者碎片化时间，可以发挥文化旅游促进人民群众精神富有的独特作用。总体而言，通过数字化和智能化的文旅发展，可以进一步提升文化旅游的影响力，推动文化的传承与创新，实现文旅产业的可持续发展。

长三角部分县市区已经积极推动文旅的数字化和智能化发展。他们引入了线上文博、智慧旅游产品和服务、沉浸式场所等新业态，并完善了分时预约、在线预订、精准营销、流量监测、科学分流、安全预警、无接触式服务、智能导游导览等功能，取得了实实在在的成效。这些举措不仅提升了区域文旅消费场景的吸引力和竞争力，还提升了人民群众参与文化旅游的体验感和满意度，为其他地区的数字赋能文旅深度融合提供了有益的借鉴和启示。

第一节　融合机理

数字经济作为文旅产业高质量发展的重要引擎，其作用机理主要表现在产品创新、资源配置、管理营销、文化传承和生态保护等若干环节中。

一、提升文旅产品创新能力

随着数字技术在文旅产业中的应用场景不断增加，为文旅消费者带来身临其境的具身价值体验。

创新旅游体验。数字技术，如虚拟现实（VR）、增强现实（AR）和混合现实（MR）等，可以为游客提供沉浸式、互动式的旅游体验①。通过数字技术，游客可以领略到传统旅游方式无法呈现的县域地方特色、景观、历史和文化。数字技术的应用不仅丰富了县域旅游产品的形式，也极大地提高了游客的参与度和满意度，有助于吸引更多游客到访，提升县域文旅产业竞争力。

满足个性化需求。大数据和人工智能技术可以对游客的行为和喜好进行深度挖掘与分析，从而实现县域旅游产品和服务的个性化定制②。通过对海量数据的处理和分析，旅游企业可以为游客提供更加精准、个性化的县域旅游推荐，满足游客多样化、个性化的旅游需求，突显县域特色③。

二、优化文旅资源配置

以大数据、智能终端设备为代表的数字技术广泛应用于文旅产业，带动了文旅资源的全链条融合、生态区域整合。

文旅资源智能整合。通过物联网、云计算等数字技术手段，实现县域文旅资源的实时监测、分析和优化配置。例如，通过对旅游景区客流量的实时监测，景区管理者可以采取相应措施引导游客合理分散，提高景区承载能力和游客满意度。此外，数字技术还可为县域政府和企业提供决策支持，有助于实现文旅资源的高效利用，挖掘和整合县域文化、历史、自然等资源。

跨界合作拓展。数字技术为县域文旅产业与其他产业的跨界合作提供了便捷平台。通过数字技术手段，文旅企业可以与电子商务、科技、教育等产业进行深度融合，共同开发新型文旅产品，实现产业链的延伸和拓展④。跨界合作有助于提高县域文旅产业的竞争力，拓宽发展空间，为县域经济发展注入新动力。

---

① 徐菲菲，何云梦.数字文旅创新发展新机遇、新挑战与新思路［J］.旅游学刊，2021，36（07）：9-10.
② 黎玲，眭海霞，黄萍.旅游数字化体验价值对游客公民行为的影响研究——基于价值共创理论的实证分析［J/OL］.资源开发与市场：1-15［2023-08-29］.
③ 宋子千.科技引领"十四五"旅游业高质量发展［J］.旅游学刊，2020，35（06）：10-12.
④ 魏鹏举.数字时代旅游产业高质量发展的文旅融合路径——以文博文创数字化发展作典范［J］.广西社会科学，2022（08）：1-8.

三、提升文旅精准营销能力

借力数字化、智能化构建现代文旅大营销体系，是对传统营销方式的颠覆式创新，也是文旅资源融合发展的一道"必答题"。

数据驱动营销。大数据技术为县域文旅营销提供了全新的方法和手段[1]。通过对游客行为数据的挖掘与分析，文旅企业可以精确了解目标客群的需求和喜好，从而实现精准营销[2]。此外，数字技术还可以为企业提供实时、可视化的县域营销效果评估，有助于优化营销策略，提高投资回报率。

多元化传播渠道。数字技术为县域文旅营销提供了丰富的传播渠道，如社交媒体、短视频平台[3]等。通过运用这些数字化渠道，文旅企业可以实现广泛、快速的品牌传播，提高县域文旅品牌知名度与美誉度，吸引更多游客关注和参与。同时，这些渠道可以将县域特色、历史、文化等元素传播给更广泛的受众，强化县域形象。

四、助力文旅产业可持续发展

数字化手段为提升文旅资源保护运营奠定了技术基础，同时，也有助于推动形成数字化治理新思维，为文旅融合高质量发展"保驾护航"。

良性环境和生态保护。数字技术可以实现对文旅产业环境影响的实时监测和评估[4]，有助于保护生态环境，实现县域可持续发展。例如，通过地理信息系统（GIS）和遥感技术，可以对生态敏感区域进行监测与评估，为政府和企业制订合理的旅游开发规划提供支持。此外，数字技术还可以推动绿色出行、智能用能等环保理念的普及，引导游客参与生态文明建设[5]。

文化保护与传承。数字技术在文化保护与传承方面可以发挥重要作用。通过对非物质文化遗产、历史建筑等县域文化资源的数字化记录与展示，可以让更多人了解并传承传统文化[6]。同时，数字技术还可以利用虚拟现实、增强现实等手段，实现文化遗

① 徐菲菲，何云梦.数字文旅创新发展新机遇、新挑战与新思路［J］.旅游学刊，2021，36（07）：9-10.
② 杨利，李梦含，张名杰等.数字经济赋能文旅融合的影响机制与门槛效应研究［J］.统计与决策，2023，39（12）：29-34.
③ 彭思羽.文旅融合视域下壮族文化短视频传播策略［J］.传媒，2023（14）：69-71.
④ CAI Z, FANG C, ZHANG Q, et al. Joint development of cultural heritage protection and tourism: the case of Mount Lushan cultural landscape heritage site[J/OL]. *Heritage Science*, 2021, 9(1): 86.
⑤ 周清香，李仙娥.数字经济与黄河流域高质量发展：内在机理及实证检验［J］.统计与决策，2022，38（04）：15-20.
⑥ 翟姗姗，查思羽，郭致怡.面向文旅融合发展的非遗数字化技术体系构建与服务场景创新［J/OL］.情报科学：1-16［2023-08-28］.

产的情境再现，让游客更加直观、生动地体验县域历史文化。

第二节　基本路径

数字技术的应用改变了传统文旅产业的运营模式，为企业创新发展提供了新的机遇[①]。越来越多的文旅企业开始运用大数据、人工智能、云计算等技术，打破原有的行业壁垒，推动文化旅游产业的深度融合[②]。借助大数据分析和挖掘技术，结合游客的消费习惯、喜好以及旅行目的等信息，为游客提供个性化的文旅产品推荐，提高游客体验。通过虚拟现实、增强现实等技术，为游客提供沉浸式的文旅体验，让游客足不出户便可欣赏到远离自己的美景。此外，通过数字化技术重现文化遗产、历史场景，使游客在体验时能更好地感受到历史的底蕴与文化的魅力[③]。在数字赋能下，文旅产业不仅可以拓展线上业务，实现线上线下融合发展，还可以与其他行业展开跨界合作，共同推动产业发展。数字赋能文旅融合的路径主要包括以下八个方面。

一、融合县域数字技术与地方文化资源

数字技术可以赋予传统文化资源新的活力。例如，将虚拟现实（VR）、增强现实（AR）技术应用于县域景区导览、博物馆展览等，为游客提供沉浸式、互动式的旅游体验。数字技术还可帮助文化资源实现数字化、可视化，方便进行长期保存与传承。可见，数字技术的应用可以提高县域文化资源的价值，扩大其影响力，吸引更多游客，从而推动文旅产业的发展。

二、构建县域智慧旅游服务体系

数字技术的运用也可以提升县域旅游服务质量，满足游客的个性化需求。例如，运用数字技术可以实现实时导览、语音识别、导游机器人等功能，简化旅游过程中的信息查询、线路规划等。此外，大数据分析可以为游客推荐合适的旅游路线、餐饮住宿等，提升游客出行效率和旅行体验，来一次"说走就走的旅行"，提高游客满意度。

①　范周.文旅融合的理论与实践［J］.人民论坛·学术前沿，2019（11）：43-49.

②　周湘鄂.文化旅游产业的数字化建设［J］.社会科学家，2022（2）：65-70.

③　冯学钢，程馨.文旅元宇宙：科技赋能文旅融合发展新模式［J］.旅游学刊，2022，37（10）：8-10.

三、优化旅游市场监管

借助数字技术，县域旅游市场监管可以实现精细化、智能化，有助于规范市场秩序，保障游客权益，推动文旅产业的健康发展。例如，通过物联网、云计算等技术手段，旅游景区可以实现实时客流监控与预警，确保游客旅行安全。利用大数据、人工智能等技术分析游客评价、投诉数据，可以有针对性地改进景区服务，提升景区品质[①]。

四、拓展县域文旅产业链

数字技术可以促进文旅企业之间的合作与协同创新，提高整体产业效益，帮助文旅产业拓展新的业态。例如，数字创意产业、网络直播等，可以将文旅资源与数字技术相结合，为游客提供丰富多样的文旅产品与服务[②]。此外，数字技术还可以助力文旅产业向上游延伸，推动文旅智能制造、文旅技术研发等领域的发展，从而推动文旅产业的持续发展。

五、创新县域营销模式

数字技术为文旅产业提供了新的县域营销渠道和方式，可以提高文旅产品的市场渗透率。利用社交媒体、短视频平台等进行文旅产品的宣传和推广，可以提高县域品牌知名度，扩大市场份额。同时，通过数据分析，精准定位目标客户群体，可以实现差异化和个性化的营销策略[③]。数字技术的应用可以提升县域的文旅品牌形象。例如，通过数字技术对地区特色文化进行传播与推广，展示县域的魅力和价值；借助数字技术，打造智慧旅游目的地[④]，提升游客对县域地区的认知和好感度等。地区品牌形象的提升将有助于吸引更多游客，推动文旅产业的繁荣。

六、促进县域跨界融合

数字技术可以推动文旅产业与其他产业的跨界融合，拓展新的发展空间[⑤]，为文旅产业发展注入新的活力。例如，数字技术可以将农、商、文旅三产业进行连接、互

---

① 中国风景名胜区协会.中国风景名胜区高质量发展大数据分析报告［R/OL］.（2022-04-02）［2023-08-28］.

② 冯学钢，梁茹.促进我国在线新文旅市场主体建设的对策建议［J］.旅游学刊，2021，36（07）：1-3.

③ 田志奇.文旅融合下旅游目的地互联网思维的产品营销及创新［J/OL］.旅游学刊，2019，34（8）：8-10.

④ 肖扬.城市规划技术与方法［J］.城市规划学刊，2018（6）：123-124.

⑤ 冯学钢，梁茹.文旅融合市场主体建设：概念体系与逻辑分析框架［J］.华东师范大学学报（哲学社会科学版），2022，54（02）：130-141+177.

动、聚变，助力乡村振兴[①]；可以推动文旅企业与科技企业合作，开发具有文旅特色的智能硬件和应用；也可推动文旅企业与教育领域结合，推动文化旅游教育项目的发展。

七、提升游客满意度与口碑

数字技术可以实现对游客需求的深入挖掘和精准满足。例如，在县域范围内通过数据分析，可以了解游客对于旅游产品、服务的评价和需求[②]，由此可以有针对性地进行优化和改进。同时，利用数字技术可以提高游客在旅游过程中的互动体验，从而提高游客满意度和口碑，吸引更多潜在游客。

八、加强县域旅游安全管理

数字技术在提高旅游体验的同时，也可以为旅游安全管理提供强有力的支持[③]。例如，在县域范围内实时监测景区内的客流量、环境状况等信息；利用物联网技术实现景区内设施设备的远程监控和维护；通过智能预警系统，提前发现和预防潜在安全隐患。旅游安全管理的有效保障，将有利于提升游客的信心和信任度，促进文旅产业的发展[④]。

第三节　实践案例

一、长兴县"指尖惠民"案例[⑤]

长兴县位于浙江省湖州市，拥有丰富的文旅资源和悠久的历史文化传统。近年来，该县积极探索数字赋能文旅融合的发展路径，依托先进的信息技术，实现了文旅产业的转型升级，取得了显著的成效。长兴县通过实施"指尖惠民"计划，让更多百

---

① 吴江，陈坤祥，陈浩东.数商兴农背景下数智赋能乡村农商文旅融合的逻辑与路径［J］.武汉大学学报（哲学社会科学版），2023，76（04）：116-127.
② 刘逸，保继刚，朱毅玲.基于大数据的旅游目的地情感评价方法探究［J］.地理研究，2017，36（06）：1091-1105.
③ 陈岩英，林钰炀，黄晓波.新冠疫情前、中、后城市旅游安全感知变化及其治理研究［J/OL］.旅游论坛：1-14［2023-08-29］.
④ 马波，王嘉青.常态化疫情防控下的旅游产业新走向［J］.旅游学刊，2021，36（02）：1-3.
⑤ 感谢长兴县文旅局提供的相关资料.

姓以更优惠和便利的方式享受文旅发展成果,将旅游成果单享模式转变为文旅体融合共享模式。这一计划部分解决了市民和游客文旅信息获取渠道杂、信息获取不完整,针对特殊群体如中老年人和高铁站游客等的旅游配套服务相对薄弱,个性化和年轻化旅游服务相对缺乏,以及政府主管部门对文旅消费等相关数据掌握不及时、不完全等问题。以下分几个方面对长兴县数字赋能文旅融合的实践进行详细介绍。

1. 以"文旅融合"为核心,推出精神共富"一张卡"

2021年长兴县首推长兴文旅惠民卡,新的文旅惠民卡在原旅游惠民卡的基础上融入文化、体育元素,以"文旅消费币 + 积分制"的创新形式丰富产品,提升服务,以"文旅融合"思维推动"旅游 +",推进文旅惠民深入不同群体,保障全域全民共享惠文旅发展成果。同时,在长兴文旅惠民卡的基础上推出长兴文化保障卡,并将其纳入惠民卡体系,满足人民群众多样化、多层次、多方面的精神文化需求。当年长兴县累计办卡人数超6万人次,消费文旅消费币(文旅幸福指数)突破7000万个。

2. 以"数字赋能"为动力,绘就文旅惠民"一张网"

2022年,长兴县将城市书房与"15分钟品质文化生活圈"、文化驿站、乡村博物馆4项省政府民生实事工作纳入《政府工作报告》强力推进。县、乡、村三级公共文化设施网络布局日臻成熟,县级"四馆—院—校—中心"建设完成,乡镇(街道)综合文化站和村(社区)文化服务中心实现全覆盖。截至目前,长兴建成民宿书屋20家,城市书房7家,乡镇综合文化站16家,农村文化礼堂219家;每万人拥有公共文化设施面积(文旅系统部分)1848平方米,居全省前列。2021年全县人均体育场地面积达2.84平方米以上,全力打造省公共文化服务现代化先行县,全面促进文旅事业高质量发展。

3. 以"全民参与"为核心,开通文旅消费"一条线"

近几年,长兴县依托数字技术打通文旅消费链,以建设共同富裕绿色样本为抓手,探索村游富农利益连接模式,聚焦文旅产业富民,带动增收致富。一是"一线"带来惠民体验。整合41家惠民卡使用点及沿线乡村文旅销售体验点,开设"惠游乡村"富民专线在服务端开设"线上预约 + 积分抵用 + 线上体验 + 在线消费"等内容进一步提升市民、游客出行体验。二是"一线"带动文旅消费。面向导游、讲解员、自由职业者等年轻群体招募长兴文旅"星"推官,以"专线 + 专员"的运营模式打造长兴文旅宣传队伍,通过长兴文旅资源讲解、文旅产品销售、文旅业态打造等内容,在带动文旅企业、乡村旅游点销售收入的同时,扩大长兴文旅青年人才队伍,促进精神和物质双富有。三是"一线"解决个性需求。探索开设线路推荐及线路订购模块,根据中老年人、高铁站游客、亲子游、学生等不同群体的个性化需求,灵活调整,解决

"最后一公里"问题。另外，计划推出长兴亲子度假游、休闲美食游、禅意养生游、观光徒步游等多条专题化线路，以服务不同群体的不同出游需求。

二、嵊泗县"离岛 e 宿"案例 [①]

位于东海之滨的嵊泗县，凭借得天独厚的海洋资源，近年来大力发展文旅产业。围绕"美丽海岛永续发展，美好生活持续升级"的目标，把发展海岛民宿作为乡村振兴的重要突破口，积极探索民宿产业的发展路径和改革模式。在此过程中，嵊泗县不仅以民宿产业发展带动富民增收，还促进海岛要素资源的高效转化，积极拥抱数字经济，发展机遇，以数字赋能推动文旅产业的高质量发展，为旅游者提供更加便捷、智能的服务体验。

最值得称道的两项举措是：

1.数字化服务平台

嵊泗县积极开发"离岛 e 宿"数字化服务平台，围绕行业监管、民宿运营和一站式服务的维度，打造政府好管、业主好用、游客好玩的综合服务平台。数字化改革有效驱动了民宿产业发展，目前已在枸杞乡、花鸟乡109家民宿中进行试点应用。同时，嵊泗县还积极对接携程、途家等高流量 OTA 平台，开通嵊泗文旅星球号，上架嵊泗民宿产品，让用户快速"种草"。目前全县民宿通过 OTA 平台和自媒体开展营销的占比已达 83.6%，极大地提升了民宿产业的知名度。

2.融合式数字赋能应用

为了更好地服务于游客，嵊泗县综合利用气象、交通、景区等数据资源，融合式开发"嵊泗想念"码上游应用程序，迭代升级"智行嵊泗"应用场景。通过这些数字化手段，嵊泗县实现了让数据赋能于民宿，服务于消费者，让游客在享受美丽的嵊泗风光的同时，也能感受到便捷、智能的现代服务。

第四节　经验与启示

一、抢抓政策红利

文化和旅游部等部门《关于推动数字文化产业高质量发展的意见》和《关于深化

---

① 感谢嵊泗县文化和广电旅游体育局提供的相关资料。

"互联网＋旅游"推动旅游业高质量发展的意见》等政策文件从多个角度提出推动文化和旅游产业数字化、网络化、智能化转型升级，推动数字文旅产业高质量发展已经上升为国家战略。各县域依托 VR、AR 技术，跨界整合释放企业活力，涌现出大批文旅新产品、新模式。一些县（市、区）借助混合现实、3D 异面投影、数字影片等新一代数字技术，打造旅游结合共性技术的再造场景应用，提升县域文旅行业的科技转化能力，积极促进公共馆藏数字化和艺术展览线上化，促进文化遗产情境再现，推出"数字化展览"，360 度、全方位满足旅游者在线沉浸式体验需求。

二、强化顶层设计

政府部门应加强政策支持与监管。政府牵头制定相关政策，鼓励创新、支持数字技术在县域文旅产业的应用，协调各方资源，实现政策、资金、技术等要素的有效整合，为县域文旅产业数字化转型提供有力支撑。文旅机构应将分散的线下文旅服务方式变革为一站式数字化服务模式，以服务主导逻辑构建县域文化和旅游数字化改革顶层设计及核心体系；以游客画像标签技术和移动信令数据技术为基础，打造多个应用场景，以标签向量化技术、移动信令数据技术为基础，设计并推进实施方案。

三、创新运用数字技术

数字技术的广泛应用为县域文旅产业带来了前所未有的发展。党委政府主要领导应充分认识到数字技术在县域文旅产业中的巨大潜力，推动数字经济与传统文旅资源的结合，创新旅游产品与服务，满足游客不断升级的消费需求；文旅企业要通过运用数字技术如虚拟现实（VR）、增强现实（AR），为游客提供沉浸式、互动式的旅游体验，利用大数据、云计算等技术，可以实现游客行为分析、个性化推荐等智能化服务。文旅行业主管部门借助数字技术整合县域文旅资源，构建多元化旅游业态，争取更大效益。通过整合政府、企业、社会等各方力量，优化文旅资源配置，培育新型文旅业态，实现文旅产业链的延伸与拓展。例如，可以与电子商务、科技、教育等产业进行跨界合作，共同推动县域文旅产业发展，形成一个完整的文旅产业生态链。

四、优化县域文旅营销策略

数字技术为文旅营销提供了新的途径与手段，如社交媒体、短视频平台等。文旅机构要充分利用这些数字化渠道，优化县域文旅营销策略，提升品牌知名度。此外，文旅运营机构还应通过大数据分析，精准定位目标客群，实现精细化的市场开发与营销，提高市场份额。同时，文旅运营主体要关注特殊群体需求，针对这些群体的特点与需求，设计和提供适合的旅游产品与服务，确保文旅发展成果在全社会得到公平共享。政府主管部门还要关注弱势群体的文旅需求，通过实施惠民政策，降低旅游消费门槛，让更多人能够享受到县域文旅发展的红利。政府主导、企业协同，加强与周边县域的合作，充分发挥资源叠加优势，在政策制定、资金支持、人才培养、营销策略等方面取得共赢，实现优势互补，拓展远距离旅游客源市场。

五、培育专业人才队伍

数字赋能县域文旅融合发展需要依托一支具备专业技能与创新的人才队伍。县级政府要突破行政层级较低、政策资源力度不大的劣势，高度重视数字经济背景下专业人才的培养与引进，通过建立完善的人才培训、激励机制，提升人才队伍的专业素质与创新能力，提高县域文旅产业的核心竞争力。

第十六章

推进县域"景城融合"发展

拥有一家知名度高、影响力大的头部景区，是一个县域的"幸运"。但因为历史等原因，诸多县域"拥有"头部景区却无法管理。本在同一个行政区域内、空间相连的景与城，因为分别隶属于相互独立的两个行政机构，多年来形成景区与所在地城市之间的涉旅工作各唱各的调，相互掣肘，工作难以开展，内外管理混乱的局面。典型的如乐山大佛景区与乐山市市中区、峨眉山景区与峨眉山市（归乐山市代管的县级市）、雁荡山与乐清市（归温州市代管）、莫干山景区与湖州市德清县。景与城的体制"隔离"，带来的问题众多，景区成了"孤岛"，不仅景区内外秩序管理混乱，与县区政府、景区管委会以及所在村镇之间纠纷不断，而且制约了旅游对当地经济社会发展的带动作用，本是水乳交融的关系却成了"敌对关系"，游客投诉不断。浙江温州乐清市域范围内的老牌景区雁荡山就因为管理不善，2019 年受到原国家旅游局黄牌警告。从下放景区管理体制入手，变行政管理"二元体制"为"一体化管理"，构建"景城合一"的管理体制，将外部矛盾内部化，是理顺县域与景区之间关系的重要解决方案。但在体制改革过渡期，也会发生一系列困境，需要设区市与县（市、区）党委政府高度重视。

第一节　景城隔离容易形成"旅游孤岛"效应

"旅游孤岛"是中国情景下描述景区与周边社区关系的理论工具[①]。所谓孤岛，既包括地理上的——指的是那些与周边地区在结构、功能、特征上有显著不同的区域；也包括心理上的——指的是那些与周边人群在心理特征、形成机制、表现方式等显著

[①]　刘亮，田里. 旅游孤岛相关概念辨析及其研究进展［J］. 地理科学进展，2023，42（3）：809-820.

不同的特定人群。学者们对旅游孤岛（tourism island）的概念普遍接受的定义是：因旅游发展引发的与周边社区相隔离的特定旅游区[①]。与旅游孤岛相类似的还有旅游飞地（tourism enclave），两个概念之间虽然存在一些差异，但总体上有较大的相似性。用旅游孤岛理论解释当前中国的旅游景区、旅游度假区等与周边社区的关系更有实际价值。

一、旅游孤岛的形成原因

旅游孤岛的形成是长期的过程，既有客观因素，也有主观因素。客观因素主要来自地理空间上的差异。由于空间异质性差异，具有较大观光价值的景观与周边区域形成鲜明对照，这种景观质量的差异带来空间上的隔离。资源质量的差异，必然带来开发方式、开发方向、开发主体等的差异。

主观因素来自规划边界的人为分割。权力机关将旅游景观质量较高的核心景区设为旅游区，制订建设规划，成立管理机构，发展旅游经济（主要是门票经济）。如果该景区可以申报国家级风景名胜区、世界地质公园、国家公园、自然保护区、国家森林公园等高等级旅游景区，就会"提级管理"，成立的管理机构与县级政府相级别相同，形成管理体制上的"两张皮""二元体制"。前述提及的雁荡山、峨眉山、乐山大佛等就属于这种情况。不同利益主体之间的博弈随着时间的演化和景区知名度的提高、游客的大量涌入而变得难以协调。

二、旅游孤岛带来的负面效应

旅游孤岛效应从成立初期来看，具有一定的积极影响：一是景区管理层级高，有利于制约所在地行政区的不当干预，为景观资源的保护设立了一道"防火墙"；二是产生较强的"极化效应"，更有利于优质资本（尤其是上级国有资本）的介入，类似于"飞地效应"，推动景区快速成长为"头部景区"；三是为游客提供了较为完善的游览环境，可以防止意外安全事件的发生。但从长期看，尤其是景区发展相对成熟之后，其负面效应越来越明显，景区对周边地区的"溢出效应"受到抑制，景区与所在社区之间的利益博弈越来越严重，"孤岛效应"走向反面。

田里等将这种旅游孤岛效应进行外在表现抽象化，概括为四种本质特征：资源垄断性、空间封闭性、自我循环性、排斥挤出性[②]。具体可能出现经济孤岛、社会孤岛、

---

① 夏千崙.极化还是融化？山岳景区旅游孤岛效应演化研究——以崆峒山风景区为例[D].北京：中央民族大学，2022.

② 田里，宋俊楷.旅游孤岛效应：旅游区与周边社区的利益博弈[J].思想战线，2020，46（2）：147-157.

文化孤岛、景观孤岛、生态孤岛、管理孤岛等类型。旅游者的线路足迹是跨越式的、流线型的，如果二元管理体制出现运营上的漏洞，这种相对封闭的管理系统就会给旅游者带来安全的隐患和服务上的落差，各种投诉不断，而处理投诉的机关限于权限而难以协调处置，造成不利舆情，影响景区和地方信誉。经济上的孤立，导致利益相关者之间出现冲突，一旦处理不当，就可能会严重影响服务质量和景区美誉度，出现"双输"局面。

三、有效消除旅游孤岛负面效应的解决方案

根据我国类似情况的演化过程的分析，田里等提出，在不同发展阶段，头部景区与周边社区之间的关系呈现出三个阶段的特征：差异型、阻滞型、对立型。对应的是协调型、竞争型和对抗型三种冲突。如何有效消除对抗型状态，是研究者和实践者共同研究的课题之一。

第一种方案是，通过管理体制机制的改革，下放头部景区管理体制，变"二元体制"为"一元化"体制，将外部矛盾内部化，将显像矛盾内化为隐形矛盾，将难以协调的对立冲突内化为可协调的竞争性冲突。具体办法是，保留景区管委会机构和职能，与所在地县市区党委政府合署或者相对分立，主要领导干部相互兼职。决策权力下放至县委县政府和管委会。资金结算、融资体制以县为主。管委会内部机构管理和人事安排由县委县政府和管委会共同负责。发挥本地党委政府主体责任，人、财、物归地方，成绩归当地，问题由当地为主解决。提供体制机制的调整，落实所在县域的主体责任，有效打破过去存在的封闭效应，推动全域旅游的开展。此类案例如温州乐清市雁荡山景区。

第二种方案是，通过开发周边景区功能，弱化头部景区的极化效应。适用于头部景区管理体制机制无法下放的情况。尽管基层县级政府常年来多次强烈呼吁，但仍然因为某些原因无法实施，因为利益格局的调整是"动了很多人的奶酪"。"聚集的非中心化"理论告诉我们，在边缘区创造新的核心区，可以形成新的经济增长中心，打破单一旅游区孤立化发展带来的不平衡现象。典型的案例是位于浙江湖州市德清县的莫干山景区。因为历史原因，位于德清县的莫干山景区一直以来就隶属于省政府机关管理局。但莫干山景区管理局仅仅管理一个"山头"，一旦地方不配合，景区进入性就受到限制（例如大雪封山、台风损毁上山道路），景区对当地旅游的带动作用也非常有限。为了实现属地管理，克服"两张皮"问题，湖州市、德清县党委政府为此付出了20余年的努力，但因为各种原因未果。德清县痛定思痛，决定在山下"洋家乐"发展出现苗头性趋势时，因势利导，建立莫干山国际旅游度假区，目前已经晋升为国

家级旅游度假区，吸引高端民宿上千家，取得了实实在在的成效，被称为中国民宿行业的标杆，大大提升了德清的知名度和美誉度，地方政府和老百姓的增收效果十分明显。

第三种方案是，依托核心旅游景区的引流效应，大力发展新业态旅游，弱化头部景区的虹吸效应。典型案例是泰山景区（景区位于泰安市泰山区，由泰安市政府授权泰山管理委员会负责承担景区管理职能）。通过多年的努力，在发挥龙头景区带动作用的基础上，通过景区与城市同向发力，实现了从"景区游"到"城市游"的转型。过去，传统上"泰安旅游"就是"泰山旅游"，导致泰山一日游占比过高，城市酒店等服务设施大量闲置，"旺丁不旺财"现象十分突出。进入21世纪，泰安市政府痛定思痛，围绕泰山景区和城区范围，建设了大量新型业态景区，例如泰安地下龙宫、太阳部落、方特主题公园、药乡国家森林园、水浒影视城、泰安老街、腊山国家森林公园、泰山温泉城、徂徕山、天外村乡村旅游、春秋古城、《中华泰山·封禅大典》等众多景区及演出，依靠泰山引流，依托山下景区留住游客，实现了与泰山观光游的有机互补，酒店入住率迅速攀升，旅游经济效益大幅度提升，泰安也因此从"景区旅游"转型为"城市旅游"发展的新阶段，进入了旅游经济高质量发展的快车道。

类似的成功案例还有张家界市。张家界市（原大庸市）依托世界级旅游景区张家界的"引流"效应和"明星"价值，凭借得天独厚的地理、文化和资源优势，以特色旅游演艺产品为突破口，大力发展旅游演艺及其相关产业，走出了一条文旅融合发展的新路子，实现了从"头部景区"到"明星旅游城市"的转型。演艺业已经成为张家界文化旅游产业新的增长点。从2006年兴起，到2007年初步成型，目前张家界演艺产业包括三种类型。一是以《魅力湘西》为代表的剧院类旅游演艺，包括印象张家界、魅力张家界、烟雨张家界、梦幻张家界等；二是以《张家界千古情》（由宋城集团投资10亿元）为代表的实景类演出，包括《天门狐仙·新刘海砍樵》《武陵源·梯玛神歌》等；三是以《袁家寨子》《老院子》为代表的景区综合类旅游演艺。旅游资源是演艺业发展的基石，张家界独具世界品质的峰林峡谷地貌景观，为演艺业提供了源源不断的客源，保证了消费群体的相对稳定性。同时，注重挖掘传统民族文化资源，将土家族奔放的舞蹈、舞曲融入演艺业，保持了新奇特效益，对游客具有不可替代的价值。室内室外结合，室内文艺晚会，户外篝火晚会，强化了游客体验，让人乐不思蜀，流连忘返。可以说，白天张家界景区游玩，晚上观看演出，已经成为张家界旅游的"标配"。

第二节　雁荡山景区管理体制优化方案与存在的问题

雁荡山是浙江最重要的 AAAAA 级旅游景区之一、世界地质公园、首批国家级风景名胜区，素有"海上名山、寰中绝胜""东南第一山"等美誉。20 世纪 90 年代随着大众旅游的兴起和"温州模式"的盛名天下，雁荡山旅游成为浙江乃至长三角旅游的翘楚，无论经济效益还是社会效益都取得了极大的成功，奠定了温州旅游的基本框架。但是，因为管理体制，雁荡山景区与所在地乐清市之间的关系始终存在"合法性障碍"：雁荡山景区管理委员会作为温州市直接管理的正处级事业单位，负责景区范围内所有事项的管理与运维；乐清市作为温州市代管的县级市，法理上负责景区外围包括村民的事务管理。长期以来，因为双方之间的利益纠纷不断，虽然景观质量为国际一流水准，景区设施也相对完整，但旅游秩序存在较多乱象，游客满意度低，2019年在 AAAAA 级景区复核中被原国家旅游局黄牌警告。

一、雁荡山景区管理体制优化主要框架

协调处理好景区与社区之间的良好互动关系的重要路径是从体制机制入手。在省内外专家的多次呼吁下，2022 年，在时任浙江省委常委、温州市委书记刘小涛的亲自部署和推动下，温州市对雁荡山管理体制做出调整，出台了《关于优化调整雁荡山管理体制机制的实施意见》，将雁荡山管委会调整为温州市政府直属公益一类事业单位，机构规格为正县级，委托乐清市委、市政府管理，这一体制机制改革为重振雁荡旅游雄风奠定了十分重要的基础。但是，体制机制的调整只是万里长征第一步，面对干部群众的期待，乐清市委市政府如何进行顶层设计、重点突破，实现全面振兴，是摆在温州和乐清领导层面前的一项重要任务，需要借势借力，形成合力。

温州市关于优化调整雁荡山管理体制机制的实施意见下发后，机构名称仍然以"温州市雁荡山风景旅游管理委员会"命名，为正县级自收自支事业单位。但与调整前相比，分管领导、财政渠道、内部机构设置等方面发生了变化。调整前，管委会书记由乐清市委书记兼任，管委会主任由温州市政府任命，主持日常管理工作。管委会副主任多为专职，采取分线管理方式，协助主任开展工作。调整后，管委会书记由乐清市委书记兼任，管委会主任由乐清市委副书记、市长兼任，另外有 2 名副主任由乐清市副市长兼任。这次机构调整中，编制数与专职工作人员发生了一些变化，部分全额事业编制被收走，全额事业编制人员由原来的 81 人变为 46 人。财政管理体制发生

重大变化，由原来相对独立的财政转变为乐清市财政。目前，管委会下属机构部门包括办公室、组织宣传处、经济发展处、规划建设处（挂地质公园管理处牌子）、计划财务处（挂国有资产监督管理办公室牌子）、旅游管理处等 6 个内设处室，下辖雁荡山旅游发展集团（国企）和雁荡山景区综合服务中心、雁荡山博物馆二个直属全额事业单位（副科级）以及雁荡山旅游企业服务中心（自收自支事业单位）。

二、过渡时期雁荡山管理体制运行中存在的主要问题

体制机制的改革仍处于过渡期、探索期，在运行过程中还存在一些不太顺畅的问题。主要表现在：

（一）顶层决策运行机制不畅

顶层决策机制运行不畅首先表现为管委会顶层决策机制没有形成。体制调整后，雁荡山各项事务的最高决策权收归乐清市委市政府，但因为乐清市委市政府工作重点放在市域，没有更多精力谋划雁荡山发展，也没有明确放权委托有关领导专门负责，开展顶层设计，这就造成了雁荡山各项决策机制事实上难以运行，导致工作难以开展。其次，决策事项归属不明确。目前，乐清市委书记、市长与对应管委会的书记、主任的职务，工作分工没有明确，到底哪些事由书记决定，哪些事由市长决定，哪些由决策层班子共同决定尚未明确，导致管委会业务主管领导不能较好向决策层汇报工作情况，造成了管委会一些决策性项目被搁置，降低了下属部门的工作效率。再次，上下沟通不畅。乐清副市长兼任管委会副主任，管委会各个部门的管理由条线副市长分管，但因为兼任副主任的副市长分管的条块与部门没有明确，处室负责人的工作归属出现障碍，工作部署陷入停滞。

（二）内设机构运行不顺

管委会内设部门的相关职能在"三定"方案中不明确，分管领导不到位，导致工作推进滞缓。由于人员编制缩减、中层职数减少，工作任务出现交错重叠。管委会班子长期不健全，也导致干部交流、提拔不畅。管委会与雁荡山旅游发展集团属于上下级关系，但长期以来政企不分，雁荡山管委会深度参与旅游发展集团的内部管理和决策，作为国企的雁荡山旅游发展集团，缺乏企业的主体性和独立性，市场主体得不到充分的发挥，在招标项目、招聘人员等方面缺乏灵活性。管委会工作人员内外流动受阻，中层管理人才发展通道不顺，中层工作积极性发挥不足。专业人才招引难度大，据调查，景区最年轻的导游年龄为 38 岁。业务人员长期缺乏培训，导致员工服务质量偏低。

（三）财政运行压力较大

据了解，截至 2022 年 10 月，雁荡山管委会系统共有干部职工 1487 人，庞大的职工队伍单每年基本工资发放，就是一笔不小的开支，再加上前期拆迁、土地征用等历史债务，景区一直处于负债状态，比如 2018 年负债 1.3 亿元。从 2017 年到 2021 年，5 年融资利息共计 23984 万元，从 2020 年开始每年有将近 2 亿元的资金缺口。因为争取不到上级的有关政策、资金上的支持，管委会及旅游发展集团也缺乏有效的增收手段，近些年都是靠融资的方式进行投入，造成雁荡山景区长期的财政压力，后续还债的压力巨大。

（四）顶层设计缺乏

客观上，雁荡山是首批国家级风景名胜区，并有世界地质公园称号，这些定位都决定了景区管理应以风景保护为主，不宜过度开发，景区土地更多是属于自然保护地的性质。但是，综观国内各地发展得较好的旅游地，为迎合市场需求，都需要不断创新开发，而这种创新开发，需要管委会在土地资源、旅游产品、市场营销、形象策划、专业人才、员工管理等方面做更多的顶层设计。目前，雁荡山景区还没有一处能达到国家标准的游客中心，博物馆基本成为摆设，旅游、规划建设、公司运行等方面的专业人员极度缺乏，景区旅游与当地村庄融合发展不足。管理部门缺乏对雁荡山战略思路与重大项目布局的思考，缺乏"一张蓝图绘到底"的战略规划和顶层设计蓝图。

（五）与乐清市级部门横向业务交流存在障碍

管委会内设机构中，规划建设处（挂地质公园管理处牌子）、计划财务处（挂国有资产监督管理办公室牌子）、旅游管理处等 3 个内设处室，与乐清市存在业务管理上的交叉，这一状况降低了管理效率，增加了摩擦成本。景区的财务管理部门与乐清市财政局之间是领导与被领导关系还是平行关系，旅游管理处与乐清市文旅局是领导关系还是指导关系，规划管理处与乐清市自规局职责怎么划分等问题，都需要进一步明确。

第三节　发挥雁荡山景区溢出效应推进"景城一体"的现实路径

一、进一步落实体制机制改革改革方案

雁荡山与乐清，同饮一江水，本属一家人。雁荡山是乐清最具显示度的一张金名

片。体制下放为"景城一体"景城融合创造了绝佳的机会。要创造性落实温州市委关于雁荡山管理体制调整的决定，实施统一管理，对干部一个标尺打表，一个步调前进，扫清体制机制障碍，有效解决资源割裂、管理缺位现象，实现"统一管理、统筹发展、权责一致"。

（一）明确工作职责与任务

由于雁荡山欠下的历史债务巨大，内部员工类型复杂，财政、人员、土地等要素问题制约着雁荡山的发展，要把这些事圆满解决，可能不是一年半载的事。首先，乐清市委市政府主要领导要花精力研究雁荡山重点事项，体现对雁荡山景区的关心和支持，积极争取温州市政府的扶持政策，帮助厘清前期的旧债，尽快使雁荡山景区渡过难关，尽早实现新体制的顺利运行。其次，要明确管委会的工作职责、任务，尤其是在乐清全域旅游工作任务的分工上，防止小马拉大车，把整个国家公园地域范围与乐清全域旅游范围的旅游发展都算到管委会的工作任务中去。管委会的主要职责一是保护管理，二是开拓市场。核心区以外的开发，应该以市场为主，管委会配合。再次，帮助梳理原有行政部门与企业部门的双方债务，轻装上阵。最后，从根本上看，景区管理需要实现政企分开，按照机构改革后各个部门职能性质，开展分类业务考核，行政职能部门按照管理职能考核，企业职能的部门按照绩效考核。

（二）完善管委会常态化运行机制

在当前乐清市4位领导兼任管委会领导职务的前提下，建议设置管委会专职副主任，其中常务副主任兼任乐清市委常委，负责管理日常事务。明确兼职副主任（乐清市市政府副市长）的职责和分工。由5人组成的管委会决策层要实质性运转，定期召开会议，在旅游发展战略、旅游项目与设施建设、旅游人才引进等方面开展顶层设计，决定重大项目投资、城镇建设、财政融资等重大事项。由专职常务副主任负责重大项目落实、人员培训、市场营销等日常事务管理，协调分管线上的事务。

（三）加强旅游环境治理

建立由景区、乐清市相关部门牵头的多部门联合执法体制，深度开展旅游环境专项整治，严厉打击违法经营行为，实现同频共振、多帽合一。

二、加强顶层设计切实发挥雁荡旅游的溢出效应

（一）规划上坚持"景城一体"、多规合一，优化雁荡山区域旅游空间功能

笔者建议，要把"旅游"融入城乡规划，突出山水特色、生态优势、宜居品质，凸显"山脉""文脉""水脉"，实现景城布局协调、功能互补、设施配套。将景区与城区的缓冲带作为重要的产业承载空间，统筹旅游要素布局，统一景观设计。

应加强雁荡山世界地质公园范围内湖雾、大荆、仙溪、龙西、芙蓉乃至淡溪等众多乡镇的相互合作。做好雁荡山综合体的规划打造，重点在周边功能区乡镇进行相关配套设施的建设，如高端酒店、民宿，从吃、住、行、游、购、娱等旅游六要素，以及商、养、学、闲、情、奇上进行配套，将雁荡山建设更多聚焦在周边配套，打造具有全国影响力的雁荡山旅游综合体，实现从景区观光游到城市休闲度假游的华丽转身。开发以"云海、林海、雪海、东海"为主题的雁湖岗景区。依托显胜门景区，开发生态探险游。开发飞泉营地、茶园采摘、梯田花海等体验性业态。

（二）在旅游产业要素上实现空间上拓展

建议要充分发挥雁荡山的引流价值，在做大做强雁荡观光旅游的基础上，将稳定的客源引导到山下、城里，在核心景区边缘地带、山水景观条件较好、符合用地规划性质的地区，规划建设高规格的国际旅游度假区，重点突破雁北文化旅游度假区，引入企业主体开发接待服务设施项目，建设主题酒店群，引入国际连锁酒店、温泉酒店，引进中国餐饮业的"天花板"新荣记，构建核心品牌突出、配套设施完善、环境舒适、服务一流的国际旅游度假区；践行全域旅游理念，以乡村旅游为突破口，努力建设以中高端民宿为主体的乡村民宿村落，重点发展文化主题民宿、白金宿；在雁荡夜游项目已经有了很好基础的背景下，选择核心景区外围、景观效果显著的区域，打造户外实景类民俗演艺项目；开展体育旅游项目，引进攀岩、马拉松、露营、越野跑等户外运动旅游项目，开发雁荡山体育旅游功能，打造户外运动景区。发挥雁荡山"中国铁皮石斛之乡"金字招牌。打造度假康养福地。

（三）在完全旅游公共服务体系上下功夫

景区管委会联合公交公司，要设立旅游专线，实现游客在景区与城区的自由转换，加快构建"快进慢游"旅游交通网络，畅通景区内部循环及景城、城乡之间的区域循环，实现无缝连接（建议取消免费措施，以增加收入减少成本）；文旅融合，建设文旅驿站；将市区供市民游玩的公园（如中和公园、清和公园）、博物馆、图书馆等文化设施向市民开放；抓紧完善雁荡山博物馆，作为研学旅行景区向市民和学生开放；完善景区旅游厕所；按照AAAAA级景区标准建设咨询中心和游客中心。

三、项目牵引重振雁荡雄风

以雁荡山管理体制机制优化为契机，以项目为牵引，以文旅深度融合为导向，通过规划引领、区域联动、产业协同，实现"景城一体"、融合发展。

（一）优化游线设计，拓展游览方式

山岳型景区面积大、保护任务重、游览空间复杂、游线交叉，而且易发生灾害，

游客管理难度较高，具有较强的脆弱性和不确定性。雁荡山尤其如此。因此，需要优化、改造现有旅游线路。通过建设连接线、特种交通线、环线，串联雁楠公路和104国道，形成大雁荡交通格局；完善三大门户。东入口打造地质博物馆、地质展览馆、建设火山文化体验基地，为研学旅行创造新场景；西入口建设游客中心，服务大龙湫、雁湖岗景区；北入口建设雁北游客综合服务中心，服务显胜门、龙西三岩景区的集散要求。改革游览方式。通过立体交通建设，推动传统的"谷底看山""夜游雁荡"向"白天看山、登顶观光、晚间消费"转变。

（二）深化文旅融合，重现文化雁荡

文化是旅游之魂。建议当地文化旅游部门协同本地高校，深入挖掘整理研究雁荡文化、雁荡诗文、书画作品、"雁山七贤"，举办雁荡山系列作品展，打响"雁荡诗山"品牌，恢复重建雁荡书院，建设雁荡美术馆，启动"雁荡画派"研究；打造大型实景演出《雁荡啊雁荡》。

（三）加强风貌管控优化村落格局

景区内乡村风貌与环境极不协调，应制定国土风貌管控和建设准入导则，梳理公共空间布局和建筑组团肌理。管委会应发挥主体作用，加强环境综合整治，突出地域文化特色；提升景区村质量，重点提升核心村庄沿线和重点区块风貌，将通景公路沿线进行立面改造；启动景区村落专项规划，拆迁一批、改造一批、建设一批，全面优化景区村旅游发展空间。

（四）实行管理与经营适度分离

毋庸置疑，过去的雁荡山景区内部严重缺乏市场化运行机制，产品老化，结构单一，造成游客体验不佳，口碑下降。这就需要景区管理权与经营权的分离，用政府的逻辑管理和维护景区，用市场的逻辑运营景区。

长期以来，雁荡山旅游产品一直以观光型为主，在20世纪的观光型旅游发展阶段，雁荡山借助全国各地大批代表团前往温州学习"温州模式"带来的机遇，迎来了接近20年的高光时刻。但在21世纪第二个十年，随着大众旅游、休闲度假旅游、体验旅游的兴起，雁荡山管委会职能以行政管理为主而忽略了市场化运作的弊端暴露出来：以保护为基本职能和核心导向的管理模式，导致新产品开发滞后，营销推广力度不足，方式单一，雁荡山景区在新业态、新模式、新旅游逐步兴起的大背景下开始"没落"。虽然管委会成立了国有企业旅游发展集团，但旅游发展集团成为管委会的下属执行机构和融资平台，市场化机制没有建立，总经理长期空缺，企业实际上处于闲置状态，无法正常运行，造成雁荡山市场化开拓能力的不足。根据5A级景区暗访的旅游专家反映和我们的现场考察，雁荡山的基础设施、服务设施等硬件以及景区管理和服务虽然有些落后，但总体上看问题不大，主要需要改善景区外围环境管理和目的地公共服务和市场营销，这是个系统工程，既需要当地政府加强管理，也需要管委会按照市场规律运行。体制机制的改革为外围旅游环境的治理带来了机遇，但也要求管委会改革运行模式、主动出击，更好地发挥景区龙头带动作用。

为了更好地打造雁荡山旅游综合体，雁荡山风景旅游管委会对管辖区域应该兼规划建设、管理、保护等职能于一身，全权负责雁荡山风景名胜区范围内的规划建设、用地管理、行业管理及其他行政事务。管理权方面，以实现景城、景村融合为目标，提高景区带动作用、辐射效应、溢出效应，实现整体建设。为此，需要把部分地方行政管理权委托给雁荡山管委会，代管雁荡镇。经营权方面，需要重新激活旅发集团，做大产业蛋糕，加强资本运营，开发"资源""资产""资本""资金"四大资源联动，进一步拓宽融资渠道，赋予雁荡山旅游发展股份有限公司经营管理景区旅游项目开发、招商融资、经营服务、景区门票管理等职责。管理部门应开源节流，拓展旅发集团的收入渠道，加快债务处理，合理定价景区公交车费与景区门票，努力提高下属企业利润，不断减少债务；还应打通景区与村庄的障碍，出台土地工、招聘等制度，提高景区服务职能，加快游客中心建设，提高服务人员培训，减少景区投诉。

第四节　主要结论

多年来，雁荡山景区管理与所在地乐清市存在着"两张皮"现象，难以形成合力，导致了旅游环境管理存在诸多失漏之处，投诉较多，这也是景区被原国家旅游局黄牌警告的主要原因；同时，作为温州和乐清的"头部景区"，因为管理体制不融合，"各唱各的调"，雁荡山景区带动全域旅游发展的作用没有充分发挥出来，乐清市"让开大路"另辟蹊径，花大精力开发中雁荡山景区，但因为资源重复，加重了内部竞争，导致内卷化，分散了游客的注意力。温州市政府审时度势，及时调整管理体制，为有效克服景城分离两张皮奠定了扎实的基础。

从长远看，体制下放可以有效解决"景城隔离"带来的弊端，但调整优化雁荡山管理体制之后，如何发挥雁荡山头部景区的溢出效应，发挥其作为乐清重要"引流"景区的价值，需要进一步梳理思路，加强顶层设计，加大开发力度。

根据我们的调研，得到如下五个基本结论。

第一，"景城融合"既是我国知名景区与城市融合发展的必然趋势，也是过去二十年中国城市知名景区管理体制改革的主要现象，符合景区保护与旅游业发展规律。

第二，雁荡山管理体制机制的改革将成为乐清市"景城融合"发展路径中浓墨重彩的一笔，有利于消除"旅游孤岛"效应，实现景城一体化发展，未来几年必将产生积极的成效。

第三，从当前看，处在过渡时期的雁荡山管理体制改革的措施尚不到位，需要温州市和乐清市各级党委政府"扶上马送一程"，切实解决当前面临的突出问题。

第四，切实厘清景区管理体制下放之后，乐清市政府各部门与雁荡山管委会职责，形成景地合作新机制，尤其是在旅游环境治理上实现协同；在此基础上真正实现政企分开，激活旅游发展集团，按照经济规律办事，充分发挥市场在资源配置中的决定性作用，更好地发挥政府作用，实现社会效益与经济效益、生态效益的统一。

第五，加强"景城合一"顶层设计，在保护好雁荡山核心景区的同时，发挥其作为"头部景区"的带动作用和溢出效应，通过建立国际旅游度假区、乡村民宿集聚区等措施，带动全市旅游经济的高质量发展，实现从"景区旅游"到"城市旅游"再到"全域旅游"的转型。

第十七章

县域新时代乡村旅游民宿产业
发展特征与趋势研判 ①

中国乡村旅游民宿产业经过近 40 年的快速发展，已经成为重要的住宿业态、县域旅游业的重要吸引物和乡村振兴的重要抓手。作为典型的"草根经济"形态，民宿业在遭受新冠疫情的重创之后依然表现出了顽强的生命力。县级政府通过出台包括疗休养拉动消费在内的一系列政策，使民宿产业生产力得到保存。鉴于其在乡村全面振兴和县域文旅融合新发展格局中的特殊作用，民宿产业已经搭上新发展阶段国家战略的快车，并将迎来新一轮高质量发展的"政策红利期"和"发展整合期"，呈现出集聚化、品牌化、主题化、多元化、场景化和品质化等六大转型趋势。

第一节　改革开放以来民宿产业发展历程

民宿业是典型的"草根经济"。从 20 世纪 80 年代初期农家乐诞生以来，中国民宿业经历了 40 多年的发展历程。80 年代末，受台湾精致农业和民宿业的影响，大陆民宿开始起步。之后，根据笔者近三十年的从业经历和行业观察，我国的民宿业大致经历了三个历史性"节点"。

---

① 注：民宿（homestay inn）本身并非一个十分复杂的概念，但因为在我国存在多种不同的称谓导致概念区分比较困难，例如农家乐、"洋家乐"、渔家乐、乡村客栈、农庄、乡村酒店、旅游民宿、等级民宿等。事实上，在民宿的诞生地英国以及其他欧美地区，民宿的相关概念也较为复杂，有 Bed and Breakfast、Family Hotel、Homestay、Inn、Hostel 等多种表达方式。日本则相对统一，即 Minshuku；台湾则一直称为"民宿"。本文所指的乡村旅游民宿，既包括以乡村居民自有住宅、集体用房或其他配套用房改造而成的小型住宿接待场所，也包括拥有较多客房的大型乡村旅游酒店。但不包括农民利用自家住宅、自主经营、档次较低的农家乐，也不包含城市民宿。在中国行政管理体系中，农家乐由农业农村部门管理，旅游民宿、等级民宿和乡村酒店由文化和旅游部门管理。

一是 2000 年前后的发端期。1999 年国内第一个旅游黄金周，释放了大量的国内旅游需求，国内旅游兴起，民宿开始形成产业。二是 2003 年"非典"疫情之后，随着乡村旅游的兴起，开始形成民宿热。这是民宿产业的发力期。三是 2012 年前后，随着智能手机和移动互联网的兴起，中国民宿业开始达到一个高峰。这是民宿业的发轫期。受博客、微博、微信三大红利的拉动，2015 年前后民宿业在全国又达到一个新的高峰，非传统旅游目的地的民宿开始唱主角，一大批有情怀的民宿业主诞生。2016 年开始，鉴于民宿业在消除贫困、乡村振兴中的重要作用，地方政府开始介入，出台了一系列管理规定和扶持政策①，民宿业集群开始涌现。受市场和政府的双重加持，2018 年前后，乡村旅游出现新的发展局面，具有良好生态环境的乡村开始出现精品度假酒店，并充分利用和嫁接了农业活动，使用的房产也不再是自用住宅，已经突破了民宿的传统定义。

新冠疫情结束之后，中国的民宿业已经迎来了第四个历史性节点。这个阶段的基本特征如下。第一，民宿业进入新一轮洗牌期。美团民宿数据显示②，2020 年 2 月，民宿行业入住间夜量触底，比 2019 年 12 月最大下降幅度达到 80%。许多民宿业主因为资金等压力而歇业。但危中有机的是，自有物业与品牌连锁民宿企业展现出强大的抗风险能力，民宿集群化进一步得到强化③。第二，政府主导、政策发力。鉴于民宿业在拉动消费和全面乡村振兴战略实施中的特殊作用，国家和地方，尤其是县级政府，密集出台了系统性和精准性扶持政策，其中涵盖了民宿分类标准、产权制度、土地政策、扶持办法、品牌打造、税收征管等若干内容，特别是疗休养政策的强力推行，将民宿纳入疗休养范畴，为民宿业注入了"强心剂"。这些密集出台的政策在过去是从未出现过的。可以说，民宿业的政府主导特征已经开始显现。

通过对近 40 年中国民宿业发展史的梳理，带给我们的启发是：

其一，民宿业的发展特征反映出旅游业强大的韧性。旅游业虽然敏感，但并非"脆弱"④，相反，恢复元气之后会有更大的发展、裂变出更大的能量。即便受时间跨度长、传播范围大、有 21 世纪最大"黑天鹅"之称的新冠肺炎疫情的影响，中国旅游

---

① 例如，2016 年 1 月正式实施的《浙江省旅游条例》纳入了民宿内容，这是国内第一个将民宿列入地方性法规的案例。再如，2016 年 8 月，浙江省公安厅制定出台了《浙江省民宿（农家乐）治安消防管理暂行规定》，明确了民宿治安消防安全条件和特种行业许可证的审核发放程序，从政策操作层面解决了民宿市场的准入难题。各省区也相继出台了类似规定。

② 2020 年 4 月，美团民宿发布《后疫情时代：2020 年民宿行业发展趋势展望报告》，分析了疫情对民宿业的影响，并展望未来该行业的恢复趋势。

③ 过聚荣，主编.中国民宿发展报告（2020-2021）[R]，北京：社会科学文献出版社，2021：7.

④ 崔凤军，新冠肺炎疫情对文旅产业的冲击与对策——兼论文旅产业的敏感性与脆弱性[J].台州学院学报，2020，（42）1：1-5+48.

业遭受了前所未有的"世纪之灾"（其对社会经济和人民生活，尤其是服务业的影响远远超出 2003 年的"非典"），但旅游业发展的土壤和环境并没有消失，旅游生产力得到相当程度的保存，一旦疫情防控政策有所松动，市场需求就会得到释放，甚至是中短时期的报复性反弹。

其二，民宿业的需求特征反映出乡村休闲旅游市场前景广阔。兼具旅游住宿和乡村旅游特征的民宿业，更加迎合了新冠疫情之后民众的旅游需求。到乡下呼吸新鲜空气、住民宿接接地气，这是新冠疫情之后旅游者的心理感受，也是乡村旅游业发展的一个基本规律。如同 2003 年"非典"疫情催生了中国乡村旅游的勃兴，可以判断 2020 年开始的新冠大疫情将"助推"乡村旅游民宿新的整合和高质量发展。

其三，政府支持是民宿业发展的内在需求。民宿业发展"草根性"特征突出，过去虽然很少得到高层政府的关注，但因为对接了市场有效需求，其演化过程与市场响应高度关联，生命力十分顽强。不过，仅仅依靠原生性市场需求无法解决民宿业发展过程中的"卡脖子"问题。有了政府的引导和推动，民宿业将如虎添翼。

第二节　旅游业的持续快速发展为民宿产业进一步成长奠定坚实的基础

一、旅游消费市场转型为民宿业带来了强大的市场需求

经历了新冠疫情冲击的中国旅游业前景依然广阔，远未触及发展的"天花板"。相反，今后 15 年内中国旅游业将迎来高质量发展的新阶段，旅游业市场转型箭在弦上。这个结论是基于经济学家陈文玲的判断[①] 得出的。

一是因为中国有世界上规模最大的中等收入群体。研究表明，旅游消费潜能最大的群体就是中等收入群体。2020 年中国的中等收入群体已经超过 4 亿人，根据规划[②]，到 2035 年，中国将构建成为橄榄型社会，这一群体将达到 8 亿人。二是中国的社保体系相对完善、完备，解除了居民的后顾之忧，这对于释放消费能产生积极的促进作用。三是国内居民的文化层次不断提高。目前，国内民众人均受教育平均水平

---

① 陈文玲.旅游是一个可以带动中国经济发展的具有酵母性质的行业［EB/OL］.澎湃新闻·澎湃号·政务，2021-05-10［2024-05-09］. https://www.thepaper.cn/newsDetail_forward_12609995.

② 新闻办网站.中共中央就党的十九届五中全会精神举行新闻发布会［EB/OL］.中国政府网，2020-10-30［2024-05-09］. https://www.gov.cn/xinwen/2020-10/30/content_5556105.htm.

达到 9.91 年[①]，而随着人民群众文化层次的提高，民众对精神生活的追求将大大提升。作为精神文化消费的重要内容，社会对旅游的需求将会越来越旺盛。四是中国已经形成了高铁、飞机、高速公路等完备的道路交通体系，私家车拥有量快速增加[②]，为中远程旅游创造了极为便利的外部环境。仅以高铁建设为例，"十三五"期间，中国已经实现了"四纵四横"的高铁网络布局，总里程达到 3.8 万公里，根据相关规划[③]，到 2030 年将实现"八纵八横"，2035 年实现"十纵十横"。作为中远程市场最重要的交通工具，完善的高铁交通网将大大促进国内旅游的高质量发展。五是中国单身人口超过 2 亿[④]，其中最有旅游观光需求的单身成年人口接近 1 亿。此类人群在旅游和民宿消费市场中占据重要位置，不但出游力强大，而且会引领旅游消费新时尚。

二、旅游业登上国家战略高地

党的十九大报告明确提出，我国社会主要矛盾已经转化为"人民日益增长的美好生活需要和不平衡不充分的发展之间的矛盾"。新时代社会矛盾的转化为旅游业成为综合性幸福产业奠定了基础，旅游业的战略地位开始提高。旅游业得以从"文化特质鲜明的经济性产业"转化为满足人民群众精神文化需求的"综合性幸福产业"。

党的十九大之后，随着文化和旅游管理体制的改革，旅游登上了国家战略的高地。国家"十四五"规划（以下简称《规划》）一字值千金，却有大量关于旅游业的描述，这在过去是根本不可能的。例如，关于文化和旅游融合发展，《规划》提出："健全现代文化产业体系，推动文化和旅游融合发展。坚持以文塑旅，以旅彰文，打造独具魅力的中华文化旅游体验……加强区域旅游品牌和服务整合，建设一批富有文化底蕴的世界级旅游景区和度假区，打造一批文化特色鲜明的国家级旅游休闲城市和街区。"旅游业作为扩大消费的重要抓手，《规划》中强调："深入发展大众旅游、智慧旅游，创新旅游产品体系，改善旅游消费体验"，"推动……文旅体育等消费提质扩容，加快线上线下融合发展"，"提高海洋文化旅游开发水平"。在 2020 年《国民经济和社会发展计划主要任务》（以下简称《任务》）中强调："要激发国内消费潜力。

① 国家统计局 2021 年公布的第七次人口普查资料显示，我国国民 15 岁及以上人口的平均受教育年限是 9.91 年，每 10 万人中具有大学文化程度的人口 1.55 万人。国务院第七次全国人口普查领导小组办公室. 2020 年第七次全国人口普查主要数据［M］.北京：中国统计出版社，2021.

② 第七次人口普查资料显示，2020 年每千人汽车保有量为 160 辆。

③ 中华人民共和国国家发展和改革委员会.国务院关于印发"十三五"现代综合交通运输体系发展规划的通知（国发［2017］11 号）［EB/OL］.国家发展和改革委员会，2017-02-03［2024-05-09］. https://www.ndrc.gov.cn/fggz/zcssfz/zcgh/201703/t20170302_1145757.html.

④ 根据民政部的数据显示，2018 年中国单身成年人达到 2.4 亿。其中，独居人口超过 7700 万，2021 年上升为 9200 万人。

发展健康、文化、旅游、体育等服务领域，推动新业态新模式加快发展，促进线上线下消费融合发展"，"出台实施国民休闲纲要（2021—2035），推动落实带薪休假制度"，"进一步加快培育建设国家消费中心城市"。关于大力发展乡村旅游，《规划》强调，"推动红色旅游、文化遗产旅游、旅游演艺等创新发展，提升度假休闲、乡村旅游等服务品质，完善邮轮游艇、低空旅游等发展政策"，"壮大休闲农业、乡村旅游、民宿经济等特色产业"。《任务》提出："要加快发展乡村产业。发展乡村旅游等多元业态"，"深入推进乡村产业融合发展，大力发展休闲观光农业、乡村旅游等新业态"。关于智慧旅游和提升旅游目的地质量，《任务》指出："推动景区、博物馆等发展线上数字化体验产品，建设景区监测设施和大数据平台，发展沉浸式体验、虚拟展厅、高清直播等新型文旅服务"。国民经济和社会发展五年规划是中国特色社会主义发展道路的重要内容，"五年规划"既是国家主张、国家意志，更伴随着随之而来的政策、投入和项目。可以预计，中国旅游业迎来了高质量发展的新机遇，新一轮旅游业大发展将喷薄而出。这对于长期依靠自由成长、游离于政府管理之外的旅游民宿业而言是个极大的利好。

第三节　乡村旅游民宿产业面临着前所未有的发展政策红利

新时代县域乡村振兴、文旅融合、全域旅游、共同富裕、"双循环"新发展格局等国家战略的实施，为民宿业高质量发展带来政策、市场、资源、投资、人才等若干新的机遇，有助于实现从"草根经济"向"政府主导"的转变，引领新一波政策"红利"。

一、民宿产业发展乘上乡村全面振兴战略的快车

在国家完成全面脱贫之后，乡村振兴战略成为主导。民宿作为农业农村与文化、旅游、康养相结合的产业形态，在助力乡村振兴、共同富裕、脱贫攻坚、乡风文明、文化自信、遗产利用、促进就业等方面发挥了巨大的作用，虽是小行业、新业态，却是大产业、大民生。

近期国家出台的几乎所有相关文件中，大都会提到民宿业的健康发展。县级政府也深刻感受到了民宿业的特殊价值：盘活了空闲农舍、用活了闲散劳动力、带活了农家美食、推出了乡村风光、复活了传统民俗文化历史文物、激活了乡村精神，成为乡村振兴、集体经济、带动农民致富的有效载体。国家和省级政府出台乡村振兴战略的系列文件和举措，为切实解决制约民宿经济发展的老大难问题奠定了政策基础。

例如，关于农村宅基地和闲置农房转让问题。2020年，海南省委省政府发布文件《关于大力发展农村市场主体壮大农村集体经济的十八条措施》，已率先实现了破题。文件第九条规定："盘活农村闲置宅基地和闲置农房。鼓励农户自行通过协议将闲置宅基地或闲置农房流转给经营者，或将闲置宅基地统一流转给村组织，由村组织自行经营或对外招商经营……在符合农村宅基地管理规定和相关规划的前提下，允许返乡下乡创业人员和当地农民合作改建自住房。"这一规定，可以解决民宿用房用地的法律地位问题，厘清房主与业主之间的法律关系。

再如，中共中央办公厅、国务院办公厅《关于建立健全生态产品价值实现机制的意见》（2021年4月）。这个文件的目的，是在2030年"碳达峰"、2060年"碳中和"的大背景下，践行"两山理论"，推动经济社会发展全面转型，推动形成具有中国特色的生态文明建设新模式。在"拓展生态产品价值实现模式"中，文件规定："依托洁净水源、清洁空气、适宜气候等自然本底条件，适度发展数字经济、洁净医药、电子元器件等环境敏感型产业，推动生态优势转化为产业优势。依托自然优美风光、历史文化遗存，引进专业设计、运营团队，在最大限度减少人为扰动的前提下，打造旅游与康养休闲融合发展的生态开发模式。加快培育生态产品市场经营开发主体，鼓励盘活废弃矿山、工业遗址、古旧村落等存量资源，推进相关资源权益集中流转经营，通过统筹实施生态环境系统整治和配套设施建设，提升教育、文化、旅游开发价值。"这个文件的意义在于，为康养、民宿经济提供更多的发展空间；降低因土地引发的政策法律风险。

二、建设共同富裕美好社会离不开民宿产业的高质量助力

过去民宿业是经济的"边角料"，但在共同富裕美好社会建设中，其功能地位将实现"华丽转身"，彰显以下（但不限于）功能[①]：一是有助于缩小城乡差异（经济相对落后地区的环境生态往往质量较高，是民宿发展的良好空间）；二是有助于改善乡村风貌；三是有助于复兴传统文化；四是有助于降低收入差距；五是有效拉动消费。

在浙江省委省政府2021年出台的《浙江高质量发展建设共同富裕示范区实施方案》（2021—2025）（以下简称《方案》）中，我们可以读出一系列关于旅游业和民宿业发展的利好政策[②]。

---

① 崔凤军.抓住机遇、用足政策，推动民宿产业高质量发展，助力台州共同富裕先行市建设［EB/OL］.台州学院研究室（发展规划处），2021-07［2024-05-09］.https://yjs.tzc.edu.cn/info/1052/2223.htm.

② 浙江省委省政府.浙江高质量发展建设共同富裕示范区实施方案（2021—2025年）［EB/OL］.澎湃新闻，2021-07-20［2024-05-09］.https://m.thepaper.cn/baijiahao_13656877.

一是全域美丽大花园建设的省域范例。根据这一目标，在浙江省全面推行生态产品价值实现机制，率先形成生态文明制度体系，让山区、乡村成为浙江乃至全国人民向往之地。可以肯定，这一目标的达成，将为民宿业的发展奠定更加优质的自然生态环境基础。

二是率先基本形成以中等收入群体为主体的橄榄型社会结构。《方案》明确，要不断扩大中等收入群体规模，到2025年，浙江省家庭年收入20~60万的群体比例将达到45%。这给我们的启示是：中等收入群体是旅游民宿消费最大的潜在主体，随着中等收入群体的扩大，社会更加和谐，社会整体的出游能力大大增强，民宿业市场需求将持续提升。

三是实施农民持续增收计划。《方案》指出，要完善企业与农民利益联结机制，激活10万栋以上民房，推进万户农家旅游致富计划，引导农民自愿以土地经营权、林权等入股企业，带动农民就地就近创业就业。这为民宿业主与农民的合作建立了保障机制。

四是率先形成省域一体化发展格局。浙江将深入推进空间规划一体化、公共服务一体化、城乡水务一体化及城乡供水一体化等，争创"四好农村路"全国示范省。这给我们的启示是：浙江农村环境会越来越好，随着公共服务的完善，民宿业发展的服务环境水平也将随之获得明显提升。

五是全域推进乡村新社区建设。根据《方案》，浙江乡村实施"微改造"工程，推进农村基础设施、公共服务核心功能配套标准化建设，所有行政村实现新时代美丽乡村达标创建，建设万个新时代美丽乡村精品村。开展未来乡村建设试点，迭代省级未来邻里、现代产业、公共服务、特色风貌、绿色低碳、乡村善治等场景，建设一批引领品质生活体验、呈现未来元素、彰显江南韵味的示范性乡村新社区。如此一来，民宿的外部场景将更加多样，体验更加丰富，招客能力大大加强。

六是深化宅基地改革。《方案》指出，要实施国家农村宅基地制度改革试点。积极稳妥地探索农民财产权更加丰富的权能实现形式。鼓励农民通过自营、出租、合作等方式，盘活农村闲置宅基地和闲置农房，发展乡村产业。这带给我们的启示是：承包地和宅基地"三权分置"改革的深化，既有利于农民权益价值实现，也有利于民宿的落地生根。

三、数字化改革将为民宿产业高质量发展插上腾飞的"翅膀"

民宿产业的发轫与新媒体产业的发展是密不可分的。与传统的住宿产业不同，民宿因为体量小、规模小，无法承受传统企业的营销成本，而"去中心化"的移动互联网的诞生，实现了点与点（民宿主人与消费者）的联结，打破了传统的垂直分工和水平分工，切实解决了民宿的营销成本和渠道问题，实现了民宿与消费者之间信息对称，尤其是微信公众号、OTA（在线旅游平台）的大量应用，导致物理空间被压缩，解决了交通闭塞、人才缺失、经费局促等问题，减少了信息搜索、传递、交易、即时评价等环节，有效降低了招客成本，一大批优质民宿由此迅速进入了公众视野。而起源于浙江的数字化改革，更会为民宿业的发展带来新一轮发展机遇：从网络经济到网络社会，从微信公众号文本营销和社群传播到短视频内容传播，从追求关注度到追求流量，抖音、B站、小红书等新媒体平台，必然会给民宿产业带来数字化新动能。新冠肺炎疫情激发了数字经济的蓬勃发展，民宿业发展的场景将越来越丰富。

第四节　对县域民宿业健康发展的规律性认识

经过近四十年的发展，尤其21世纪前二十多年民宿业的快速兴起，我国的民宿业发展走出了一条独具特色的行业发展理路，贡献了"中国经验"。这些带有行业性质的发展规律包括：

一、民宿选址遵循"地理学第一定律"

总体看，资源、环境、区位是民宿选址首先要必须考量的三个基本要素。以客源市场或高品质的著名自然景区为圆心，距离越远，效益越差，这符合"地理学第一定律"，即距离衰减原理。在长三角、珠三角、京津冀等城市群周边生态环境良好、风景秀丽、气候适宜、人文气息浓厚的地区，洱海、大理、莫干山、石塘半岛、神仙居等著名风景区周边，川藏、滇西北、云贵、海南等著名旅游目的地范围内，布局大量民宿集群，这显然不是偶然的，而是市场的必然选择。近几年在二线、三线城市周边的县域范围内也出现了大量民宿，但主要服务于周边居民休闲游憩需求。

二、民宿集群化是民宿业发展的必然趋势

整个乡村民宿系统通过内外物质和信息以及能量的相互转化，形成动力反馈，达到量变到质变的聚落化结果[①]。从微观（"民宿小集群"）、中观（"民宿集聚区"）、宏

---

① 何成军，李晓琴.乡村民宿聚落化发展系统构成及动力机制——以四川省丹巴县甲居藏寨为例［J］.地域研究与开发，2021，40（02）：174-180.

观（"乡村旅游集聚区"）上看，均形成了一定程度的集群化发展。民宿业发展到今天，那些只身挺进深山老林的、孤立的、缺乏规模的单体民宿生存越来越困难。那些为数不多、生存状况良好的单体民宿，大约符合以下条件：经营成本低，民宿主人因为情怀留下了大量重游率高的忠诚客户。也不排除一些风景优美但还不是热点的地区，因为一家有品位的民宿而引来大批民宿蜂拥而至[①]。

中国的实践证明，大量有竞合关系的民宿及其上下游产业链在地理空间上实现集聚，形成区域品牌，往往会产生广泛的影响力并形成强大的资源整合能力。按照新经济地理理论，这种地理空间上的集聚，更容易吸引自然属性客流，符合规模经济和范围经济效应，效益更好，品牌更响，如今，浙江莫干山"洋家乐"已经形成相当强大的品牌影响力；丽水市2019年注册"丽水山居"民宿区域公共品牌，对区域内民宿进行认证，保证了服务质量的一致性。

需要指出的是，民宿集群不等于民宿集聚区，后者只是多个民宿单体的空间集聚。集群既是民宿的集中布局，又有个体定位上的差异；既是产业链上下游供应链的空间集聚和配套，又需要布局丰富的业态、公共服务资源的整合。民宿集群不仅包括道路、交通、标识、厕所、医疗、商业、通信、金融服务、冷气暖气、排污等公共服务，还要包括设计、广告、培训、户外运营、休闲项目、市集、旅游纪念品、农产品等供给侧服务，以及价格、秩序、区域品牌、村庄风貌、卫生保洁等管理侧服务体系。小小民宿需要大大服务，缺一则难成。

三、民宿经营模式必须坚持"长期主义"

民宿的成功离不开资本的投入，但仅有资本投入，也是做不好的。活下来是前提，没有生存就没有未来；但活得好却是需要把握好经济效益与长期经营的关系。以快速投资回报为目的的民宿，其行为必然是"短期主义""现实主义"。过去那种靠贩卖情怀的民宿运营模式，随着客群心理的日渐成熟和残酷的市场竞争，必然会被踏踏实实做好服务、用心经营民宿体验的模式所替代。

文旅项目需要资本，没有资本是不能的，但仅有资本是万万不能的。新冠疫情前十年是中国文旅发展的"大跃进"时期，一大批有雄心壮志的企业家，特别是地产商纷纷进入文旅行业，希望抓住这一轮风口，"攫取"超额利润。但大批匆匆上马的文旅小镇、文旅巨无霸项目草草收场，诸如武汉万达电影乐园、成都龙潭水乡古镇、西

---

① 例如莫干山民宿洋家乐的开拓者南非人高天成，他是幸运的，作为莫干山区域第一家"洋家乐"民宿，没有成为"烈士"，却成就了莫干山，也成就了自己的事业，从山九坞到裸心谷再到裸心堡，成为民宿业的传奇。

安白鹿原民俗村、恒大水乐园、童世界等纷纷烂尾。事实上，包括民宿在内的文旅产业投资大、回报期长，是典型的服务业、消费品，产品体验和服务质量永远是核心竞争力，资本、市场、情怀、专业和人才等要素缺一不可，欲速则不达。需要慢工出细活。旅游这个行业从来就不是资本的"逐利场"，也产生不了暴发户，这与地产商、资本运营商的营利模式、行业惯性完全对立，如果缺乏长期运营能力、渐进式营利思维、品牌打造和人才支撑，不掌握旅游行业经营规律，资本"折戟"旅游业是大概率事件（资深文旅专家魏小安就在演讲中多次提醒这一点）。民宿产业亦然。因为旅游业的季节性、地域性、长周期属性没有变，不能因为新冠疫情之后旅游消费的暂时性的报复性反弹就好大喜功、搞无原则的扩大投资。市场有起伏，投资需谨慎，暂时的辉煌不是常态。民宿业发展更需要坚持"长期主义"，采取渐进式发展模式，不断积累经验和人才。

四、高品质的服务是住宿服务业的"灵魂"

民宿虽然是"非标"住宿业，但基础服务有规范，民宿服务质量是影响游客体验感知的主要因素。无论是住宿标准，还是服务流程，乃至治安、消防、卫生、救援等公共服务，都需要有基本规范，国家和行业机构都相继出台了相关的制度规定。但是，这只是行业高质量发展的基础条件，在服务品质上，需要从"非标"到标准化，再到个性化，所谓"正规不定式"，正规是指要有严格的服务流程和保障标准，不定式是指一线员工经授权可以通过个性化的服务来满足游客的合理要求。要适度降低商业气息，增加公共空间，强化人情味、家乡情，体现"有温度的生活"。在这一点上，随着越来越多的民宿主人退居"幕后"，相关从业者必须引入标准化管理程序，更要舍得花钱培养素质高、情绪稳定、富有经验和情怀的管家队伍和一线员工。

五、提炼和展现在地文化是民宿个性化的重要标志

乡村振兴，文化是最长久的基因。文化最大的特质是具有极强的渗透性、持久性。文化既包括有形的物质，也包括无形的意识、观念。无形的文化价值观深刻影响着有形的存在、有形的现实，最终会使文化的力量转化为物质的力量，文化软实力转化为经济的硬实力。文旅深度融合时代，乡村文化复兴，需要文化和旅游赋能，民宿业大有可为。民宿本身也是一种在地文化标志，是地域文化传承的一种独特方式。几年前浙江文化主题民宿出台了一个行业标准，每年评选优秀民宿，虽然只是迈出了一小步，但也为全国建立了示范。国内一些品牌民宿在全国各地布局时，也特别强调了融入本土文化的重要性。例如江苏吴中区杨湾西巷村以青蛙文化为主题的民宿和以 20

万间石屋为核心吸引物的浙江温岭市石塘半岛滨海民宿。民宿设计师有着敏锐的洞察力，以艺术家的眼光提炼在地文化元素，不仅能够提升民宿的品位、给客人留下深刻印象，也对复兴优秀传统文化贡献了力量，从这一点看，民宿行业未来潜力很大，完全可能拯救即将消失的乡村非物质文化遗产。

第五节　中国县域乡村旅游民宿产业转型发展的趋势研判

基于以上对国家战略、地方战略、民宿产业发展规律、数字经济等的分析展望，可以判断，中国乡村旅游民宿将面临难得的发展机遇。总体而言，民宿产业高质量发展要实现"六大转型"。

一是集聚化。集聚是为了相互赋能。从点状到集聚，从分散到集中，既是市场主体的主动选择，也是地方政府的有意所为。只有集聚化，才能形成规模经济，创造适宜的住宿氛围，提供更加多样化的服务业态和更加完善的公共服务，提升区域的影响力和美誉度[①]。只有集聚化，才能形成民宿产业的价值链，打通规划、设计、建筑、装修、运营、销售等多环节，联结餐饮、文化、农业、历史、美学、环保、健康等多领域，构筑新业态、新模式。根据笔者新冠疫情之后对民宿业主的调查，民宿集群（含大集群和小集群）的优势十分明显，抗风险能力大大超过非集聚化的单体民宿。当然，一个优秀的民宿集群要结合当地的文化进行有形的塑造。民宿的集群化发展不是产品标准化的复制，而是个性化与品牌整体性化的有机结合[②]，黄河宿集之所以取得市场巨大反响，是因为其在探索西北乡野发展的同时，更深解读了美学与人文风情。当前一个新的趋势是：著名风景旅游区周边，风景优美的三、四线城市的乡村，都将成为度假休闲游客的最爱，可以肯定的是，一大批新的小型民宿集群也将崭露头角。

二是主题化。民宿不同于酒店的"因为我要去，所以我要住"，民宿是"因为我要住，所以我要去"，它不是简单的住宿业态，也不仅限于满足住宿功能。民宿根植于乡村，是乡村文化的传承者、守护者和传播者，是实实在在的旅游吸引物。民宿主题可能来自民宿主人的爱好、习惯和身份，如浙江温岭石塘民宿的"大师博物馆"，就是民宿主人、著名设计师、同济大学林家阳教授的得意之作；也可能来自本土文化，例如遂昌汤显祖和温泉"两汤"文化、景宁畲乡风情、云和梯田风光、缙云仙都

①　笪玲.山地民宿发展研究：来自贵州的案例［M］.北京：中国旅游出版社，2018：69.
②　过聚荣，主编.中国民宿发展报告（2020-2021）［R］.北京：社会科学文献出版社，2021：284.

山水、温岭石屋文化等,还可能来自民宿主人与本土文化的结合,例如温州市文成县的"侨家乐",就是瓯越文化与异国风情的结合体,打上了"侨资、侨韵、侨味、侨品、侨情"的深深烙印[①]。游客入住主题民宿,享受到了传统民宿所不具备的文化体验,必然带来不同的旅游感受。

三是多元化。其一,投资主体的多元化。民宿行业的投资主体既包括原住民的自营民宿,也包括返乡青年和乡贤,也包括工商资本,还包括制造业企业、传统服务业、家族企业、民宿连锁品牌企业、地方国有企业等若干投资主体,大批基金开始进入民宿这一"风口",为民宿业的快速发展奠定了资本基础。其二,经营模式的多元化。其中包括自主经营、租赁经营、流转经营、众创共享、连锁经营、村集体经营、"股份制 + 农户"、"工商资本 + 农户"等多种方式,因地因人制宜,灵活多样。其三,业态多元化。其中包括高端、中高端、中端、中低端、低端等类型,价格多样,适合各类人群选择。

四是品质化。随着我国全面建成小康社会,一个现代化的中国正从愿景变为现实,人们对于品质生活的追求也正从未来走入当下。从民宿产业供给端看,中高端民宿存在总量不足、价格偏高、服务层次偏低的问题,下一步,民宿业应进一步加快品质化转型,这既包括住宿质量的高端化,也包括住宿环境的品质化,更包括民宿主人素质、层次的提升,更好地适应旅游者的需求和期望。追求经济效益不应成为经营者的唯一目标,投资者、民宿业主应更加关注消费者的情感共鸣和满意度提升,使住宿环境更加符合住客对于生活品质的渴望。

五是场景化。"一个乡村就是一座文化博物馆。"[②]民宿只有实现场景化,与所在区域文化、自然环境、人文特色、风俗习惯等相匹配,才能实现特色化、个性化,才能更好地满足 90 后、00 后"追求个性差异"的心理期待。将当地的人文、自然景观、周边环境等资源,与天然山水、传统街区、独特民居有机结合,辅以乡愁等普遍情绪,引发消费者的情感共鸣。例如,有的民宿建设了特色鲜明的博物馆、艺术馆,有的民宿植入了啤酒文化、酒吧文化、非物质遗产、海洋版画、中药文化、特色美食文化、乡愁文化等,均取得了良好的市场反馈和经济回报。

六是品牌化。品牌就是市场号召力。要想在上百万民宿单体的激烈竞争中脱颖而出,品牌建设是必经之路。在品牌化的过程中,集团化、连锁化往往必不可少。花间

---

① 浙江省文化和旅游厅.浙江民宿蓝皮书(2018—2019)[Z].杭州:浙江摄影出版社,2020:17.
② 过聚荣,主编.中国旅游民宿发展报告(2019)[R].北京:社会科学文献出版社,2020.

堂、宛若故里、幸福时光、如家集团等正在全国设点布局、开疆辟土[①]。集团化助力更加有利于实现管理规范化、运营专业化，有助于在资金、人才、运营经验、预订系统等方面实现共享。在市场的自主选择下，当前已有多地出现了一店变多店、一地变多地、一个品牌变多个品牌、一个创始人孵化多个运营团队的现象。

第六节　县域民宿业高质量发展的对策建议

经过若干年发展，中国民宿产业已经进入了一个与中国式现代化、全面乡村振兴战略、共同富裕、文化和旅游融合发展、旅游业供给侧改革等国家战略部署相匹配的新阶段。从县域民宿业高质量发展的要求出发，还需要从以下几个方面下功夫。

一、主动拥抱难得的发展机遇

经历了三年的新冠疫情，乡村旅游民宿遭受重创，这是我们都不愿看到的。但是，大难不死有后福，危机之后是机遇。旅游市场遭遇寒冬，市场的自动调节机制让一些资金实力差、运营成本高的民宿"退出江湖"，也为"活下来"的民宿留下了市场空间和利润空间。旅游作为美好生活的载体，成为人类生活的重要组成部分，无论遭遇何种挫折，这种需求永远是不会消失的。需求在，市场就在，机会就在。二十大报告正式提出实施"全面乡村振兴战略"，民宿业发展的政策环境越来越完善。建议民宿业树立信心、重整旗鼓，利用好疫后恢复的契机，主动拥抱互联网，与抖音、小红书、飞猪、携程、马蜂窝等平台展开合作，抢占消费市场。

二、丰富业态提升体验质量

体验经济时代，以中产、中青年、中近距离为主要特质的客源市场，对民宿的需求已经不局限于住宿功能。有形的商品与无形的服务叠加创造出的体验更令人难忘，精心设计的用户体验是一切伟大产品的灵魂。民宿的竞争不仅取决于民宿本身的供给质量，更包括周边提供的业态服务质量。商家要在餐饮上下功夫：比如提供特色早茶（兰溪的游溪早茶就很有感召力）、特色美食（小龙虾、自助烧烤、烤全羊、大闸蟹、小海鲜等）、宴会接待（生日宴、会议宴、公司宴、培训宴、团建宴等）、特色外卖、

---

① 中国旅游协会民宿客栈与精品酒店分会.2020全国民宿产业发展研究报告［R］.北京：中国旅游出版社，2021.

自酿谷酒、泡菜干菜腊味菜（腊肠、腊鱼、腊鸡、各种腌制产品、笋干、豆角干、紫菜、辣椒酱等），还要在功能扩展上下功夫：举办特色活动，如农产品采摘、民俗演艺、文创服务、非遗参与、运动健身（例如登山、滑雪、潜水、钓鱼、越野、单车骑行、出海服务等）。例如安吉的帐篷客，因为周边布局了自行车骑行、热气球、动力伞、烧烤等活动项目而一房难求。

三、加强自律维护行业声誉

目前，民宿业存在的一些缺陷尚没有彻底改变：服务非标准，水平参差不齐，住民宿如同"开盲盒"，卫生不达标、设施老化、安全缺乏保障、装修不人性化，价格虚高，性价比低等。这些状况不改变，民宿业就没有未来。通过积极参与标准化建设，争取创建等级民宿，解决信息不对称问题，是避免"盲盒"现象的关键。另外，旅游业经不起任何破坏声誉的事件发生。如同一只大虾毁了青岛"好客山东"，出租车宰客毁了三亚旅游环境，高价房毁了黑龙江雪乡旅游，一根香肠毁了沈阳旅游……一旦一家民宿出现宰客、违约、安全、食物中毒等负面事件，在互联网信息如此发达、每个人都是信息发布者的今天，其损失是难以计量的。尤其是对民宿集群，一家出了问题，大家集体吃药。为此，需要建立相关的行业组织，加强业主自律，共同维护来之不易的区域品牌。

四、坚持差异化定位一体化发展

为避免同质化恶性竞争，民宿业集群需要提供高中低不同层次的住宿服务，度假酒店、民宿、房车营地、露营基地、青年旅社、养老公寓、主题民宿等"高低错落"、错位经营、业态互补。需要提供乡村酒吧、乡村茶舍、乡村博物馆、乡村 KTV、医疗保健、趣味运动、乡村节庆、集市、足疗温泉、研学基地、绝活表演等公共服务项目，增强区域品牌的知名度和美誉度。

五、瞄准行业痛点加强政策精准服务

民宿业发展过程离不开县域党委政府的全力支持。为了促进民宿业的持续健康发展，县城党委政府可以从以下几个方面入手：一是优化不动产政策，帮助协调好民宿投资方与农民的关系，处理好经营收益与房主权益之间的关系，让业主心若旁骛投入资金进行改造建设；二是招商引资，招引品牌民宿、头部连锁民宿入住，激活本地民宿市场，发挥品牌效应；三是改善基础服务，打通道路、电信、电力、污水零直排等基础设施，提供优质的税收、融资等服务，杜绝各类无端检查、罚款等现象，放水养

鱼，构建"亲""清"新型政商关系，创造优质营商环境；四是未雨绸缪，严防宰客等非诚信事件发生；五是加强监管，防止出现"要发展，不要生态保护、耕地保护、林地保护"等现象；六是出台政策激励机制，引育民宿经营管理专业人才。

综上所述，乡村作为具有自然、社会、经济特征的地域综合体，兼具生产、生活、生态、文化等多重功能，与城镇互促互进、共生共存，共同构成人类活动的主要空间。乡村兴则国家兴，乡村衰则国家衰。从"美丽乡村"到"和美乡村"，作为新时代旅游业"金名片"的民宿业承载着复兴乡村文化、乡村产业、实现共同富裕等重要历史使命。随着中等收入群体的不断扩大，群众对美好生活的期待越来越强烈，有着丰厚现实基础、抗风险能力不断增强的乡村旅游民宿的未来前景会越来越美好，相信会对民宿业发展会向世界贡献越来越多的"中国智慧"和"中国经验"。

（本章部分内容刊发于《台州学院学报》2021 年第 5 期：10-16）

第十八章
关于县域文旅融合发展路径的理论思考与建议

第一节 关于县域文旅融合的理论思考

一、文化旅游发展的最高原则是实现文化资产价值保存和旅游产品长期存续的有机统一

显然，文化资源本身就是一种资产，但这种资产一旦利用不当必然带来资产价值的损毁，进而牺牲旅游潜力。因此，保护永远是前提。旅游业作为一种商业形态，在利用文化资源的同时，必须遵循文化资源保护、传承规律，珍视内在价值，最大限度地与文化形成"伙伴"关系。当文化价值因旅游用途而做出让步，或者旅游价值为遗产保护而做出妥协①时，就要求有文化、有情怀的商业运营者努力为之，并有坚定的文化保护者对之监督、监控。

文化资源保护与旅游开发利用发生冲突有时是不可避免的，例如遗址公园的接待规模超标，咖啡馆、餐厅开在历史建筑之中，旅游者无视管理规定攀爬历史建筑、乱刻乱画，相关管理阶层都需要防止这种冲突从"初期冲突"走向"全面冲突"。这是文旅融合时代的一个重要课题。

二、文化和旅游部门的融合为文旅资源融合奠定了坚实的基础

从历史上和国内外的实践看，旅游和文化遗产管理之间从来都是一种必然产生冲突的关系。过去，因为保护和利用之间经常出现不可调和的矛盾，两个管理部门之

---

① 迪克罗，麦克彻. 朱路平译. 文化旅游［M］. 北京：商务印书馆，2017：33.

间存在的工作分歧比较大，有时甚至是鸿沟。因为除了资源可以共享之外，文化和旅游部门按照自身的规律来运行，各有各的职责和价值观，各有各的分管部门和分管领导，各有各的服务群体，各有各的考核体系。长期分离运行的最佳结果是各自独立发展，相互尊重，互不干涉。

2018 年的文旅机构改革，改变了上述生态。在共享文化资源资产的过程中，双方形成全面伙伴关系，尽管这种关系需要进一步磨合。过去部门之间的矛盾转换为部门内部之间的矛盾。笔者在浙江省苍南县考察与分管副市长交流时，这位副市长就讲到，过去旅游发展中心与文化与广电体育旅游局工作职责交叉，经常开协调会，是非很难把握，占据了大量的精力。两个部门合并后这种问题消化在内部，就顺利多了。

三、并非所有的文化资源都可以转化为旅游产品

文化资产的价值评估包括了文化价值（例如美学、历史、教育、社会、科学等价值），也包括物质价值、旅游价值、体验价值等内涵，并非所有的文化资源都存在潜在的或现实的旅游价值。为此，需要做出适当评估，以利于资源的开发。对于那些距离偏僻、可进入性差、缺乏独特性、生存脆弱、竞争者强、周边环境不适宜旅游的文化遗产，重要的是维持现状、抓好保护。对于那些知名度高、吸引力大、交通便捷、距离客源市场近、体验性好、抗脆弱性强的文化资源，就需要倾注比较大的精力来实现合理利用。中国县域存续的文化遗产资源丰富，但对于那些偏远地区的文化遗产而言，要以保护为核心，以文化遗产资源的永续保护为根本任务。

四、文化资源的无形资产利用需要投入智力

无形资产因为"无形"，往往让人们失去信心，例如历史名人虽然存在，但多保存在故事、传说和历史文献中，缺乏遗迹和实物。这就需要智力投入，在无形资产的有形化上下工夫。比如通过复原遗迹、举办活动、举行仪式、开发文创产品、融入饮食服饰、文艺演出、氛围营造、创造品牌等方式，让游客无时无刻感受到文化名人的存在。2000 年，世界旅游组织专家阿尔维斯（Renton de Alwis）在承接云南省旅游发展规划时提出将"香格里拉"作为云南中甸的文化旅游品牌，如今中甸已经成为中国重要的旅游城市，中甸也在 2001 年正式更名为香格里拉市。浙江各地将无形的文化资源转化为重要旅游品牌、打造旅游 IP 的实践也已经出现了不少成功案例，值得借鉴。

五、县域是文旅产品融合的"前沿阵地"

作为文旅融合的"最后一公里"(前沿阵地),县域文旅产业如果缺乏融合动力,那么国家层面的文旅战略就很难落地。在调研中我们发现,因为财政调控能力较弱,县域文旅机构行政级别低、资源调动能力差、客源市场规模较小(相对于城市而言)、文化旅游人才缺乏等原因,县域范围内的文化和旅游大项目建设存在较大困难,尤其是大中型文化主题公园、旅游演艺、博物馆旅游、大型文化主题酒店等引进十分困难。但是,县域文旅产业可以在抓手较多、投资较小的乡村旅游、夜间经济、文化主题民宿、旅游街区、旅游文创、非遗文化转化、旅游景区文化植入、文化康养旅游等方面做出成效。根据浙江省的经验,省级文旅部门"出题目"会大大激发县市区的积极性。比如,浙江省文旅厅出台创建文化和旅游融合发展试验区计划,就得到了众多县市区的积极响应。因为试验区创建计划是县委县政府层面来申报,任务落实由县委县政府牵头抓总,各级各部门配合,容易取得实效。省委宣传部和省文旅厅共同举办"文旅融合优秀案例评选"活动,也得到了设区市和县市区的积极参与,起到了很好的榜样效应。

六、文旅产品和市场融合需要直面"两大痛点"

(一)旅游载体的文化渗透性不强的问题

如何在旅游服务中融入文化元素并借助文化元素、文化故事、文化精神提高公共旅游服务的品质,仍然是各地面临的一个重大技术问题。从各县市区文旅融合的实践看,目前的公共旅游设施尚难以为游客提供深度的文化体验。这需要智力和资金的投入,但县级各单位对文旅融合理念的理解不够透彻,有的工作思路还局限在单一领域,结合文章做得还不够多、不够深。

(二)文化资源的旅游转化率不高的问题

与设区市相较而言,中国的县域多存续时间长、历史悠久,拥有丰富的历史人文资源,但是真正将文化资产转换为旅游产品,打响文旅融合品牌、做深文旅融合产品,尤其是加入时尚元素吸引年轻人的产品案例并不多,尤其是中西部地区。在当前旅游文化消费群体越来越年轻化、越来越注重旅游体验的独特性的新时代,如何多元化地提供具有本土特色的文化体验、促进消费升级、进一步影响年轻群体的消费决策,是亟须解决的难题之一。

七、"微改造、精提升"行动是县域文旅融合的重要抓手

文旅融合工作需要契机和抓手。2021年浙江全省范围内推出旅游"微改造、精提升"行动,为县域旅游业发展带来了机遇。省文旅厅建立工作专班,每月一评,列入考核,奖补资金,各地纷纷制订行动计划,成立工作专班,调动乡镇加入行动,取得了意想不到的成效。例如位于浙江龙游县的沐尘畲族乡,2021年争取投资5000余万元,对村内标识牌、步行街、老街彩绘、牌楼、游客接待中心、数字化畲族博物馆等进行改造升级,打造"看得见、摸得着"的畲乡特色旅游金名片[①]。还完成了山哈会客厅、畲族婚庆博物馆、智慧监控系统、一米菜园等微改项目。投资140万元对余绍宋故居进行修缮,这个古旧小屋摇身一变,成了综合性文旅服务中心(余绍宋方志馆)。乡贤许良平还回乡投资了"尘花花"畲族文化体验中心。上级出题、考核、奖补,下级答题、做卷,形成了一个可资借鉴的闭环工作模式。

第二节 现阶段有效促进县域文旅融合发展路径的有关建议

笔者根据各地探索出来的经验,按照"宜融则融、能融尽融,以文促旅、以旅彰文"的总体思路,以文旅机构改革为契机,以创建文旅产业融合示范县为抓手,加快打造文旅融合IP,推动文旅产业高质量发展,提出如下建议。

一、深入实施文化基因解码工程

文化遗产背后蕴藏的哲学思想、人文精神、价值观念、道德规范等,构成了中国文化基因体系。以解构地方优秀传统文化、提炼文化IP和基本元素为基本任务的文化基因解码工程,在浙江省文化和旅游厅的推动下,于2020年在全省全面启动。经过两年多的实践探索,全省重点解码了1800多个文化元素[②],不仅对传统文化的基因做出了规范化解读,也发现了一些新的文化线索。例如,文化专家对衢州市"南孔文化"46项元素进行梳理,从中选定了包括物质禀赋、精神气质、形象符号、制度规约在内的20项基因表达,成为南孔文化传承发展的基本遵循。而杭州市上城区作为宋

---

① 王德刚.龙游县沐尘乡"微改造、精提升"让文化旅游焕发勃勃生机[N].中国旅游报,2022-06-16(3).

② 浙江日报."浙江文化基因库"藏着什么密码?1800个文化元素带你读懂浙江[EB/OL].浙江省人民政府,2022-07-20[2024-05-10].https://www.zj.gov.cn/art/2022/7/20/art_1554467_59728096.html.

韵文化的富集区,将此前不在文化部门视野的宋画巨著《四景山水图》进行了解码,解读出了设色物质基因、小景构图基因、诗画合一的精神思想基因,为宋韵文化传承弘扬提供了精神价值和资源基础。全国各地有条件的县市,可借鉴浙江做法,在全县范围内展开文化基因解码行动,在普查基础上筛选优质文化基因,并提炼出特色浓郁的地域标识和文化精神,形成文化基因解码案例集,为文旅融合发展奠定基础。

二、转化文化解码成果总结提炼文化标识

文化基因解码是文旅融合的基础工程。"解码"是前提,"用码"是根本。通过文化基因塑造 IP,依据文旅 IP 设计文化旅游产品,以产品创新推动文旅融合和产业升级,这是一条工作逻辑"闭环"。运用解码成果,做好"转化利用"的文章。例如,浙江省兰溪市在解码"李渔文化"中发现了商埠文化基因,开发出"李渔家宴"、李渔游园会等项目,受到游客的大力追捧,"游李渔村、看李渔戏、品李渔家宴",成为李渔文化基因解码转化利用的重要成果。积极转化文化基因解码成果,可以应用到景区改造提升、文旅 IP 打造、线路产品设计等各方面工作中。

浙江省在文化基因解码基础上,于 2021 年底提出"浙江文化标识"培育工程,提炼了宋韵文化、和合文化、运河文化、阳明文化、南孔文化等具有浙江本土特色的优秀传统文化,为各地文旅融合高质量发展奠定了文化基因。

三、持续推进"文旅 +"产业融合工程

文旅产业的开放性、包容性、可融性特征决定了"文旅 +"是高质量发展的重要渠道。县市区层面要发挥"接地气"优势,进一步加强一、二、三产业深度融合,串点成线,践行全域模式,发挥文旅产业项目的综合效应,实现全产业链增值收益。做好"文旅 + 农业"融合,抓好农旅文化节等各类农文旅节庆品牌推广,抓好乡村文化旅游景区、度假区等生态文旅项目建设,助力乡村振兴;做好"文旅 + 餐饮"融合,落实"百县千碗"要求,以"一菜一故事"打造县域传统美食吸引力,努力把风味转化成文旅产品;做好"文旅 + 教育"融合,积极推进文旅演艺、非遗进学校活动,打造红色研学线路、研学品牌,建设研学交流体验中心;做好"文旅 + 体育"融合,推进运动休闲季赛事活动,培育运动休闲小镇,打造百姓健身房,办好国际马拉松等全国性的赛事。

四、促进文旅消费市场振兴

文化和旅游消费是经济增长的重要驱动力之一。受新冠疫情影响,文旅消费受到

严重挤压。但文旅消费是人民群众的内在需求、生活方式，在新冠疫情期间呈现出了个性化、碎片化特征，消费规律发生了根本性的变化，但总体看这种变化是暂时的，一旦环境允许，大规模消费将呈现出迭代升级的特征。为有效提振文旅消费市场，推动后疫情时代的文旅复苏，县、市、区层面要在贯彻落实好国务院各部门下发的政策措施的同时，出台支持旅游企业共渡难关的相关配套政策。各地要利用文旅机构与宣传部"一家人"的优势，多渠道、大力度宣传文化旅游产品，深耕消费市场。夜间消费是关键。县级文旅部门可发挥夜间文旅消费集聚效应，创建夜间文旅消费集聚区，开展文旅消费载体建设，丰富夜间文旅产品供给，加大非遗老字号、文化创意等植入，提升夜间经济文化品位和旅游体验，激发夜间文旅消费潜力。

五、重点突破乡村旅游提质增效

很显然，对于县（市）而言，乡村旅游是文旅融合高质量的重要支撑。发展乡村旅游可从以下几方面展开。首先，做优乡村民宿品质。加快发展特色民俗，实施民宿智慧积分管理。引进"智慧管理"系统，运用乡村智慧管理系统和数据管理手段，将信息系统自动处理与人工分析相结合，实现乡村管理的"深度研判、精准预判"信息化支撑，对重点管理对象进行针对性的监督管理。其次，做实景区村庄产品。请文旅专家对博物馆陈列布展进行专业指导，做优民俗风情博物馆、乡村博物馆、乡村艺术馆等项目，强化对文物资源的活化利用。举办全县讲解员业务大赛，开展业务培训，以师徒结对模式对全县 AAA 级以上景区村庄和博物馆讲解员进行专业性培训提升。再次，做活乡村文旅产业聚集。结合农村综合改革集成项目建设，从交通管理、旅游业态、智慧景区、运营服务等方面整治提升乡村产业集聚区。引导文旅产业集聚发展，鼓励多元化发展文、艺、娱项目。

六、公共文化服务和旅游服务有机衔接

文旅融合时代要求文化公共服务要与旅游公共服务相融合。县、市、区文旅公共服务融合是构建城乡公共文旅服务生态圈的"最后一公里"。文化和旅游的公共服务，两者之间有交集也有区别，但可以相互借鉴、互促共赢。例如，通过举办艺术展览、知识讲座、名人名家纪念活动、文艺演出等系列活动，博物馆、图书馆、文化馆、非遗馆、大剧院等文化场馆完全可以吸引外地游客的积极参与。活动内容的关键是与本土文化、旅游市场的有机结合，例如长兴县建设大唐茶文化图书馆、文化馆启动编排"遇见长兴"大型原创演艺，打造"周末剧场"；嘉兴图书馆每年举办 5000 余场读者活动，居民和游客都喜欢。近几年，浙江各地的图书馆以县为单位，建立城乡一体的

公共图书挂总分馆服务体系，分馆广泛分布在景区、农家乐集聚区、商业中心、村镇等游客和居民集中的区域，实现了服务空间从小到大、服务范围从城市到农村、服务内涵从书到人的变化，这是公共文化与旅游服务融合发展的典型案例。

文旅驿站作为主客共享的文旅休闲服务平台，也是公共服务机构功能融合的新探索。文旅驿站为游客和市民提供食物补给、信息咨询、文化展示、购物体验等公共服务，融"服务、宣传、公益"于一体。在这方面，部分省市走在了全国前列，例如广东的中山市、浙江全省、福建的漳州等地。漫步杭州上城区的钱塘江北岸，十几座红色文旅驿站为当地散步的群众和外地游人提供了休闲、交流、读书、咨询、体验本地文化的场所，一经推出就大受欢迎。浙江德清县则在 2022 年实现了镇（街）文旅驿站的全覆盖。从类型来看，浙江因地制宜探索出了景区依托型、绿道依托型、乡村依托型、公路依托型、城市主干道依托型、码头依托型等文旅驿站，既能赋能个性化出行，又成为展示地拥护风情的文化"窗口"，非常值得借鉴。

第四篇

建议篇

第十九章

关于切实加强后疫情时代浙江省旅游人才队伍建设的若干建议

人才是旅游业发展的核心竞争力和第一资源。旅游行业作为劳动密集型行业，是以人为主体的服务性行业，人才要素在旅游企业运营和发展过程中有着至关重要的地位，在一定程度上决定着其他旅游资源要素的开发和利用水平，决定着旅游企业的活力和竞争力。新冠疫情严重削弱了人们对旅游行业的信心，大量员工流失让原本人员流动率过高的旅游业雪上加霜，为未来文化旅游业的恢复埋下了隐患。新冠疫情对旅游行业的最大影响，短期看是市场，长期看是人才。决定未来中国旅游业高质量发展的最大变量不是资源，不是资本，而是人才。随着后疫情时代浙江省旅游业的逐步恢复、新兴业态的不断涌现，浙江省旅游人才供需错位，专业化战略性人才、高技能人才、跨界复合型人才短缺，人才分布区域不平衡，高端人才引进难，基础人才流失严重等问题日益凸显，将严重制约浙江省文化旅游业的健康发展。可以说，人才储备不足是当前浙江省旅游业最大的"痛"。本章分析了当前浙江省旅游行业面临的人才问题和原因，提出了相关建议。

第一节　旅游行业人才队伍存在的主要问题

一、总量不足且流失率高

旅游基础人才是行业品质的基本保障。在没有新冠疫情影响的常态情况下，超过三分之二的旅游企业存在招工难、留人难的问题，旅游专业人员以及工程师、厨师等技术含量高的岗位人才尤其缺乏。有丰富经验的高级导游、高级领队、高级经理人更是一人难求。新冠疫情影响雪上加霜，整个行业员工大量离职。根据我们近期的调研，浙江30强旅行社的企业人才流失率达56%左右，饭店员工平均流动率接近40%，A级景区超过50%。旅游企业68%的从业者处于失业状态，稳定就业的不足13.8%。其中30~40岁的从业者流失率已经超过50%，其中仅有18.1%的人表示，待新冠疫情恢复之后继续从事旅游业。可见，一旦疫情缓解，旅游业报复性反弹，浙江省整个行业的品质管理将面临巨大的压力。

二、人才存量结构不合理

调研表明，当前浙江全省旅游行业人才出现了以下结构性现象：从旅游行业内部看，人力资源多集中于传统的酒店、旅行社、景区等行业，而新兴旅游门类人力资源数量不多，民宿行业管家、店长严重缺乏。从区域分布看，大城市严重"挤压"三线城市，杭州一家独大，而宁波、温州等地的旅游人才总量也不足，其他城市更是可怜，一些县市区竟然找不到几个科班出身的专业人员。一项对浙江旅游职业学院2019届导游专业毕业生的调查显示，超过一半的毕业生就业已经脱离旅游及相关行业（55.5%），而且旅游就业多集中在杭州（占49.8%）和宁波（占23.4%）。从学历结构看，旅游人才以中低层次为主，有旅游专业专科以上学历的职工不多。从年龄结构看，旅游行业"吃青春饭"现象十分明显，超过50岁的专业人员严重不足。职工年龄是衡量行业成熟度的重要指标，这从一个侧面说明了旅游行业的吸引力不足。从能力结构看，真正的高学历人才凤毛麟角，会讲英语的从业者不多，而会小语种的从业者不足5%。能掌握2~3个领域能力的复合型人才严重缺乏。从专业布局看，理论研究型人才匮乏，行业内具有一定学术水平的专业技术人员不多，理论成果严重落后于旅游实践。浙江文旅实践走在全国前列，但因为理论研究深度不够，致使浙江长期无法占据理论的高地，制约了浙江旅游经验的对外传播和自我更新。

三、后备人才储备不足

一个吸引不了年轻人的行业注定不是一个长久的行业。根据浙江省教育厅提供的数据，全省33所高职高专开设了13个旅游大类的专业[1]，2019年毕业生7690人，招生数9886人，虽然比较稳定，但生源质量下降。88所中职学校开设了旅游服务与管理专业，2019年毕业生4860人，招生数6470人。在中职毕业生中，流出浙江的占比

---

[1] 这13个旅游大类是：餐饮管理、餐饮类专业、导游、会展策划与管理、景区开发与管理、酒店管理、旅行社经营管理、旅游管理、旅游类专业、烹调工艺与营养、西餐工艺、休闲服务与管理、中西面点管理。

不少，又有接近60%进入高职学习，真正进入市场就业的人数不多。

浙江全省本科院校2019年招生数旅游2714人，毕业人数本科为2367人（就业率95.61%），四所高校招生硕士研究生14人，毕业研究生33人；博士生招生3人。省内本科高校旅游专业招生越来越少，浙江大学、浙江工业大学等高校已经放弃本科招生。现有的浙江工商大学、浙江师范大学、台州学院等本科招生数量每年下降，受疫情影响，家长普遍缺乏对旅游行业的信心，新生入学后转出专业的比例普遍为60%以上。

第二节　原因分析

出现以上问题，既有新冠疫情这一"黑天鹅"偶然因素，也有旅游业自身不可避免的原因。

一是行业地位不高。旅游行业存在的低技术、低门槛、低报酬、高强度劳动时间等现实问题，导致旅游行业的社会地位不高。据权威部门统计，在全国各个行业中，旅游业的薪酬排名仅仅高于农业。一些"野导"冲击市场和行业被媒体夸大宣传，导致旅游从业者社会声誉不佳，职业声望大大降低，在家长和考生心目中的地位降低。

二是就业环境不佳。旅游企业所处的地理位置往往不占优势。一些景区距离大城市远，甚至距离县城、乡镇都很远，生活不便，很难吸引从业者入职；一些吸引力很强的乡村旅游景区，因为地处偏远乡村，年轻人无法久留，离职率很高。比如位于台州市三门县的蛇蟠岛景区（4A级景区），尽管景区品位较高，对人才的渴望很大，待遇不低，但因为距离城市远，很难留住本科甚至是高职的毕业生。

三是季节性差异显著。旅游业存在较强的季节性差异。旅游业的季节性特征在户外度假型和休闲型旅游景区景点非常显著，导致职工全年忙闲不均，收入不稳，制约了行业的吸引力。

四是行业竞争激烈。从旅游行业内部看，低层次竞争激烈，利润越来越低，内卷化严重；从行业外部看，其他行业能够提供更高的收入和更加体面的工作，必然降低旅游行业员工对企业的忠诚度。

五是人才缺乏成长空间。旅游企业短期行为较多，多数企业缺乏人才成长、职业发展、人才激励等措施，导致员工的价值感不足，对企业的忠诚度不高。

第三节 相关建议

进入小康旅游新阶段，旅游为民、主客共享、高质量发展、文旅融合成为第二个百年旅游发展的核心要义。"十四五"时期，浙江建设共同富裕示范区、世界级旅游景区和度假区、国际消费中心、万亿产业，都需要有国际视野、中国气派的旅游人才支撑。浙江旅游高质量发展，缺了人才这只腿，将始终在低层次徘徊，很难保持万亿产业的含金量和国际竞争力，最终被"低端锁定"，沦为底层产业。旅游业发展的主体是县市区，不解决县域文旅人才这个短腿，万亿产业就是纸上谈兵。当务之急是稳住基础队伍和力量，长久之计在于高质量建设文化和旅游人才新高地。

为切实有效缓解旅游行业面临的人才问题，提出如下建议。

一、政府主导旅游人才培养，千方百计留住人才，加大引进专门人才和紧缺人才

牢固树立人才是建设现代旅游产业体系、促进高质量发展第一推动力的理念，加大政策落实力度，将国家发展改革委等14个部门联合印发的《关于促进服务业领域困难行业恢复发展的若干政策》和浙江省政府下发的相关配套政策落到实处，稳定旅游业人才队伍。将旅游人才队伍建设纳入各级党委"十四五"人才发展规划。将文化和旅游部门列入各级党委人才工作领导小组成员单位。将旅游及其相关专业人才纳入全省（市、县）人才布局，明确旅游休闲专业人才纳入急需紧缺人才目录。建立政府、部门、企业"三位一体"的人才培养模式，出台人才发展政策，加大财政扶持，形成政策洼地，在落户、住房补贴、生活补助、子女就学等方面提供优惠政策和全方位服务保障，营造良好的人才发展氛围。

制定切实可行的措施大力引进专门人才。浙江全省要鼓励开展文旅领域高端人才专项引育项目，给予引才项目立项支持；每年在行业内开展突出贡献人才的人才房专项申购工作，坚持"不唯学历、不唯职称、不唯资历、不唯身份"，对为旅游事业做出贡献的企业经营管理人才、专业技术人才、高技能人才解决和改善住房问题，进一步激发各类人才的积极性。

二、发挥高等教育人才培养主渠道作用，构建完善的人才培养体系

依托高校优质资源培育高素质旅游专门人才。主管部门要担负起本地区人才培养

的责任，设立专项经费，与浙江省内外本科高校、高职高专建立校企合作关系，培育更多专业化、应用型人才。设立文旅教育联盟，建立以市场需求为导向的旅游人才培养机制，打破传统培养瓶颈，密切学校与业界的联系，推动教学改革和产学研一体化发展，培养服务现代旅游定制化、小众化、近程化、深度游急需的专门人才。统筹综合性大学、旅游职业院校发展，按照分层推进、错位发展、良性互动的原则，形成多门类、多学科、多层次的文旅教育体系，面向市场人才需求，加大专业导游、宴会定制师、民宿经营者、旅行定制师、旅游主播、乡村旅游人才、"双师型"教师、战略性人才、高技能人才、跨界型人才、复合型人才等的培养。提升旅游学科教育国际化水平，深化国际合作，促进旅游类人才国际交流。在杭州、宁波建立旅游人才国际化教育和培训基地。建议在招生过程中，适当扩大单独考试招生规模、建立专门针对外省考生报考的旅游专业定向招生模式、适当扩大四年制职业教育本科招生规模、增加省内高校旅游专业硕士授予点单位。深化办学体制改革，提高办学质量和水平，将符合条件的职业学院转设为职业本科高校。

三、重点扶持县域和乡村旅游专业人才建设，全面服务乡村振兴和共同富裕示范区建设

乡村旅游不仅需要一批熟悉当地情况、具有乡土情感的"土专家""田秀才""乡创客"等本土人才，而且需要一批能研发旅游线路、开发旅游项目的专家型、经营型乡村旅游人才。针对乡村旅游蓬勃发展但人才严重匮乏的局面，加大对乡村旅游管理人员、服务人员的技能培训，切实提升乡村旅游人才素质，改善结构。要求有条件的大专院校开办民宿学院、文化旅游专业、乡村旅游培训班，重点开展餐饮住宿服务、乡村旅游经营管理、乡土文化讲解、民族手工艺制作等特色实用技能培训。设立乡村旅游返乡入乡创业资金，支持农民工、高校毕业生、退役军人等返乡入乡创业发展乡村旅游，服务共同富裕示范区建设。

建立乡村旅游人才分级分类培训体系。借鉴国际旅游人才多元化培养经验，政府、专业院校、企业、培训机构，面向不同人群提供差异化教育培训，建立科学的、全龄段、终身的乡村旅游人才培养模式。在设区市依托当地本科高校和研究机构，建立常态化乡村和县域旅游人才培训基地。以设区市为单位，每年举办行政管理干部培训、旅游企业高管培训、旅游企业中层干部轮训、导游员年审培训等，提升从业人员的综合素质。

四、依托世界旅游联盟、综合性大学等研究机构，建设国际化旅游智库

大力支持文化和旅游高端智库建设。以中国旅游研究院、世界旅游联盟总部、综

合性大学等研究机构为依托，激发现有智力存量，引进国际、国内智库和高校科研院所，建立各类文化和旅游研究院（所），开展旅游国际化、旅游业发展规律、疫情恢复政策研究，组织国际性旅游论坛，发布旅游发展报告和高质量研究报告，切实将论文写在浙江大地上，提升文化和旅游智库建设水平，打造国际化的新型旅游高端智库，培养一批扎根实践、把成果直接用于浙江省旅游业高质量发展的专家学者，提升浙江文化旅游的国际影响力和话语权。

五、切实加大文化旅游领域治理，提升旅游业的社会美誉度，切实增强旅游人才的"黏性系数"

打击行业恶意竞争、低价竞争，提升行业的盈利能力，逐步提升行业的平均薪酬，提高社会美誉度和认可度。对特别优秀的人才给予一定的名誉，并给予奖励和补贴。宣传报道旅游行业的典型人物，避免过多负面新闻，提升旅游从业人员的行业荣誉感。

建立旅游人才激励机制和成长机制，增强人才的行业黏性。大力培养金牌导游员，实施旅行社人才发现计划。培养优秀导员队伍，举办导游员大赛和颁奖晚会，创造氛围，吸引社会关注，提升导游员的行业自豪感。奖励金牌导游员，将其列入人才培养名单，作为重点培养对象选送到国内外著名机构进行培训。鼓励旅行社和景区等旅游行业从业人员参加全国经济专业技术资格考试，让获得中高级资格的人员，享受人事部门认可的相同级别的职称待遇，将原国家旅游局推出的初级、中级、高级导游同国家人社部门的初级、中级、高级职称一一对应。

建议调整部分陈旧过时的行业法规，为人才使用"松绑"。随着近年来旅游业的高速发展，新业态、行业跨界融合形态越来越多元化，原有的部分法律法规已显陈旧过时，制约了行业的健康快速发展。如在我国依照《导游人员管理条例》的规定，导游人员的定义是指取得导游证，接受旅行社委派，为旅游者提供向导、讲解及相关旅游服务的人员。很显然，这一定义已经远远无法适应当前旅游产业发展和人民群众对旅行过程中的服务需求，而导游的服务范围已经大幅度扩展。导游人员概念中所依附的"旅行社"本身，已经发生巨大变化，传统旅行社转型加速，新型旅游机构不断涌现。产业背景的变化必然导致职业形式的变化，这就需要将"导游"职业的内涵与外延重新树立和确定。

第二十章
发挥文化和旅游独特作用
赋能共同富裕示范区建设

共同富裕是人民群众物质生活和精神生活都富裕。理论与实践反复证明,文化服务和旅游发展既能促进物质共富,也能促进精神共富,是高质量发展推进共同富裕示范区建设的不可或缺的力量,发挥着独特的作用。本章从行业实践和理论视角出发,对文化和旅游促进共同富裕的逻辑关系和现实图景进行了概括。我们认为,虽然当前承受新冠肺炎疫情的"极限施压",但实现全面小康、进入后工业化阶段和消费型社会后,文化促进人民精神生活共同富裕的效应更加显著,我国旅游业更可以大有作为。经济越发达,旅游业就越进步,浙江具备文化和旅游高质量发展促进共同富裕良好的现实基础和外部条件。在共同富裕目标下,需要重新反思以利润为中心的城镇工商业资本大规模进入乡村的发展模式,需要重新思考文化和旅游的发展定位。

文化和旅游既能"富口袋"又能"富脑袋",在促进共同富裕过程中具有独特优势,是共同富裕示范区建设不可或缺的重要力量。深入总结近几年来浙江基层的实践探索经验,通过务实理论研究,可以构建出一个经得起各方推敲、经得起实践检验、群众有获得感认同感、能够为全国探路的文化和旅游促进共同富裕目标体系、政策体系、案例体系、理论体系、工作体系和评价体系。

第一节　文化和旅游对促进共同富裕具有独特的作用

一、进入后工业化阶段和消费型社会,我国文化旅游业更可以大有作为

经过改革开放四十多年的发展,我国社会主义建设进入了新发展阶段,摆脱了绝

对贫困，实现了全面小康，站在了一个全新的起点上。在努力实现全民共同富裕、迈向社会主义现代化国家的进程中，在"发展政策导向"转型为"共富政策导向"的过程中，社会发展从追求效率优先转向更加关注公平，旅游业在解决"三大差异"方面的作用将越来越突出。虽然当前承受新冠肺炎疫情的"极限施压"，但作为人民群众美好生活的内在刚性需求，文化和旅游业的发展空间依然巨大，中国旅游业的韧性依然强大。从经济发展规律看，在后工业化和服务业主导的后现代消费型发展阶段，文化和旅游业的价值得以凸显，促进共同富裕的基础更加牢固。旅游业关联性广、带动力强，对经济增长的直接贡献，主要是通过促进消费、扩大有效投资和创造外汇收入三个方面来实现；间接贡献包括但不限于通过产业链对上下游产业产生带动效应，对其上下游产业产生前向拉动效应和后向带动效应。

二、旅游业具有显著的富民效应

旅游业是富民产业，旅游消费属于最终消费，旅游活动在初次分配中转移财富效应明显，有助于缩小收入差距。旅游业不仅在过去消除绝对贫困过程中已经发挥了巨大的价值，在共同富裕背景下，也可以助力实现"提低、扩中、调高"目标。鉴于旅游业就业门槛较低，对于低学历、低技能、低工资、低储蓄的低收入群体和处于底部、容易"返低"的中等收入群体等均有较强的可进入性。同时，发展旅游业可以帮助那些缺乏劳动能力和内生发展动力的困难群体通过一定的"专享"渠道获得一定的收入，而那些高收入和过高收入群体可以通过旅游活动实现财富转移。近年来，中国扶贫事业中乡村旅游已成为主力军。根据《全国乡村旅游扶贫观测报告》，2015年农村贫困人口减少1442万人，其中，建档立卡贫困村通过发展乡村旅游实现脱贫总人口达264万人，占年度脱贫人口总人数的18.3%，属于典型的"造血式"扶贫方式，返贫率低。

三、实现全面小康之后，文化促进精神共富的效应更加显著

共同富裕始于经济，成于文化。根据需求层次理论，物质生活得到保障之后，文化和精神的需求开始成为主角。满足人民日益增长的美好生活需要，文化是重要因素。衡量人民群众精神富裕的指标，既包括精神生活富足，也包括精神生产供给；既可从群众安全感、获得感、幸福感与认同感来衡量，也要从公共文化与公共环境来衡量。其中，文化是基础性的、不可替代的要素，是打造精神文明高地的关键一招。要打造有高度、有硬度、有温度、有广度、有黏度、有气度的文化，让文化成为共同富裕示范区建设的显著标志。精神富有文化铸魂，共同富裕文化先行。培育共富文化，

需要弘扬刚健有为的奋斗文化、和睦互助的社会风尚、积极向上的精神文化生活。文化赋能精神生活，将社会主义核心价值观融入文艺作品创作、文化产品和旅游产品供给全过程，推动公共文化服务提档升级，积极引导广大群众参与文化消费。文化创新提升价值，需要大力发展文化产业，顺应数字化趋势，加快发展文化新业态，满足人民群众多层次、多样化、高水平的文化需求。

第二节　浙江省具备创建文化和旅游高地的内在基础和持续动力

一、浙江旅游高质量发展奠定了共同富裕示范区建设的内在基础条件

浙江全境富裕、全域美丽，山美水美、风景宜人，处处是旅游资源，人人是旅游者。用文化妆点绿水青山，用旅游唤醒沉睡的资源，迅速缩小地区收入和城乡差距，浙江恰逢其时。浙江 2021 年国民生产总值、财政收入、人均可支配收入、城乡居民收入倍数、地区经济差距等指标均走在全国前列，资本优势突出；交通区位优势明显，客源市场充足；旅游资源赋存度高，政策力度大，资源优势转化为经济优势条件极其优越。2019 年浙江旅游业增加值占 GDP 的比重达到 7.9%，旅游从业人员占比达到 10% 以上，已经成为国民经济的重要支柱性产业。可以预计，在浙江共同富裕示范区建设过程中，这种政策优势、资本优势、区位优势、资源优势、人才优势等将进一步放大，旅游业的带动效应将越来越突出。

二、浙江旅游业展现了新时代"诗画江南、活力浙江"的巨大魅力

新冠疫情发生两年多时间以来，旅游业受到的冲击无疑是巨大的。但重压之下，浙江旅游全行业在自救和政府精准扶持中实现了全行业突围和转型。"微旅游""微度假"等新旅游方式异军突起，展现了乡村休闲旅游巨大的魅力和潜力，成为国内旅游最重要的增长点，更展示了中国旅游业的发展韧性和强大的前景。旅游客源市场实现了从中远程市场到近距离市场的"突围"，近距离在地性"社区旅游"成为新宠；市场主体经营模式实现"突围"，旅游住宿业、旅行社业等传统市场主体开始从追求规模化延伸到个性化、定制化，OTA 在线旅游平台大显身手；旅游消费从传统消费的衰微转向"新消费趋势"的"突围"，本地消费、文化消费、运动健身消费等特征突出，红色旅游、夜间经济、康体养生、户外运动等成为"新蓝海"；旅游扶持政策从宏观

引导到"直中靶心",精准性明显增强;新冠疫情倒逼旅游业危机管理,科技赋能旅游治理能力现代化,旅游管理手段实现了从粗放管理到精密智控的大"突围"。经历了两年多的新冠肺炎疫情大洗礼,浙江旅游产品体系、产业体系、管理体系、服务体系、政策体系、营销体系等得到了极大的历练和市场更替,一个适应时代要求的共富型现代旅游产业体系正在逐步完善和沉淀。

第三节 重新审视文化和旅游的发展模式和定位

一、反思以利润为中心的城镇工商业资本大规模进入乡村的发展模式

工商资本下乡,是乡村振兴的重要途径。但是,传统的工商资本以追求股东利益为上,以资本收益最大化和效率至上,在利益相关者面前展现出了"资本的强势",容易造成"旅游孤岛效应"和"黑洞化效应",不符合共同富裕的总基调。在乡村旅游开发过程中,需要从发展型思维转向共富型思维。无论是"自下而上"的农户主导模式,还是"自上而下"的政府主导模式,抑或是"自外而内"的资本主导模式,都须大力拓宽旅游富民新模式,坚持农民主体,增强集体和群众的参与度。通过模式迭代,不断提升村集体和村民的获得感,降低群众的"相对剥夺感",提升农村居民的幸福感。条件好的乡村可采取众筹式开发、市场化合作、片区化发展,做到"一体参与、抱团发展、多方受益"。这其中,村集体作为联结政府、外来资本、人才与村民之间的纽带,其作用不可替代,是中国特色乡村治理模式的优越性体现。

所谓众筹式开发,就是要鼓励乡村景区、景区村以村旅游公司为主体,以村民参股的模式,打造新的乡村旅游体验项目,改变乡村旅游"有人气、无才气""旺丁不旺财"的问题。例如,天台县安科村通过众筹打造运动休闲主题景区,村集体年收入增收 50 万元,直接受益村民 72 户。所谓市场化合作,就是要鼓励旅游重点村成立旅游公司,以资源入股的方式与知名旅游企业展开合作,引入人才、客源、资金,开展康养、研学、民宿、红色等旅游项目,建设研学基地、户外运动基地等营利性项目。例如,天台县龙溪乡引入华顶旅行社打造研学基地,被列入了省乡村振兴集成创新示范区,争取到各级项目资金 1 亿元,大大改善了乡村风貌,旅游创富能力迅速增强。所谓片区化发展,就是要以旅游龙头村为引领,以党建联盟为抓手,开展村村联合,打破行政界限,实现优势互补,打造乡村旅游产业集聚区。例如天台县的后岸片

区，将总结提炼出的"四统一"经营管理模式运用到周边的7个村（街头镇3个村、龙溪乡4个村），放大"后岸模式"，规划了花艺、茶艺、药艺、画艺等八大特色产业，错位布局，村村抱团，形成了很好的带动效应，促进了共同富裕。每年吸引游客上百万人次，经营收入达亿元。

二、重新认识文化和旅游业的性质定位

习近平总书记指出，衡量文化产业发展质量和水平，最重要的不是看经济效益，而是看能不能提供更多既能满足人民文化需求，又能增强人民精神力量的文化产品。[①] 这就要求我们，不仅要考虑文化产业的经济性，更要激发文化的社会属性和公益属性。同样，旅游业作为一项战略性新兴产业，其经济价值虽然不可低估，但站在意识形态和文化强国建设的高度，旅游不仅仅是一个产业部门那么简单，也绝不仅仅是发展经济那么功利。旅游资源作为一种可开发利用的吸引物产品，包含着创富价值、科考价值、历史文化价值、观赏价值、教育价值等；旅游休闲活动基于人的放松功能，能够帮助人们开阔视野、愉悦身心、感受自然社会风情之美，具有注意力修复价值等。从进化心理学视角出发重新构建旅游价值论，起码包含旅游的衡量价值、认知价值、感知价值、审美价值、交往价值、文化交流价值和修复价值等七大价值。因此，从共同富裕的视角出发，旅游业应超越经济产业的小视野，以百年树人的大格局重新审视自己；管理部门不仅要关注旅游业的商业和经济导向，更要发挥旅游的社会属性，满足人民群众的旅游权利；要更加注重旅游对于旅游者追求精神解放的个体价值、旅游目的地社区文化更新等社会价值的实现；关注资本流动、旅游群体流动维度下的居民权利、空间正义和旅游地社会治理等现实和理论问题，寻找文化和旅游促进共同富裕路径的"最大公约数"。

三、文旅融合、主客共享，是共同富裕示范区建设的必由之路

文化服务和旅游发展呈正相关关系，文旅融合既是共同富裕的基本要求，更是群众期盼。旅游给文化插上翅膀，文化给旅游装上心脏。全面小康时代，文化是精神生活必需品、精神成长发动机，旅游是生活方式、学习方式和成长方式。旅游从经济属性向社会和文化属性延伸，从人的生活方式向学习方式和成长方式转化，既是一种必然，也是一个国家旅游业发展成熟的重要标志。文旅融合发展，有助于实现物质共富和精神共富同频共振。要大力实施文化资源转化利用计划，深入推进四条"诗路文

---

① 习近平：在教育文化卫生体育领域专家代表座谈会上的讲话，2020年9月22日。

带"建设；要积极培育文化和旅游 IP 工程，创建国家文化和旅游产业融合发展示范区；要建立城乡公共资源均衡配置机制，强化农村基本公共服务、改善人居环境，在公共文化服务体系与乡村旅游公共体系建设上做好结合文章（比如，将乡村博物馆、文化礼堂转化为旅游客厅、知识课堂）；要关注乡村居民休闲生活质量，大力提升乡村休闲生活品质，增强休闲产品多样性供给，切实保障人民群众尤其是乡村居民的休闲权。

四、山区 26 县是未来浙江共同富裕的重要板块

浙江 26 个山区加快发展县，从当前来看是发展的最大短板，但从中长期看，却是未来浙江旅游赋能共同富裕的主战场。在休闲度假旅游经济快速发展的中国现代社会，山岳资源的价值开始放大。旅游活动的异地消费特征，决定了旅游业发展能够促进旅游消费和投资从经济发达地区流向欠发达地区，实现财富在地区之间的转移，从而促进地区平衡发展。浙江 26 个山区县，在农业经济时代、工业经济时代，都是"弱势群体"；但在服务业经济、消费经济、休闲经济和体验经济时代，其后发优势明显。这些山区县经济发展程度不高，但山地资源富集度高，旅游吸引力强，是浙江大花园，共富新天地。受益于浙江"山海协作"政策，这些县的旅游可以大有作为，通过吸引东部发达地区的旅游客源，实现消费转移；通过发达地区的项目资金投入，带动当地就业，提升发展层级。在当前这场疫情防控"遭遇战"过程中，26 县需要抓住难得的发展机遇期，从基础设施、旅游设施、人才培养、农产品品牌、数字赋能等方面率先发力、弥补短板，为全省实现共同富裕示范区打通"最后一公里"。

五、实现乡村共富，需要在政策和要素制约上实现突破

促进共同富裕，最艰巨的任务在农村。近年来，浙江省大力发展乡村文化旅游，吸引了城市居民向农村地区转移消费、城市投资向乡村倾斜，乡村美丽经济渐成气候，乡村旅游已经成为乡村振兴的重要引擎。2019 年浙江乡村旅游吸纳就业 51.7 万人，接待游客 4.6 亿人次，超过全省游客总量一半以上，实现旅游经营总收入 474.4 亿元。这说明乡村休闲旅游的潜力巨大，是国内旅游最重要的增长点。当前制约乡村旅游业发展的政策要素依然存在，其中最主要的是三项。一是土地要素。土地是发展旅游的基础要素。在当前"三条红线"制度约束下，最关键的是深化"三块地"改革，盘活农民闲置农房、宅基地和集体经营性建设用地，唤醒沉睡资源，吸引社会资本、回乡青年创业。二是资金要素。要激发更多人致富，资金是关键。为此，要发挥好县级农商行、城商行等小微金融的作用，推出兴村贷、旅创贷、民宿贷、移民贷等

专项贷款，支持乡村产业发展，拓展乡村小产业融资渠道。三是人才要素。人才是共同富裕的核心推动者，制定能实质性推进"两进两回"的政策是关键。浙江依托共同富裕示范区建设先行先试的优势，可以在政策上实施改革，为全国做出示范，充分发挥"政策扩散"效应。

第二十一章

玉环市创新股权众筹模式推进乡村旅游共同富裕的主要成效与经验启示

　　党的十九大报告提出，到 21 世纪中叶，"全体人民共同富裕基本实现，我国人民将享有更加幸福安康的生活"。十九届五中全会提出，到 2035 年，"人民生活更加美好，人的全面发展、全体人民共同富裕取得更为明显的实质性进展"。党中央赋予了浙江先行建设共同富裕示范区的光荣使命。旅游业是典型的富民产业，是绿水青山转化为金山银山、助推乡村共富的重要路径。浙江近几年的实践表明，借助乡村振兴战略，全民参与乡村旅游发展，依托丰富的乡村资源，建立起相对完整的文化和旅游产业体系，不仅能够满足人民群众对美好生活的向往，更能够促进人民共同富裕。

　　干江镇位于浙江省玉环市楚门半岛最南端，东濒东海，西临漩门湾。近年来，该镇将建设"滨海景观带"作为目标，不断加大项目开发和市场营销，调动全体村民的积极性，乡村旅游蓬勃发展，取得了富民、兴镇、旺市的良好成效，尤其是让村民参股旅游项目开发，变村民为"股民"、变资源为资产、变村庄为景区的做法被业界称为"干江样本"。中共浙江省委提出创建共同富裕示范区以来，"干江样本"在全市推广，迭代升级股权众筹模式，不断激发乡村振兴的内在动力、拓宽农民增收渠道，更走出了一条具有自身特色的乡村旅游共富之路，"干江样本"逐步演化为乡村旅游股权众筹"干江模式"，成为当地探索"农民持股共富"的一个缩影。

第一节　"干江样本"的内涵演化

"干江样本"始于 2018 年。为大力发展乡村旅游，干江上栈头村最先通过股权众筹资金注册成立旅游发展公司，其中，村集体占比 51%，村民占比 49%，被概括为"4951"股权模式。其基本内涵特征有如下几点。

一是村集体占股，盘活闲置资源。以"集体＋公司"，成立旅游开发公司，盘活农村存量建设用地资源，让"集体"资源变资产，并通过集体占股，保证了没有入股村民的利益。以"集体＋村民"的股权分配资金众筹模式让村民变股东，让每一家村民小钱变资本，实现村集体和村民共同收益。以"集体＋集体"景观资源，让村庄变景区，让各村突破行政区划限制，构建"多村联建、股份均分"的片区旅游发展联盟。

二是自愿参与，村民变股民。村民以最基本的土地、资金、资源等入股，每一个入股的村民都成为产业集团的股东，并根据村庄所规定的每股金额以自己的经济能力自主选择入股份额。他们还根据旅游项目大小，保持股权数量、入股金额等要素的差异性、开放性。入股完成后，由村集体进行大规模的土地、资金、资源整合，一切生产资料的所有权归村民共同所有，所获利润由村集体根据占股比例返还给村民。

三是风险共担，利益共享。"风险共担"既可以实现资金众筹，又可以降低个人投资风险，从而减少村民投资心理承受力，提高村民生活幸福感。"利益共享"增强了村民旅游服务的"主人翁"意识和主客共享意识，使村民自觉美化、维护村庄环境，从而提高游客体验质量、旅游产品满意度和旅游者"回头率"。

四是因地制宜，迭代升级。随着乡村旅游的推进，旅游开发项目加大，上栈头村把股权扩大到跨村入股，实现相邻多村协同投资、协同发展，但利润仍然按照村民 49%，村集体 51% 的比例进行分成，实现片区组团发展，称为众筹开发 2.0 版本。之后，针对村民愿望差异，采取了分层入股方式的 3.0 版本，入股金额从 1000 元到 2000 元或 3000 元不等。鉴于旅游项目经营利润不确定性，实施了浮动租金招商模式，年租金额度为本项目当年营业额的 3%，租金分红仍以"4951"模式，形成了"4951"股权模式的 4.0 版本。

第二节　主要成效

干江镇通过盘活村庄资源和村民的一些资产，探索实施股份合作利益联结机制，调动全体村民的积极性，积极探索开发乡村旅游产品，依托得天独厚的自然条件，使这个原本没有传统旅游资源的乡村旅游产业蓬勃发展，实现了"美丽乡村"向"美丽经济"转化，取得了富民兴镇旺市的良好成效。

一、村民奔共富

干江镇乡村旅游股权众筹模式的实践不仅创新了乡村旅游项目投融资方式，而且实现了闲置的房屋、土地、山林资源的资产性收益；通过集体与个体的综合利益联结最大化，有效地推进旅游项目的效率和村庄环境的优化。2020年，上栈头村总投资2000余万元，年游客总数达80万人，年产值1800万元，占全村生产比值的98%，带动村民就地就业102人，通过旅游产业带动村集体增收1000余万元，村集体收入从2017年的2万元增加到2021年的18.5万元。村民大都有了收益，"相对剥夺感"就会大大下降。

二、村庄更美化

干江镇依托全国农村集体产权制度改革试点等工作，围绕"干江滨海景观带"建设，盘活村庄资源和村民的一些资产，提升旅游发展效应，将美丽村部、美丽公路、美丽庭院、美丽农家等美丽元素有机融合，使上栈头、炮台创成浙江省3A级景区村庄，下栈头村成为2A级景区村庄，实现了从"美丽村庄"到"美丽景区"的蜕变，全面提升了各村人居环境和群众生活品质。

三、项目更丰富

随着对旅游工作的逐步探索，干江镇的旅游项目逐步丰富，建成了白马岙黄金沙滩、炮台小沙滩、断岙云海石柱等自然景区，老爸果园、垟坑荷花池、滨海玻璃吊桥等休闲项目景区，海边摩天轮、高空玻璃漂流、观光小火车等体验项目。同时，干江镇积极开展景区创A工作，成功创建大鹿岛4A景区、白马岙黄金沙滩国家3A级景区，下栈头村也成为台州市乡村旅游示范点。

四、旅游环境更优化

以往，社会资本"单兵突进"，在一定程度上会出现资本与村民"争利益"的现象。而村民一旦成为"旁观者"甚至是"对手"，当地的旅游环境就会变得十分糟糕。在全民变股东的模式下，村民对外来游客十分热情、客气，无论是摆摊设点售卖日用品、小吃还是土特产，村民都把游客当"上帝"，他们不想因为自己的一点小利益破坏了旅游形象，自觉优化了旅游环境。游客问路，村民会十分热情地把他们带到景区。路边的小吃不仅货真价实，不好吃还给退货。因为是为村民谋福利，旅游项目在用地、拆迁、迁坟、移树、建设等过程中得到了村民极大的配合，项目进展非常迅速，让人感叹村民的素质之高。事实上，正是因为村民真正成为项目的主人，他们与项目结成了"利益共同体"，才促使旅游开发得以迅速展开。

五、品牌更响亮

干江镇先后获得浙江省"东海明珠"乡镇、浙江省美丽乡村示范乡镇称号，上栈头村获浙江省高标准农村生活垃圾分类示范村、浙江省美丽乡村特色精品村、第六届全国文明村镇等称号，并入选浙江省卫生村名单，炮台村被列入第五批中国传统村落名录，垟岭村获浙江省美丽乡村特色精品村、浙江省高标准农村生活垃圾分类示范村、浙江省"民主法治村"称号，众多美好的品牌荣誉为老百姓增加了强大的幸福感与获得感。

第三节　经验与启示

一、头雁引领，全民参与，实现共建共享

干江的乡村旅游离不开村干部的带头作用，村级头雁以创业思路、开拓思维和干事热情，谋划旅游项目和运行管理，并提出以股权众筹改革推进乡村旅游开发，通过股权众筹，让村民广泛参与。不仅如此，干江还以村干部、党员与经济薄弱户结对方式，对薄弱户实行"股份成本保障"，即无论项目是否营利，优先保障归还低收入农户原始资本，给经济薄弱户吃"定心丸"。股权众筹模式让村民变股东，增强了村民维护旅游环境的"主人翁"意识，他们热情好客，为游客当好义务导游。同时，这种模式体现了"风险共担，利益共享"，村民与集体结成了"命运共同体"，避免了社

会资本旅游开发与村民"争利益"的现象。这种模式激活了乡村旅游促进共同富裕的内在动力，发挥了村民参与旅游开发的积极性和主动性，激发了乡村振兴内生动力，实现了乡村旅游共建共享。

二、政府支持，优化环境，扶上马送一程

干江镇围绕变"美丽风景"为"美丽经济"，鼓励各村按实际情况挖掘包装一批"一村一品"的特色旅游项目。政府投入资金进行美丽乡村建设、四好农村路建设，来游玩的游客不断增多，这为村民入股开发旅游项目奠定了信心。几年来，单就上栈头村，交通部门累计拨款近300万元用于修建、拓宽村道和建造防护设施等。2021年，政府共投资1000余万元，打通了村庄间断头路、新建了串联景区的道路、改造及拓宽了原有道路。这些财政资金的投入为干江镇乡村旅游推出"股权众筹"改革以及乡村旅游开发创造了良好的支持要素。不仅如此，镇里还设立了乡村振兴专项资金。干江镇每年设立500万元乡村振兴基金助力美丽乡村建设，明确专项资金重点用于农村公共基础设施、农村公共服务体系等，使资金使用方向更加项目化、明细化，目的是缓解乡村振兴"钱从哪里来"的压力，发挥镇财政政策资金的引导作用，通过精准发力，持续发力，为撬动社会资本进入干江乡村振兴领域打造良好软硬件基础。

三、榜样带动，片区联盟，不断延伸股权众筹模式

2018年首先在上栈头村开始的股权众筹模式进入实践阶段，三个月后第一次分红，980位村民的分红总额为98万元，入股村民暖在心里，这让更多村民有入股愿望。总投资达4500万元的滨海观光小火车、玻璃漂流的新项目随之建设，新项目仍然按照股权众筹模式融资，满足了更多村民的投资欲望，更多人成为新项目的股民。之后，高山花草、呐喊平台、悬崖秋千等诸多旅游业态项目逐一落地，还有11栋原生态满满的石屋成为党建教育、文创中心。在上栈头村的榜样带动下，周边村的村民也向村干部提意见要求搞旅游开发，倒逼炮台、垟坑村、白马岙等村的村干部，联合上栈头村建设滨海观光小火车、滨海露营基地、海底火山温泉山庄等项目，但由于投资成本相对较大，项目允许少量社会资本入股，而村集体每年以3%分红的股份合作制，即采用"多村联建、股份均分"等共建共享模式，又成为乡村旅游股权众筹模式中创业创新机制的"拓荒者"。之后，干江镇通过片区党建联盟、红色头雁联盟、动员群众联盟，实现了多村联合和片区联盟，打造乡村振兴共同体，促进股权众筹模式不断延伸，形成了股份众筹多种类型。

四、精准扶持，差异化发展，降低旅游市场风险

针对乡村旅游的多点发展，干江镇专门成立台州市首个乡镇层面的"乡村振兴办公室"，统筹推进全镇的乡村振兴工作与"股权众筹"改革，谋划整合打造国家4A景区。同时，通过分片区指导各地开展乡村旅游。垟坑村乐园运营一年来，由于缺乏有效的营销手段和项目策划节假日游客云集，非节假日门可罗雀，针对这一现象，乡村振兴办公室通过网络大数据分析、实地考察、邀请专业设计团队等方式，把脉问诊，开具"药方"，通过引进小龙虾项目、建设春游研学基地、开设真人CS挑战拓展项目，促进垟坑荷塘乐园起死回生。针对村民"入股易、经营难"的现实，政府成立专门的旅游公司，创新乡村旅游运营方式，并以"悦来干江"为主题，成立干江镇文旅集团，在片区内成立干江追梦旅游发展有限公司，下设浙江栈头渔村旅游开发有限公司等4个子公司，负责各个区域的振兴项目日常运营，实行专业化运营，村民作为股民无须参与运营。为了避免镇区乡村旅游项目同类竞争，全镇实行项目差异化建设，按照"一心一带、三区九明珠"的空间布局，重点推出以休闲游乐为主打旅游产品，明确不同村庄不同的产品主题，避免恶性竞争和重复建设，因地、因阶段、因项目推行"股权众筹"改革，全面推进乡村振兴。

干江镇的成功经验启发我们，"干江模式"操作简单、成效显著，在浙江乡村可复制、可推广。在基层党组织的带领下，乡村旅游发展可以从过去简单的由社会资本主导的"效益型"向集体和村民主导的"共富型"转化，在做大共富蛋糕的基础上，画好政府、社会资本、集体、村民、乡贤等要素主体的共富蓝图，让集体、村民成为主人，实现集体用心、游客舒心、村民安心、政府放心的产业共富新图景。

（本章内容曾刊发于文化和旅游部《文化和旅游决策参考》2022年第7期）

第二十二章

关于打造"和合文化世界级旅游景区"的若干建议

第一节　创建世界级旅游景区正当其时

自国家"十四五"规划提出建设一批富有文化底蕴的世界级旅游景区和度假区以来，文化和旅游部已经开始着手制订《世界级旅游景区建设指引》，创建活动将在全国铺开。浙江省"十四五"规划指出，推进旅游经济强省建设，高水平建设四条诗路文化带，启动打造一批世界级旅游景区和度假区，大力促进旅游消费，振兴入境旅游市场。《浙江高质量发展建设共同富裕示范区实施方案（2021—2025年）》更是将世界级旅游景区创建提升到共同富裕的战略高度。

浙江省具有发展潜力的世界级旅游景区和度假区总体数量偏少，吸引长线乃至入境游客的能力偏弱，入境旅游一直是浙江旅游发展的短板。作为下辖市，台州旅游业国际化水平不高，在国际上有影响力的旅游景区更是缺乏。以天台山、神仙居、台州府城三个高能级旅游景区为基础打造"和合文化世界级旅游景区"，不仅有助于浙江旅游高地建设，提升旅游国际竞争力，而且对于完善全省旅游空间布局具有重要意义。该区块位于浙江中部，向南可以与温州雁荡山景区相连，向东可以与横店影视城、缙云仙都景区连接，6个5A级景区构成了浙江旅游的核心板块，与西湖—千岛湖、宁波—舟山普陀山、环太湖江南古镇（乌镇—南浔古镇等）、浙闽赣皖国家生态旅游协作区通过四条诗路旅游带的纵向连接，构成浙江高能级旅游四大板块。因此，"十四五"期间，以创建世界级旅游景区为目标，对有基础、有潜力、有条件的高等级景区进行一体化整合，实现浙江国际化旅游的"大突围"，意义重大。

创建"和合文化世界级旅游景区"基础良好。和合文化是中华传统优秀文化的重要组成部分，是构建人类命运共同体的文化内核。台州是和合文化的主要发源地。天台山两位神仙寒山与拾得被称为"和合二圣"。和合文化博取多元文化之长，兼收儒释道的精神，形成圆融和合的文化信仰和道德规范。天台山素有"佛宗道源"之誉，佛教天台宗在日本、韩国影响广泛，国清寺是日本、韩国天台宗的祖庭。天台山还是道教南宗的祖庭，天台张伯端（紫阳真人）被尊为"南宗始祖"。

从资源条件看，天台山—神仙居—台州府城是台州市域范围内旅游资源禀赋最优越、发展基础最好、距世界级景区最接近的三个景区。该区域拥有神山秀水的自然景观，天台山、神仙居和台州府城都是国家 5A 级旅游景区。天台山有天台山大瀑布、石梁飞瀑等知名景点；神仙居是世界上最大的火山流纹岩地貌集群，气象恢宏，极具视觉冲击力；台州府城有著名的江南长城、紫阳街等历史人文景观。从空间结构看，三地地理空间相连，旅游优势互补、体量相当。通过世界级景区建设，还可整合该区域内的神仙文化、济公文化、霞客文化、诗路文化、抗倭文化、海防文化、美食文化等特色地域文化。

根据文旅部《世界级旅游景区建设指引（征求意见稿）》（设置参考总分值为 1000 分，包括三方面内容、八项要素、二十九项指标），对和合文化世界级旅游景区进行初步打分，台州府城和天台山在 601~700 之间，属于待完善级，总体上符合世界级旅游景区基本条件；神仙居在 701~800 之间，属次优先储备级；三者均有短板，且短期内很难弥补，单靠自身很难创建世界级旅游景区。单兵作战必然会导致内部无序竞争，但如果联合作战，就会产生规模效应。整合之后的和合文化大景区，有望位列 801~900 优先储备级别，创建世界级旅游景区的可能性大大提升。

第二节　存在的主要问题

当前三大景区尚没有实现优化整合，各景区体量不够大，现代产业体系、产品结构都存在一些短板和不足之处，远距离客源市场竞争力不够强，距世界级景区尚有不少差距。

一是旅游产品相对单一，缺乏有世界影响力的旅游吸引物。天台山景区阳春白雪、曲高和寡。国清寺和天台山客源市场相对狭窄，在普通游客中知名度不够高，尚未形成更加深远的国际吸引力。和合文化和济公文化较为接地气，但没有形成可游览可体验的产品。天台县全县旅游资源丰富，但都属于"散装"产品，难以有机整合。神仙居景区是台州最具世界级潜力的观光型资源和产品，但文化内涵偏弱，海外知名度低，旅游产品以自然观光为主，整体留客能力较差；周边高端度假休闲运动类产品配套不足，"中国山水画城市"缺乏转化为经济价值的业态组合。台州府城景区属于遍在性资源，独特性不够，特色提炼不鲜明、宣传缺乏针对性。原本在旅游市场上具有较高影响力的"江南长城"景区被更改名"台州府城墙"后，市场引流作用急速下降。

二是旅游品牌国际影响力弱，客源市场范围狭窄。良好的资源品位并没有及时转化为市场竞争力。当前该区域的旅游品牌和客源市场仍是最大的短板，营销、推销、分销渠道匮乏，服务人员缺乏外语交流能力，缺少外语导游、国际品牌文创商品。旅游产品在国际上缺乏知名度和经销商，甚至在华东以外的国内市场影响力都不大，主要客源市场是江浙沪，华东地区都没有全面覆盖，入境旅游市场更是不值一提。

三是区域内旅游交通连接不完善，公共服务能力尚待提升。随着甬台温高铁、金台铁路、杭台高铁的开通，杭温高铁的即将开通，外部交通正在全面改善，三地融入杭州都市圈和长三角城市群的能力迅速提升。但区域内部交通的问题更加凸显，尤其是天台山和神仙居的联系弱，可达性差，组织旅游线路存在不少困难。景区内部停车难、上山难的问题更加凸显。旅游公共服务欠缺，自驾旅游交通不够便捷，相关配套设施及城市旅游功能不完善，在适应游客多层次、全方位的需求方面还有差距。

四是合作机制不可持续。自2002年以来，三地在旅游市场开发上就进行过不少合作，曾经推出的"新天仙配·长城作证"合作项目，在市场上产生了积极影响，但因为各方面条件尚不完善，旅游线路产品不完善，加上体制调整、人员变更等，后来没有持续下去，十分可惜。与十几年前相比，现在的交通条件、景区建设、旅游服务等各方面要素都有了天翻地覆的变化，高铁实现了覆盖；辖区内的神仙居如意桥、天台山大瀑布、临海古城紫阳街等网红景区，开始成为"爆款"产品；三地的国有旅游集团等经营主体都已经运营多年，合作经验比过去更加丰富，合作打造世界级旅游景区和度假区的基础更加扎实。

第三节　创建"和合文化世界级旅游景区"的若干建议

一、明确发展目标

坚持以"八八战略"为指引，立足浙江"三个地"的政治优势，贯彻落实全省大花园建设行动计划，服务浙江高质量打造共同富裕示范区，以天台山、神仙居、台州府城联合打造世界级景区为契机，以"十四五""十五五"为时间节点，全面加强文化遗产和生态环境保护，全域推进文化旅游深度融合，打造浙江、台州文化旅游金名片，形成儒释道三教和合、天地人三才并举、仙佛城三生融合、文旅体三位一体的，具有国际影响、中国气派、浙江特色、台州味道、古今辉映、诗画交融的世界级旅游景区、国家文化公园，构建景观全域优化、服务全域配套、治理全域覆盖、产业全域联动、成果全民共享的世界级全域旅游大景区。

创建"和合文化世界级旅游景区"可以本着"先易后难、逐步推进、滚动发展、着眼未来"的思路，分为三个阶段实施。

第一阶段，"十四五"时期（2021—2025）建设成为旅游协作区。这一段的任务是：统一线路整合、统一营销和统一服务标准。重点补齐区内交通、接待设施等短板，树立统一的旅游形象和接待服务体系。投资经营上仍由三县（市）旅游集团各自独立投资经营核算，自负盈亏。"十四五"末，世界级景区建设的硬件体系全面完善，合作机制全面形成，知名度全面提升，客源市场规模扩大两倍以上。

第二阶段，"十五五"时期（2026—2030）建设成为旅游联合体。在这一阶段，要发挥核心景区的引领作用，构建天台山、神仙居、括苍山名山公园体系。高速、铁路、航空多管齐下，构建三地核心景区快速通道，缩短天台山景区至神仙居景区的通达时间，打造"串珠成链""快进慢游"的立体化旅游交通网络。世界级景区知名度明显提升，在吸引长距离游客和国际化水平上实现实质性突破。

第三阶段，"十六五"时期（2031—2035）旅游一体化全面建成，统一投资、统一运营、统一管理。这个阶段要在规划、建设、管理等方面进行融合，不断深化旅游机制体制改革，整合组建旅游区管理机构，实现一体化规划、一体化建设、一体化管理、一体化营销、一体化发展的新格局。

二、实施差异化发展战略

在创建"和合文化世界级旅游景区"过程中，要打破行政区划界限，通过资源、设施、市场有机整合和优化配置，实现产业、功能、空间、机制的一体化发展；避免同质竞争、减少重复建设，提高景区运营效率和整体竞争力；转变观光为主、门票经济的传统发展模式，倡导文旅融合的多元产品路径，提升开发品质，打造独具特色的文化品牌和生态品牌；摆脱路径依赖，创新产品、业态、管理、营销模式，走出一条"1+1+1＞3"的创新型发展道路。

三个景区要根据比较优势原理，实施差异化竞争战略，实现生态位错位竞争，避免内耗，增强整体实力。天台山的核心是"文化"，在主题上主打"天地人"中的

"天"，"儒释道"中的"释"，在功能上是整个大景区的"文化担当"和"形象担当"，是大景区国际化的突破口，是招徕国际游客的形象大使。神仙居的核心是"风景"，定位于"天地人"中的"地"，"儒释道"中的"道"；"地"代表神仙居的核心资源流纹质火山岩地质地貌，也象征着人间仙境；道家的内核是自然，是超脱，是隐世，是求仙，符合神仙居的资源禀赋和开发方向；神仙居是颜值担当和人气担当。台州府城的特色是"生活"，文化内核定位于"儒家"，资源特色是"人"；台州府城的资源特色是古城、古街、民居，是世俗市井文化，是"古城下的生活"；功能上，台州府城历史上是台州地区的政治中心、文化中心和交通中心，代表了台州文化的底色，是大景区的"气质担当"和"门户担当"。

三、构建富有竞争力的旅游产品体系

主要有山地观光产品和科普研学产品两大类。

山地观光产品。加快推进神仙居扩容提质建设工程，向周边拓展，设置多处出入口，建设索道、电梯等垂直提升设施连通峡谷与山顶。加大天台山大瀑布和琼台仙谷景区的整合力度，改善交通条件，加强华顶、石梁飞瀑、赤城山的融合和一体化发展。加快推进台州府城北固山、巾山的景观改造，实施括苍山名山公园项目和桃渚景区微改造精提升。

文化体验产品。台州府城区块重点推进北固山北侧区块和紫阳街历史文化展示区改造、灵江一桥至揽胜门台州府城墙修缮等项目建设，有步骤地恢复台州府城的整体格局，重现古城的整体风貌；在永丰镇三江口地区，建设电竞游戏小镇，以抗倭文化为基础，借助《王者荣耀》《江南百景图》等热门游戏，建设游戏实景地。天台山区块实施天台山和合小镇建设项目，加快建设云端·唐诗小镇，推进司马承祯养生园标志性文化工程建设，加快济公文化园、寒岩、明岩景区建设。神仙居区块建设观景台、远眺望远镜、灯光效果等手段，努力提升观音峰的旅游体验和观赏功能；在观音峰对面地块兴建观音台，彰显"有求必应"的观音文化。

夜间休闲产品。以台州府城、紫阳街为基础，打造夜游产品体系，实现"夜景、夜演、夜娱、夜购、夜宴、夜宿"的"六夜"旅游要素全贯通，推出"古城月夜"品牌夜游产品。优化天台山、神仙居沿江沿湖夜光步道、文化创意绿道、桥梁亮化工程等沿江夜间活动配套设施，融合光影艺术，打造生态夜景观和幽静舒适的亲水步行街，推出始丰溪（始丰湖）夜游、永安溪夜游、如意湖夜游、灵江灵湖夜游等夜游产品。

文化演艺产品。神仙居和天台山联动打造以寻仙、遇仙主题山水实景演出项目，

采取系列剧的形式，共同做大品牌，打造遇仙系列主题实景演出。台州府城则以抗倭文化、江南长城为主题，以室内剧场为平台，打造小众化、沉浸式、参与性的文化演艺节目。

康养度假产品。神仙居旅游度假区建设养生 SPA 养生度假基地、生物健康疗养中心、温泉度假小镇，共同打造优质的健康产业孵化平台和国内专业的特色大健康区。天台山区块充分利用和合小镇、云端唐诗小镇、寒山小镇和桃源小镇的土地和空间资源，重点布局温泉康养、休闲度假、养生养老等业态，推进天沐温泉、蓝城颐养等项目；依托星野嘉助酒店和四季冰雪主题乐园，建设酒店、民宿和度假村集群，打造清凉度假小镇，建设天台山国家级疗休养基地。台州府城区块利用新荣记本店的号召力，打造世界级的营养、养生、药膳、美食之都，开发美食之旅、健康之旅、舌尖上的台州、临海味道、快乐朵颐、幸福味蕾等美食产品；利用古城闲置民居资源，发展民宿和国际青年旅舍，依靠亲民的价格，招徕国内外背包客入住，聚拢人气、吸引流量、提升口碑，打开国际和国内长线市场。

户外运动产品。大力支持括苍山柴古唐斯，打造山地越野运动顶级赛事；举办中韩登山大赛、国际扁带挑战赛、绿道国际马拉松等体育赛事，开展登山、攀岩、越野、露营、溪降、马拉松、自行车等多种专业体育赛事，做中国户外运动的窗口、世界一流的体育赛事旅游目的地。

科普研学产品。大力发展研学旅行，建立适合市场需求的研学旅行产品体系，培育一批科普教育、历史文化等研学旅行营地和精品线路，致力打造融合中华和合文化、诗词文化、佛道文化、儒家文化、徐霞客文化等优秀传统文化于一体的国家级研学实践教育基地，建设天台山和合文化、仙居国家公园生物多样性、台州府城海防文化等研学旅游基地。

四、构建便捷的交通组织体系

外部交通：加快构建便捷高效的"快进"交通网络。加强机场、高铁站（火车站）、汽车站等交通枢纽和旅游集散中心至天台山、神仙居、台州府城的巴士专线服务，联合组织统一的旅游巴士公司，开通"旅游直通车"，实现游客在机场、高铁站、汽车站与景区（点）间无缝换乘。

内部交通：构建"慢游"与"快进"相结合的交通网络。利用"微改造、精提升"的政策机遇，重点对 G104 国道、G351 国道和 S323 省道加以旅游化提升改造，拓宽、绿道改造，并根据需求增设骑行道、步道和观景台等慢行设施，因地制宜建设美丽公路、旅游风景道、绿道网络，将 G104 国道、G351 国道和 S323 省道打造成具有通达、游憩、体验、运动、健身、文化、教育等复合功能的主题线路。新建临海、天台、仙居三个 A2 类以上通用机场，神仙居、天台山两个 A3 级通用机场（含直升机起降点）。推动神仙居飞翔小镇的建设。

五、构建坚强有力的政策保障体系

创建世界级旅游大景区，需要更高层级党委政府统筹协调，超越县域层面的自立自发的行政行为，在规划、资金、遗产申报等重点工作上形成强大合力。

提升体制整合能力。省级层面，要加强创建工作的指导，将世界级旅游景区纳入培育名单，资源倾斜，并赋予更多的地方主导权；市级层面，成立台州市领导牵头的创建世界级景区工作专班，加强战略研究，统筹谋划、协调推进世界级景区创建。县级层面，要构建实体化运行的机构，建立世界级旅游景区发展联席会议制度，由三地政府轮流担任轮值主席。企业层面，可由台州市和三地国企平台牵头、相关文旅企业共同参与的联合体，统一负责对内交通和产品销售。

加大资金投入。争取国家、省、台州市等多方资金，在基础设施建设、人才队伍建设、旅游推广基金、奖励基金等方面加大资金投入，提升世界级景区建设和管理水平。探索建立入境旅游产业促进和发展专项基金，提振入境旅游。

培育、申报和合文化国家文化公园。三景区空间集聚度高，整合难度小，具备集中打造中华文化重要标志的有利条件。可以天台山为主轴，神仙居、台州府城为两翼，联合打造国际知名的国家文化公园。创建成功后实施国家文化公园集中统一管理运营，统筹保护与传承利用。

积极推进世界遗产申报工作。台州府城联合申遗已列入预备名单，台州要加强与兄弟城市的合作，争取"中国明清城墙"尽早申遗成功；浙东唐诗之路申遗尚无明确日程表，要加强与相关单位协商，争取尽早列入预备名单；仙居县要统一思想、放下包袱，实质性启动神仙居世界自然遗产申报前期工作。

（本章内容曾刊登于《浙江社科要报》2022 年第 21 期）

第二十三章

浙江县级文旅机构改革以来取得的
成效、存在的问题与对策建议

　　行政体制改革是文化和旅游高质量发展的重要推动力。党的十九大以来，以习近平同志为核心的党中央高度重视文化建设和旅游发展，对文化和旅游融合发展做出一系列重要部署，着眼于完善党和国家的领导体制、组织体系，做出了改革文化和旅游领域体制机制的重要决定，构建了文化和旅游工作新的组织体系、管理体制和工作格局，开创性地推动了文化和旅游领域治理体系和治理能力现代化的进程。

　　县级文旅机构改革是全国文旅机构改革的关键点、着力点和落脚点，其成效如何，关系国家改革发展大局。为科学评估浙江县级文旅体制机制改革近四年来的成效与存在的问题，崔凤军教授领衔的台州学院课题组，承担了国家社科基金项目"县域文化和旅游融合体制机制运行质量研究"（项目编号：21BH148）。课题组自 2021 年4 月以来组织了一系列专题座谈会、交流研讨会、专家咨询会，考察调研了近 20 个县市区，完成了上千份调研问卷，广泛了解现实情况，探讨对策措施，旨在为浙江文化和旅游融合工作提供借鉴。

一、浙江县级文旅机构改革以来取得的成效

　　2018 年 4 月 8 日国家文化和旅游部挂牌、2019 年浙江省设区市及县（市、区）相继完成文旅机构改革，拉开了行政机构改革推动文旅深度融合的序幕。四年来，浙江省文旅系统按照"宜融则融、能融尽融，以文促旅、以旅彰文"的原则和理念融合、职能融合、产业融合、市场融合、服务融合、交流融合等六大融合思路，推动文旅融合逐步由磨合期向深化期过渡，进一步激发了文化和旅游市场活力和消费潜力，极大增强了文化和旅游产业转型和发展新动能，文旅机构改革不断取得新成效。

（一）从战略层面看机构改革的成效

旅游业登上了文化的"高地"。新一轮机构改革，让原本处于"小旅游"状态下的纯经济产业搭上大文化的高地，旅游管理部门成为党委宣传系统归口领导的机构，政治属性和意识形态属性增强，影响力和显示度较以往有较大幅度提升，在"双循环"和"文旅融合"的大背景下，旅游业作为国民经济战略性支柱产业的地位更为巩固，成为满足人民群众精神文化需求的综合性幸福产业，旅游业进一步融入国家战略体系，在党和国家工作全局中的地位和作用愈加突出。立足新时代文化"高地"的优势，浙江省各地党委政府大力推进文旅融合发展，嘉兴桐乡市、台州温岭市分别设立6000万元、5000万元的旅游发展专项资金；天台县委每年制定出台一个支持旅游业发展的政策性文件，推动解决旅游业发展中的重点和难点问题。

文化乘上了旅游的"快车"。习近平总书记指出："旅游是不同国家、不同文化交流互鉴的重要渠道。"旅游是分享、体验文化价值的最佳载体之一。依靠旅游"激活"地方优秀文化，是各地行之有效的做法。在文旅融合的新时代，长期"沉睡"的文化业态、文化遗产、文化精品、文化传统等，一经旅游之手，便实现了"惊人一跃"，"文化自信""文化归属感"迅速提升。用文化的理念发展旅游，用旅游的方式传播文化，文化和旅游相得益彰。温州文成县倾力打造刘伯温文化 IP，刘伯温故里成为"浙江文化标识"培育项目，2020 年成功创建国家 5A 级景区。刘伯温文化迅速升温。丽水缙云县立足黄帝文化，与境内的国家 5A 级仙都景区融合打造"诗画缙云"，彰显了中华民族"血缘始祖"的文化价值和中华大一统的精神内核。

（二）从治理层面看机构改革的成效

从中央和省级层面看，文化和旅游工作实现了从"政党引领＋政府主导"向"政党领导＋政府引导"转化，构建了文化和旅游发展整体治理的新格局。2018 年机构改革中的文化和旅游体制机制改革是文旅领域治理体系和治理能力现代化的一种实践创新。在这一轮机构之前，鉴于文化部门的意识形态属性，文化部门为政府组成部门、归口宣传部门管理，执行的是以社会效益为先的事业发展逻辑；旅游部门为政府直属机构、以推动旅游经济发展为主要职责，执行的是以经济效益为先的产业发展逻辑。改革之后，新的文旅机构建了"政党领导、政府引导、企业主体、社会组织和公众共同参与"的治理体系，形成了"执政党—国家—市场—社会"多元一体的治理结构，在调动全社会各方面积极性上发挥了更多作用，形成了推动发展的强大合力，最大限度地发挥了文旅机构改革的整体效能。

从县域层面看，各县（市、区）通过实施文旅部门归口同级党委宣传部门领导，推动了组织结构变革。采取党的工作机关对职能相近的行政机构实行统一协调归口管理，是中国特色社会主义党政体制的一个重要特色。文化和旅游部门归口党委宣传部门领导，将文化、旅游工作纳入了党委工作体系，在组织和制度保障上强化了党对文化和旅游工作的领导，也进一步提升了文旅部门的政治地位，扩大了文旅部门的影响力。

从行业监管看，新构建的文化和旅游市场综合监管格局对促进文旅行业高质量发展起到了重要作用。2018年机构改革之后，过去的文化市场监管和旅游市场监管合并成为文旅大市场监管，监管范围更广、服务对象基数更大，大多数市、县两级将文化、广电、文物和旅游监管职能纳入一个机构，为构建"政府监管、企业自律、社会监督"三位一体的旅文市场治理体系奠定了基础。在文化旅游市场的执法领域，形成了文化、文物、出版、广播电视、电影、旅游等六大领域执法权全部归口同级文化市场执法机构统一行使的格局，建立起了闭环式的文化市场执法体制。

（三）从基层运行层面看机构改革的成效

从近四年的县级文旅体制运行看，文化和旅游两个原本处在相对"弱势"地位的部门合并之后，总体变化是视野宽了、地位高了、受关注度高了、手段多了、博弈能力强了、人才储备多了。

视野的扩大，来自文化和旅游两个传统部门服务对象的拓展，来自文旅资源的跨界融合，来自不同理念的交融。文旅部门的天地更加广阔，已经蜕变为集"意识形态、社会管理和经济管理"于一体的专业性、综合性部门。

地位的提高，来自文化和旅游部门既是政府组成部门，同时又具有意识形态等政治职能，职能得以扩展，工作边界得以扩大，干事能力增强，财政拨款占比提升。特别是初步打通了文化和旅游工作部署上的"任督二脉"，在党委、政府中的地位得到了大幅提升。

受关注度高，来自群众对"诗与远方"的无限期待，来自党委、政府发展壮大旅游业与激活文化设施功能的期待，也来自文化行业和旅游行业对未来县域文旅融合发展、市场更加广大、政策更加有力、文旅相互赋能的期待。

手段多了，是指原文化和旅游部门的资源整合手段、营销推广手段、金融服务手段、监管执法手段等，在合并后都较大增强。市场、经费、政策、行业资源等保障力度，在合并后都迅速扩大。

博弈能力强了，是指文化和旅游部门在当地党政机构中的话语权、参与决策权、制衡权等得到了一定的提升。文化和旅游部门合并前，多数市、县的文化部门被称为"老单位"，旅游部门被为"小单位"，党政主要领导的关注度和重视程有限，文化部门和旅游部门的显示度和影响力也有限，文化项目和旅游项目的推进力度缓慢，文化和旅游基本上处于"孤芳自赏"状态。合并后这种状态得到了较大的改善。一个好的文旅"一把手"往往善于发挥党委常委、宣传部长和分管副县长的作用，在党委和政府两股力量的"加持"下，将事关文化和旅游发展的重大项目、重大政策、重大改革、重大平台列入党委常委会或政府常务会，纳入重大的规划"盘子"。例如温岭市在乡村文旅建设中推行"六同共建"行动，交通、农办、文化、旅游、海渔、宣传、住建、财政等十四个部门实行决策同谋、规划同制、资金同筹、项目同建、活动同搞、成果同享，实现了交通、生活、信息、安全与资金的融合与共建共享。

人才储备多了，原来分属两个部门的专业人才，在合并之后，形成了具有相对较多数量的文化和旅游人才库。同时，随着文化和旅游部门长期进行的人才培育、引进和评选活动的开展，文化和旅游人才数量每年有较大的增长。部门领导能够同时听取文化和旅游领域的专业性意见，决策水平得到提高；一些县级领导善于听取专家意见，文旅人才在推动当地做出文旅重要决策中起到了不可代替的作用。文旅人才在帮助决策更加科学的同时，也奠定了文旅部门在决策者心目中的专业地位。

（四）从资源整合层面看机构改革的成效

资源整合是文旅机构改革的基本立足点。资源整合一方面促进文化资源更好地利用旅游的"舞台"创新转化、传承传播，让文化更有活力；另一方面提升旅游产业的文化内涵，让旅游更有深度、厚度和诗意。两者在各领域、多方位、全链条深融合真融合，催生升级文化旅游空间、产品、服务、投资运营等融合，实现资源共享、优势互补、协同并进、创新共融，打开文旅融合的巨大发展空间，最终实现幸福产业、美好生活的融合。

公共文化设施转化为旅游资源。传统上，文化设施与旅游资源分属两条线。随着文旅机构融合，博物馆、非遗展示馆、文化馆、图书馆、大剧院等文化场所已经成为丰富旅游供给的重要资源，大大扩展了旅游目的地的空间。作为可为游客提供暂时性逗留和休闲参观的场所，公共文化设施可开展研学旅游，可成为旅游线路串联景点，也可通过优化建筑景观和内部符号，打造成为供游客参观的城市文化地标。此外，公共文化设施也可作为文化旅游的传播载体，打造文创产品、策划文化活动、向游客提供服务信息等，不断丰富公共文化设施作为旅游资源的功能。在文旅融合背景下，浙江"市有五馆一院一厅，县有四馆一院，区有三馆，乡镇街道有综合文化站，村有农村文化礼堂"的"百城万村文化惠民工程"，成为城市旅游和乡村旅游的重要景观景点。2022年浙江省实施的"乡村博物馆"建设计划也是一个很好的尝试，对于乡村振兴和乡村文旅融合将产生积极的效果。

文化创意深刻改变过去旅游商品"千品一面"的局面。一直以来，各地旅游商品普遍存在同质化和低端化的现象，近年来，随着文化赋能旅游创新，旅游商品不断强化文化内涵的提取、提升文化软设计，诸多对接消费者现代生活需求的文创产品被开发出来。2020年，杭州市西湖区文旅局集聚西湖龙井、西溪龙舟等非遗文化打造的"萌西西""云朵朵"IP形象和文创产品，取得了良好的社会反响。舟山普陀山举办的"海天佛国"主题文化创意大赛，开发了1000个品类的文创产品，实现了对禅意文创产品的"质的突破"，改变了过去普陀山旅游纪念品千篇一律的落后形象。

文化资源通过IP转换为旅游产品。某一种文化产品的IP创意可持续实现旅游化转换和迭代。近几年，杭州余杭区借助良渚世界文化遗产的东风，以良渚文化IP为核心，整合花径灵、茶小僧、梨小六等IP形象，形成余杭文旅IP。玉环文旅部门围绕"玉环文旦"这个旅游IP，通过党委、政府主导，专业团队主营，村级村民主体"3Z"模式，加速省级特色农产品优势区创建、省级现代农业园区基础设施建设、文旦产业"接二连三"集成创新示范项目推进，创新举办"文旦旅游节"，做大做响"柚好会发光"品牌口号，做精做美"文小生旦小美"IP形象，做深做透"文旦之恋"旅游故事，利用文化礼堂、文旦花开创意园等阵地，开展各类共同富裕培训和研学活动，提倡和谐、友善的文明乡风，以数字、文创、旅游提升文旦产业价值，创成省级城乡风貌县域样板区，取得了很好的社会经济效益。

文旅融合"带火"旅游产业。"非遗进景区"不仅可以让非遗"重生"，而且让非遗传承人有了用武之地，还带火了旅游景区。温州市的泰顺县以"中国廊桥之乡"而闻名。文旅机构改革以来，泰顺县积极打造廊桥文化园文旅融合样板，推进"非遗进景区"常态化，通过政府购买服务的方式，让非遗传承人在廊桥景区定时表演提线木偶、碇步龙等非遗项目，定期进行马灯舞、陈十四信俗等表演，让游客沉浸式体验廊桥深厚的文化氛围。景区内创新打造的"我在廊桥等你"实景剧，让游客流连忘返。泰顺县首创、荣获温州最佳非遗创新奖的"非遗外卖"，让来泰顺的游客随时随地下单"点菜"，已经服务了10万人次，大大增强了游客的体验感。

（五）从产品融合层面看文旅机构改革的成效

文化和旅游产品是最重要的旅游吸引物。国内环球影视、阿那亚、拈花湾、超级文和友、陶溪川文创街区、长春"这有山"、华侨城欢乐海岸等网红爆款成功的秘诀是文旅多元产品的融合，这些融合可以概括为："文化＋科技＋旅游＋商业"或"高颜值观光打卡地＋主题功能体验＋文化沉浸式体验的新场景"。浙江省的乌镇、杭州市拱墅区大运河景区建设、台州市温岭石塘半岛等都是产品融合的样本。永康市培育"飞剑工贸"和"豪族科技"两家公司为省工业旅游示范基地，加快五金文化与工业旅游融合，形成了以方岩景区、大陈景区和中国科技五金城为主要节点的"山水＋

五金"精品旅游线路。西湖区深化数字产业文旅融合，云栖小镇"数字科技·云上逐梦"精品线路入选"建党百年红色旅游百条精品旅游线路"。

（六）从服务聚合层面看文旅机构改革的成效

旅游服务质量是一个系统工程，需要多管齐下，注重顶层设计，实现全员参与。例如，在文旅部门的推动下，浙江部分县市区将本县域的高速公路服务区变成了游客服务中心，文化礼堂变为演艺场、书店和文化体验工坊，停车场多场景转换成艺术市集、演艺广场和村宴广场，村部变为会务中心、休闲娱乐区和公共食堂，交通道变成旅游体验道。义乌市将文化馆打造成集美食体验、传统文化体验、高雅艺术体验、本地文化体验于一体的文化旅游空间。衢州市柯城区将余东村未来乡村建设与南孔画乡4A级景区建设相结合，以体现农民画为特色的"一芯、三片、一廊、多点"规划布局，打造服务融合九大应用场景，乡村文旅综合体受到了旅游市场的追捧。

机构改革之后，浙江多地均已经在数字化改革的浪潮中迈开了一大步，建立了智慧文旅平台，将图书馆、博物馆、非遗馆、大剧院、文化活动、旅游活动等公共文化服务体系信息化建设与旅游景区、票务管理、旅行社、宾馆饭店、旅游线路等融为一体。长兴县通过实施"指尖惠民"计划，让更多百姓更加优惠及便利地享受文旅发展成果，改变旅游成果单享模式为文旅体融合共享模式，部分解决了市民、游客文旅信息获取渠道杂，信息获取不完整等问题。

（七）从项目谋划层面看文旅机构改革成效

一个地方的文旅产业高质量发展，归根结底是靠项目带动。县级文旅机构整合之后，文旅局最主要的职责之一是文旅项目的招商引资，特别是引进重大文旅项目。浙江的县（市、区）文旅部门开动脑筋，逆势而上，一方面整合涉文旅等相关资金，争取专项债资金，把文旅公共服务设施作为民生事业，加大财政投入；另一方面，大力招引社会资本尤其是专业从事文化旅游行业的资本力量，使它们通过投资、兼并、并购等方式进入本区域文旅行业。同时，通过国资与专业文旅公司、社会资本共同成立文旅产业基金等方式撬动社会资本投入，形成"一揽子"投资运营运作模式。例如，玉环市旅游事业发展中心积极实施文旅项目"链式招商六步法"，形成文旅项目全生命周期招商模式，招商效果明显。

项目落地过程中，各地纷纷创新举措，探索文旅工作新机制，强化要素保障和支撑。自省政府成立旅游工作专班后，浙江各个县（市、区）基本上建立了重大文旅项目推进工作专班机制，定期召开联席会议，天台县建立文化旅游项目"标准地"出让机制，衢州市柯城区深化农村宅基地"三权分置"改革，充分盘活农村资产，松阳县探索财政资金投入"折股量化"，撬动社会资本投入，促进了文旅融合项目要素保障难题的破解。通过"旅游公路"整合资源、吸引大项目落地的案例具有典型意义。例如台州市规划中的"台州一号公路"在顶层设计中就融合了台州沿海六县（市、区）"三核、三岛、八景区"的文旅资源。湖州长兴县通过建设滨湖百里大道，将沿线的民宿、乡村旅游点、文化设施等整合进一条黄金旅游线，成效十分明显。

二、存在的主要问题

县级文旅机构改革之初，正值新冠疫情暴发之际，疫情防控成为新成立的文旅机构的核心任务之一，文旅市场经受着疫情带来的严重冲击，疫情传播风险与机构改革阵痛交织叠加，在一定程度上制约了文化和旅游的深度融合发展。

（一）部分地区的旅游工作出现一定程度上的弱化倾向

第一，部分县（市、区）旅游工作领导力量支撑不足。改革前旅游作为独立部门，权责明确，有规划、政策、资金保障，工作抓手、工作力量相对完整。旅游部门的市场化思维与文化部门的社会化思维之间差异明显。改革后，文旅局局长大多数是由文化部门主要负责人转任，其对旅游工作的把握掌控能力相对不足，难以在短时间内弥补。

第二，旅游业在文化旅游发展格局中居从属地位。改革前，旅游主管部门全权负责旅游发展，合并后旅游部门则是大部门下的一个小分支，地位下降，原旅游类职能基本融化到原来文化类科室，旅游类科室基本上仅保留资源开发职能的科室。而且，随着县级文化市场执法机构实施"局队合一"，旅游在行政上的拓展空间变小。

第三，从事旅游工作的基层力量减弱。改革前，不论机构编制人数如何，旅游主管部门人员干的都是旅游工作。改革后旅游部门有限的编制人员，处于随时调动的状态。文化事业是上级党委政府有明确要求的、必须要干的刚性工作，相比旅游工作其地位更重要。在遇到工作冲突时，县级文旅机构必然会将有限的力量调配到文化领域，旅游工作的力量"此消彼长"。

第四，部分县（市、区）旅游工作在决策层面上的话语权弱化。过去旅游部门作为一个独立机构，在参与党委政府决策时发挥着一定的参谋作用，并承担着一定的落实责任。但合并后，旅游工作作为文旅部门其中一项工作，单独发声的机会比以往少，进入党委政府决策的机会更少。旅游工作是典型的政府主导型，如果不能取得党委、政府的重视和支持，很难实现新的突破。乡镇层级是浙江旅游发展的中坚力量，乡镇分管领导抓落实的能力水平直接关系到当地旅游业发展水平。从调查情况看，目前旅游工作归口宣传部门领导，大部分旅游乡镇的旅游工作由乡镇宣传委员分管。在乡镇领导的行政序列中，乡镇宣传委员资源调控能力相对缺乏，在调动力量、谋划项目、争取上级支持处于弱势，一定程度上制约了当地的旅游业发展。

第五，服务旅游企业的动力和意愿下降。旅游企业作为旅游市场主体，是旅游业发展的主力军。机构改革前，旅游部门的全部精力放在提升旅游行业的地位上，扶持、指导旅游企业发展是旅游部门义不容辞的责任，政企关系也比较密切，一大批长期从事旅游管理的公职人员本身就是旅游专家，经验丰富、指导有方。机构改革后，这批富有经验的人马基本上调配到其他领域，对旅游管理不熟悉的人员接管这摊工作，对旅游企业的管理和服务处于"油水分离"状态，旅游企业所获得到政策支持明显减少。

（二）文化工作的主体责任落实依然存在差距

县级文化部门虽然是"老牌"部门，但是一直由宣传部门归口领导，独立性相对不强。文化和旅游部门合并之后，文旅局的地位有了一定的提升，但文化工作依然是在宣传部的直接领导下开展工作，相对而言，主体责任感不强。文旅部门中层干部的任命需要宣传部批准（或备案），局党委（党组）的主体责任受到一定程度的限制。局主要领导在如何协调处理县委常委分管、政府领导联系、宣传部门归口、政府负责的问题上多难以把握。文化工作体制没有出现大的飞跃，仍然停留在"小文化"上，"为宣传部打工"的局面基本没有改变。事实上，文化产业与旅游业的结合最为现实，但文旅局工作职责无法覆盖，在相当程度上制约了文旅融合工作的开展，这也是部分县域的文旅融合工作进展相对缓慢的重要原因之一。

（三）文旅机构整体运行质量还需要进一步提升

文旅机构整体运行还存在以下几方面的问题。

第一，磨合时间过长。旅游有旅游的逻辑（主要是产业逻辑、市场逻辑），文化有文化的逻辑（主要是事业逻辑、公益逻辑）。由于文化事业、旅游产业之间"泾渭分明"，短时间内两家很难在理念上达成一致意见，在决策上短时间内必然难以达成共识。

第二，整合资源的能力没有提升。鉴于旅游资源的综合属性，文旅资源分布在各个部门管辖，包括建设（风景区、园林）、水利（水利风景区）、农业（乡村、农家乐）、民宗（宗教场所）、林业（森林公园、湿地和植物园等），新成立的文旅局并没有实现对这些资源的管辖和指导，导致这些旅游接待服务设施长期游离于旅游部门之外，文旅部门整合资源的能力并没有得到更多的提高。

第三，依法行政出现新矛盾。随着社会经济发展，渔家乐、乡村旅游、民宿、玻璃滑道、玻璃桥等各种新业态层出不穷，旅游工作边界越来越模糊。而目前地方政府实行网格化社会管理，每件事项要求主管部门认领，特别是安全责任。旅游部门除A

级景区、旅行社、星级饭店是明确的管理对象外，其他游览项目还存在边界不清、职责不清的情况。特别是涉及安全领域，文旅部门缺乏必要的技术能力、足够的人员承担日常的管理和安全检查。相应的法律法规也缺位，无法依法实施管理和处罚。机构改革后这一尴尬局面没有得到很好的解决。

第四，各类"创建"、考核、检查过多，严重影响部门工作绩效。上级部门对县级文旅机构的各类考核、检查名目繁多，对新冠疫情期间经济恢复增长的要求过于急功近利，考核内容、指标多达几十项，每月排名，县级文旅机构"压力山大"，各类汇报材料、数据统计难以应付。况且这些指标需要到县级各部门收集，需要乡镇积极配合、盖章，其中的协调难度较大。这是文旅局作为一个新生部门难以承受之苦。

（四）部分县市区机构改革还不彻底

在2019年的县市区文旅机构改革中，部分县市专门成立了旅游事业发展中心（一般是正科级事业单位），初衷是为了保持旅游工作职能的相对独立。例如，2019年8月，台州玉环市撤销了旅游局，更名为"玉环市旅游事业发展中心"（以下简称"中心"），为正科级事业单位。从近四年的运行情况来看，文旅局和"中心""两张皮"现象突出：一是同级部门归口管理，"中心"同时归口市委宣传部和文旅局；二是干部交叉管理，"中心"主任兼任文旅局党组副书记，对内不承担行政分工，"中心"中层干部实行文旅局备案管理，增加了许多不必要的环节；三是分管条线不一，"中心"由副市长分管、宣传部长联系，文旅局由市委常委、宣传部长分管、副市长联系，但所有的工作均需向两位领导请示汇报，一旦处理不好就造成领导之间的隔阂，导致文旅局和"中心"主要负责人如履薄冰；四是职责交叉不清，根据机构改革要求，"中心"原有的旅游行政审批、行政执法的职能划归给了文旅局，但在实际工作中"中心"基本上承担了有关旅游的所有工作职责，包括旅游经营活动管理和旅游行业安全生产监督管理等；五是上下联络不畅，"中心"与文旅局分设，上级部门部署工作时导致"两张皮"；六是文旅工作融合度不高，由于"中心"与局机关分离，导致文化和旅游工作融合度也相对不高，少有的几项相关融合成果，如《玉环市"十四五"文化和旅游发展规划》，是在两个部门的主要领导协调推进下花了巨大的精力搞出来的，但从规划具体内容来看融合还不到位，仅空间布局就有两种不同的模板。上述情况在浙江省不少县（市、区）不同程度地存在。二十大之后，中央提出文化和旅游深度融合，这一状况已大为改观。

产生以上问题的原因是多方面的。一是因为原文化和旅游系统干部因思维差异、工作理念分歧造成队伍融合不畅的问题，需要更多时间来磨合；二是文化和旅游在县（市、区）的地位、工作属性的不同导致工作重心偏向问题，需要党委政府主要领导带头"纠偏"，分管领导亲力亲为，文旅部门当好参谋助手；三是县（市、区）文旅复合型人才不足导致文旅融合、主客共享理念难以落地问题，需要外引内培、大力支持专业人才队伍的成长壮大；四是部门主要领导能力素质不高导致改革成效不显著问题，需要党委组织部门选好配强领导干部，尤其是"一把手"，搭建政治素质高、结构合理、开拓进取的班子队伍。

三、关于进一步完善浙江省县级文旅机构改革的建议

（一）笃定改革初心坚定不移推进文旅机构改革

文旅机构改革是党中央高瞻远瞩做出的重大决策，展现了高超的领导艺术和魄力。通过机构改革推进"文化事业、文化产业、旅游业深度融合"，是实现文旅融合的重大突破口。县（市、区）作为文旅工作的前沿，是落实中央决策部署的"最后一公里"，必须从讲政治的高度理解中央决策，从讲担当的高度执行中央决策，从以人民为中心的角度贯彻中央战略布局。文化和旅游融合不是"拉郎配"，组建文化和旅游机构只是体制融合的开始，下一步的重点在于充分整合和发挥资源融合、产业融合、人才融合、资本融合的优势，推动文化和旅游的高质量发展。尽管县（市、区）文旅机构融合过程中存在较多困难，但我们应当看到，这是发展中存在的问题。文旅融合不是"时尚"，不是一时一势，不是此消彼长，而是大局、趋势、未来，必须坚定改革初心、坚定不移推进文旅深度融合。

（二）重点理顺六个方面的关系

一是要理顺党委、政府的领导关系。在对文旅工作的领导分工上要自上而下统一明晰党委和政府的职责分工。鉴于县级文化和旅游工作的特点，根据温州市平阳县、泰顺县、苍南县等地的经验做法，我们建议：文化工作延续传统做法，由党委常委、宣传部长分管，政府领导联系；旅游工作由政府领导分管（旅游重点县由常务副职分管），党委常委、宣传部长联系。文旅部门的分管领导为党委常委、宣传部长。常委和政府副职互为 A、B 角，相互支持补位。

二是要理顺文旅部门与宣传部门的关系。根据上级要求，文旅部门归口宣传部门领导，但归口管理不等于上下级关系，为此，需要进一步厘清宣传部门与文旅部门的职责，避免职责不清带来的互相推诿和"内卷"现象。宣传部要充分信任文旅局党委（党组），在干部任命、对上请示、工作谋划、危机处理等事项上要充分让权。宣传部的机关科室不是文旅局的上级单位，不应当以"把关"的名义当"婆婆"事事指挥，而是要增强文旅局的独立性、主动性。鉴于旅游业与文化产业的高度关联性，建议将文化产业规划管理工作职能从宣传部门调整到文旅部门。

三是要进一步理顺文旅部门与党委、政府其他部门关系。文旅虽然合并了，但在领导重视程度和人员配备上仍然存在着"小马拉大车"的问题，与发改、财政、公安等大局相比，协调能力差距比较大。文旅融合不是文旅部门一家之事。要树立大文旅一盘棋意识，建立大文旅工作责任机制，由各相关部门各负其责，分工协同。同时，避免因过分强调文旅融合而忽视和弱化了旅游、文化与其他领域的融合。要解决上述问题，建议在县（市、区）党委、政府层面成立"文化和旅游工作委员会"，由党政主要领导挂帅，建立"虚拟机构、实体运作"的工作机制，文旅委主要发挥指导协调督查考核作用，并具体负责重点风景名胜区、重大宣传营销及一批重大旅游项目；建立旅游工作专班，及时掌握和解决旅游发展中的重要问题，采取县领导领办、专班督办、部门联办、责任人即办的制度；出台涉及全县性的旅游政策文件，设立专项资金，强化要素保障；同时，要对其他部门的职责予以明确，例如，要明确乡村旅游由农村部门牵头负责、工业旅游由经信部门牵头负责、农业旅游由农业部门牵头负责、交通旅游由交通运输部门牵头负责、商贸旅游由商业贸易部门牵头负责，明确自规、环保部门在环境资源、发改在文旅投资方面的责任，文旅部门协调配合。

四是要理顺文旅部门与地方国有文旅企业的关系。目前各县、市基本都建有旅游公司、文旅集团、交旅集团等国企，由于受财政、交通、文化等多个部门分管，有时文旅部门对文旅国企缺乏有效的调控力，容易出现配合不畅甚至相互掣肘的现象，为此，建议文旅类企业业务上归属文旅部门指导。

五是要理顺文旅部门内部关系。文化和旅游线的工作力量要相对平衡，上级部门要统筹考量科室设置、岗位设置、领导力量及人员配置，在分管领导、科室和人员数量上根据工作性质和工作任务量做出安排。对于一些旅游大县，更要充实旅游线上的力量。要明确工作职责，避免科室之间工作"打架"现象。加强文旅线人员之间的轮岗交流、文旅复合型人才包括企业家培训培养，采用少而精的工作专班形式整合内部和各职能部门力量。要加强文旅部门班子配备，注重文旅部门班子的年轻化和专业化建设。根据我们的研究，机构转型时期县级文旅机构一把手的选择，从人格特质而言，处于第一位的是协调和领导能力，其次是专业学习和综合能力。考虑到 Z 世代、千禧一代的年轻人是未来旅游主力，新形势下文旅高质量发展需要新理念、新思维、新担当，文旅部门一把手的配备应走向专业化、年轻化，从原来重安排干部转向凭事业用干部，同时，要充分考虑任职的相对稳定性（应当不低于三年）。

六是要理顺文旅部门与旅游发展中心的关系。为保障旅游工作的力量，建议各县（市、区）设立参公事业单位"旅游事业发展中心"，与文旅局合署办公，两块牌子一套班子（避免"两张皮"现象）。设置合适的领导和工作人员编制，解决工作力量不足的问题。

（三）着力营造形成县（市、区）文旅工作新氛围新机制

要建立良好的工作机制。一个融入全市、全县发展战略和中心工作的好规划、一个高规格的组织领导机构、一个跨部门的集中专班、一个高规格的工作群、一份高规格的政策文件、一次高规格的会议、一项充足的资金安排、一次高规格的督查和大力度考核、一个党校主体班次培训班、一大批高层次高密度的宣传以及一次人大政协主任主席专题会议的支持都很重要。

要高度关注县级文旅部门的"内卷"问题。课题组在调研中发现，县级文旅局虽然总体上看仍然是个"小部门"，但"内卷"问题十分突出。一是各类检查、考核、评比应接不暇。上级出题目，下级搞材料；上级来检查，下级搞台账；上级搞评比，下级搞公关；上级要指标，下级报数据。这使得部门工作集中在准备文字材料上，加班加点做台账、填报表，做得好不如说得好，花费大功夫在遣词造句上，在干实事上用力严重不足。二是经验推广不切实际。推广好的经验是文旅融合发展的重要抓手。但从调研情况来看，有的地方为了创新而创新，拍脑袋出点子，条件不够，给基层定下不切实际的数字指标；有的创新举措单纯是为了"造亮点"，为领导"长面子"，不解决任何问题，热衷于搞包装、玩文字游戏。三是层层加码。省里"五个一"，市里"六个一"，到了县里就是"十个一"，看起来数字越大越"重视"，而且增加了台账、文字总结、调研报告等要求，基本负担严重，这也是各地普遍喊着"人才不够"的根本原因（所谓人才不够，主要就是能写好材料的人员少）。有的地方将简单事情复杂化，能口头汇报的要文字材料，能发个通知就解决问题的要求发文件。看起来越来越"规范"，事实上因为县级部门事多量大，造成公权力被"内卷"，基层干部"怨言"颇多。为此，需要上级部门坚决落实中央有关规定精神，真正为基层减负，为干部撑腰，为事业担责。

（四）科学认识机构合并后的运行规律

第一，要深入理解机构改革的阵痛。任何改革都不是没有代价的（除非是"增量改革"），都面临着或长或短的阵痛期。根据国务院机构改革通知精神，我们可以看出新一轮文化和旅游管理体制改革的初心和使命是一致的，那就是"促进文化事业、文化产业与旅游业融合发展"。显然，这一重大改革是颠覆性的、革命性的。在县（市、区）层面将多个部门合并，既需要付出时间精力上的代价，也需要付出阶段性的工作代价。出现问题并不可怕。上级机关需要提高容忍度，"让子弹多飞一会"。

第二，要科学认识机构改革后的融合过程规律。任何改革都不是一蹴而就的。我们在广泛调研后提出，县域文旅机构融合存在"三阶段论"。与过去多采取的"重视一项事业单独成立一个部门"的传统做法不同的是，县域层面多将原文、广、旅、体四大职能合并为一个大部门，理论上有利于资源整合，但从物理叠加到有机化学反应，需要假以时日。其磨合成效从 1+1＜2，到 1+1＝2，再到 1+1＞2，预计经历文广旅体结合体（2019—2021）、联合体（预计 2022—2024）、共同体（预计从 2025 年开始）三个阶段。处在结合体阶段的县域文旅机构运行中存在着因为理念差异带来的"貌合神离"、因为存在着"两张皮"现象带来的"各行其是"、因为人才短板带来的"有心无力"、因为服务对象不同带来的工作布局上"各行其是"四个主要矛盾，这就需要处理好宣传部归口与政府负责的关系、党委和政府分管领导"两头管、两头都不管"的问题、传统的文化管理和旅游管理职能弱化的问题以及新机构与依然存在的旅游事业发展中心的职责分工的问题等，对此，必须正视现实，在逐步融合中实现从"你中有我、我中有你"到"我将无我"的转变。从对浙江县（市、区）的调研看，因为上级主管部门的主动作为和县市区党委政府的高度重视，大部分县市区已经相对顺利地度过了这一阶段。

第三，科学认识文化和旅游工作客观存在的差异。文化和旅游工作有其自身规律和成长态势，文旅融合不是文化和旅游工作的全部。文旅机构改革后，部门的核心工作职能没有改变。文旅融合是新发展格局下高质量发展的手段而不是目的。文化和旅游工作千头万绪，文旅融合只是其中的一部分而不是全部。创造文化精品、旅游尚品，满足人民群众期待的精神生活要求是首要任务。体制上的融合是第一步，机制上的融合是长期行为。文化资源也不是旅游资源的全部，旅游更不是文化的唯一出路，过分强调文旅融合容易造成本末倒置。文化的长期任务是建设文化大国，对县域而言是建设文化高地，实现文化公共服务均等化；旅游工作的长期任务是旅游强国建设，对县域而言是旅游业高质量发展，打造幸福产业。文化和旅游都要实施"+"战略，既要文旅融合，更要农旅融合促进乡村振兴；既要交旅融合，也要产业融合；既要数字文旅，发展智慧文化、智慧旅游，又要旅游致富，促进共同富裕。

（本章内容曾刊发于文化和旅游部《文化和旅游决策参考》2023 年第 1 期，总第 11 期）

参考文献

英文文献

ALI S, KAUR R. An analysis of satisfaction level of 3PL service users with the help of ACSI[J]. Benchmarking Int. J. 2018(5): 24–46.

ALLPORT G W. What units shall we employ?[M]// G Lindzey, *Assessment of human motives*. New York: Holt, Rinehart and Winston, 1958: 239–260.

ASHFORTH B E, MAEL F. Social identity theory and the organization[J]. *Academy of Management Review*, 1989, 14: 20–39.

AZHAR M, JUFRIZEN J, PRAYOGI M, SARI M. The role of marketing mix and service quality on tourist satisfaction and loyalty at Samosir[J]. *Revista Hospitalidade*, 2018(10): 1662–1678.

BLEIDORN W, HOPWOOD C J, BACK M D, et al. Personality trait stability and change[J]. *Personality Science*, 2021(5): 82–92.

BOWEN G A. Naturalistic inquiry and the saturation concept: A research note[J]. *Qualitative Research*, 2008, 8(1): 137–152.

BUTLER R, WALDBROOK L A. A new planning tool: the tourism opportunity spectrum[J]. *Journal of Tourism Studies*, 1991(11): 1–14.

CATTELL R B. Personality structure and the new fifth edition of the 16PF[J]. *Educational & Psychological Measurement*,1995(6): 926–937.

COHEN E. WHO IS A TOURIST?: A CONCEPTUAL CLARIFICATION[J]. *Sociological Review*, 1974, (4).

COMER D, PRESCOTT C, SODERLAND H. Identity and Heritage: Contemporary challenges in a globalized world[M]. New York: Springer, 2014.

CONARD M A. Predicting leader emergence with bright and dark traits[J]. *Journal of Psychology: Interdisciplinary and Applied*, 2020, 154(1): 1–14.

CSAPO J. *The Role and Importance of Cultural Tourism in Modern Tourism Industry*[M]. London: Intech Open Access Publisher, 2012.

CULLER J. Semiotics of Tourism[J]. *The American Journal of Semiotics*, 1981, (1).

DALTON D R, TODOR W D., SPENDOLINI M J, et al. Organization structure and performance: a critical review[J]. *Academy of Management Review*, 1980, 5(1): 49−64.

DECI E L, OLAFSEN A H, RYAN R M. Self−determination theory in work organizations: the state of a science[J]. *Annual Review of Organizational Psychology and Organizational Behavior*, 2017, 4: 19−43.

DESS G G, ROBINSON R G. Measuring organizational performance in the absence of objective measures. The case of the privately held firm and conglomerate business unit[J]. *Strategic Management Journal*, 1984(5): 265−273.

FAGAN B. *World Prehistory*[M]. New York: Harper Collins College Publishers, 1993.

GALÍ−ESPELT N. Identifying cultural tourism: A theoretical methodological proposal[J]. *Journal of Heritage Tourism*, 2012, 7(01): 45−58.

GOLDBERG L R. The structure of phenotypic personality traits[J]. *American Psychologist*, 1933, 48(1): 26–34.

HE H, WANGW, ZHU W, et al. Service workers' job performance: the roles of personality traits, organizational identification, and customer orientation[J]. *European Journal of Marketing*, 2015, 49(11/12): 1751−1776.

JAMES R, SCOTTER V, ROGLIO K D D. CEO Bright and Dark Personality: Effects on Ethical Misconduct[J]. *Journal of Business Ethics*, 2020, 164(3): 451−475.

JIMBER D, HERNANDEZROJAS D,VERGARAROMERO A, et al. Loyalty in heritage tourism: The case of Cordoba and its four World Heritage Sites[J]. International Journal of Environmental Research and Public Health, 2020, 17(23).

JUNG C S, KIM S E. Structure and perceived performance in public organizations[J]. *Public Management Review*, 2014, 16(5): 620−642.

KALD M, NILSSON F. Performance measurement at Nordic companies[J]. *European Management Journal*, 2000, 18 (1): 113−127.

KIM S, CHUNG H, EOM T H. Institutional differences and local government performance: evidence from property tax assessment quality[J]. *Public Performance & Management Review*, 2020, 43(2): 388−413.

LAWSON, S. Examining the Relationship between Organization Culture and Knowledge Management[D]. Nova Southeastern University, 2003.

MCCRAE R R, Paul T C. Positive and Negative Valence within the Five−Factor Model[J]. *Journal of Research in Personality*, 1995, 29(4): 443−460.

MEHRABIAN A., RUSSELL J A. *An Approach to Environmental Psychology*[M]. Cambridge: MIT Press, Cambridge, 1974.

MILLER G F, TODD A P M. Mate choice turns cognitive[J]. *Trends in Cognitive Sciences*, 1998, (5).

NELSON V. Place reputation: Representing Houston, Texas as a creative destination through culinary culture[J]. *Tourism Geographies*, 2015, 17(2): 192−207.

OETTING E R, BEAUVAIS F. Orthogonal cultural identification theory: the cultural identification of minority adolescents[J]. *International Journal of the Addictions*, 1990-1991; 25(5A-6A): 655-85. DOI: 10.3109/10826089109077265. PMID: 2101397.

OZEL Ç H, KOZAK N. Motive based segmentation of the cultural tourism market: A study of Turkish domestic tourists[J]. *Journal of Quality Assurance in Hospitality & Tourism*, 2012, 13(3): 165.

PARRUCCO A S, AGASISTI T, GLAS A H. Structuring public procurement in local governments: the effect of centralization, standardization and digitalization on performance[J]. *Public Performance & Management Review*, 2020, 44(3): 630-656.

PETTIGREW A M. On Studying Organizational Cultures[J]. *Administrative Science Quarterly*, 1979, 24(4): 570-581.

PHINNEY J S. Ethnic identity in adolescents and adults: review of research[J]. *Psychological Bulletin*, 1990, Nov; 108(3): 499-514. DOI: 10.1037/0033-2909.108.3.499. PMID: 2270238.

RAVASI D, SCHULTZ M. Responding to organizational identity threats: exploring the role of organizational culture[J]. *Academy of Management Journal*, 2006,49(3): 433-458.

REINHARD B, ANDREAS H Z. Cultural tourism in rural communities: The Residents' Perspective[J]. *Journal of Business Research*, 1999, 44(3): 199-200.

RICHARDS G. Cultural tourism: A review of recent research and trend[J]. *Journal of Hospitality and Tourism Management*, 2018(36): 12-21.

Schafer J. A. Effective leaders and leadership in policing: traits, assessment, development, and expansion [J]. *Policing An International Journal of Police Strategies & Management*, 2010, 33(4): 644-663.

SCHREYER H, PLOUFFE R A, WILSON C A. et al. What makes a leader? Trait emotional intelligence and Dark Tetrad traits predict transformational leadership beyond HEXACO personality factors[J]. Current Psychology, 2021(42): 2077-2086.

SHEIN E H. *Organizational Culture and Leadership (3rd ed.)*[M]. San Francisco, CA: Jossey-Bass, 2004.

STOGDILL R M. *A survey of the literature*[M]. New York: Free Press, 1974.

SUHARTANTO D, BRIEN A, PRIMIANA I, et al. Tourist loyalty in creative tourism: The role of experience quality, value, satisfaction, and motivation. *Current Issues in Tourism*, 2020, 23(7): 867-879.

TAN B S. In search of the link between organizational culture and performance: a review from the conclusion validity perspective[J]. *Leadership & Organization Development Journal*, 2019, 40(3): 356-368.

THALMAYER A G, Saucier G. The questionnaire big six in 26 nations: Developing cross-culturally applicable big six, big five, and big two inventories[J]. *European Journal of Personality*, 2014, 28(5): 482-496.

TOOBY J, COSMIDES L. Does Beauty Build Adapted Minds? Toward an Evolutionary Theory of Aesthetics, Fiction and the Arts[J]. *Substance*, 2001, (1/2).

WEI W. Municipal structure matters: evidence from government fiscal performance[J]. *Public*

Administration Review, 2020, 1-14.

WILDEN R, GUDERGAN S P, NIELSEN B B, et al. Dynamic capabilities and performance: strategy, structure and environment[J]. *Long Range Planning*, 2013, 46: 72-96.

ZHOU M, QIU M J, HUANG Li. Et al. Personality traits and village cadre adoption of rural environmental protection measures: a case study from China[J]. *Journal of Environmental Planning and Management*, 2020, 63(10): 1758-1770.

中文文献

B

巴斯.进化心理学［M］.熊哲宏,张勇,晏清,译.上海:华东师范大学出版社,2007.

布迪厄.文化资本与社会炼金术［M］.包亚明,译.上海:上海人民出版社,1997:202.

薄贵利,吕毅品.论建设高质量的服务型政府［J］.社会科学战线,2020(2):189-197.

北京华夏佰强旅游咨询中心.中国县域(市辖区)旅游高质量发展研究报告2022［R］.北京:中国社会科学出版社,2022.

C

蔡彩云,骆培聪,唐承财,等.基于IPA法的民居类世界遗产地游客满意度评价——以福建永定土楼为例［J］.资源科学,2011,33(7):1374-1381.

曹国新,宋修建.旅游的发生、发展及其本质———一种基于发生学的考察［J］.华东师范大学学报(哲学社会科学版),2004,(3):116-120.

曹诗图,李锐锋.旅游功能新论［J］.武汉科技大学学报(社会科学版),2011,(1):47-52.

曹诗图.旅游哲学引论［M］.天津:南开大学出版社,2008.

柴焰.关于文旅融合内在价值的审视与思考［J］.人民论坛·学术前沿,2019(11):112-119.

陈兵建,吕艳丽.文旅强省战略下甘肃省文化产业与旅游业融合水平测评研究［J］.兰州文理学院学报(社会科学版),2020,(5):64-71.

陈建城.县域旅游品牌的创新和发展——以福建省仙游县为例［J］.台湾农业探索,2009(6):48-51.

陈静,汪群,田梦斯.新生代员工开放性人格特质对建言行为的影响作用研究［J］.领导科学,2015(23):42-44.

陈乐妮,王桢,骆南峰,罗正学.领导—下属外向性人格匹配性与下属工作投入的关系:基于支配补偿理论［J］.心理学报,2016(6):12.

陈致中,张德.中国背景下的组织文化认同度模型建构［J］.科学学与科学技术管理,2009,30(12):64-69.

陈致中,张德.组织文化认同之文献评述与模型建构［J］.现代管理科学,2011,14(03):

3-5+27.

程金龙，王淑曼，等．县域旅游理论与实践［M］．北京：社会科学文献出版社，2022．

程文谦，王兆峰，陈勤昌．旅游环境契合度、地方依恋与旅游者亲环境行为——以武陵源世界遗产地为例［J］．长江流域资源与环境，2021，30（8）：1879-1889．

储朝晖．多维陶行知［M］．北京：北京大学出版社，2016．

崔凤军，陈国栋，董雪旺，徐宁宁，赵丽丽．机构改革背景下县级文旅机构组织绩效研究——基于组织文化认同的视角［J］．旅游学刊，2022，37（03）：16-27．

崔凤军，陈旭峰．机构改革背景下的文旅融合何以可能——基于五个维度的理论与现实分析［J］．浙江学刊，2020（1）：48-54．

崔凤军，董雪旺．文化和旅游管理体制改革的行政逻辑与现实路径［J］．中国名城，2022，36（01）：32-39．

崔凤军，徐鹏，陈旭峰．文旅融合高质量发展研究——基于机构改革视角的分析［J］．治理研究，2020，36（06）：98-104．

崔凤军，张英杰．机构改革促进文旅融合效果评估及提升路径——以浙江省为例［J］．地域研究与开发，2021（5）：101-106．

崔新建．文化认同及其根源［J］．北京师范大学学报（社会科学版），2004（04）：102-104+107．

D

戴斌．数字时代文旅融合新格局的塑造与建构［J］．人民论坛，2020（Z1）：152-155．

杜鹏程，黄志强．差错管理文化对双元绩效的影响机理研究——基于组织认同的中介效应［J］．安徽大学学报（哲学社会科学版），2016，40（06）：148-156．

丁越兰，骆娜．组织支持、组织文化认同和情绪工作作用机制研究［J］．统计与信息论坛，2013，28（02）：98-103．

迪可罗，麦克彻．文化旅游［M］．朱路平，译．北京：商务印书馆，2017．

蒂莫西，博伊德．遗产旅游［M］．程尽能，译．北京：旅游教育出版社，2007．

戴斌．以人民为中心，开创文化和旅游融合发展新时代［EB/OL］．搜狐新闻，2018-04-04［2024-05-09］．https://www.sohu.com/a/227301955_124717．

E

厄里，拉森．游客的凝视（第三版）［M］．黄宛瑜，译．上海：格致出版社/上海人民出版社，2016．

F

范建华，秦会朵．文化产业与旅游产业深度融合发展的理论诠释与实践探索［J］．山东大学学报（哲学社会科学版），2020，（4）：72-81．

范文静，唐承财．地质遗产区旅游产业融合路径探析——以黄河石林国家地质公园为例［J］．资源科学，2013，35（12）：2376-2383．

范周．文旅融合的理论与实践［J］．人民论坛·学术前沿，2019（11）：43-49．

冯健．"文旅融合"该从何处着手［J］．人民论坛，2018（32）：86-87．

冯学钢，梁茹．文旅融合市场主体建设：概念体系与逻辑分析框架［J］．华东师范大学学报（哲学社会科学版），2022，54（02）：130-141+177．

冯章伟．基于组织学习的组织认同对组织绩效的影响研究［D］．江西财经大学，2010：22．

傅才武，申念衢．新时代文化和旅游融合的内涵建构与模式创新——以甘肃河西走廊为中心的考察［J］．福建论坛（人文社会科学版），2019（08）：28-39．

傅才武．论文化和旅游融合的内在逻辑［J］．武汉大学学报（哲学社会科学版），2020，73（02）：89-100．

G

高宏存，张景淇．文旅产业政策的重点场域与未来趋势——基于2020年度文旅产业政策的整体性分析［J］．治理现代化研究，2021（4）：58-69．

高兴国．领导力的本质是影响力——领导力问题研究之三［J］．生产力研究，2013（1）：9-11．

龚鹏．旅游学概论［M］．北京：北京理工大学出版社，2016．

古冰．基于投入产出法及ANN模型的文化产业和旅游产业融合分析［J］．商业经济研究，2017（18）：170-173．

顾江，吴建军．世界文化遗产对我国旅游业的影响效应［J］．南京社会科学，2012（7）：8-15．

郭薇．基于组织理论的事业单位机构改革研究［J］．行政论坛，2016，23（01）：52-57．

国家旅游局．当代旅游学［M］．北京：商务印书馆，2018．

H

何建民．旅游发展的理念与模式研究：兼论全域旅游发展的理念与模式［J］．旅游学刊，2016（12）：3-5．

荷妮．自我的挣扎［M］．李明滨，译．北京：中国民间文艺出版社，1986．

贺小荣，段超．基于文旅融合的旅游业经济绩效评价［J］．中南林业科技大学学报（社会科学版），2021，（3）：80-85．

贺小荣，孟川瑾，罗文斌．世界遗产地游客满意度的测量模型构建与实证［J］．经济地理，2013，33（11）：169-174．

洪学婷，黄震方，于逢荷，沈伟丽．长三角城市文化资源与旅游产业耦合协调及补偿机制［J］．经济地理，2020，（9）：222-232．

侯兵，周晓倩．长三角地区文化产业与旅游产业融合态势测度与评价［J］．经济地理，2015，35（11）：211-217．

侯天琛，杨兰桥．新发展格局下文旅融合的内在逻辑、现实困境与推进策略［J］．中州学刊，

2021，（12）：20-25.

胡传东.旅游：一种进化心理学的解释［J］.旅游学刊，2013，（9）：102-108.

黄爱华，陆娟.组织文化认同度与组织绩效关系研究［J］.商业时代，2012（01）：89-90.

黄剑锋，胡孟姣，董坤，等.供给侧改革背景下的旅游与文化产业融合机制——基于文化生产视角的新分析框架［J］.生产力研究，2017，（10）：1-5+12+161.

黄蕊，侯丹.东北三省文化与旅游产业融合的动力机制与发展路径［J］.当代经济研究，2017（10）：81-89.

黄希庭.人格心理学［M］.杭州：浙江教育出版社，2002：8.

黄先开.新时代文化和旅游融合发展的动力、策略与路径［J］.北京工商大学学报（社会科学版），2021，（4）：1-8.

黄潇婷.融合空间和内容，带动文旅"大产业"发展［J］.人文天下，2019，（1）：9-11.

黄永林.文旅融合发展的文化阐释与旅游实践［J］.人民论坛·学术前沿，2019，171（11）：16-23.

黄云梅，唐敏，尹佳佳.基于模糊层次分析的工业企业经济效益评价［J］.重庆工商大学学报（自然科学版），2019（06）：29-34.

J

贾焕文.价值工程创始人麦尔斯论"价值"［J］.价值工程，1986，（4）：21-22.

姜雨峰，于靖文.人格特质对基层公务员职业倦怠的影响研究［J］.山西经济管理干部学院学报，2021（01）：18-24.

K

科宾，施特劳斯，等.质性研究的基础：形成扎根理论的程序与方法［M］.朱光明，译.重庆：重庆大学出版社，2015：49-56.

科塞.社会冲突的功能［M］.孙立平，译.北京：华夏出版社，1989：2.

L

格里格，津巴多.心理学与生活［M］.王垒，王甦，译.北京：中国邮电出版社，2003：356-358.

赖辛格，托纳.旅游跨文化行为研究［M］.朱路平，译.天津：南开大学出版社，2004.

雷晓琴，谢红梅.旅游学导论［M］.北京：北京理工大学出版社，2018.

李超平，毛凯贤.变革型领导对新员工敬业度的影响：认同视角下的研究［J］.管理评论，2018，30（07）：136-147.

李任.深度融合与协同发展：文旅融合的理论逻辑与实践路径［J］.理论月刊，2022（1）：88-96.

李瑞，吴殿廷，郭谦，等.20世纪90年代中期以来中国县域旅游研究进展与展望［J］.地理与地理信息科学，2012，（1）：94-99.

李山. 旅游景区规划的钻石模型［J］. 城乡规划，2019（6）：69-78.

李朔，易凌峰，尹轶帅. 创业型领导何以激发员工创新行为？——论创新自我效能感和组织认同的作用［J］. 湖北社会科学，2020，33（11）：83-90.

李晓青，严艳. 基于IPA的方法的世界遗产地游客满意度研究——以平遥古城为例［J］. 资源开发与市场，2013，29（11）：1220-1223.

李燕萍，刘宗华，林叶. 员工知识分享的动力何在？——创新文化的跨层次作用机制［J］. 经济管理，2016，38（05）：75-86.

李勇，陈晓婷，刘沛林，等. "认知—情感—整体"三维视角下的遗产旅游地形象感知研究——以湘江古镇群为例［J］. 人文地理，2021，36（5）：167-176.

厉新建，时姗姗，刘国荣. 中国旅游40年：市场化的政府主导［J］. 旅游学刊，2019（2）：10-13.

厉新建，宋昌耀，殷婷婷. 高质量文旅融合发展的学术再思考：难点和路径［J］. 旅游学刊，2022，37（02）：5-6.

厉新建，宋昌耀. 文化和旅游融合高质量发展：逻辑框架与战略重点［J］. 华中师范大学学报（自然科学版），2022，（1）：35-42.

厉新建，张凌云，崔莉. 全域旅游：建设世界一流旅游目的地的理念创新——以北京为例［J］. 人文地理，2013（3）：130-134.

刘瑞明，毛宇，亢延锟. 制度松绑、市场活力激发与旅游经济发展——来自中国文化体制改革的证据［J］. 经济研究，2020，55（01）：115-131.

刘洋，杨兰. 技术融合·功能融合·市场融合：文化旅游产业链优化策略——基于"多彩贵州"的典型经验［J］. 企业经济，2019（08）：125-131.

刘英基，邹秉坤，韩元军，等. 数字经济赋能文旅融合高质量发展——机理、渠道与经验证据［J］. 旅游学刊，2023，38（05）：28-41.

刘治彦. 文旅融合发展：理论、实践与未来方向［J］. 人民论坛·学术前沿，2019（16）：92-97.

柳红波，郭英之，李小民. 世界遗产地旅游者文化遗产态度与遗产保护行为关系研究——以嘉峪关关城景区为例［J］. 干旱区资源与环境，2018，32（1）：189-195.

龙井然，杜姗姗，张景秋. 文旅融合导向下的乡村振兴发展机制与模式［J］. 经济地理，2021，41（07）：222-230.

卢梭. 爱弥儿［M］. 成墨初，李彦芳，编译. 武汉：武汉大学出版社，2014.

陆明明，石培华. 文化和旅游的关系网络及其融合路径研究［J］. 资源开发与市场，2021（3）：340-348.

罗佳明. 论遗产型目的地营销——以四川省乐山市为例［J］. 旅游学刊，2002（3）：60-65.

雒树刚. 文化和旅游融合发展让文化更富活力旅游更富魅力［J］. 社会治理，2019，（4）：10-11.

吕普生.制度优势转化为减贫效能——中国解决绝对贫困问题的制度逻辑［J］.政治学研究，2021（3）：54-64+161.

M

马波，张越.文旅融合四象限模型及其应用［J］.旅游学刊，2020，35（05）：15-21.

马海鹰，吴宁.全域旅游发展首在强化旅游综合协调体制机制［J］.旅游学刊，2016（12）：15-17.

迈尔斯.心理学［M］.黄希庭，等译.北京：人民邮电出版社，2006.

毛泽东.毛泽东选集（第2卷）.北京：人民出版社，1991：526.

穆娜娜，孔祥智，卢洋啸.新时代中国农业社会化服务模式创新研究——以江西绿能公司为例［J］.科学管理研究，2020，38（04）：98-105.

P

皮尔素.新牛津英语词典（精）［M］.上海：上海外语教育出版社，2003.

布迪厄.华康德.实践与反思——反思社会学导引［M］.李猛，李康，译.北京：中央编译出版社，1998.

彭聃龄.普通心理学（第4版）［M］.北京：北京师范大学出版社，2012：253.

彭建，王剑.旅游研究中的三种社会心理学视角之比较［J］.旅游科学，2012，（2）：1-9+28.

Q

祁述裕，徐春晓.深化文化市场综合执法改革：演进、挑战与建议［J］.山东社会科学，2021（2）：52-59.

丘萍，张鹏.浙江省文化产业与旅游业耦合协调及融合评价［J］.浙江理工大学学报（社会科学版），2019，（6）：611-617.

S

尚磊.基于个体特征的调节的组织文化感知对情感承诺的影响研究［J］.东方企业文化，2012（09）：24，+3.

沈翔鹰，穆桂斌.家长式领导与员工建言行为：组织认同的中介作用［J］.心理与行为研究，2018，16（06）：841-846.

施丽红，吴成国.高校思想政治理论课坚持灌输性与启发性相统一的实践路径分析［J］.思想教育研究，2021（03）：85-89.

石燕，詹国辉.文旅融合高质量发展的指数建构、影响因素与提升策略——以江苏为例［J］.南京社会科学，2021，（7）：165-172.

舒尔茨DP，舒尔茨SE.人格心理学：全面、科学的人性思考［M］.张登浩，李森，译.北京：机械工业出版社，2022：126-137.

宋瑞，冯珺.文化和旅游融合发展：基于国民经济行业分类体系的测度与展望［J］.财经智库，2019，04（3）：82-94.

宋瑞.文化和旅游：多视角的透视［J］.旅游学刊，2019，34（04）：1-3.

宋志英.积极心理学理念下高校心理健康教育策略［J］.江苏高教，2009（04）：106-108.

孙剑锋，李世泰，纪晓萌，秦伟山，王富喜.山东省文化资源与旅游产业协调发展评价与优化［J］.经济地理，2019，（8）：207-215.

T

唐唯珂，赖梦萍.文旅40人访谈：广东旅控集团总经理黄细花：酒店直播将常态化应加速本土品牌输出［N］.21世纪经济报道，2020-07-10.

唐亚林.使命型政党：新型政党理论分析范式创新与发展之道［J］.政治学研究，2021（4）：38-49+155-156.

陶文俊，文显平.课程思政视域下旅游管理专业协同育人路径研究［J］.兵团教育学院学报，2021，31（06）：21-24+38.

特赖布.旅游哲学：从现象到本质［M］.北京：商务印书馆，2016.

田彩云，裴正兵.文化遗产地游客感知价值、满意与忠诚的关系研究——基于北京圆明园的实证分析［J］.干旱区资源与环境，2021，35（2）：203-208.

涂葆林.论综合指数的同度量因素问题［J］.统计研究，1987，（3）：68-72.

W

汪芳，潘毛毛.产业融合、绩效提升与制造业成长——基于1998—2011年面板数据的实证［J］.科学学研究，2015，33（04）：530-538+548.

汪霏霏，王进.作为文化创意产业价值要素、组织要素的"认同"研究［J］.生态经济，2015，31（09）：97-100+127.

王春枝，斯琴.德尔菲法中的数据统计处理方法及其应用研究［J］.内蒙古财经学院学报（综合版），2011，（4）：92-96.

王丹阳.我国县域旅游研究综述［J］.现代经济信息，2016，（22）：449-451.

王登峰，苏彦捷，崔红，等.工作绩效的结构及其与胜任特征的关系［J］.心理科学，2007，30（4）：4.

王光森，石琳琳.党和国家机构改革的三重逻辑——基于人民为中心发展思想的视角［J］.理论与评论，2020（1）：68-76.

王贵军.个体特征变量视角下企业知识员工组织承诺差异的比较研究［J］.广州大学学报（社会科学版），2015，14（05）：47-53.

王贵军.员工个体特征与心理契约感知的关系研究［J］.技术经济与管理研究，2015，21（08）：62-66.

王宏甲，刘建.中国旅游读本：休息的革命［M］.北京：中国旅游出版社，2009.

王化成，刘俊勇.企业业绩评价模式研究——兼论中国企业业绩评价模式选择［J］.管理世界，2004，19（04）：82-91+116.

王建臣.解读一个地级市的"全域旅游"发展战略——访四川甘孜州文旅局长、最帅旅游形象大使刘洪［J］.当代旅游，2022（02）：1-6.

王倩.雪地策马女县长贺娇龙已升任伊犁州文旅局副局长，"我是所谓的网红，但没飘"［N］.上观新闻，2021-04-15.

王姗，王海飞.游客特征及偏好与区域旅游发展的响应——以广东省肇庆星湖风景名胜区为例［J］.地域研究与开发，2021，40（2）：97-102.

王珊珊.网红副县长蔡黎丽升任六安文旅局局长，曾捐出17万直播收入［N］.澎湃新闻，2021-12-30.

王秀伟.从交互到共生：文旅融合的结构维度、演进逻辑和发展趋势［J］.西南民族大学学报（人文社会科学版），2021，42（05）：29-36.

王援农.中国公务员：走专业化之路［J］.中国行政管理，1999（02）：15-17.

王志纲.大国大民：王志纲话说中国人［M］.北京：国际文化出版公司，2020.

王重鸣，管理心理学［M］.上海：华东师范大学出版社，2021.

魏小安.目击中国旅游［M］.石家庄：河北教育出版社，2001.

翁钢民，李凌雁.中国旅游与文化产业融合发展的耦合协调度及空间相关分析［J］.经济地理，2016，36（01）：178-185.

吴必虎.游历研究体系中的体验［J］.旅游学刊，2019，34（9）：5-7.

吴丽，梁皓，虞华君，霍荣棉.中国文化和旅游融合发展空间分异及驱动因素［J］.经济地理，2021，（2）：214-221.

伍尔福克.教育心理学［M］.何先友，等译.北京：中国轻工业出版社，2018.

X

习近平.不断开拓当代中国马克思主义政治经济学新境界（2015年11月23日在中央政治局第28次集体学习会上的讲话）［A］.中共中央党史和文献研究院.十八大以来重要文献选编（下）［C］.北京：中央文献出版社，2011.

习近平.习近平谈治国理政（第2卷）［M］.北京：外文出版社，2017.

习近平.在中共十九届三中全会第二次全体会议上的讲话［A］.见：习近平谈治国理政（第三卷）［M］.北京：外文出版社，2020.

习近平.在中共十九届三中全会第二次全体会议上的讲话［A］.见：习近平谈治国理政（第三卷）［M］.北京：外文出版社，2020.

谢彦君，胡迎春，王丹平.工业旅游具身体验模型：具身障碍、障碍移除和具身实现［J］.旅游科学，2018，32（04）：1-16.

谢彦君.旅游体验——旅游世界的硬核［J］.桂林旅游高等专科学校学报，2005（6）：5-9.

谢彦君.旅游体验研究——一种现象学的视角［M］.北京：中国旅游出版社，2017.

熊海峰，祁吟墨．基于共生理论的文化和旅游融合发展策略研究——以大运河文化带建设为例[J]．同济大学学报（社会科学版），2020，31（01）：40-48.

徐翠蓉，赵玉宗，高洁．国内外文旅融合研究进展与启示：一个文献综述[J]．旅游学刊，2020，35（08）：94-104.

徐金海．文化和旅游关系刍论：幸福的视角[J]．旅游学刊，2019，34（04）：3-5.

徐向东．让文物和文化遗产在新时代绽放新光彩[N]．中国旅游报，2022-06-16（3）.

许春晓，胡婷．文化旅游资源分类赋权价值评估模型与实测[J]．旅游科学，2017，31（01）：44-56+95.

Y

阎琨，吴菡，张雨顾．社会责任感：拔尖人才的核心素养[J]．华东师范大学学报（教育科学版），2021，39（12）：28-41.

燕连福．新时代文旅融合发展：一个新的增长极[J]．人民论坛·学术前沿，2019（11）：71-79.

杨红．非遗与旅游融合的五大类型[J]．原生态民族文化学刊，2020，12（01）：146-149.

杨莉萍，亓立东，张博．质性研究中的资料饱和及其判定[J]．心理科学进展，2022，30（3）：511-521.

姚战琪，张玉静．文化旅游产业融合发展的进程、战略目标及重点领域探讨[J]．学习与探索，2016（07）：123-126.

叶浩生．具身认知：认知心理学的新取向[J]．心理科学进展，2010，18（05）：705-710.

叶岚．政府结构因素对公务员工作绩效的影响——基于城市区级政府的实证研究[J]．中共浙江省委党校学报，2017，33（5）：24-33.

于文兰编译．国际旅游机构指南[M]．北京：旅游教育出版社，1996.

袁纯清．共生理论——兼论小型经济[M]．北京：经济科学出版社，1998.

Z

张朝枝，屈册，金钰涵．遗产认同：概念、内涵与研究路径[J]．人文地理，2018，33（4）：20-25.

张朝枝，孙晓静，卢玉平．"文化是旅游的灵魂"：误解与反思——武夷山案例研究[J]．旅游科学，2010，（1）：61-68.

张朝枝，徐红罡，保继刚．世界遗产地内索道乘客的特征、满意度及其影响——武陵源案例研究[J]．旅游学刊，2005（3）：33-37.

张朝枝，张捷，苏明明，等．遗产旅游的概念与内涵[J]．旅游论坛，2021（1）：1-9.

张朝枝，朱敏敏．文化和旅游融合：多层次关系内涵、挑战与践行路径[J]．旅游学刊，2020，35（03）：62-71.

张朝枝．文化和旅游何以融合：基于身份认同的视角[J]．南京社会科学，2018（12）：162-

166.

张春香,刘志学.基于系统动力学的河南省文化旅游产业分析[J].管理世界,2007(05):152-154.

张岱年,程宜山.中国文化与文化论争[M].北京:中国人民大学出版社,1990.

张德.企业文化建设[M].北京:清华大学出版社,2003.

张二妮,王长寿.陕西省文化产业与旅游产业融合的关联分析[J].西安工业大学学报,2014,34(01):53-56.

张广海,孙春兰.文化旅游产业融合及产业链构建[J].经济研究导刊,2012(12):152-154.

张国洪.中国文化旅游——理论战略实践[M].天津:南开大学出版社,2001.

张洪,石婷婷,余梦雪.基于知识图谱法的文化与旅游产业融合研究分析[J].合肥工业大学学报(社会科学版),2019,33(06):10-17.

张辉,范梦余,王佳莹.中国旅游40年治理体系的演变与再认识[J].旅游学刊,2019(2):7-8.

张惠玲.台湾地区中小企业主管人员领导行为、人格特质与工作满意度之关系实证研究[M].苏州:苏州大学,2016.

张慧.新公共服务理论视阈下政务微博建设的思考——@新疆何淼案例研究[J].黑龙江人力资源和社会保障,2021(7):8-10.

张建,吴文智.文化产业驱动旅游经济的模式与国际经验[J].旅游学刊,2015,30(08):4-6.

张颖.基于区域知识的整体生态观——人类学区域研究视角下我国文化生态保护区的理论与实践反思[J].贵州社会科学,2022(1):50-56.

张祝平.以文旅融合理念推动乡村旅游高质量发展:形成逻辑与路径选择[J].南京社会科学,2021,(7):157-164.

赵国祥,申淑丽,高冬东.180名处级党政干部领导能力研究[J].心理科学,2003,26(3):2.

赵磊.国外旅游发展促进经济增长假说(TLGH)研究综述[J].旅游科学,2012,(4):77-95.

赵林.五年规划:独特治理经验和显著制度优势——访中国社会科学院现代经济史研究中心主任赵学军[N].中国纪检监察报,2020-10-29(007).

郑奇洋,年福华.苏州市文化与旅游产业融合发展的测度与评价[J].江苏建筑,2020,(4):12-15.

郑世林,葛珺沂.文化体制改革与文化产业全要素生产率增长[J].中国软科学,2012(10):48-58.

中共中央.中共中央关于深化党和国家机构改革的决定[S].北京:人民出版社,2018.

钟士恩,张捷,章锦河,等.世界遗产"突出的普遍价值"及其游客感知研究[J].中国人口·资源与环境,2016,26(10):161-167.

周春波.文化产业与旅游产业融合动力:理论与实证[J].企业经济,2018,37(08):146-151.

周光辉.构建人民满意的政府：40年中国行政改革的方向［J］.社会科学战线，2018（6）：10-21，2.

周锦.文化产业与旅游产业发展评价和耦合协调分析——以长三角地区为例［J］.阅江学刊，2021，（4）：114-123+125.

周盼，李明德.旅游文化是旅游理论研究的重要课题——旅游文化座谈会纪要［J］.旅游学刊，1991，（1）：55-56.

周勇，胡立.治理角度下的文化和旅游融合研究——兼论西藏文化和旅游机构设置模式［J］.西藏研究，2020（3）：45-53.

周媛，梅强，侯兵.基于扎根理论的旅游志愿服务行为影响因素研究［J］.旅游学刊，2020，35（9）：74-89.

朱竑，李鹏，吴旗涛.中国世界遗产类旅游产品的感知度研究［J］.旅游学刊，2005（5）：21-25.

朱永跃，覃正虹，欧阳晨慧.产业工人心理所有权对工作投入的影响——职业认同与员工导向组织文化的作用［J］.技术经济，2020，39（08）：143-151.

庄志民.复合生态系统理论视角下的文化与旅游融合实践探索——以上海为例［J］.旅游科学，2020，（4）：31-45.

后　记

我对文化和旅游融合发展的关注，始于 2018 年的党和国家机构改革。

彼时，我刚刚从地方党政机关转岗到高校工作。作为起步于旅游研究、长期在党政机关工作、在旅游部门耕耘多年的一位专业干部，我深刻认识到，文化和旅游已经度过了文化和旅游产业自发"结合"的阶段，正在开启由机构融合推进产业融合发展的新阶段。出于对机构运行的敏感，我感觉到这不是一次简单的机构合并，而是一场"革命"，将极大地改变旅游业发展的生态。

于是，2018 年我申请了浙江省哲学社会科学规划课题《机构改革促进文旅融合：测度、机制和路径研究》，在《浙江学刊》等刊物发表了几篇学术论文，相关咨询报告获得省市政府主要领导的肯定批示并顺利结项。在两年多的课题研究过程中，我发现：国家和省一级的机构改革比较顺利、运行机制相对合理，充分体现了党领导下的社会主义国家具有强大的体制优势。但同时我也发现，鉴于市和县（市、区）的情况比较复杂，改革的难度比较大。虽然在 2019 年相继完成了机构改革，但形式上的改革只是"万里长征走完了第一步"，推进"文化事业、文化产业与旅游业的融合"还需要长时间的努力。文旅融合上升为国家战略，如果没有县（市、区）的积极参与、大力推进，就没有国家战略落地成效。

郡县治，则天下安。"县一级承上启下，要素完整，功能齐备，在我们党执政兴国中具有十分重要的作用，在国家治理中居于重要地位。"县是我国历史上最完整最稳定的行政建制。自秦起，"县域"便是最基本的政权单元，历来被赋予安邦定国的重任，在中华文明发展史中具有重要地位。党和国家历来高度重视县域的发展，因为县级在我国现行行政架构中，是承上启下的重要环节，上接省市、下管镇村，资源配置和社会治理功能齐全，可以说是"发展经济、保障民生、维护稳定、促进国家长治久安的重要基础"。

出于对县域发展的长期观察和追踪，在广泛调研和充分的理论研究基础上，我和团队成功申报了 2021 年度国家社科基金艺术学项目"县域文化和旅游融合体制机制运行质量研究"，发表学术论文十余篇，相关咨询报告获得数十位省、市、厅级领导批示，2023 年顺利结题。本著作就是在结项报告基础上整理出版的。

从十九大报告提出"文化和旅游融合发展"，到二十大报告"以文塑旅、以旅彰文，推进文化和旅游深度融合发展"的新要求，五年来，尽管经历了三年的新冠疫情冲击，但在新型举国体制下，我国的文旅融合战略取得了不菲的成绩，发展氛围日益浓厚，社会共识全面达成，发展经验、文旅融合项目和案例层出不穷，成为新冠疫情期间旅游业发展的最大亮点。但我们也看到，县域文旅机构的运行过程并不十分顺利，体制机制还存在着一些障碍与不足。本书就总结和罗列了其中的一些问题。不过，我相信这是发展中的问题，随着时间的延续，通过机构的进一步融合，在地方党委政府的高度重视下，问题会逐步得到解决。

我们正逢"百年未有之大变局"。黑格尔在《精神现象学》中预言："我们的时代是一个新时期的降生和过渡的时代……突然为日出所中断，升起的太阳就如闪电一般一下子建立起了新世界的形象。"这里，黑格尔是把法国大革命比作"日出"。我在浙江大学的博士生导师、著名学者郁建兴教授，套用黑格尔的预言，把"数字化时代"作为新时代的"日出"，提出：一个数据驱动人类社会全新形态已经来临，未来已来！

数字化对于文旅融合的推动作用是划时代的。除了游客的信息获取越来越方便、数字旅游服务越来越完善、旅游环境越来越透明这些看得见的成效之外，随着互联网全覆盖成为现实，高水平的文化产品、高质量的旅游产品在数字化时代喷薄而出，传统的旅游运营方式和行业治理格局正在发生颠覆性变化，出现了一大批沉浸式、场景化的文旅项目，如长安十二时辰，一批"网红"城市，如西安、长沙、重庆、杭州、淄博，数字化和文创产业，正在引领新时代文化和旅游进入新的时代。

机构改革对于文旅融合战略的实施是划时代的。五年来的文旅融合体制改革，已经释放了巨大的体制能量，为文化和旅游产业的发展带来了新生，但同时，文旅融合作为一个大战略、大变革，这项宏大的事业要持续进行下去，还将会不断产生新的伟大的成就。恰逢三年新冠疫情结束、中国经济处于重要恢复期，在数字经济、创意产业、消费拉动、全面乡村振兴等大背景下，中国的文旅融合高质量发展还将迎来一个新的高潮。

全面乡村振兴战略对于乡村文旅融合发展的影响是划时代的。一个贵州"村BA""村超"，上万家营地，大批民宿集群，"非传统旅游"项目快速进入旅游市场……乡村旅游之所以能与都市旅游并驾齐驱，得益于乡村振兴战略，得益于生态文明思想，得益于社会主要矛盾转变为对美好生活的追求，得益于全面小康社会人民群众的消费升级与转型。可以说，乡村旅游已经成为当代中国旅游业的"最大变量"。

文旅深度融合时代，必须找准方向、顺势而为，站在讲政治高度加强统筹推进，为文旅融合高质量发展提供坚实保障。毋庸置疑，中国的县域文旅融合发展新格局、文旅产业发展的新"变局"正在形成。在这个过程中，需要识别融合和发展的关系，不能本末倒置。融合是手段，发展是目的。文旅融合高质量发展，要求文化与旅游融合走深走实，做到"真融合"，从机构、人员、思想、内容、产品、市场全方位深度相融，一体化发展。更要围绕深化供给侧结构性改革这条主线，在打造高质量文旅融合精品上下功夫。要发挥好政府、市场"两只手"的作用。党委政府重点做好规划引领、平台打造、政策保障，在资源整合、财政投入、项目推进、人才培养等方面制定有针对性的政策举措。市场层面要发挥企业的主体作用，支持民营文旅企业，发展国有文旅集团，培育领军型企业，扶持成长型企业。注重"两个效益"相统一，处理好经济效益与社会效益的关系，把社会效益放在首位，发挥文化旅游重要宣传文化阵地作用。

感谢国家社科规划办、文旅部社科规划艺术学项目管理办公室、文旅部政策法规司等上级管理部门和领导的大力支持；感谢浙江省文化和旅游厅、浙江省和相关省市的县级文旅部门在本课题实施过程中的积极配合；感谢中国旅游研究院戴斌院长和国内众多高校文化旅游专家们的无私关切；感谢我尊敬的老领导、原浙江省副省长孙景淼为本书慷慨作序。没有他们的大力支持和帮助，就没有本书的如期出版。

本书成书过程中，董雪旺、徐宁宁、赵丽丽、胡峰、赵建芳、唐继亮、陈旭峰、胡正武、李艳杰、吕婷等老师做了大量工作，衷心感谢台州学院文化和旅游研究院研究团队为本书的出版做出的积极贡献。

科学研究只有进行时，没有完成时。本书的出版只是台州学院文旅研究团队的一项阶段性成果，我们期望未来向学术界奉献更多有价值的成果。衷心期待广大读者、学者批评惠正！

崔凤军

2024 年 3 月于浙江绍兴

图书在版编目(CIP)数据

县域文化和旅游深度融合发展研究 / 崔凤军等著.
北京：商务印书馆，2024. — ISBN 978-7-100-24281-3

Ⅰ. G127；F592.7

中国国家版本馆CIP数据核字第2024D7J045号

县域文化和旅游深度融合发展研究

崔凤军 董雪旺 徐宁宁 等 著

商　务　印　书　馆　出　版
（北京王府井大街 36 号　邮政编码 100710）
商　务　印　书　馆　发　行
艺堂印刷（天津）有限公司印刷
ISBN　978-7-100-24281-3

2024 年 12 月第 1 版　　　开本 787×1092　1/16
2024 年 12 月第 1 次印刷　　印张 21¼

定价：108.00 元